南京交通职业技术学院校史

贾俐俐 张毅 主编

人民交通出版社股份有限公司

北京

内 容 提 要

《南京交通职业技术学院校史(1953—2023)》秉持历史唯物主义观点,以时间顺序叙事,注重史实考订,客观地呈现了学校1953—2023年的办学历程,清晰地描绘了学校70年来建校、改革、发展的峥嵘岁月,忠实地记录了学校各个不同历史阶段在行政管理、教学管理、学生管理、后勤管理、科研产业开发、党建与精神文明建设等方面开展的重大活动和发生的重要事件。

谨以此书献给南京交通职业技术学院70周年华诞,并献给长期以来关心、支持学校发展的社会各界人士及广大校友。

图书在版编目(CIP)数据

南京交通职业技术学院校史:1953—2023 / 贾俐俐,张毅主编. — 北京:人民交通出版社股份有限公司,2023.9
ISBN 978-7-114-18951-7

Ⅰ.①南… Ⅱ.①贾… ②张… Ⅲ.①南京交通职业技术学院—校史—1953—2023 Ⅳ.①U-40

中国国家版本馆CIP数据核字(2023)第158760号

Nanjing Jiaotong Zhiye Jishu Xueyuan Xiaoshi (1953—2023)

书　　名：	南京交通职业技术学院校史(1953—2023)
著 作 者：	贾俐俐　张　毅
责任编辑：	于　涛
责任校对：	赵媛媛　宋佳时
责任印制：	张　凯
出版发行：	人民交通出版社股份有限公司
地　　址：	(100011)北京市朝阳区安定门外外馆斜街3号
网　　址：	http://www.ccpcl.com.cn
销售电话：	(010)59757973
总 经 销：	人民交通出版社股份有限公司发行部
经　　销：	各地新华书店
印　　刷：	北京盛通印刷股份有限公司
开　　本：	787×1092　1/16
印　　张：	25
字　　数：	598千
版　　次：	2023年10月　第1版
印　　次：	2023年10月　第1次印刷
书　　号：	ISBN 978-7-114-18951-7
定　　价：	128.00元

(有印刷、装订质量问题的图书,由本公司负责调换)

南京交通职业技术学院校史 编审委员会

名誉主任： 史国君　孟祥林　姜　浩　黄荣枝　王家勋

主　　任： 贾俐俐　张　毅

副 主 任： 周传林　崔建宁　杨益明　王道峰　谢剑康
　　　　　　刘雪芬　应海宁　陆春其

委　　员：（按姓氏笔画排序）

　　王　宁　王艳梅　王　莉　尤　咏　毛慧玲
　　史立峰　吕亚君　朱素阳　仲尚伟　刘凤翰
　　刘　阳　米永胜　孙志伟　李　进　李国之
　　李贵炎　李前平　杨金刚　吴成群　吴兆明
　　吴　波　张文斌　张守磊　张晓莺　张晓焱
　　张家俊　陈林山　陈晋中　陈燕飞　季仕锋
　　周家明　赵　勇　胡友好　胡海青　姜　军
　　姜维维　袁　茜　耿　巍　郭荣梅　康建军
　　蒋　玲　程东祥　游心仁　滕兆霞

主　　编： 贾俐俐　张　毅

Nanjing Vocational Institute of Transport Technology

History

前言

南京交通职业技术学院校史
Nanjing Vocational Institute of Transport Technology | History

  岁月不居，时节如流。孕育于虎踞龙盘之地的南京交通职业技术学院至今已历七秩春秋。回望悠悠七十载筚路蓝缕、薪火相传，时间见证了南京交院人自办学以来自力更生、艰苦奋斗、锐意前行的每一串脚步。

  历史因铭记而永恒厚重，精神因传承而宏大有力。这部校史，于学校，是鉴往知今、继往开来之所在；于师生，是寻根续脉、以校为荣之所在。

——题记

  沉积砺洗，春华秋实。建校70年来，学校几经更名、校址几度迁移，但是始终未改"立足交通、服务社会"的初心使命。70年的历史积淀，聚合为"勤奋求实、团结创新"的校风，凝结为"尚德善教"的教风和"砺志敏学"的学风，沉淀为"知行合一、明德致远"的南京交院精神。70年来，学校作为江苏交通人才培养的主阵地，被誉为江苏交通的"黄埔军校"，向江苏乃至全国培养输送了大批交通人才，遍布交通运输行业管理部门、企事业单位，培养出了高级管理者、技术骨干、专家、教授、企业家、劳动模范、工匠能手，为国家富强和社会发展做出了巨大贡献，为母校赢得了声誉。

  欲明大道，必先知史。70年前，在南京市安品街、建邺路的几处民房与九儿巷的一个陋巷之中，江苏省交通厅干部职工培训班开办，这是今天南京交通职业技术学院的前身，是学校的根。1955年，有教学基地、教学设施和教学人员的"江苏省交通职工学校"正式创办，1956年，学校正式定名为"江苏省交通干部学校"。此后，历经江苏省交通专科学校、江苏省南京交通学校（由江苏省南京汽车职业学校、江苏省南京航运职业学校、江苏省镇江汽车学校合并组建），2001年，经江苏省人民政府同意，学校升格为南京交通职业技术学院，2005年10月，南京交通职业技术学院迁入江宁新校区，开启了新的创业历程。昨日的峥嵘岁月，都是未来持续发展的基石。心怀对奋斗历程的敬意和对先辈们开拓奉献的敬重，我们决定编纂出版

《南京交通职业技术学院校史（1953—2023）》，既是对办学70载初心使命的回顾重温，也是对70年砥砺前行的致敬与礼赞。

风雨沧桑，峥嵘七秩。学校办学之初，没有固定的校舍，没有专职的师资，租用几间破旧的民房作为教室，省交通厅主管领导亲自披挂上阵担任兼职教师。1965年，租借江苏省委党校校舍，学校挂牌办学。1966年，学校搬到南京市浦口区沿江乡冯墙，依托江苏省金陵汽车配件厂，在厂里的一片空洼地上建校。刚搬去的时候，厂里停车库被用作教室、行政办公室，砖石水泥被砌成课桌。师生宿舍无着落，男生只能住在沿河边临时搭建的芦席棚内。面对一片荒地，师生们承担了开山运土的任务，边教学，边建校。当时南京长江大桥尚未建成，建校所需的一砖一木，都要从下关码头轮渡过江，再用汽车运回学校，并由师生装卸，条件十分艰苦。"文化大革命"时期，学校教学工作遭到严重破坏，其间三年多完全停止办学。1973年，学校在浦口区点将台路南京农业机械化学校旧址恢复办学，后因校址纠纷而重陷困境。1980年，学校重新选址南京市浦口区泰山镇东门后河沿，师生一起动手建设新校园。2003年，学校抢抓机遇，在美丽的方山东麓建设江宁新校区，为学校的跨越式发展奠定了坚实的基础。

薪火相传，长歌奋进。回望南京交通职业技术学院走过的70年风云岁月，虽然经过数次搬迁、几番起落的曲折历程，但一代又一代交院人传承艰苦奋斗、百折不挠的精神，始终与国家和人民同呼吸、共命运，和我国交通强国建设同频共振、休戚与共。学校70年的改革和发展史，也是一部南京交院人的奋斗史，一段交院人凝心聚力、团结奋进的光辉历程。1994年，学校荣获国家级"重点中专"称号。2005年，以优秀等次通过教育部高职高专院校人才培养工作水平评估。2008年，被确定为江苏省示范性高职院校。2018年，入选江苏省高水平高职院校建设单位。2021年，由学院牵头组建的江苏交通运输职业教育集团获批教育部示范性职业教育集团。学校还多次入选"全国高等职业院校服务贡献50强""全国高等职业院校国际影响力50强""全国高校创新人才培养暨学科竞赛50强"。学校办学主要核心指标和综合实力位居全省高职院校第一方阵。

回眸历史，山高水长。纵使70年振铎传薪，含英咀华，一路风光无限，现在我们可以做到的，就是发扬过去悠悠岁月中积淀下来的交院精神，沿着前人的足迹，以更高的热情继续开拓交通职业教育的新局面、新篇章。这是我们的责任，也是我们的使命，面对历史，这更是我们的承诺。

桐花万里丹山路，雏凤清于老凤声。我们编纂出版《南京交通职业技术学院校史（1953—2023）》，并不为了单纯地回忆过去，更多地是要激励后人，愿新一代交院人更加朝气蓬勃，而今迈步从头越。

奋楫正当时，扬帆再出发。当前，我国职业教育已进入类型教育的新阶段，走上高质量发展的新征程。今天的南京交通职业技术学院，正在习近平新时代中国特色社会主义思想的科学指引下，落实立德树人根本任务，聚力中国特色高水平交通高职院校发展目标，持续加快学校高质量发展步伐。南京交院人使命在肩，将怀揣建设一流交通运输类应用型本科技术大学的愿景，坚定沿着前辈们的足迹，以梦为马，扬鞭奋蹄，再谱华章。

贾俐俐　张　毅
2023 年 8 月

历史沿革

1953 年 江苏省交通厅干部职工培训班
南京市安品街、建邺路、九儿巷

江苏省交通职工学校
南京市安品街、建邺路、九儿巷
1955 年

江苏省交通干部学校
南京市安品街、建邺路、九儿巷
1956 年

1961 年 江苏省交通专科学校
南京市长江后街 6 号

1964 年 江苏省南京汽车职业学校
南京市长江路 272 号

江苏省南京航运职业学校
南京市中山北路 507 号

江苏省镇江汽车学校
镇江市谏壁刘家湾

1965 年   江苏省南京交通学校
南京市建邺路 168 号

1966 年   江苏省南京交通学校
南京市浦口区沿江乡冯泰路 65 号

江苏省南京交通学校
南京市浦口区点将台路 40 号   **1973 年**

江苏省南京交通学校
南京市浦口区泰山镇东门后河沿 90 号   **1982 年**

2001 年   南京交通职业技术学院
南京市浦口区泰山镇东门后河沿 90 号

2005 年   南京交通职业技术学院
南京市江宁科学园龙眠大道 629 号

1956 年　江苏省交通干部学校部分职工合影

1965 年　租借校舍——江苏省委党校旧址

1966 年
南京市浦口区沿江乡冯泰路 65 号校园教学行政楼

1973 年
南京市浦口区点将台路 40 号校园旧址

1982 年 南京市浦口区泰山镇东门后河沿 90 号校园

1996 年 南京市浦口区泰山镇东门后河沿 90 号校园

2001 年 学院浦口校区

2005 年 学院江宁校区

1　南大门
2　西大门
3　图书馆

1 校园一角
2 弘毅楼
3 清源湖

学院江宁校区

【校训】

知行合一
明德致远

【校风】

勤奋·求实·团结·创新

【教风】

尚德善教

【学风】

砺志敏学

学校荣誉

1994年
国家级重点普通中等专业学校

1999—2000年
江苏省文明单位标兵

2012年
江苏省高等学校和谐校园

2012年
江苏省高校毕业生就业工作先进集体

2012年
江苏技能状元大赛高技能人才摇篮奖

2012年
江苏省教学工作先进高校

2013年
江苏省首届学习型党组织建设工作先进单位

2016年
江苏省普通高等学校征兵工作先进单位

2018年
全国无偿献血促进奖单位奖

2019年
江苏省五一劳动奖状

2019 年
高等职业院校服务贡献 50 强

2019 年
高等职业院校国际影响力 50 强

2019 年
江苏省文明校园

2020 年
江苏省平安校园建设示范高校

2021 年
全国教育系统关心下一代工作先进集体

2022 年
江苏省智慧校园示范校

2006年
高职高专院校人才培养工作水平评估获得优秀等级

2008年
江苏省示范性高等职业院校批文

2018年
江苏省高水平高等职业院校建设单位批文

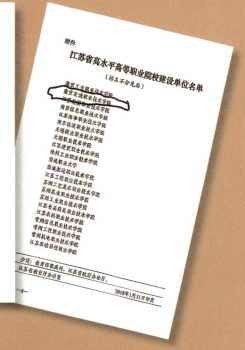

领导关怀

交通要发展 教育须先行 陈焕友

为实现交通教育现代化而努力奋斗 王荣炳

江苏省人民政府
贺信

南京交通职业技术学院：

在你校建校四十周年之际，谨致以热烈的祝贺！

南京交通职业技术学院是我省培养交通专门人才的高等学校。建校四十年来特别是改革开放以来，学校认真贯彻党的教育方针，团结拼搏、开拓创新，立足行业、面向社会，形成了鲜明的办学特色，培养了大批各类交通专门技术人才，为江苏职业教育和地方经济社会发展作出了积极贡献。希望你们以建校四十周年为新的起点，认真实践"三个代表"重要思想，继承和发扬优良传统，以就业为导向，进一步深化教育教学改革，不断提高教育质量和办学效益，为江苏实现"两个率先"作出新的贡献。

王湛

1　1994年4月江苏省委书记陈焕友为学校题词
2　2002年9月江苏省副省长王荣炳为学院题词
3　2004年11月江苏省副省长王湛为学院校庆发来贺信

4　1996年5月交通部职教司司长肖枝平来校视察
5　2001年9月江苏省副省长王荣炳为学院揭牌
6　2005年10月江苏省人大常委会副主任张艳为学院江宁校区落成揭牌
7　2020年11月国家退役军人事务部副部长常正国莅临学院视察

1　2008年12月江苏省副省长史和平出席学院建校55周年庆祝大会
2　2013年8月江苏省委原副书记任彦申来院作报告
3　2018年8月江苏省副省长陈星莺（右四），共青团中央书记处书记李柯勇（右五）来学院视察

4	5
6	

4　1975年10月江苏省交通厅厅长周赤民来校作报告
5　1989年6月江苏省交通厅厅长丁子纲（右一）来校视察
6　2019年9月江苏省副省长王江（右二），省人民政府副秘书长刘大旺（右三）来校视察

1	2
3	4
5	6

1　1998年5月江苏省交通厅厅长徐华强（前排左一）来校视察
2　2007年9月江苏省交通厅厅长潘永和来院视察
3　2008年9月江苏省交通运输厅厅长游庆仲（前排右二）来院视察
4　2010年5月江苏省交通运输厅党组书记刘大旺（左二）来院视察
5　2013年4月江苏省教育厅厅长沈健来院视察
6　2013年9月江苏省交通运输厅党组书记刘广忠（左二）来院视察

7 2017年11月江苏省交通运输厅党组书记、厅长兼省铁路办主任陆永泉莅临学院调研
8 2020年11月江苏省教育厅厅长葛道凯（左三）来院视察
9 2022年9月江苏省交通运输厅厅长、党组书记兼省铁路办主任吴永宏来校调研

历任学校领导风采

1984年 学校部分历任领导

左起：蔡致中　许怡善　秦退之　姜浩　耿文达　刘其义　施志球　于德才

1985年 学校领导参加教务工作会议

左起：陈玉龙　孟祥林　黄荣枝　姜浩

1992年 学校领导研究工作

左起：魏明　孟祥林　黄荣枝　陈玉龙　张道明

2002年 学院领导班子

左起：高进军　史国君　孟祥林　王晓农

2008 年 学院第一届党委领导班子

左起：应海宁　王晓农　许正林　孟祥林　贾俐俐　高进军　周传林

2014 年 学院第二届党委领导班子

左起：应海宁　杨宁　许正林　贾俐俐　张毅　高进军　周传林　杨益明

2018 年　学院第三届党委领导班子

左起：刘雪芬　王道峰　应海宁　周传林　贾俐俐　张毅　崔建宁　杨益明　谢剑康

2023 年　学院第四届党委领导班子

左起：袁茜　姜军　谢剑康　文爱民　张毅　王道峰　张徐刚　刘雪芬　康建军

职工合影

2013年 南京交通职业技术学院全体教职工合影

2023 南京交通职业技术学院全体教职工合影

目 录

第一章 创办江苏省交通职工（干部）学校，开展交通干部职工培训
（1953—1957） ·· **001**
  第一节 创办背景 ·· 003
  第二节 举办干部职工训练班 ·· 004
  第三节 组建江苏省交通职工（干部）学校 ······························ 005

第二章 创办江苏省南京交通学校，培养交通中等专业人才
（1958—1966.4） ·· **011**
  第一节 批准筹建江苏省交通学校 ······································ 013
  第二节 改办江苏省交通专科学校 ······································ 014
  第三节 组建江苏省南京交通学校 ······································ 015
  第四节 江苏省镇江汽车学校 ·· 020

第三章 历经坎坷，学校步入健康发展轨道
（1966.5—1982） ·· **023**
  第一节 特殊时期学校发展状况 ·· 025
  第二节 学校招生与培训工作 ·· 031
  第三节 重建校政，规范学校管理 ······································ 034
  第四节 党建与思想政治教育 ·· 042
  第五节 重新选址，建设新校园 ·· 045

第四章 积极进取，学校事业稳步发展
（1983—1990） ……………………………………………… **049**
第一节 逐步理顺体制，保障学校稳步发展 ……………………………… 051
第二节 加强教学管理，着力提高教育质量 ……………………………… 054
第三节 招揽人才，切实加强师资队伍建设 ……………………………… 058
第四节 多渠道多形式办学，积极拓展办学功能 ………………………… 060
第五节 加大投入，不断改善办学条件 …………………………………… 063
第六节 加强党建和思想政治工作，创建文明学校 ……………………… 066

第五章 开拓创新，学校事业进入蓬勃发展快车道
（1991—2001.6） …………………………………………… **069**
第一节 以评促建，争创国家级重点中专 ………………………………… 071
第二节 试办高职专业，深化办学模式改革 ……………………………… 075
第三节 走产教结合道路，提高社会服务能力 …………………………… 080
第四节 深化内部管理改革，提高办学效益 ……………………………… 084
第五节 学校改制，独立升格为高职院校 ………………………………… 088

第六章 抢抓机遇，学院实现跨越式发展
（2001.7—2005） …………………………………………… **091**
第一节 健全组织机构，加强队伍建设 …………………………………… 093
第二节 转变办学理念，开启高职办学新征程 …………………………… 096
第三节 加快教育教学改革，全面提升高职教学质量 …………………… 099
第四节 抢抓机遇，推动办学水平上新台阶 ……………………………… 108
第五节 稳步推进，提高党建与群团工作水平 …………………………… 111

第七章 内涵发展，提升高职教育办学水平
（2006—2013.6） …………………………………………… **115**
第一节 学院领导班子与机构干部队伍建设 ……………………………… 117

第二节　示范性高职院校与人才培养水平评建工作 …………… 120
　　第三节　教育教学与人才培养模式改革 ………………………… 123
　　第四节　人才培养机制体制与现代职教体系建设 ……………… 129
　　第五节　师资队伍建设与科研社会服务 ………………………… 133
　　第六节　学生教育管理与招生就业工作 ………………………… 139
　　第七节　校园基本建设与环境育人 ……………………………… 143
　　第八节　党建与思想政治教育工作 ……………………………… 147

**第八章　奋楫扬帆，全力推进一流高职院建设
　　　　　（2013.7—2017）** ………………………………………… **155**
　　第一节　60周年校庆展示学院新形象 …………………………… 157
　　第二节　"十三五"发展规划与学院章程建设 ………………… 160
　　第三节　党政领导班子与组织机构的调整 ……………………… 163
　　第四节　教学设施与办学条件 …………………………………… 168
　　第五节　专业建设与教育教学改革 ……………………………… 173
　　第六节　学生管理与招生就业 …………………………………… 183
　　第七节　科研工作与社会服务 …………………………………… 189
　　第八节　队伍建设与人事管理 …………………………………… 191
　　第九节　加强党的建设，提高群团工作水平 …………………… 194

**第九章　凝心聚力，奋进学院高水平建设新征程
　　　　　（2018—2023）** ………………………………………… **207**
　　第一节　跻身江苏省高水平高等职业院校建设单位 …………… 209
　　第二节　调整领导班子，完善组织机构 ………………………… 211
　　第三节　全面加强党的建设，推进学院事业发展 ……………… 217
　　第四节　"十四五"事业发展规划引领学院事业发展 ………… 228
　　第五节　专业改革与现代职教体系建设 ………………………… 232
　　第六节　教育教学改革与管理 …………………………………… 242

第七节　学生教育管理与招生就业工作 …………………………… 260
第八节　科研工作与社会服务 ………………………………………… 269
第九节　对外合作与国际教育 ………………………………………… 275
第十节　人事管理与师资队伍建设 …………………………………… 279
第十一节　提升学校现代治理水平，建设"幸福交院" …………… 283
第十二节　发挥群团统战组织作用，助推学院高质量发展 ………… 294

附　录 ……………………………………………………………………… 309

附录一　大事记 ………………………………………………………… 311
附录二　历任学校领导 ………………………………………………… 352
附录三　历届团委、学生会组成人员一览表 ………………………… 355
附录四　各地校友会一览表 …………………………………………… 360
附录五　校歌 …………………………………………………………… 362

参考文献 …………………………………………………………………… 363
后　记 ……………………………………………………………………… 364

南京交通职业技术学院

Nanjing Vocational Institute
of Transport Technology
History

第一章

创办江苏省交通职工（干部）学校，开展交通干部职工培训

1953—1957

Nanjing Vocational Institute of Transport Technology
History

中华人民共和国成立初期，江苏交通运输业百废待兴。国民经济第一个五年计划的实施需要大批与交通运输发展相适应的有文化、懂技术的专门人才。为此，江苏省交通厅于1953年1月决定，设立专门的教育机构，对交通系统在职人员进行培训。1955年，江苏省交通厅将原"干部培训班""船务员工培训班""汽车驾驶员训练班"整合起来，开办"江苏省交通职工学校"。1956年，学校更名为"江苏省交通干部学校"，进一步加大对交通干部职工的培训力度，提高对交通干部职工的培训水平。

第一节　创办背景

中华人民共和国成立初期，江苏省内每平方千米只有2.7千米公路，且大多是土路。苏南约有1000千米公路可维持通车，苏北仅815千米公路能勉强通车。农村公路处于自然状态。那时江苏尽管河流、湖泊密布，但航道通轮驳船里程不足8000千米。省内规模较大的运输企业被官僚资本操纵，运输除采用人力车、畜力车外，主要依靠肩挑人抬，交通状况十分落后。

为迅速恢复交通运输，以便支援前线、繁荣城乡经济及扩大物资交流，江苏省建立了苏北人民行政公署交通处和苏南人民行政公署交通管理局，有步骤地接管、接收、接办和改造官僚资本运输企业，建立了国营汽车运输企业、建华轮船运输公司、苏北内河轮船公司及苏北汽车运输公司。

经过三年多的经济恢复，江苏的工农业生产取得较快发展，进一步促进了交通运输事业的发展。内河航运客货运量迅速增长，迫切需要增加设备、提高机械化程度和加强技术力量。1952年底，全省各地逐步建立了汽车公司（分公司）、轮船公司（分公司）、联运公司、民间运输合作社，交通工业、公路航道运营里程以及客货运、养路和航道管理事业得到了较快发展，交通运输职工队伍迅速扩大。据对省内河轮船公司所属七个分公司和一个营业部的调查，技术干部和技术工人十分缺乏，迫切需要加快开展公路运输和内河运输技术干部、工人的培训工作。

1953年1月1日，苏北人民行政公署、苏南人民行政公署与南京市人民政府合并，成立江苏省人民政府。与此同时，江苏省交通厅正式成立。这一年，土地改革的任务已在全国范围内基本完成，国民经济恢复工作提前实现预定目标，第一个五年计划即将开始。交通运输业是工农业生产的先行官。随着交通事业的发展，群众性技术革新运动的开展，机械化、半机械化程度的提高，对职工的素质尤其是职工政治、文化、技术水平的要求相应提高。而当时交通职工队伍中文盲、半文盲占50%，严重制约着交通事业进一步发展。开展职工教育，提高交通行业职工队伍文化程度和专业素质，是当时江苏交通运输行业发展的重中之重。

第二节　举办干部职工训练班

根据中共中央关于《关于第一次全国工农教育会议的报告》的批示，1953年江苏省交通厅设置专门机构，开展干部职工文化和技术培训。

一、机构及师资

为做好培训工作，在干部、职工训练班设行政科、组织科和教育科。行政科负责经费管理，房屋、家具及办公学习用品的分配，有关公文及其他文件处理等。组织科负责训练班工作人员和学员思想工作，负责审查干部、调配干部及组织、保卫、福利等工作。教育科负责制订日常教学计划，以及与任课教师研究训练班的教学方法及研究推动学员学习的办法。各训练班设组织干事、教育干事、公勤员各一名。各训练班下设队，各队设正、副队长各一名。各队下设若干小组，配备正、副组长各一名。各队队干由训练班研究决定，上报江苏省交通厅批准并任命。干事经训练班办公会议决定，各组长由各队推荐，上报训练班同意后直接委派。印仁昌同志任训练班班主任。

因为没有专职教师，训练班主要由江苏省交通厅主管领导和相关部门领导担任兼课教师。教学形式采取大会宣讲与小组讨论相结合的方式。为避免小组讨论走弯路，教师在课后深入各小组进行辅导，学员通过讨论、读报、看教育电影、参观展览、出黑板报、参加文娱问答晚会等方式，加深对学习内容的理解，以达到提高学习效果的目的。

二、开办训练班

1. 国营江苏省内河轮船公司工人训练班

1953年，江苏省交通厅航运管理局成立。为提高干部和职工的政治、文化和业务水平，经过认真筹备，由江苏省交通厅航运管理局组织，于1953年6月在南京九儿巷开办第一期"国营内河轮船公司工人训练班"。到1954年12月，"国营内河轮船公司工人训练班"共举办三期，培训学员295人。学员为来自全省国营轮船公司及其分支机构的正、副驾驶，正、副司机，加油工，舵工，客驳水手长、水手等。训练班教学内容包括政治教育与业务教育。政治教育以党在过渡时期的总路线、总任务为主，以新旧社会对比、中国共产党三十多年的光荣历史、工人阶级如何为实现社会主义工业化而奋斗等为内容。业务教育内容主要是航运安全运行图表、交通部颁布推行的一列式拖带运输法等。

2. 干部训练班

1953年4月，根据交通部"机构逐步裁并，人员进行编整"的指示精神，华东联运公司紧缩机构，将所属江苏省联运公司编余职工484人集中举办干部训练班，进行文化和时政学习。干部训练班于1953年7月7日开班，7月9日举行开学典礼。训练班按学员的文化水平编为三个队：第一队，文盲及初小水平；第二队，相当于高小水平；第三队，相当于初中水平。校舍租用安品街和建邺路的古旧民房。1954年6月，干部训练班结束。学习过程中根据整编精神清退213人，其余分配或安置工作。

训练班政治教育主要是进行以党的路线、方针、政策为主要内容的社会主义教育。通过学习，学员了解国家在过渡时期的方针政策和发展趋势，明确当前中国革命的性质、任务及步骤，进一步提高了对资本主义工商业、私营工商业进行社会主义思想改造政策的认识，廓清了思想上一些模糊认识，提高了政治思想觉悟。业务教育按学员文化知识水平，进行扫盲教育，开设高小、初中层次的语文、算术、地理、历史课程。经过一年多的学习，学员充分认识了江苏交通建设的美好前景，能够主动适应交通行业工作要求，跟上交通建设发展的步伐。

3. 汽车驾驶员训练班

江苏省交通厅公路运输局根据汽车运输发展的需要，抽调本省国营汽车公司及各分公司驾驶员任教练助手，于1954年9月组织举办省汽车驾驶员训练班。汽车驾驶员训练班开设政治课与业务课，其中业务课主要学习驾驶操作、交通安全技术和修理技术。因为没有教材，训练班自编了《汽车驾驶员技术操作手册》《汽车技术保养手册》等讲义，采用上课与讨论相结合、自学与互助相结合、理论与实践相结合的"三结合"方式进行教学。通过学习，学员掌握了汽车驾驶的基本操作，树立了交通安全意识。这个训练班只办了一期，培训学员25人。

第三节 组建江苏省交通职工（干部）学校

为加强对干部职工培训工作的领导，江苏省交通厅在短期、分散举办训练班的基础上，于1955年正式创办了有教学基地、教学设施和教学人员的"江苏省交通职工学校"。1956年初，"江苏省交通职工学校"更名为"江苏省交通干部学校"。

一、创办过程

随着国家工业化的发展和第一个五年计划的实施，工农业生产水平不断提高和城乡物资交流规模日益扩大，地方交通运输任务愈来愈繁重。为了适应交通发展需要，完成繁重的运输任务，亟须充足的具有高度社会主义觉悟及一定技术水平的干部和职工。1955年1月，江苏省交通厅党组召开扩大会议，就加强对干部职工培训工作的领导，以及1955年干部职工训练方针、任务和要求，向江苏省委作专题报告。报告认为，原有的三个训练班分属不同的管理单位（其中干部训练班由省交通厅管理，汽车驾驶员训练班由省公路运输局管理，船务员训练班由省航运管理局管理），已不能适应交通建设快速发展的要求，因此决定将省交通厅

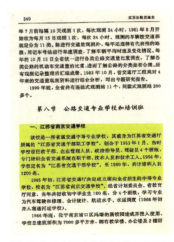

《江苏公路交通史》有关学校的记载

干部训练班、省公路运输局汽车驾驶员训练班、省航运管理局船务员工训练班合并，成立"江苏省交通职工学校"，实行统一管理。1月15日，江苏省交通厅党组《关于加强职工训练并开办交通厅职工学校的决定》报送江苏省委。3月1日，江苏省委批复，同意将所属三个干部训练班合并为"江苏省交通职工学校"。3月15日，"江苏省交通职工学校"印章启用。1956年初，学校更名为"江苏省交通干部学校"。

学校由江苏省交通厅直接领导（1956—1958年江苏省交通厅分设为江苏省交通厅、航运厅期间，学校由两厅共管），经费由江苏省交通厅下拨，性质为短期专业训练班。学校教育根据国家在过渡时期和第一个五年计划时期对交通工作的要求，结合交通运输干部与职工的具体情况，以政治教育为主，结合部分业务教育与文化教育，对在职干部和职工进行轮训。首先训练骨干职工，而后训练一般职工。要求干部和职工通过政治与业务教育，纠正各种错误的思想认识，提高社会主义觉悟和为人民服务的意识，教育干部和职工安心工作、钻研业务、掌握地方交通运输的常识及有关交通运输方面的法律规章，最终达到提高干部和职工思想水平、政治水平和业务水平的目的。学校开设行政干部、企业管理人员、政治指导员、航运技术船员、汽车驾驶员、会计等专业训练班。

二、机构及师资

江苏省交通厅厅长兼任学校校长，日常工作由校委会主持，先后任命丁征野、印仁昌、刘汝成为学校副校长。学校下设行政科、组织科和教育科。学校分设干部、航运技术船员和汽车驾驶员三个队（班）。各队设专职支部书记，另设负责行政工作的队长或副队长。为提高教学质量，学校成立教学委员会，由专职副校长及专职教员组成，以加强对教材、教学方法的研究和备课工作的指导。

江苏省交通职工（干部）学校学习笔记簿

1957年，学校有教职工20多人。其中专职教员9人，其中政治教员3人、汽车机械及驾驶教员3人、轮船驾驶教员1人、轮船机械教员和机械助理各1人。除专职教员外，厅长或副厅长、政治处主任或副主任任专职副校长，省公路运输管理局、省航运管理局局长等为学校兼职教员。另外，每期训练班可根据需要聘请其他负责干部进行专题讲座或抽调汽车公司熟练驾驶员担任汽车驾驶技术助教。

三、校址校舍

由于当时学校没有校舍，教学设备也十分缺乏，学校一方面组织人员认真做好原来三个训练班的教学设备和家具接管、登记工作；另一方面组织人员联系、洽谈民居房舍租赁事宜，以作校舍之用。经过与相关部门多方协商，购买安品街82号、建邺路26号两处房屋106间，租赁南京市九儿巷30号两个旅社42间，共148间房屋作为校舍。学校校部设在南京市安品街 82 号。

当时用作校舍的房屋年久失修，且住地分散（分属白下区、秦淮区和建邺区），给学校管理带来很大不便，造成人力、物力上的很大浪费，仅房屋的月租费就需千元以上。房子虽然很多，但大多是临街的木质住房，结构和形式不适合教学，教学环境很差。

针对教学条件差的状况，学校采取一系列措施，在做好各期学员培训的同时，努力改善教学和生活条件。在江苏省交通厅的支持下，学校租用建邺路 26 号 48 间公产房，租赁九儿巷内的旅社和居民住房 54 间，加上原购买南京水西门安品街 82 号旧式房屋 64 间，三处房屋可住学员 350～400 人。学校从旧货市场购置了 450 张床和部分课桌及炊事用品，修缮了一座可容纳 350 人的礼堂，建起了运动场，安装有篮球架、单双杠等体育设施。1956 年 1 月，学校又租赁施府桥 67 号和 69 号 40 余间房屋供教学使用。为了改善办学条件，经江苏省交通厅同意，学校决定将校址集中并固定在建邺路 26 号，经报南京市房管局批准，将该处校舍后东西两排年久失修的房屋拆除，改建为三层楼房，并征用建邺路 26 号周围土地 3700 平方米。学校由江苏省地方国营惠山建筑工程公司承建，于 1958 年建成，面积 2790 平方米，涵盖教学楼、宿舍楼、办公楼、厨房、餐厅，可容纳 300 人教学、办公、生活。

为改善教学条件，在江苏省交通厅的支持下，学校从徐海、淮阴公路运输管理局调用 5 辆部件齐全拟报废货车，从南京公路运输管理局调拨车况较好的货车用于教学；从淮阴、镇江航运管理局调拨 038 号、081 号两艘轮船，从镇江船舶修理厂调配即将报废的河清轮主机、锅炉，经整修后，用于学生教学实习；在南京市公园路体育场建立了驾驶员训练教练场，租赁水西门外大士茶亭 20 余亩空地，将其改建为驾驶员训练教练场。经南京市公安局同意，学校教练车的行车驾驶训练在中山门—新街口—汉中门等路线进行，轮船驾驶技能鉴定在下关中山码头至第二码头、下关三汊河口至中山桥进行。学校还主动向武汉河运学校、重庆长江航运学校、南京航务工程学校等单位广泛征集管理工作经验、制度和有关书籍、杂志，得到了大力支持。教学条件的改善，为汽车、轮船驾驶训练与技能鉴定提供了基本保障。

江苏省交通干部学校部分职工合影

四、培训教育

"一五"期间，江苏省交通厅计划将厅属机构中近9000名干部职工，在分批培训的基础上，争取做到每人轮训一次。根据省交通厅的要求，学校确定主要训练对象为行政管理与政治工作干部、企业单位干部、财务和统计工作干部。职工每期按比例调训，要求必须是职工中的骨干、政治上纯洁且有培养前途的人员。学校没有设置固定的班次，每期主要按江苏省交通厅、江苏省航运厅两厅业务部门生产需要开办专业的教学班，并制订训练工作计划。根据"理论与实际相联系、政治与业务相结合"的培训方针，自1955年3月至1958年10月，学校共开办专业训练班四期，培训学员1576人；开办其他培训班11个，培训学员约400人。

1. 第一期训练班

1955年3月15日，江苏省交通厅下发通知给所属汽车公司、轮船公司等企业，要求各单位按通知选派人员参加学习。培训教学计划经厅党组三次讨论修改后付诸实施。学校经过两个多月筹备，首期开办干部、航运技术船员、汽车驾驶员3个训练班，共招收学员252名。第一期训练班于同年4月1日接受学员报到，4月7日在安品街校本部大礼堂举行开学典礼，4月8日正式开课。

第一期训练班安排专职教学人员9人，其余为兼职教学人员。干部训练班和航运技术船员训练班学习时间均为4个月，汽车驾驶员训练班为6个月。三个班均开设政治课程。业务课程根据相应的训练内容进行设置。其中，干部班开设的业务课程主要有地方交通基本知识，涉及公路、航运的方针、政策、法规，以及生产经营、组织管理等知识；航运技术船员班开设的业务课程主要有驾驶操作规程、锅炉、机器保养，安全技术测定和航运安全等基本知识；汽车驾驶员班开设的业务课程主要有汽车机械原理、汽车驾驶方法和汽车保养及修理知识。

为了加强党的领导，保证学习任务的顺利完成，学校成立临时党总支委员会和团总支，各班成立学员党团临时支部，负责组织和思想工作。学校通过入学教育、党、团组织活动，以及学习优胜比赛等，在学员中形成紧张且积极的学习氛围，取得了较好的效果。

2. 第二期训练班

为贯彻交通部对地方交通规划的要求，加强县乡道路和港河支流的修建和养护工作，培养基层交通工程养护技术人员成为今后全省修建与养护县乡道路和港河支流的骨干，根据江苏省交通厅、江苏省人事局"增设县乡交通工程技术人员训练班"联合通知精神，学校第二期训练班增加到五个班，即干部班、汽车驾驶班、县乡交通工程技术班、会计班和政治班，学员共487人，于1956年2月22日开学。

在教学方面，当时学校的专职教学人员有12人。学员文化程度从文盲到大学本科不等，有38%的学员文化程度不符合调训要求，会计班甚至达到50%，教学难度很大。针对这种情况，训练班教学采取"教学抓中间，辅导抓两头"的方法，讲课尽可能通俗化、形象化；在学员中开展互帮互学、学习竞赛等活动，尽量提高学员学习积极性。通过培训，学员普遍提高了政治思想认识水平和业务水平，改正了"干交通没出息"的错误认识。会计班的成绩比较突出，全班政治学习成绩平均 91 分，业务学习成绩平均 89 分。学校评出优胜小组 6 个、优胜个人 41 人。

3. 第三期训练班

1956 年 9 月，学校开办第三期训练班，开设航运干部、政工人员、航运船员和汽车驾驶员 4 个训练班。根据江苏省航运厅、江苏省人事局《交通干部学校第三期训练班教学计划的联合通知》精神，由省公路运输局、省航运管理局、江苏省各地区专署及南京市人民委员会、无锡市人民委员会、泰州市人民委员会、常州市人民委员会、省交通厅驻沪办事处、修理厂、养路段等单位按计划和条件选送人员参加学习，共选送学员 437 人，其中航运系统 250 人，公路运输系统 120 人，公路运输、航运系统中政工干部 67 人。

培训对象主要是航运系统各单位的科长，科员，正副股、所、站长，机动轮船及客驳正副驾驶员、舵工、水手长、水手，公路运输系统原在部队担任过驾驶员但尚未有驾驶执照的人员，航运、公路运输系统的政工干部等。培训学习时间为 4 个月。

按照学校"政治与业务相结合，理论与实际相联系，提高思想水平和工作能力"的教学方针，第三期培训班在政治方面主要学习党的基本知识和哲学知识，使学员进一步提高社会主义觉悟，树立辩证唯物主义的世界观。业务方面，航运干部班主要学习船舶调度常识、商务工作须知、运价及相关政策、商务事故的防止和处理、航港规章制度和船舶管理知识；航运船员班主要学习驾驶操作技术、国际避碰章程、船员职责、气象常识、应急保养措施、河道维护、航标识别、货物装卸、拖驳运输、游泳等；汽车驾驶员班主要学习汽车驾驶员操作技术、汽车保养手册、机械基本原理、运输常识和交通规则。

4. 第四期训练班

1957 年 3 月，学校开办第四期训练班。江苏省交通厅和航运厅从下属南京局、镇江局、常州局、无锡局、苏州局、松江局、南通局、泰州局、盐城局、淮阴局和驻沪办事处等调训政治可靠、身体健康、有一定文化基础的木船管理员 60 名、港埠装卸员 40 名、轮船驾驶员 100 名、交通民间工具管理员 50 名、公路统计员 50 名、汽车技术干部 50 名和汽车技工 50 名，共计 400 人，他们分别参加木船管理、港埠装卸、轮船驾驶、交通民间工具管理、公路统计、汽车技术干部和汽车技工 7 个训练班的学习。汽车技术干部班学习时间为 1 年，其他训练班学习时间为 4~6 个月不等。

5. 其他培训

学校积极贯彻为地方交通服务的精神，想社会之所想，急社会之所急，积极为社会需求服务，在认真做好计划内培训任务基础上，1956—1957 年还先后开展了会计训练班、初级机务技术班、初级公路工程班、高级航运船员班。

（1）会计训练班。根据全省各地木帆船队、马车队、板车队等合作社急需会计的需求，学校及时组织了 120 人参加的短期速成会计训练班。通过一个半月的学习，学员基本能做到编制财务收支计划表、资产负债表等。

（2）初级机务技术班。江苏省交通厅通过江苏省劳动局吸收 120 名初中毕业生组成培训班。经培训，学员初步掌握机务管理技术检验等基本知识和技能后，被分配到各修理厂（队）担任技术检验员和技术管理员。

（3）初级公路工程班。根据江苏省交通厅工程处当年急铺576千米路面需要，江苏省劳动局吸收初中毕业生50人组成培训班。经培训，学员初步掌握公路工程知识，结业后被分配至各工程队，成为基层干部和公路养护骨干。

（4）高级航运船员班。由江苏省交通厅抽调全省航运系统较优秀的水手、水手长、舵工106人组成培训班。学员学习安全生产、内河驾驶、船艺、避碰法、一列式拖驳运输法、航标识别、游泳、船舶操纵等，结业后成为高级轮船驾驶员。

五、教学管理

学校重视教学管理，每一期训练班都制订有完整的教学计划。经过几期教学，训练班的管理工作走上正常轨道。为了保证教学质量，学校加强对兼任教师的管理，要求教师对学习较困难的学员进行特别辅导，主动帮助他们收集教学参考资料。采用编写补充讲义的方法，克服教材缺乏问题。组织学员到车队、船厂进行现场学习，以充实和丰富教学内容，提高教学效果。

开展互助教学活动，提高学习质量。由于参加培训人员政治、文化水平参差不齐，特别是航运船员班110名学员中，半文盲和文盲就占60%，再加上学员的职务、工作性质不同，教学难度很大。因此，开展辅导互助工作，显得尤为重要。学校抽出4名干事专职从事辅导和帮学，采用对学习困难学员进行集中辅导和个别帮助的办法，提高了学习效果。为了解和指导学员业务学习，学校指派崔连富、瞿静贞、朱昭明、吴诚、曹董、高立坤、陈学群等老师随班听课，课后进行辅导；组织政治觉悟高、文化程度较高的学员与其他学员结成互助学习小组，找参考资料，开展学习交流，共同讨论问题，共同进步；通过开展组与组、班与班之间的学习挑战赛和每月评选优胜个人、优胜小组的评优活动，促进全体学员学习质量的提高。

经过几年的培训教学，学校逐步积累了一定的培训经验，为制度建设打下了基础。在广泛征求意见和进行充分讨论的基础上，学校培训制度修订工作完成，并于1956年10月11日正式颁布实施。主要制度有：会议制度、请示报告制度、办公规则、收发制度、文印制度、档案制度、财经管理制度、办公用品及家具分配管理制度、车辆管理制度、保卫与保密工作制度、值日制度、学员行为总则和学习制度、评优制度、生活用品制度、卫生制度、会客及招待制度、图书管理与借阅制度等。制度的颁布实施使学校管理工作有章可循。

南京交通职业技术学院

NANJING VOCATIONAL INSTITUTE
of TRANSPORT TECHNOLOGY
History

第二章

创办江苏省南京交通学校，培养交通中等专业人才

1958—1966.4

Nanjing Vocational Institute of Transport Technology

History

为适应交通事业的发展，江苏省交通厅批准在江苏省交通干部学校基础上筹建江苏省交通学校，开办中等专业技术教育。1958年，交通部所属南京航务工程学校下放江苏省，由江苏省交通厅领导，并在同年升格为专科学校。学校分设大专部和中专部。中专部由江苏省交通厅领导，开设公路与桥梁工程、汽车技术使用与修理、轮机管理和河船驾驶4个专业。1961年，交通部收回学校管理权。中专部定名为"江苏省交通专科学校"，仍属江苏省交通厅领导。1965年，江苏省交通厅在南京汽车职业学校、南京航运职业学校基础上组建了一所独立的中等专业学校——江苏省南京交通学校。

第一节　批准筹建江苏省交通学校

1956年，江苏省交通厅和航运厅着手准备在江苏省交通干部学校的基础上，建立江苏省交通学校（中等技术学校），在做好职工轮训的同时，为交通行业培养中等专业技术人才。初步确定建校基地和汽车教练场需征用土地500亩①。其中，南京市石门坎以东、工程兵学校以西、旧城河以南、马路以北的200余亩土地为建校基地，天堂村以西、炮兵学校以东、马路以南的300亩土地为汽车教练场。江苏省航运厅拨款10万元，用以办理土地征购手续。

1956年8月29日，南京市城市建设局同意学校在光华门外石门坎以东、工程兵学校以西先行征用建校基地60亩，用作建校基础。同年9月，江苏省交通学校（筹）制订基建计划任务书。新校舍计划建设教育行政用房11925平方米，师生宿舍等生活用房20537平方米，轮船码头、汽车教练场、运动场等场地161141平方米。按照建设进度安排，1956年第四季度开始办理土地征用事项，进行勘测设计，提出总体设计，编制施工预算，组织备料；1957年，组织施工，建成教育教学生活用房；1958年，建成办公、实习用房等附属用房；1959年，完成托儿所等工程。预算经费205.5万元。与此同时，江苏省航运厅发文，学校工程委托江苏省地方国营惠山建筑工程公司承包建设。

在先行征用建校基地60亩后，江苏省航运厅再次要求征购312亩建校土地。1956年11月，南京市城市建设局函复江苏省航运厅，建议暂停学校继征312亩用地，待学校基建计划任务书正式批准后再行研定。由于没有接到上级指示，学校征用的土地一直没办征地手续。1957年3月，南京市城市建设局致函省交通厅，询问1956年8月已同意征用的土地为何尚未办理相关手续。直到1957年9月，江苏省交通厅回函南京市城市建设局，才答复在同意征用土地后，迄今尚未办理相关手续的原因，主要是为贯彻国家增产节约精神，江苏省委将省交通厅建校任务推迟至第二个五年计划期间完成。后因南京航务工程学校由交通部下放江苏省，归江苏省交通厅领导，江苏省交通厅认为没有必要再筹建江苏省交通学校，所以把先行征用的土地退还给南京市，江苏省交通学校筹建工作就此中止。

---

① 1亩=666.7平方米。

江苏省交通学校（筹）基本建设设计任务书简要表

第二节 改办江苏省交通专科学校

1958年2月，原交通部南京航务工程学校体制下放，由江苏省交通厅领导和管理。该校始建于1951年5月，时名交通部干部学校南京分校，建在马鞍山1号，占地面积48.5亩。1952年9月，该校改名为交通部南京交通学校，设有测绘、桥梁、道路3个专业，学制3年。1953年，全国中专校调整，江西萍乡高级工业学校土木科、湖南交通学校部分专业并入交通部南京交通学校。1955年4月，学校改名为"交通部南京公路工程学校"。同年9月，杭州航务工程学校迁来南京与该校合并，学校更名为"交通部南京航务工程学校"。1958年，江苏省人民委员会批准省教育厅《关于1958年新建高等学校问题的报告》，提出全省新建高校59所。随后，全省出现了大办高等教育的热潮。江苏省先后将27所条件比较好的中专学校升格为高等学校，其中交通部南京航务工程学校升格为专科学校，校名改为"南京交通专科学校"。1958年，因省级专业干部学校调整裁并，江苏省交通厅撤销江苏省交通干部学校时，将学校教学档案、教学资料和部分教学仪器、图书移交到南京交通专科学校。

南京交通专科学校分设大专、中专两部。大专部设三年制公路工程专业，1959年增设水道与港口水工建筑专业，1960年增设两年制数学力学和数学物理专修科，共4个专业。中专部学制4年，设水力工程建筑、航道整治工程、汽车技术使用与修理、船舶动力装置4个专业，1959年增设公路与桥梁工程专业。中专部的公路与桥梁工程、汽车技术使用与修理、轮机管理和河船驾驶等江苏省交通厅开办的4个专业以"南京交通学校"的名义列入江苏省教育厅中等专业学校招生计划，招生420人。

1959年，江苏省委、省政府根据中共中央、国务院《关于整顿一九五八年新建的全日制和半日制高等学校的通知》精神，对全省新建高校进行了整顿，中等专业学校升格为高等学校的只保留7所，南京交通专科学校仍恢复为中等专业学校，从南京市马鞍山1号迁至长江后街6号。1961年7月，根据《中央关于改变部分交通运输企业、事业单位领导体制的通知》（中发〔61〕499号）精神，南京交通专科学校收归交通部领导，学校改名为"南京航务工程专科学校"。经交通部同意，学校1958年下放后由江苏省交通厅开办的中专部公路与桥梁工程、汽车技术使用与修理、轮机管理和河船驾驶4个专业仍归江苏省交通厅领导，这4个专业划出建校，学校定名"江苏省交通专科学校"，实行一门两校，即南京航务工程专科学校、江苏省交通专科学校，同时设在南京市长江后街6号。

1962年下半年，国民经济调整，南京航务工程专科学校大专部及江苏省交通厅领导的江苏省交通专科学校被撤销。南京航务工程专科学校改名为"南京航务工程学校"，只保留水力工程建筑和航道整治工程2个专业。江苏省交通专科学校停办后，应届毕业生回到原籍。1962年9月，部分教职工被划分到金陵汽车修配厂和金陵船舶修造厂等单位工作。

第三节　组建江苏省南京交通学校

1964年，随着国民经济的逐步恢复和交通事业发展的需要，培养各类技术人员被重新提上了议事日程。鉴于在第二个五年计划时期建成江苏省交通学校的计划未能实施，加之江苏省交通专科学校被撤销，江苏省交通系统没有一所培养专业人才学校的现实，为了更好地适应工农业生产和交通运输事业发展的需要，江苏省交通厅、江苏省教育厅、江苏省劳动厅和江苏省财政厅联合决定，在南京、盐城两个航运局，南京、扬州、淮阴三个汽车运输处开办职业学校。1964年9月，江苏省交通厅南京航运局和南京汽车运输处分别开办半工半读形式的江苏省南京航运职业学校和江苏省南京汽车职业学校。1965年，在两校基础上合并组建江苏省南京交通学校。

一、创办江苏省南京航运职业学校

根据江苏省交通厅1963年11月有关企业举办职业学校的指示精神，1964年6月，江苏省交通厅南京航运局开办南京航运局附设职业学校，后定名为"江苏省南京航运职业学校"。学校由江苏省交通厅南京航运局领导，并接受地方教育、劳动部门的业务指导。学校培养内河船舶驾驶员，实行学员半工半读、自费学习。学校于1964年8月招生，9月开学。

1. 学校组织机构与教师队伍

1964年，江苏省交通厅南京航运局任命蔡致中为副校长兼教导主任。

教师队伍由专职与兼职教师组成，其中驾驶基础、船艺等专业课教学由海胜轮大副毛景澄、海船水手长孟守祺、海船驾驶员张国忠负责，政治、语文课教师由蔡致中兼任，另有游泳兼职教师、教务、勤杂人员各1人，均从航运局在岗职工中抽调。

2. 专业设置与招生

学校设内河船舶驾驶专业，学习时间为一年半，其中在校学习一年，船上实习半年。招收对象为南京市16～20周岁的男性青年，须具有初中及以上文化程度，南京航运局职工子弟优先招录。1964年学校招收内河船舶驾驶专业学生50人。

3. 校舍与教学

为了遵循勤俭办学的方针，尽量使职业学校与南京航运局原有职工业余文化学校结合起来，学校决定因陋就简，基本上不增人员、设备，校舍、教学用品均通过调剂解决。学校设在中山北路 507 号南京航运局后院内，校舍为南京航运局仓库的一座小楼、两间平房和一间大草棚。小楼上层为教室，底层为学生宿舍，两间平房作办公室，大草棚作实习场地，院内约有 250 平方米的场地用作体育活动场地。

学生在校学习期间，生产实习占总学时的 54%，驾驶基础、船艺、水运业务等专业理论课占总学时的 36%，政治、体育等普通文化课占总学时的 10%。教学设施和用品从各单位调剂，船舶驾驶实习使用的船只以封存报停的轮驳为主，适当安排一些实习在修理船上进行。学校第一任班主任是蔡致中，后由张国忠继任。

二、创办江苏省南京汽车职业学校

1964 年，江苏省交通厅南京汽车运输处开办南京汽车运输处附设职业学校，后定名为"江苏省南京汽车职业学校"，同年 8 月进行首届招生，9 月开学。该校由江苏省交通厅南京汽车运输处领导，并接受地方教育、劳动部门的业务指导。根据江苏省交通厅"发展和办好半工半读学校"的具体方案，学校的培养目标为"又红又专、能文能武，在专业知识上具有中专毕业生水平，在实际操作上具有 1～3 级工水平的各种交通系统的技术工人、车船驾驶员及企业管理人员"。

1. 学校组织机构与教师队伍

建校当年，江苏省交通厅南京汽车运输处抽调于德才任学校副校长。校址选在南京长江路 272 号，校舍只有十几间房子，江苏省零担货运车队也在校内。教学设备、教具主要是驾驶训练用车辆和废旧的汽车大梁。

学校专职教师 4 人，都来自南京汽车运输处。他们分别是钟镕、蒋长禧、蔡守康和端木建国，其中钟镕负责汽车理论课教学，蒋长禧负责汽车构造课教学，蔡守康担任汽车教练员，端木建国负责政治、语文课教学。

2. 专业设置与招生

学校开设汽车驾驶专业，学制 2 年。学校实行半工半读，学员自费学习。在校学习期间，理论学习包括政治、语文、汽车理论、汽车构造，实践教学内容主要是汽车驾驶。

招收对象为南京市初中毕业生，优先招收南京汽车运输处职工子弟。1964 年汽车驾驶专业招收学生 47 人，其中，南京汽车运输处职工子弟占 1/3，班主任是端木建国。学校为家庭困难的学生减免学杂费。

三、组建江苏省南京交通学校

1. 筹办过程

为了贯彻党的"调整、巩固、充实、提高"八字方针，江苏省交通厅决定培养陆上交通中等技术人才，填补全省交通系统还没有一所省直属中等专业学校的空白。1965年6月，经江苏省人民委员会批准，江苏省南京航运职业学校和江苏省南京汽车职业学校合并，组建"江苏省南京交通学校"，由江苏省交通厅领导，确定在校生规模为1000人，教职工120人左右，总投资为40万元，1965年按省计委、教育厅中等技术专业学校招生计划招生，学制3年。

同年，成立了由李光帆、施志球、于德才、于从淑等人组成的筹备小组，负责学校的筹建工作。建校初期，一无所有，经江苏省交通厅与江苏省委党校商定，租借建邺路168号江苏省委党校校舍给学校挂牌办学。江苏省委党校的1号楼、9号楼、10号楼分别用作学校宿舍、教学楼和办公楼。

1965年学校参加全省统一招生，新开设的4个专业在全省招收新生204人，加上原来两所职业学校2个专业，共6个班，301名学生在江苏省委党校度过第一学期。这期间，师生坚持同吃、同住、同教学、同劳动。没有实习基地，师生们到车站、车队和码头参加生产实习，利用寒假到车站参加春运服务工作。为了解决生活费用不足的问题，师生勤工俭学，承担了南京汽车运输处的零担货运装卸工作。虽然校址未定，百端待举，但师生团结一致，为办好学校、教好学生倾注心力，从而使学校办学有了一个良好开端。

2. 学校领导班子

1965年9月，江苏省交通厅党组批准成立中共江苏省南京交通学校支部委员会，李光帆任支部书记，施志球、蔡致中、于德才、于从淑为支部委员，李光帆为校长（兼），施志球为副校长（主持学校行政工作），蔡致中为副校长兼教导主任，于德才为副校长兼总务主任。

江苏省人民委员会批准成立江苏省南京交通学校

学校校务委员会由李光帆、施志球、蔡致中、于德才、于从淑、刘传成等人组成。

学校团总支由于从淑、刘传成、李红（学生）等人组成。于从淑任专职组织人事干事，代表党支部分管团总支工作；刘传成任团总支副书记，主持工作。各班建立团支部，开展团组织各项活动。学校建立学生会组织，首届学生会主席是魏维金（后改名魏东），各班建立班委会。建校之初，学校党、团组织基本健全，各项活动正常开展，党团组织关系由省交通厅党组织直接管理。

3. 择址建设学校

1966年3月，江苏省委党校的校舍租借期已到，江苏省交通厅决定将学校搬到南京市浦口区沿江乡冯墙，依托江苏省金陵汽车配件厂，在厂外的一片空洼地上建校。刚搬去之时，学校以厂里停车库作为教室和行政办公室，用砖石、水泥砌成课桌。师生宿舍无着落，男生住在沿河边临时搭建的芦席棚中，教师宿舍又兼作办公室。面对一片荒地，师生们承担了开山运土的任务，边教学、边建校。学校一期工程建设项目主要是办公楼和学生、教职工宿舍楼建设，以保证迁校和暑假招生的需要。学校建设项目由南京第一建筑工程公司承建。当时南京长江大桥尚未建成，学校基建所需的一砖一木，以及制作课桌椅、床铺的材料，都要从下关码头轮渡过江，再用汽车运到学校，由师生负责装卸，条件十分艰苦。

1966年秋季开学时，学校两幢宿舍楼提前建成交付使用，接着又建成了办公楼、教学楼和大礼堂，建筑面积达7000多平方米，基本满足师生教学和生活的需要。学校规划建设总建筑面积为2.186万平方米，总预算约46.84万元。

教学行政楼

4. 师资队伍

两校合并后充实了教职工队伍，专职教师有14人。当年从南京大学、厦门大学、南京师范大学、南京体育学院等院校分配来的毕业生刘传成、章以元、杜长安、程凌云、王高志、戴佺等6人来校任教，学校配备了语文、政治、数学、化学和体育等基础学科的教师。1966年，学校又调进财会专业教师龚育申、周信孚等6人，学校教师队伍结构得到了完善，教师队伍整体水平有所提高。

1965—1970年江苏省南京交通学校部分教职工名单

类别	姓名	性别	工作岗位	类别	姓名	性别	工作岗位
教学人员	杨肄宏	女	政治教师	教学人员	蒋丽娟	女	轮机教师
	端木建国	男	语文教师		张国忠	男	船驾专业教师
	刘传成	男	语文教师		毛景澄	男	船驾专业教师
	程凌云	男	数学教师		孟守祺	男	船驾专业教师
	杜长安	男	数学教师		江茂琰	男	民兵训练教师
	王高志	男	数学教师	行政人员	涂振发	男	驾驶员班班主任
	章以元	男	化学教师		于丛淑	女	组织人事干事
	戴佺	男	体育教师		王志娟	女	文书
	叶德曾	男	交通经济学教师		于淑珍	女	财务会计
	周信孚	男	财会教师		宿惠娟	女	财务会计
	龚育申	女	财会教师		李溉然	男	事务长
	钟镕	男	汽车专业教师		蔡正义	男	总务人员
	蒋长禧	男	汽车专业教师		李志英	女	基建会计
	蔡守康	男	汽车驾驶教练员		吴斐然	男	基建工程师
	王靖国	男	汽车驾驶教练员		姜波	男	校医
	刘旭	男	汽车驾驶教练员				

5. 调整专业结构与招生

学校合并初期，除保留江苏省南京汽车职业学校和江苏省南京航运职业学校汽车驾驶、船舶驾驶专业外，新开设水运调度、陆运调度、计划统计和财会专业，学校专业总数达到6个。1965年，学校除船舶驾驶、汽车驾驶在校生97人外，当年水运调度、陆运调度、计划统计和财会4个专业在全省统一招生，招收参加统考的应届初中毕业生，共录取204人，两届在校生共301人。1966年初，根据江苏省交通厅指示，学校水运调度专业40名学生在班主任叶德曾老师带领下转到南通河运学校。

1964—1969年江苏省南京交通学校专业设置及招生人数情况

年度	专业名称	招生人数	生源	调整情况
1964	汽车驾驶	47（全男）	南京市	江苏省南京汽车职业学校
	船舶驾驶	50（全男）	南京市	江苏省南京航运职业学校
1965	水运调度	40（全男）	全省	1966年3月转至南通河运学校

续上表

年度	专业名称	招生人数	生源	调整情况
1965	陆运调度	40（含5女）	全省	1967年重组为技工、钳工、财会班
	计划统计	62	全省	
	财会	62	全省	
在校生合计		301		

第四节　江苏省镇江汽车学校

为了适应交通运输发展的需要，需培养汽车驾驶和汽车修理等后备力量，1964年江苏省交通厅决定在镇江开办交通技工学校。1964年3月江苏省交通厅派王振才负责，孙洪文、周旭、秦退之、缪仁富、王挺度、卞汉文等人赴江苏镇江筹建江苏省镇江交通技工学校。学校培养中等技工，学制两年，统一寄宿管理，免除食宿费和学杂费等。1965年，经江苏省交通厅二次更改，校名为"江苏省镇江汽车学校"，升格为中等专业技术学校，学制三年，教学目的是培养陆上交通中等专业技术人才，更新汽车从业人员的理论知识结构，增强从业人员汽车运输管理能力，从而更好地适应工农业生产和交通运输事业发展的需要。

一、自力更生，艰苦办校

江苏省镇江汽车学校师生规模600～700人，校址设在镇江谏壁刘家湾的镇江造船厂旧址。镇江造船厂是1958年"大跃进"时苏联援建的项目，苏联专家撤走后停建，除部分建筑为镇江无线电厂使用外，只留下两幢二层楼房和一幢大厂房框架。

学校在废墟上引水、供电，改建教室和宿舍。江苏省交通厅投资6万元新建1000平方米砖木结构宿舍楼一幢，1966年初投入使用。师生一边教学，一边参加建校劳动。当年清晨号吹响，师生全体出动，自带面盆，到运河边搬运鹅卵石铺垫教练场地，为1000米长的汽车教练场出力流汗。

软件方面，专业理论教材不全，14门课程中有2门（"汽车维护与保养"和"汽车运输管理"课）都使用了由顾国祥老师根据江苏省交通厅机务科教材资料改编的讲义。学校缺乏专门的文化教师，语文课只有课本，没有教师。专业教师实践经验十分丰富，但教学经验欠缺，教学质量上不去。汽车构造只有挂图，没有实物解剖教具，学生感性认识不足。

学校最主要的教学设备是教练车辆，办学之初只有15辆，后来增加到25辆，增加的10辆是经秦退之副校长申请从越南学生培训办公室调拨的新解放车。自此，学生的学习环境和驾驶训练条件逐步改善。

二、学校领导班子及中层机构

建校时,学校领导班子成员主要是党支部书记王振才,校长由省交通厅汽车运输管理局局长李光辉兼任,副校长孙洪文、周旭、秦退之。1966年,王振才病逝,秦退之调至越南学生培训办公室任职。为加强领导,江苏省交通厅调耿文达任学校党支部书记。学校设有组织人事、教务、总务等机构。童富春为组织人事负责人兼团委书记,王挺度为教务负责人,缪仁富为总务后勤负责人,顾思文为会计。

学校教学机构设专业教研组和普通教研组,专业教研组组长为谢仁武,普通教研组组长为许爱国。为提高办学质量,学校从扬州配件厂技工学校调顾国祥、陆汉章来校任教。1965年,学校又从各大高校引进毕业生充实师资队伍。南京大学的张宗祥、张国玳,厦门大学的林光郎等人都是当时引进的教师。

三、招生及教学组织

建校初期先开办汽车驾驶和汽车修理短期培训班,1964年下半年正式在全省招生。开设的汽车驾驶与修理专业,学制3年,目标是培养3级驾驶员和3级修理工。专业课主要开设汽车构造、汽车电工、汽车修理、汽车驾驶、钳工学、金属工艺学、数学等课程。实践教学安排在镇江汽车保养厂、扬州汽车公司和盐城汽车公司。学校共招两届学生,1964年在南京、镇江、扬州招收初中毕业生4个班,200名学生。1965年在全省招生,共招收4个班,200名学生。两届学生共400人,分为8个班,陆汉章、卞汉文、钱根林(张宗祥)、许爱国、吴新如、林光郎、顾国祥、张国玳(王挺度)分别担任这8个班的班主任。童修元、童富春担任政治辅导员,刘光普任校医。首届学生会主席为张金保,团委书记由童富春兼任。

1964—1965年江苏省镇江汽车学校部分教职工名单

类别	姓名	性别	工作岗位	类别	姓名	性别	工作岗位
教学人员	张宗祥	男	数学教师	教学人员	祝狄初	男	汽车专业教师
	林光郎	男	数学教师		戴 鑫	男	汽车专业教师
	张国玳	女	数学教师		何齐龙	男	汽车教练员
	许爱国	男	体育教师		单子平	男	汽车教练员
	王挺度	男	工艺教师		陈公民	男	汽车教练员
	朱爱同	男	钳工教师		孙兴才	男	汽车教练员
	陆汉章	男	制图教师		王文华	男	汽车教练员
	朱锦堃	男	电工教师		吴良复	男	汽车教练员

续上表

类别	姓名	性别	工作岗位	类别	姓名	性别	工作岗位
教学人员	卞汉文	男	汽车专业教师	行政人员	童富春	男	组织人事兼团委书记
	钱根林	男	汽车专业教师		童修元	男	政治辅导员
	吴新如	男	汽车专业教师		缪仁富	男	总务人员
	顾国祥	男	汽车专业教师		顾思文	男	会计
	谢仁武	男	汽车专业教师		刘光普	男	校医

四、自行培养师资力量

由于学校师资力量不足，副校长周旭提议，从学生中抽选28人分成4个小组（保养组、修理组、驾驶组、机修组），先期专门集中培训3～6个月，强化学习汽车驾驶、汽车保养、汽车修理相关知识。其中保养组和修理组集中赴扬州汽车公司保养厂拜师学习。后因"文化大革命"未能实施该师资培养计划。除去驾驶组以老带新辅助教练和机修组解剖作为学校教具的汽车总成件顺利实施外，其余两组均无果而终。这批学生毕业后被分配到全省各地。

南京交通职业技术学院

NANJING VOCATIONAL INSTITUTE
of TRANSPORT TECHNOLOGY
History

第三章

历经坎坷，
学校步入健康发展轨道

1966.5—1982

Nanjing Vocational Institute of Transport Technology
History

在 1966 年 5 月到 1973 年 8 月期间，江苏省南京交通学校受到"文化大革命"的影响，校舍并给了江苏省金陵汽车配件厂，学校陷入停办或半停办的状况。1973 年 9 月，江苏省"革命委员会"交通局决定在南京农业机械化学校（简称"农机校"）旧址复办江苏省南京交通学校。1977 年开始，学校以恢复高考制度和招生为契机，全面恢复教育教学，加强教学过程管理和教师队伍建设。学校重新选址，建设新校园，到 1982 年，学校步入健康发展轨道。

第一节 特殊时期学校发展状况

一、江苏省镇江汽车学校并入江苏省南京交通学校

1966 年 6 月，江苏省交通厅决定将江苏省镇江汽车学校迁入南京，并入江苏省南京交通学校，实现教学、科研和工厂"三合一"，促进交通教育与科研发展。由于江苏省南京交通学校新校舍正在建设，不具备接收江苏省镇江汽车学校的条件，而江苏省镇江汽车学校的校址已转让给四机部镇江无线电厂，江苏省镇江汽车学校必须尽快完成搬迁。经商定，在江苏省南京交通学校内搭建芦席食堂作临时过渡，接收江苏省镇江汽车学校师生。1967 年 3 月，江苏省镇江汽车学校从镇江谏壁刘家湾动迁，师生分别从陆路和水路把设备和家具搬到南京市浦口区沿江乡冯墙的江苏省南京交通学校内。由于当时正值"文化大革命"时期，并校事宜并未落实，两校并没有实现实质性合并，校门上仍然挂着两个校牌，有两套领导班子，两个工宣队各住一幢宿舍楼，使用两个食堂。1966 年后两校都没有再招生，并分别在 1967 年 9 月、1968 年 12 月和 1969 年 3 月将毕业生分配出去。1969 年 12 月，两校停办。

二、1966 年 5 月—1968 年 12 月学校发展状况

1966 年 5 月 16 日，中共中央政治局扩大会议通过了《中国共产党中央委员会通知》（简称"五一六通知"）。"五一六通知"在全国一经播发，广大青年学生首先积极响应，于是"文化大革命"首先在各级各类学校发动起来，学校教育陷入困境。

1966 年 6 月下旬，江苏省交通厅派工作组进入江苏省南京交通学校，宣布停止学校领导的职权。后在中央的统一安排下，工作组于 8 月上旬撤离学校，学校陷入混乱状况。

1967 年 2 月初，学校党支部、行政印章被查封。

1967 年 3 月初，南京军区 6453 部队派出军管小组进入学校。在军管小组的领导下，学生开始返校，并于同年 5 月 22 日开始了为期一个月的军政训练，学校的状况有所好转。

1967 年 6 月，分管教学工作的校领导和许多基础课、专业课教师仍不能正常上课，正常的教学活动无法开展。

1967 年 8 月，学校 64 级汽车驾驶专业 5 个班 243 名学生、水手专业 1 个班 49 名学生

进入毕业分配阶段。1967年8月16日，经江苏省交通厅批准，汽车驾驶专业243人除张树森、洪家俊等5人留校外，其他学生按"专业对口"原则，分配到有关地区汽车公司工作，其中南京汽车公司55名，盐城汽车公司100名，南通汽车公司20名，六合汽车公司30名，镇江汽车公司23名，交通厅工程局10名。6402班毕业生刘国春，毕业后于1968年4月在射阳入伍，1968年10月在执行国防运输任务途中，光荣牺牲，被追认为烈士。关于水手专业即船舶驾驶专业分配问题，由于学生三年所学专业教材均为交通部统编教材，学生实习便在南京航运局行驶在长江上的等级船舶上进行。而在1965年体制调整时，江苏省原有等级船转为长江船运公司经营。因此，江苏省交通厅认为，这部分学生毕业分配问题本厅无法解决，需要交通部统一安排。后经多次交涉，1968年1月14日，水手专业49名毕业生中，有41名分配到外省，其中，分配给中央六机部093筹备处15名，山东省交通厅13名，浙江省交通厅13名。

1968年8月，经江苏省交通厅军管会批准，江苏省南京交通学校"革命委员会"成立，成员有于德才（领导干部代表）、涂振发（教职工代表）、倪以凡和朱民斋（学生代表）等11人，于德才任主任。

1969年初，江苏省"革命委员会"派出第一批宣传队进驻大中专学校，南京市"革命委员会"派工宣队进驻中小学。

1968年12月，学校65级即68届毕业班汽车驾驶专业4个班201名学生，财会专业1个班、计划统计专业1个班、陆运及水运调度专业1个班计162名学生，于1969年3月底全部下放到农村、江苏南通江心沙农场或生产建设兵团劳动。后来，这届毕业生通过招工，陆续被分配到全省相关企事业单位工作。其中，马桂兰、马华松、陈涌、张春石、马凤仙等调回学校安排工作，入伍的芮建平、郑思华退伍后也分配回学校工作。1971年始，大部分下放教师及其家属陆续被调回城市或在当地按有关政策得到了安置。

三、1969年—1973年9月学校发展情况

1969年5月，在南京市浦口区"革命委员会"领导下，学校学生分配完毕。根据江苏省"革命委员会"生产指挥组负责人指示精神，江苏省"革命委员会"交通局于1969年12月16日报请省"革命委员会"政工组同意，确定江苏省南京交通学校（含江苏省镇江汽车学校）停办，学校教职工80人另行安排工作。

1970年10月6日，学校停办后，江苏省"革命委员会"交通局将周旭等46名教职工（其中江苏省南京交通学校16名，江苏省镇江汽车学校30名）调到江苏省汽车大队工作，其余的教职工均于1971年1月1日起安排到江苏省金陵汽车配件厂工作。

1971年2月27日，根据江苏省"革命委员会"生产指挥组印发的《关于下放企事业单位的通知》（苏革生〔1971〕16号），江苏省"革命委员会"交通局将江苏省南京交通学校并入江苏省金陵汽车配件厂，以厂办校。这意味着江苏省南京交通学校原有校舍、教学设施以及图书等统统划归江苏省金陵汽车配件厂所有。与此同时，江苏省"革命委员会"交通局

根据江苏省"革命委员会"生产指挥组"关于农机分院生产实习工厂所属职工、机具设备、资金材料划交省交通局管理"的指示精神，为了充分发挥生产实习工厂的生产能力，加速140型汽车发动机的制造，决定将南京农机分院生产实习工厂并入江苏省金陵汽车配件厂。

四、1973年9月学校恢复办学

自1966年起，江苏省南京交通学校以及后来并入的江苏省镇江汽车学校，均已连续多年没有招生，并于1969年停办，致使全省交通人才匮乏，交通运输事业青黄不接。江苏省"革命委员会"于1973年9月22日以苏革发〔1973〕67号文件批准江苏省南京交通学校等中等专业学校和技工学校复办招生。由此，江苏省南京交通学校重新走上办学之路。

1. 筹备办学

1973年10月，为了落实苏革发〔1973〕67号文件精神，江苏省"革命委员会"交通局指示江苏省金陵汽车配件厂成立江苏省南京交通学校复办筹备组，筹备组由于秀娥、蔡致中等5人组成。为了加强领导，认真做好学校复办工作，中共江苏省金陵汽车配件厂委员会以省配党组〔1973〕13号文件决定成立交通学校临时党支部。支部书记为于秀娥，委员为于德才、蔡致中。当时复办工作急于解决的问题有三方面：一是学校复办的校址及校园整治；二是学校的师资及管理人员；三是招生工作。

（1）在南京农业机械化学校旧址办学

"文化大革命"期间，江苏省"革命委员会"决定停办江苏省南京交通学校、撤销南京农业机械化学校。停办的江苏省南京交通学校并入江苏省金陵汽车配件厂；撤销的南京农业机械化学校的校产划归江苏省"革命委员会"交通局管理，其校舍由江苏省金陵汽车配件厂使用。

1973年，江苏省金陵汽车配件厂因生产140型汽车发动机需要，无法退出占用的江苏省南京交通学校的校舍。在这种情况下，江苏省"革命委员会"交通局决定在南京农业机械化学校旧址复办江苏省南京交通学校。当时，南京农业机械化学校旧址驻扎有中国人民解放军司令部、警卫排、修械所，大量校舍被占用。江苏省金陵汽车配件厂的曲轴车间及其仓库也安排在南京农业机械化学校校办工厂和实习车间中。整个校园杂草丛生，满目荒芜。在江苏省"革命委员会"交通局的协调下，1973年上半年，调剂出两幢平房约16间改作学校办公用房兼图书馆，挤出一幢平房约8间作为教室，挤出原实习工厂大厂房约300平方米、锻工车间约150平方米分别改作男女生宿舍，挤出原焊工车间约200平方米改作食堂兼会堂。学校抓紧维修改造，收集散失的课桌椅和学生用床，以保证下半年新生入学最基本的需要。

江苏省南京交通学校在南京农业机械化学校旧址复办以来，一直与南京农业机械化学校存在校舍使用矛盾。1974年9月14日，中共江苏省委常委会在彭冲书记的主持下召开专题会议，决定关于江苏省南京交通学校和南京农业机械化学校的地区划分按照"乔嵇方案"（即省交通局负责人乔凯亭和省机械局负责人嵇康商定的方案）执行，江苏省委这一决定暂时平息了其场地使用的矛盾。校址纠纷也严重制约了学校生存和发展的空间，致使学校

1974—1977年连续4年都未能像其他中专学校那样正常招收学生。

（2）抽调教职工回学校工作

学校停办时，除先期下放到农村安家落户的教职工外，其余的都下放到江苏省汽车大队或江苏省金陵汽车配件厂劳动。学校恢复办学，当务之急是尽快抽调教职工回学校工作。1973年1月17日，江苏省金陵汽车配件厂委员会向江苏省"革命委员会"交通局提交了《关于南京交通学校机构编制与人选的报告》（省配党组〔1973〕11号），报告提出南京交通学校开设汽车制造与修理、公路与桥梁、统计与会计3个专业，学制2年。按每期招生200人计算，需配备教师和教学辅助人员36人，其中普通课教师10人，基础课教师9人，专业课教师13人，教学辅助人员4人。行政管理设办公室、教务处、总务处，需配备人员23人。江苏省"革命委员会"交通局非常重视复校教职工队伍的重新组建工作，多次发文从基层企事业单位抽调原江苏省南京交通学校（含江苏省镇江汽车学校）、原南京农业机械化学校（省"革命委员会"生产指挥组将该校100多名教职工划归省"革命委员会"交通局安排）的教职工回江苏省南京交通学校工作。其中，一次性抽调于秀娥、于德才、蔡致中、陈彤鉴、黄荣枝、张宗祥等45人回校工作，并于1974年2月22日办理了调动手续。

江苏省"革命委员会"批准学校复办招生

（3）招生与录取

1970年6月，中共中央批转《北京大学、清华大学关于招生（试点）的请示报告》后，全国高校陆续在工人、农民、解放军战士、上山下乡和回乡知识青年中招收学员。1973年，江苏省"革命委员会"下达《关于中等专业学校招生的通知》（苏革发〔1973〕67号），南京交通学校招生计划为200名，其中在职职工140名、非在职职工60名。招生的具体做法是：

①招收具有两年以上实践经验，政治背景清楚，年龄20岁左右，身体健康，一般未婚，并具有相当于初中及以上文化程度的本省交通企事业单位青年、上山下乡和回乡知识青年。

②严格实行"自愿报名，群众推荐，领导批准，学校复审"的原则，并由地、市委负责审定。

③学制根据不同专业划分，汽车制造与修理专业暂定为两年半，会计与统计专业暂定为两年。学员毕业后，一般回原地区、原单位工作。

根据上述招生办法，1973年10月，学校实际录取新生132名，其中汽车制造与修理专业90人，会计与统计专业42人。11月底，学员报到。12月1日，正式上课。

食堂兼会堂（1973年）

学生宿舍（1973年）

篮球场（1973年）

2. 恢复办学

（1）恢复成立学校领导班子

当时，工农兵学员进学校，不仅仅是"上大学"，还肩负着"管大学、用毛泽东思想改造大学"的职责。因此，在恢复成立学校领导班子时，还注意吸收工农兵学员。1974年10月19日，江苏省"革命委员会"交通局核心小组同意由陈展等9人组成中共江苏省南京交通学校支部委员会。陈展任书记，于秀娥、秦退之、于德才任副书记，陈展、于秀娥、秦退之、于德才、蔡致中、刘传成、吴兆生、林峰、刘淑兰任委员（其中，吴兆生、林峰、刘淑兰为工农兵学员）。1974年11月12日，江苏省"革命委员会"交通局以交政发〔1974〕29号文件同意由陈展等人组成江苏省南京交通学校"革命委员会"。陈展任主任，于秀娥、秦退之、于德才、蔡致中任副主任，陈展、于秀娥、秦退之、于德才、蔡致中、刘传成、陈彤鋆、陆汉章、高延贵、俞阿芬、吴伦春、王世淮任委员（其中，俞阿芬、吴伦春、王世淮为工农兵学员）。1976年4月19日，由于陈展被调出，江苏省"革命委员会"交通局核心小组以交党〔1976〕7号文件决定，任命刘其义为中共江苏省南京交通学校支部委员会书记，秦退之为江苏省南京交通学校"革命委员会"主任、党支部副书记。

（2）恢复设置中层机构

设置四个科室：党政办公室、教务处、总务处、校办工厂。任命刘传成为党政办公室负责人，陈彤鋆为教务处负责人，高延贵为总务处负责人，黄荣枝为校办工厂负责人。教务处下设三个教研组：汽车专业教研组，组长为钱根林；财会专业教研组，组长为周信孚；基础课教研组，组长为黄荣枝，副组长为张宗祥。学校制订部门职责，明确了各中层科室职能。各部门也恢复性地制订了相应的管理制度。如教务处制订了学籍管理规定、教室管理规定、实习管理规定等，总务处制订了总务管理规定、膳食管理规定等。这些制度的制订和执行，使学校工作恢复性地逐步走上正轨。

汽车制造与修理专业首届全体工农兵学员毕业合影

（3）推行开门办学

为了搞好开门办学，经学校研究，采取三个方面的措施：第一，重新修订汽车制造与修理专业、会计与统计专业教学计划，减少两个专业的普通课、专业基础课教学课时数，增加专业课教学课时数；减少两个专业的理论教学课时数，增加实践教学课时数。第二，坚持实物教学、现场教学，把课堂搬到工厂、车间，聘请工厂（或公司）专业技术人员现场讲课与指导。第三，学校和相关的交通企事业单位实行专业对口的"厂校挂钩"，安排学生实习。实习期间，学员与工人师傅同吃、同住、同劳动，实习单位负责学生的业务指导和食宿安排，学校负责学生的思想政治教育工作。通过"开门办学"，加强了学校与社会、理论与实践的联系，丰富了学生的感性认识，提高了学生的操作技能。但也存在"以干代学"倾向，理论教学偏少，导致学生基础理论知识薄弱，一定程度上影响了中专教育质量的提高。

（4）毕业生分配

根据江苏省"革命委员会"交通局《关于一九七五年暑期江苏省南京交通学校毕业生分配的通知》《关于一九七五年下半年江苏省南京交通学校毕业生分配的通知》精神，依据"原内招的在职职工一般回原单位工作；外招的毕业生根据今年生产建设事业发展情况，本着确保重点、就地就近、专业对口原则"，分别于1975年9月对会计与统计专业42人，1976年1月对汽车制造与修理专业90人完成毕业分配。为了加强学校师资队伍建设，学校从会计与统计专业毕业生中留校5人，从汽车制造与修理专业毕业生中留校13人，充实教职工队伍。

3. 举办交通企业财会人员培训班

为了加强全省交通系统水、陆集体所有制企业的财务管理和会计工作，提高现有财会人员的工作水平，以适应交通运输事业发展的需要，经江苏省"革命委员会"交通局决定，江苏省南京交通学校举办集体所有制交通企业财会人员培训班。1976年初第一期培训班招收在职职工100人，学习时间为半年，学习结束后返回原单位工作。学校编制了详细的教学计划，教师编写了相关的教材讲义，理论与实践相结合，教会学员财务会计、财务管理基础知识、基本技能，提高学员财务工作水平。1976年7月第一期交通企业财会人员培训班结业后，江苏省"革命委员会"交通局又在下半年举办了第二期财会人员培训班，并于1977年6月结业。这两期培训班的成功举办，对于提高当时全省集体所有制交通企业财会人员水平，改善集体所有制交通企业财务管理状况起到了积极作用。

第二期财会培训班结业合影

第二节　学校招生与培训工作

南京地区中专学校于1977年开始恢复普通中专学校统一招生考试，1978年全面实施普通中专的招生工作，招生对象大部分为高中生，少部分为初中生，学制2～3年。至此，招生工作彻底摒弃了"文化大革命"期间从工、农、兵中选拔学员的招生办法，招生工作走上正轨。

一、学校恢复普通中专招生

1. 专业设置规划

为恢复学校正常专业教学工作，1978年5月学校就专业设置、办学现状和今后专业招生计划等问题，向江苏省"革命委员会"交通局[①]和教育局提交报告。报告在简要介绍学校

---

① 1980年4月23日，江苏省政府通知，江苏省"革命委员会"交通局即日起改为"江苏省交通厅"。

专业变动情况、简要回顾办学历史后，提出了今后的规划与设想：主要面向省内陆上（汽车、公路）交通，首先办好三个专业，即汽车运用与维修专业，学制三年，每年招生100人，在校生300人；公路与桥梁专业，学制三年，每年招生60人，在校生200人；财务会计专业，学制两年，首期招生60人，在校生100人。其次举办短训班，在校生100人。

针对学校的报告，江苏省"革命委员会"交通局作出《关于江苏省南京交通学校性质、专业、学制及培养目标问题的批复》。批复主要内容为学校"1973年经省'革命委员会'67号文批准复办招生，学校性质中专，设三个专业，学制分为三年和两年。学校发展规模（包括举办短训班）暂定在校生700名，其中普通中专班600名，按1∶8的比例配备教师编制，按1∶20的比例配备行政人员编制"。

2. 专业设置与招生

为满足江苏交通公路建设人才要求，1977年根据江苏省南京交通学校的招生计划，江苏省"革命委员会"交通局委托山东省交通学校培养20名学生，学习公路工程专业，毕业证书由山东省交通学校发放，江苏省南京交通学校为学生的主管单位，负责学生的户口粮油关系办理、经费发放和毕业分配工作。该班级学生朱俊和樊琳娟毕业后分配到江苏省南京交通学校任教。

1978年，学校专业设置为汽车运用与维修专业、公路与桥梁专业和交通财务会计与管理3个专业。当年汽车运用与维修专业招收80名新生，分2个班级，每个班级40人。

1979年，随着新校区建设报告获得批准和与南京农业机械化学校用房争端的妥善处理，学校实现了汽车运用与维修、公路与桥梁、交通财务会计与管理3个专业同时招生的愿望，当年3个专业各设一个班，共招新生120名。

1980年，江苏省"革命委员会"交通局对学校专业设置和学制安排做了进一步调整，分别设汽车运用与维修专业，学制三年；公路与桥梁专业，学制三年；将交通财务会计与管理专业改为汽车运输管理（财会）专业，学制两年。因受办学场地影响，当年学校只有汽车运用与维修专业招收40名学生。

1981年6月30日，江苏省教育局下达学校3个专业招生计划，共招生160名，其中汽车运用与维修专业（简称"汽车"）80名、公路与桥梁（简称"路桥"）专业40名、汽车运输管理（财会）（简称"财会"）专业40名。

1982年9月，新校区主体教学楼建成并投入使用，教学条件得到改善。10月5日，江苏省教育局同意学校3个专业招收123名学生（设汽车8210、路桥8220、财会8230 3个班级）。学校迁入新校区后，正式拥有了属于自己的校园，从此以后，学校招生、教学等工作步入正轨。

二、社会培训工作

1976年，学校在73级汽车运用与维修专业和财务会计专业学生毕业分配离校后，教学工作主要以开展在职职工短期培训班为主。在人手少、教学设备差的条件下，当年举办了机务管理、财务管理、公路测量等培训班，共培训学员 212 名。1976 年 11 月至 1977 年 6 月举办了第二期全省交通财会人员培训班；1977 年 3—11 月举办了第一期驾驶员培训班，为全省各交通局培训驾驶员 104 名；1977 年 3—6 月举办了第一期黑色路面培训班；1977 年 11 月至 1978 年 5 月举办了第三期财会人员培训班，招收 47 名学员。1977 年共培训学员 243 名，为全省交通运输事业输送了一批人才。1978 年在做好汽车运用与维修专业两个普通班级招生的同时，又举办了汽修、财会、驾训 3 个短期培训班，共培训学员 150 名。

1980 年，学校接受江苏交通系统其他单位培养学员（30 多名）的委托，采取跟班学习方式，将其分散在汽车、路桥、财会专业，学制三年（其中，财会专业学制两年），与该校学生一起毕业。当年，学校为兄弟单位举办一期 40 人参加的路桥测量培训班。另外，西藏自治区山南地区交通局先后于 1980 年 8 月 27 日和 1980 年 9 月 19 日发电报到江苏省交通厅，要求委托培养 3 名藏族青年学习公路与桥梁专业。省交通厅把任务安排给江苏省南京交通学校。1981 年 3 月 24 日，西藏自治区山南地区交通局藏族青年达桑、米玛、马爱花 3 人，正式来学校公路与桥梁专业跟班学习 3 年。

1981 年 9 月，学校为河南省交通厅代培 6 名高中毕业生，学习交通财务会计专业（1981）。同年 10 月，学校为南京新华造船厂代培财会专业人员 6 名，采取跟班学习形式，学制两年，与正规班学生同时毕业（结业）。1982 年为南京公交公司代培 10 名、内蒙古自治区交通厅代培 1 名汽车运用与维修专业学生，采用跟班学习方式，学制三年，与统招班学生同时毕业。

公路测量训练班合影（1976 年）

第三期财会培训班合影（1978 年）

汽车修理训练班合影（1978年）

第三节　重建校政，规范学校管理

从1979年开始，学校重点抓制度建设、教学管理、教师队伍建设和教学基础建设，使教学工作进一步规范化，教学工作的中心地位逐步显现出来。

一、学校领导班子及组织机构设置

1.学校领导班子任命及调整

1979年江苏省"革命委员会"交通局党组根据学校发展和现状，对学校领导班子进行了调整，经江苏省委组织部批准，秦退之、许怡善、姜浩、陈彤鏊任江苏省南京交通学校副校长。1981年4月，经江苏省委组织部批准，姜浩任江苏省南京交通学校党总支书记；秦退之任学校顾问。同年8月，经江苏省委组织部批复，陈彤鏊任江苏省南京交通学校校长、黄荣枝任副校长。由于秦退之年事已高，1982年江苏省交通厅党组批准免去秦退之江苏省南京交通学校顾问职务，同意离休。

2.组织机构设置

1976年学校的行政组织机构包括政工组、教务、总务三个部门和一个校办工厂。

1979年学校先后成立了党总支、团委和学生会。同年，江苏省"革命委员会"交通局同意学校成立办公室、教务处、总务处和教学工厂四个职能部门。其中罗家琚任办公室副主任，陈彤鏊任教务处主任（任职至10月），黄荣枝先后任教务处副主任、教务处主任（自10月起任职），程万仞任教务处副主任，范祥明任总务处副主任，俞正福任教学工厂副厂长。

1980年1月，学校党总支根据学校发展的需要，进一步加强组织建设，先后对学校工会、共青团、学生会等群众性组织人员进行调配，并对学校内部组织机构及中层干部进行了增设。其中工会主席为姜浩，副主席为顾唯一。江苏省南京交通学校发文同意成立共青团南京交通学校委员会，由黄荣枝任团委书记，刘传成任团委副书记，朱菊英任组织委员，朱金桥任宣传委员，熊寿文任学生委员，樊新海、潘庆长任文体委员。1980年5月成立校学生会，熊寿文任主席，张英龙任副主席。

1981年9月9日，江苏省交通厅发文同意建立江苏省南京交通学校学生科，薛承范为学生科科长，并同意虞寿林为教务处副主任，赵振环为实习工厂副厂长。1982年，江苏省交通厅党组发文同意罗家琚为办公室主任，王宏元为总务处副主任。为加强专业建设和教学管理，提高教学质量，1982年9月学校对教研组进行了调整，设置9个教研组。教研组的设置，进一步充实了基层教学组织，加强了教学管理和教学研究，为提高教学质量打下了基础。

学校教研组设置情况

序号	教研组名称	教研组组长
1	路桥教研组	朱爱娟　黄祥富（副）
2	汽车教研组	金德虎
3	财会教研组	龚育申　郦时藏（副）
4	政治教研组	张友恒
5	数理化教研组	张宗祥
6	体育教研组	杨烈儒
7	机械设计教研组	周以强　孟祥林（副）
8	金工制图教研组	王挺度
9	语数外教研组	熊树苏

二、规章制度建设与教学管理

从1976年到1982年学校逐步建立起相应的管理制度，为规范学校的教育教学行为打下了基础。

1. 规章制度建设

随着全国教育形势的好转，1976年《江苏省南京交通学校规章制度（试行）办法》出台。该办法主要包括请假制度、教室规范、学生宿舍公约、家具房屋管理制度、关于福利和领取用品制度、财务制度、安全保卫制度等。1977年学校出台了《交通车使用管理规定》《财务制度》《考勤制度》《办公室工作职责》《团总支工作职责》《政工科工作职责》《班主任工作职责》《教师岗位责任制》《实验员岗位责任制》《教务员岗位责任制》《图书管理员岗位责任制》《教学行政管理制度》《评教评学实施办法》《调课规定》《图书借阅办法》《阅览室条例》等约20项管理制度。

1979年，《干部考核评比条件》《公费医疗、职工子女统筹医疗意见和办法》《学校车辆统一管理规定》等制度出台。

1982年5月,《学校管理制度汇编》形成,该汇编包括《行政管理制度》《教学管理制度》《后勤管理制度》《学校领导工作职责》《学校9个部门职掌范围》等内容。《加强实践的若干规定》《关于培养提高学生自学能力的办法》《关于考试的若干规定》《学校考核奖励办法》《学生手册》《关于计划生育若干问题的暂时规定》《关于职工福利的若干规定》《关于食堂管理规则》等制度出台。这些制度的出台,进一步规范了学校管理、教学、后勤服务行为。

2. 常规教学管理

1976年,学校根据教学工作的质量要求,在教学管理上主要采取以下措施:

(1)坚持教育革命的方向,积极走开门办学的道路,努力培养又红又专的接班人。当时为在学校深入开展教育革命,学校将有关教育革命的文件印成小册子,组织学习,大胆探索教育革命的新途径,对学校的办学思想、教学组织、教学内容、教学方法进行了必要的改进。将汽修专业教研组调整为专业组和基础组,进一步明确了各自的工作责任;各教研组不断改进教学方法,教师主动利用废弃材料自制教具、实验设备等,千方百计提高教学质量;重视学生的实践能力培养,把课堂教学与实践结合起来,组织学生到工厂学习,实现开门办学;要求教师积极改进教学方法,认真辅导,做到学生有问必答;鼓励学生多学习社会主义文化知识,要求教师对学生从德、智、体三方面进行教学。例如,周信孚老师利用业余时间编写了《集体所有制交通企业会计》教材,他认真教学,积极辅导,不仅关心学生的学习,而且关心学生的思想、生活,并热情帮助青年教师,进行传、帮、带,受到了全校教师的一致好评。1976年学校组织了三次短期训练班,使学生得到了较好的实践锻炼。

(2)坚持老带青、青促老,努力造就合格的师资队伍。1976年学校从73届毕业生中留校18名学生充实师资队伍,校党支部很重视对这批新教师的培养工作,开会专门研究制订培养计划,采取多种形式帮助他们提高教学能力和业务能力,如送学生到高校进修、到工厂实践,安排老教师一对一指导等。其中,财会组青年教师杨锦棣、徐爱萍工作热情高,主动向老教师请教教学方法,起早贪黑做学生的思想工作并对他们进行业务辅导,教学效果好,得到了训练班学员的好评,对老教师也起到很大的促进作用。

(3)支持企业单位建设"七·二一工大"(培养技术工人队伍的一种厂内办学形式),学校先后给徐州、南通、扬州、镇江、南京等地的交通企业"工大"寄发教材,周以强老师在学校工作任务繁重的情况下,积极支持省汽车配件厂"七·二一工大"教学工作,利用业余时间给学生上课,经常辅导学员到很晚才回家,得到了学生的一致好评。另外,张树森、陆汉章等教师也积极到有关企业参加"七·二一工大"教学工作,得到了企业的好评。

1977年12月,交通部教育司召开了全国22所交通系统学校教学工作会议,会上制订了《"汽车运用与修理专业"教学计划(草案)》,为该专业的教学起到了积极的指导作用。1978年7月交通部《全国交通系统全日制中等专业学校工作若干规定(试行草案)》(以下简称《若干规定》)的颁发,为学校认真贯彻落实党的教育方针、有计划地组织教学工作、稳定教学秩序提供了依据。学校根据这两个文件精神,结合学校实际情况和专业教学特点,制订了具体教学实施计划和若干课程（如金工、力学等）教学大纲，并对《若干规定》中提出的培养目标和提高教学质量等问题进行了认真讨论，进一步明确了一名合格的中专生应该掌握的基础理论、专业知识和专业技能。

1978年，全国教育工作会议召开，为教育事业的拨乱反正、正本清源指明了方向。学校组织教职工反复学习全国教育工作会议精神，使大家对教育工作的重要性、教育与四个现代化的关系有了初步认识，明确了学校中心工作是教学。通过学习，教职工精神振奋，对做好教育教学工作信心倍增，在连续五年停招后，当年招收汽车运用与维修专业新生80名。学校坚持以教学为中心，努力提高教学质量，增开了语文、英语、物理、化学四门基础课程，并加强教学过程管理，逐步建立正常的教学秩序。无论是短训班还是正规班都有教学计划、教学进程、教学日志，调课有通知单。教务处分别召开了学生座谈会、教师座谈会，以规范教学行为，倡导教师进行教学改革。为逐步实现教学手段现代化，学校建立了电化教学小组，在制图、英语等教学中使用幻灯片、录音磁带、唱片等，增强了教学效果。

1979年，学校党总支的建立使学校工作重心转移得到了保障。2月28日，学校做出了"迅速把我校工作的重点转到教学上来"的决议，通过专栏、墙报、黑板报、广播等形式，大力宣传工作重心转移的意义，并动员广大师生献计献策，及时表扬工作表现出色者，通过宣传，学校内迅速掀起了团结一致向前看、齐心协力干"四化"的热潮。学校主要领导带头深入教学一线，姜浩、陈彤鋆除党政工作外，每周承担8节课的教学任务，教务处主任黄荣枝同样也承担了路桥专业的工程制图课程教学任务。由于领导深入教学第一线，教师教学工作的积极性受到了极大鼓舞，教学普遍都很认真，特别是有实验要求的课程，教师在缺乏实验设备的情况下，想方设法制作一些土教具或因陋就简地做实验，以满足教学的需要。

1981年10月13日，交通部教育司制定了面向交通系统中等专业学校教学工作的《交通系统中等专业学校教学管理办法（草案）》（简称《交通中专教学管理办法》），对中等专业学校教学管理提出了三十条管理意见。该文件对中等专业学校教学提供了原则、方法、步骤、途径等较系统的管理办法和具体措施。为此，教务处主要采取了如下几方面的措施：

（1）抓教学文件建设管理

教务处重点抓专业教学计划的修订、课程教学大纲的制订与修改、教师授课计划和教案的规范化等工作。

（2）抓教学过程管理

领导深入教学第一线听课，现场观看教师实验过程。教务处组织期中教学检查，开展评教评学活动，进一步了解教师教学质量和学生学习效果。

（3）抓实验实习教学管理

由于学校实验、实习条件较差，一些实验、实习学校无法完成，教务处主动帮助任课教师联系其他学校或企业，解决实验、实习问题，使实践教学有保障，提高了学生的实践技能。

1982年，学校为加强专业建设，培养针对性强、毕业后能尽快适应交通"四化"建设需要的人才，从教务处、有关部门和教研组等抽出9人，对毕业生先后组织了两次跟踪调查，一次是由副校长秦退之和教师张宗祥带队对苏中地区城市的调查，另一次是由教师张宗祥和陈玉龙带队对苏北地区城市的调查，他们先后用20多天时间走访了147家单位，调查了177名往届毕业生的工作学习情况，通过调查为专业课程设置、教学方法改进和教学改革实施提供了大量的第一手资料。学校根据调查的结果提出改进基础理论课的教学内容和教学方法，加强学生实践操作能力培养等改革意见；提出解决教师知识结构老化问题，要求教师加强新知识、新技术的学习，公路与桥梁专业应结合本省路面结构、桥梁、水文地质实际组织教学，汽车运用与维修专业要结合国产新型车和进口车型特点开展教学；提出要改革教学内容，注重学生个性化的发展，同时加强企业管理知识的传授。采取的措施有：修订教学大纲，选编教材，适当调整授课内容及方法；加强实践环节，开放实验室，延长阅览室开放时间，提高学生自学能力；改革考试方法，试行助学金与奖学金相结合的办法，促进学生努力学习专业知识和技能。在日常教学中认真贯彻执行《交通中专教学管理办法》三十条教学管理意见，健全了教学管理规章制度，有效促进了教学质量的提高。

1982年8月至1983年1月，学校为提高教学质量，开展了教学管理质量月活动。活动的主要内容包括：学习教育学、教学管理办法、实习管理办法以及优秀教员季卜枚的教学法，开展结构力学、理论力学公开课以及集体听课和参观活动，召开班级学习委员、学生代表座谈会等教学活动，开展评教评学活动。这些活动旨在激励教师进一步提高教学业务能力，加强教育理论学习，不断改进教学方法，提高教学质量。

三、加强教师队伍建设

从1978年恢复招生工作以来，学校师资队伍严重不足。为此，学校采取多种措施，切实加强师资队伍建设。

1. 加大对青年教师培养力度

（1）选派教师到高校进修学习

1977年选派6名教师到大学进修，2名教师到师资训练班学习，2名教师兼去南京工学院学习。1978年选派4名青年教师参加交通部培训学习，选派5名教师分别到南京大学、南京师范学院、南京工学院、南京市教师进修学院进修学习。1979年学校选派12名教师到南京工学院、南京大学、厦门大学和镇江农机学院等校进修学习。1980年有4名教师脱产进修学习。1982年学校派出7名教师在外脱产进修学习，十几名教师参加电大、函授学习。学校从1979—1982年每年用于教师培训的费用达5000元。

（2）选送教师到企业进行生产实践

1979年学校派出16名教师先后到汽车保养厂工作和学习，汽车构造课教师到汽车修理厂学习，财会教师到交通财务部门学习，汽车电工课程教师到汽车保养厂学习，通过实践不断提高他们的专业教学能力。1980—1982年学校每年有十几名教师到生产第一线进行实践劳动锻炼，学生进企业实习时，全部由带队教师全程参与指导教学工作，使教师的实践能力得到了提高。

数理化、语外教研组教研活动

路桥教研组教研活动

（3）开展"老带新、传帮带、结对子"活动

学校所有教授新课的青年教师都有资深教师帮助，结成老带新对子，他们共同制订教学授课计划，修改讲稿，相互听课，研究解决教学中的重点、难点问题。通过一帮一活动以及数理化、语外教研组教研活动的开展，青年教师教学能力提升很快，得到了学生的好评。

2. 落实党的知识分子政策

学校贯彻落实党的知识分子政策，对知识分子真正做到政治上关怀、工作上帮助、生活上照顾。1979 年进一步纠正了一些教师的冤、假、错案，公开改正；帮助下放人员尽快归队；将有一定教学经验的知识分子提拔到领导岗位。1982 年 9 月，按照上级部署，学校开展了党的知识分子政策落实情况调查，进一步采取措施清理"文化大革命"遗留问题。认真落实党的干部政策，1982 年 9—12 月，先后有童修元、高延贵、钟镕、李溉然、秦退之等 5 人经上级批准落实离休干部相关待遇。

3. 恢复教师职称评审

1980 年，教育部颁发《关于中等专业学校确定与提升教师职务名称的暂行规定》，开始恢复教师职称评定工作。1980 年 12 月 16 日，江苏省汽车运输公司发文批准钟镕、王孜孜、姜浩为助理工程师。1981 年，教育部颁布了《关于中等专业学校评定教师职称工作的通知》（教专字〔1981〕001 号），正式恢复了评定教师职称的工作。1981 年 6 月 16 日，江苏省交通厅发文，同意秦退之、程万仞、陈裕良获工程师技术职称，俞正福获助理工程师技术职称。1981 年 11 月 16 日，江苏省卫生厅发文，同意许榴宏获医师职称。1982 年，黄荣枝等 12 人被评为讲师，陈彤鋆晋升为副教授，另有 5 名教师被评为"中专教员"。

四、教学基础建设

为适应"四化"建设的需要，贯彻教育部"调整、改革、整顿、提高"八字方针，根据江苏省交通系统发展规划和各个中专学校实际建设与规划情况，1979 年 12 月 4 日，江苏省"革命委员会"交通局发文，向交通部教育司、江苏省"革命委员会"教育局报告《江苏省交通系统中等专业学校发展初步规划》。该规划提出重点抓好省"革命委员会"交通局所属南京交通学校等三所中等专业学校的教学基础建设，到1985年力争培养4820名中等技术人员和专业、管理人员，计划1980年招生460人，1981年招生620人，以后根据发展需要和学校实际情况逐步增加招生名额。预计到1985年培训职工4820人。学校根据江苏省交通厅要求制定发展规划，加强实验和实习教学环境建设，为学生实验、实习提供基本保障。

1. 制定学校发展规划

1977年9月，学校根据江苏省"革命委员会"交通局要求制定了改革初期初步发展规划（1978—1985年），提出学校发展的指导思想、发展方向和建设目标。指导思想：紧跟党中央的战略部署，以党的基本路线为纲，努力抓纲治校，勤俭办学。发展方向：坚决贯彻执行"教育必须为无产阶级政治服务，必须同生产劳动相结合"的方针，把转变学生思想放在一切工作的首位，面向生产、面向基层，两条腿走路。建设目标为：

（1）专业设置及规模：普通班级设置汽车运用与维修专业、公路与桥梁专业、财务会计专业，共3个专业，年招生量200人，学制两年，在校生保持在400人左右。其中：汽车运用与维修专业每年招收100名学生，到1985年毕业五期500人；公路与桥梁专业每年招收50名学生，到1985年毕业五期250人；财务会计专业每年招收50名学生，到1985年毕业五期250人。

（2）教师队伍：引进路桥、政治、计划统计、运务调度、机务技术等课程教师，充实师资队伍。

（3）教育培训：办好3个月或5个月的各种短期培训班（汽车驾驶、运务调度、机务技术管理、财务会计、计划统计、测量道路、道路养护等），在校生保持在100～200人，到1985年培训人数达到1500人。

（4）机构设置与编制：建立党总支，设总支办公室、政工科（宣传组、人保组）、团总支、办公室、教务处、总务处、学生科，加强图书馆建设。按在校生5∶1编制需要120～150人的教职工队伍。

（5）校办工厂：切实办好校办工厂，基本满足汽车运用与维修专业学生金工、钳工实习教学要求，固定对外业务为汽车保养修理和修旧业务，创立必要的技术后方，为教学科研提供条件，教职工轮流到工厂参加劳动，工人师傅进课堂讲课。

学校在建设校办工厂的发展思路中首次提出了为教学科研服务的思想，坚持开门办学，密切与有关厂队挂钩联系，教师到生产第一线实践和工厂能工巧匠上讲台为学生讲课相结合的教学思想。

2. 实验室建设和实习教学

由于当时学校基础设施薄弱，教学设备、教学图书资料很少，1977年汽车运用与维修专业添置了140型发动机2台、八缸发动机1台和一些电气设备，教师制作教学挂图40多张，图书馆添置了10000多册图书，为78级学生的专业学习创造了条件。1979年学校想方设法从兄弟单位购买了和汽车运用与维修专业相关的教材35种，正式购买了一批教学设备，教师自己动手制作了一批教学仪器、绘制了一批挂图、制作了300张幻灯片。一些在学校无法实现的重要实验和实习依靠外部单位解决，如物理、电工等实验在南京农业机械化学校实验室进行，汽车运用与维修专业实习在定点单位进行，南京汽车运输处珠江路汽车保养厂、南京农业机械化学校实习工厂、江苏省金陵汽车配件厂等单位都是定点实习单位。财会专业学生从79级开始，实习基本安排在全省交通系统内各市县交通局及交通类企业，并且得到了实习单位的大力支持。1981年4月20日，财会专业7930班毕业前8周分别到镇江、苏州、南通地区的交通局、汽车运输公司和轮船公司，省汽车运输一处以及汽车配件厂等8个单位进行生产实习。通过与这些单位建立实习关系，很好地解决了学生毕业实习问题，使课堂教学与生产实践结合起来。

1982年学校搬迁后，实验室建设得到了加强，这一年学校建起了路桥实验室、汽车修理实验室、电工实验室、金工实验室等专业实验室，全校的实验开出率达到60%~80%，较好地解决了专业教学实验不足的问题。学校图书馆全年购置图书5000册，图书藏量达到36000册，丰富了学生的课外阅读。

学校校办工厂是汽车运用与维修专业学生实习的重要基地，学校领导非常重视校办工厂的建设，将校办工厂设置为一个独立的中层单位。1979年校办工厂第一次承担了78级两个班级的金工实习任务，实习内容涉及车、铣、刨、磨、焊、钳等工艺。通过这次实习，教学实习工厂经受住了考验，积累了经验，也给校办工厂今后的发展打下了基础。此后，校办工厂每年承担学校汽车运用与维修专业学生的金工、钳工实习任务，1982年底校办工厂搬迁到新校址以后，教学设备不断充实，实习环境有了较大的改善。

3. 后勤管理与服务

1978年学校恢复招生后，在南京农业机械化学校办学期间，后勤管理当时由总务科高延贵负责，学校设有学生食堂、教工食堂，教工食堂主要为十几位住校年轻教师提供一日三餐，为住市区的教师提供中餐。后勤管理人员为做好服务工作，积极想办法，主动征求教师对伙食的改进意见，供应的伙食物美价廉。为解决师生看病问题，学校专门配备了医务室，由许榴宏、孟庆云两名医生负责学校师生常见病的防治。当时师生的住宿条件较差，师生全住在一栋两层高的楼（5号楼）内，二层被一分为二，女教师和女学生住在西侧，男教师住在东侧，一层东侧有6个教研组，其他为男生宿舍。学校为改善住校教师的生活条件，丰富娱乐活动，专门购买了一台彩色电视机和一些羽毛球拍供教师学习和锻炼之用。虽然住宿条件比较差，但大家没有怨言，青年教师和学生住在一起，学习交流很方便，也增进了师生之间的感情。学校为解决一些青年教师结婚无房问题，积极想办法，搭建临时过渡房，得到了教师的理解。

1982年学校搬迁至浦口区泰山镇东门后河沿90号新校区后，生活条件得到了极大的改善，王宏元任总务处副主任并主持工作。在此期间，学校为师生提供了相对齐全的后勤服务保障，并积极为师生解决生活中的困难和问题。学校南侧专门建了一排小平房，用来解决已结婚无住房的青年教师安家问题。

第四节　党建与思想政治教育

1976—1982年学校思想政治工作的重点是恢复受"文化大革命"冲击的教育体系，提高师生的思想认识。1979年学校党总支的成立，进一步加强了学校思想政治工作，提高了全体师生的思想政治觉悟，为学校的进一步发展打下了良好的思想基础。

一、加强党员思想政治教育

1976年，学校党支部领导坚持"三要三不要"，即"要搞马克思主义，不要搞修正主义；要团结，不要分裂；要光明正大，不要搞阴谋诡计"的基本原则，不断加强支部建设。针对学校存在的问题，党支部领导联系自身思想实际展开讨论，进一步明确了发挥党支部战斗堡垒作用的重要性，要求在支委会上发扬民主，重视批评与自我批评，热情欢迎师生帮助支部领导端正思想和政治路线，在生活上不搞特殊化，自觉地加强世界观改造。当时支持农村农忙劳动是一项政治任务，学校党支部领导以身作则，党员干部积极参加，不怕吃苦，很好地发挥了党支部战斗堡垒作用和党员的先锋模范作用。

1977年，全国上下深入开展"学大庆"活动，全面落实党的十一大会议精神。学校党支部决定乘"工业学大庆"的东风，发动群众，集思广益，制定学校发展规划，建立各项规章制度，结合大庆精神找差距，制定整改措施，整顿学校各项工作。党支部对学习落实党的十一大精神做了认真部署，开办学习班，使广大党员通过学习进一步认清形势，明确方向，鼓舞斗志，增强完成学校各项教学工作任务的信心。

1978年是抓纲治国三年大见成效的重要一年，是学校抓纲治校初见成效的重要一年。学校在江苏省"革命委员会"交通局党组的正确领导下，胜利结束了揭批"四人帮"运动，招收了恢复高考以来的第一届新生。学校党支部把开展以教学为中心的工作作为首要任务来抓，从建立正常的教学秩序入手，加强了师资培训，添置了一批教学设备，举办了三期短训班。对后勤工作要求体现在为教学服务、为师生服务，这一年取得了较好的办学成效。同时，对党、团组织的整顿、建设工作取得了一定成绩。如各支部按时过党小组生活、上党课和学习党中央一系列文件，学习党的十一大通过的新党章等，增强了全体党员的组织观念、党性原则和做一名合格共产党员的政治意识。团总支和各团支部认真组织学习共青团十大精神，进行团课教育和整顿团总支，并补选了团总支委员。组织团员外出参观、参加支农等活动，较好地发挥了团组织的重要作用。1978年12月，党中央召开了具有深远历史意义的十一届三中全会，会议重新确立了马克思主义的思想路线、政治路线和组织路线，确立了"解放思想，开动脑筋，实事求是，团结一致向前看"的指导方针，果断停止使用"以阶级斗争为纲"这种不适用于社会主义建设的口号，制定了"把工作重点转移到社会主义现代化建设上来"的战略决策。学校党支部组织党员干部和师生认真学习会议文件精神，党支部重视教学工作，抓制度建设，整顿教学秩序，引导教职工、学生从思想上、政治上提高对社会主义现代化建设的认识和对教学工作重要性的认识。

1979 年学校党总支的成立，为进一步加强党的领导，加强社会主义民主与法制建设，加强党的基层组织建设起到了推动作用。

1980 年党总支根据上级指示，组织全校师生认真学习邓小平《目前的形势和任务》报告，进一步明确了只有坚持并改善党的领导，党才能领导全体党员和全国人民实现社会主义现代化建设的伟大任务。同年 11 月江苏省交通厅专门召开了宣传教育工作会议。学校党总支认真贯彻落实会议精神，召开民主生活会，并加强党员的党性教育，建立一支以党员、教研组组长以上干部为核心的思想工作骨干队伍。在学校新校区建设中组织党员、干部、共青团员多次义务参加新校区建设的土地平整、植树等劳动，充分发挥党组织的战斗堡垒作用和党员的先锋模范作用，进一步确立了党组织在学校教育教学中的领导地位。

1982 年，学校把社会主义精神文明建设作为思想政治工作的重点，组织学习政府工作报告、新宪法、陈云同志文献等，特别是 9 月党的十二大召开，学校认真制订学习计划，迅速掀起学习党的十二大精神的热潮。学校党总支认真组织全校党员和教职工利用每周三、五下午的时间学习党的十二大相关文件，采用轮训、宣讲和讨论方式进行，先后举办政工人员学习班、党员学习班、宣讲辅导会 9 次，参加人数达到 5000 人次，教务处、学生科、团委、校办联系师生思想实际，两次组织青年教职工学习讨论，并与政治课教学结合起来，主动对照学校教学工作实际，积极开展教育教学工作。通过学习，师生加深了对党的路线、方针、政策的理解，进一步明确了教育工作目标、任务，提高了思想认识，推进了各项工作的开展。

二、加强党的组织建设

1976 年 4 月，刘其义任江苏省南京交通学校党支部书记，秦退之任江苏省南京交通学校"革命委员会"主任兼支部副书记后，学校各项工作的开展都以党支部为核心。1979 年 3 月 14 日，根据学校党员发展规模（1979 年学校教职工 78 人，党员 23 人），向中共江苏省"革命委员会"交通局党组提出了建立学校党总支的建议，并得到及时批准。4 月 12 日，中共江苏省"革命委员会"交通局党组发文，同意建立中共江苏省南京交通学校总支部委员会。9 月 7 日，中共江苏省"革命委员会"交通局党组决定由秦退之、姜浩、许怡善、罗家琚、黄荣枝等 5 人组成中共江苏省南京交通学校总支部委员会，秦退之、姜浩任党总支副书记。同时根据江苏省"革命委员会"交通局政治部对学校建立基层党支部的意见，经学校党总支委员会研究决定，建立教工、职工、校办工厂三个党支部。教工党支部书记为黄荣枝，职工党支部书记为范祥明，校办工厂党支部书记为俞正福。三个党支部的成立为基层党组织建设和加强党员教育提供了保障，对发挥党组织的战斗堡垒作用和党员的先锋模范作用起到了积极作用。

1981 年，江苏省交通厅根据学校的发展需要，对学校领导进行了调整，4 月 30 日，江苏省交通厅党组发文同意姜浩任江苏省南京交通学校党总支书记，免去其江苏省南京交通学校副校长职务。秦退之任江苏省南京交通学校顾问，免去江苏省南京交通学校党总支副书记、副校长职务。

1982年，江苏省交通厅同意增补虞寿林为学校党总支委员。1982年12月，根据学校第四次党员大会选举结果，经江苏省交通厅党组批复，同意姜浩、罗家琚、虞寿林、黄荣枝、许怡善5人组成中共江苏省南京交通学校总支部委员会，姜浩任党总支书记。

三、重视师生思想政治工作

在思想政治教育方面，学校党总支针对学校实际，采取了一些切实有效的方法，主要有五点：一是抓理论学习，提高思想认识。二是开展谈心活动，调动教师工作积极性。三是努力帮助解决教师后顾之忧，如教师分居问题、住房问题、子女入学问题、交通不便问题等。四是在教师中开展忠诚党的教育事业的教育，使其树立光荣感和责任感，树立全心全意为学生服务的思想。五是在学生中开展"学雷锋、创三好"的活动，进一步增强学生爱国热情，激发学生认真学习，积极争做"三好学生"的信心。

四、开展社会主义精神文明建设

1982年2月，中共中央办公厅转发的中宣部《关于深入开展"五讲四美"活动的报告》中规定：每年3月为"全民文明礼貌月"。学校深入开展"五讲四美三热爱""学雷锋、树新风"活动，提出了"让雷锋精神扎根我们心中"的口号，宣传介绍雷锋事迹，发动党员、团员积极带头，掀起了学雷锋活动热潮，师生中好人好事层出不穷。学生成立了23个学雷锋小组，他们做好事不留名，利用业余时间大搞清洁卫生，清除垃圾20余吨，仅在3月一个月内就义务植树3000多株；团委组织全校团员到东门小学关怀小学生、担任小学生校外辅导员。学校各党支部积极开展主题活动。如教务党支部开展"教书育人、为人师表"活动，机关党支部开展"文明办公"活动等，举办"社会主义精神文明建设"讲座、"近代史"讲座等，发挥了宣传舆论导向作用。学校先后创办了《校园通讯》《实习通讯》《盖友》等刊物，广播来稿数百件，出墙报、板报100多期，较好地推进了社会主义精神文明建设。

大力开展文体活动。通过在师生中开展健康活泼的文体活动，丰富师生的精神文化生活。例如，举办音乐知识讲座、赛诗会、书法展、象棋比赛、球类比赛、运动会、联欢会等，1982年一年就组织各种大中型文体活动36次，参观游览10次，学校当年参加南京市中等专业学校教工田径比赛，取得了团体总分第一名、篮球联赛第三名的好成绩。

开展"比一比、赛一赛"评优活动。开展争当"优秀团员"和"三好学生"、争创"先进团支部"和"文明宿舍"等活动，当年有18名学生被评为"三好学生"，有7名学生被评选为"优秀团员"。上述文明礼貌活动的开展，进一步提高了广大师生的政治思想觉

学校第一届运动会

悟，使"五讲四美"活动的开展经常化、制度化，同时有效促进了学校社会主义精神文明建设。学校被省交通厅评为"全民文明礼貌月"优胜单位、"环境美"优胜单位，学校图书馆获"先进集体"称号。

三好学生合影（1982 年）

第五节　重新选址，建设新校园

一、新校区建设背景

1973 年 9 月学校复办时，在江苏省金陵汽车配件厂无法退让占用校舍的情况下，江苏省"革命委员会"交通局决定将学校复办在南京农业机械化学校旧址上。1974 年初，江苏省"革命委员会"交通局又批准复办南京农业机械化学校，这就产生了两校争抢校舍的矛盾，导致学校 1974 年停止招生。作为培养江苏公路运输交通技术和管理人才的唯一一所中专学校，江苏省南京交通学校停招直接阻断了江苏交通技术人才的培养途径，制约了江苏交通事业的发展。重新选址、建设新校园成为学校生存和发展的当务之急。

为此，学校于 1976 年向江苏省"革命委员会"交通局报告，建议将江苏省南京交通学校迁建于泰山新村以北的刘家洼。当时的刘家洼地区没有耕地，荒山一片。这份报告提出学校按汽车运用与维修、公路与桥梁和财务会计三个专业的规模进行建设，学制 3～4 年。按每年招生 200 人计算，在校学生 800 人，教职工 200 人，每年培训学员 200 人设计，总的办学规模控制在 1000～1200 人，建筑面积为 15544 平方米，需建设资金 150 万元。预计 1978 年完成征地及平整土地，1979 年全面施工，到 1980 年底完成主体工程。

江苏省"革命委员会"交通局根据学校的报告，于1977年2月积极向省委反映学校存在的问题，呈报了《关于南京交通学校存在问题的请示报告》，希望省委解决学校矛盾。1978年江苏省"革命委员会"交通局根据学校8月14日提交的报告及提出的设计任务书要求，结合交通建设急需技术人才现状，于1978年8月21日向省计委和省委提交《关于报送迁建交通学校设计任务书的报告》，报告送省计委并报省委周泽、汪冰石、柳林同志。报告列举学校当前存在的问题及交通建设和农业机械化建设都需要培养技术人才的客观事实，建议交通学校选址迁建，并需要建设资金149万元，在未建成前对校舍等的使用仍维持现状，并在当年内恢复招生。报告还提出另建一个援外培训基地，为便于管理，应与交通学校建在一起，需建设资金40万元。

二、新校区建设正式立项

1978年9月29日，江苏省"革命委员会"交通局转发江苏省计委《关于建设省交通学校设计任务书的批复》（苏革计〔1978〕384号），江苏省计委同意学校迁址新建，并要求学校迅速组织力量，抓紧进行扩初设计报批。1979年12月13日，江苏省"革命委员会"交通局转发《关于建设省交通学校扩初设计文件的批复》，同意学校一期工程建设教学楼、办公楼、图书室、学生宿舍、教职工集体宿舍、食堂、实习工厂，总建筑面积达13000平方米，总费用140万元，其中22.02万元用于征地、拆迁、青苗及劳力安排补偿等。1982年3月15日，江苏省交通厅《关于学生宿舍、食堂、配电间等技术文件的批复》，同意学校建设1564平方米的学生宿舍、760.3平方米的食堂和44平方米的配电间，总投资29.653万元。同年8月13日，江苏省交通厅《关于修理车间技术文件的批复》同意学校将修理车间事项提前至当年实施，车间建筑面积565平方米，于1983年3月底前完成。

三、组织专门队伍负责新校区征地与建设

1978年10月，学校成立基建办。学校在新校址选择上花费很长时间，一开始选在泰山新村宁六公路北侧山丘地区，南京市规划局考虑学校建在宁六公路旁边不安全，离居民点较远，不妥，要求重新选择地址。由于种种原因，学校先后选择了十几个地点，均无法达成协议。直到1979年1月，南京市规划局才发文同意学校征用位于浦口东门镇西北角的"浦口区三河公社桃园大队农场生产队"山丘85.2亩土地建设新学校。1979年3月16日，学校与被征地方就征地庄稼损失赔偿达成了协议，签署了《关于征用三河公社桃园大队农场生产队土地青苗赔偿协议》。在征地过程中为解决该生产队40名劳动力城镇户口问题，先后多次报告，但总是留下不能解决户口问题的尾巴，生产队不满意，使得征地问题始终未得到解决。1980年5月，江苏省人民政府下发《关于南京交通学校、省第一汽车运输处征地、安排劳力问题的批复》（苏政复〔1980〕56号），同意将这批人员转为城镇户口，至此，学校新校区建设征地、拆迁才正式开始。

1980年3月27日接到市建委转发省委第三次下达征地通知，4月14日开始产权面积测量，6月中旬施工队进场，正式拉开了新校区建设的序幕。

学校领导在浦口校区选址时实地考察

四、新校区建设与搬迁

1980—1981年，学校先后多次组织师生参与新校区建设活动，全校师生为建设自己的家园，怀着满腔热情，不畏严寒，积极参与新校区土地平整、大规模的植树活动，各部门、各班级都超额完成分配的植树任务。到1981年底已建成教学楼、办公楼、学生宿舍等，建筑面积达5212平方米，初步具备了搬迁的条件。1982年基建竣工面积4579平方米，主要包括食堂、学生宿舍、家属宿舍、配电间等。到1982年9月学校已建成校舍面积9791平方米。与此同时，学校向江苏省交通厅提出加快建设校办工厂的请求，江苏省交通厅根据学校教学工作的需要，结合当时实际情况，于1982年8月13日发文，同意将学校校办工厂修理车间提前到当年建设。因此，1982年学校正在施工和将要施工的还有校办工厂、锅炉房、另外两栋学生宿舍楼、家属宿舍楼等配套设施。

学校于1982年1月3日开始启动具有历史意义的搬迁仪式，到1982年9月完成教学楼、办公楼、食堂和学生宿舍搬迁，1982年底教学工厂、教职工宿舍搬迁全部结束。从此，学校发展翻开了新的一页。

南京交通职业技术学院

NANJING VOCATIONAL INSTITUTE
of TRANSPORT TECHNOLOGY
History

第四章

积极进取，学校事业稳步发展

1983—1990

Nanjing Vocational Institute of Transport Technology

History

1982年底，江苏省南京交通学校全面完成从南京农业机械化学校整体搬迁至浦口校区的各项工作，从此学校进入了全面振兴的历史时期。在江苏省委、省政府及省交通厅的高度重视和大力支持下，学校坚持边建校、边办学、边发展的方针，不断深化教育教学改革，走以普通中专教育为主、交通系统在职职工学历教育和岗位培训并举的多层次、多形式、多渠道办学路子；进一步健全管理体制，实行校长负责制，建立和完善内部管理机制，推动学校规范化建设；加强师资队伍建设，加强教职工思想政治工作，积极落实党的知识分子政策，调动了教职工的工作积极性、主动性；推进教学设施建设和基建工作，稳步扩大办学规模，学校各项工作全面发展。

第一节　逐步理顺体制，保障学校稳步发展

一、党政领导班子建设

1985年2月13日，根据干部"四化"要求，为完善并加强学校领导班子建设，江苏省交通厅党组作出《关于南京交通学校领导班子调整的通知》（交党〔1985〕9号），决定由姜浩任学校党总支书记，陈玉龙任副书记，黄荣枝任校长，孟祥林、张道明任副校长，同时免去陈彤鉴校长、许怡善副校长职务。

1985年7月8日，江苏省交通厅党组批准成立中国共产党江苏省南京交通学校委员会。经过前期认真筹备，7月10日，学校成功召开了第五次党员大会，选举产生了第一届学校党委，并报江苏省交通厅党组批复同意。学校第一届党委由姜浩、陈玉龙、黄荣枝、张道明、罗家琚5人组成，姜浩任党委书记，陈玉龙任党委副书记。11月，江苏省交通厅党组任命魏明为副校长，并于12月批准增补魏明为党委委员。

1986年9月，根据工作需要，江苏省交通厅党组决定姜浩调任江苏省交通厅政治部副主任，免去学校党委书记职务。此后，党委副书记陈玉龙负责党委日常工作。

1989年7月16日，为加强党对学校的领导，江苏省交通厅党组任命王家勋为学校党委书记。1989年12月27日学校召开第六次党员大会，顺利进行了校党委换届选举及第一届学校纪委的选举。1990年1月，江苏省交通厅党组批复同意学校新一届党委由王家勋、陈玉龙、黄荣枝、孟祥林、张道明、魏明、罗家琚7人组成，王家勋任党委书记，陈玉龙任党委副书记；同意成立中共江苏省南京交通学校纪律检查委员会，第一届纪委由薛承范、罗家琚、温演岁3人组成，薛承范任纪委副书记。

二、健全充实中层机构

1983年，学校中层机构设有办公室、教务处、学生科、总务处、教育研究室、实习工厂、图书馆，以及工会、团委。

1983年，江苏省交通厅政治部先后批准孟祥林任学校教务处副主任，王晓农任学生科副科长，胡维忠任总务处副主任。同时，根据工作需要，学校先后以交政发〔1983〕20号、交党发〔1983〕2号文件作出决定，张道明任学校办公室副主任，袁平任校团委副书记，赵振环任教务处副主任，顾唯一任总务处副主任，范祥明任工会副主席，陈玉龙任图书馆负责人。

1984年4月，江苏省交通厅同意学校设立政工科，薛承范任政工科科长。根据学校交党发〔1984〕9号文件决定，张道明任学校办公室主任，罗家琚任党总支办公室主任，孟祥林任教务处主任，芮建平任总务处主任，胡维忠任膳食科科长，王晓农任学生科科长，俞振福任实习工厂厂长，戴兴康任厂长助理，陈玉龙任图书馆主任。

1985年3月，学校先后发文决定：胡维忠任学校办公室主任，卞汉文任教务处主任，林光郎任学生科科长，王晓农任图书馆馆长，周一任教育研究室主任兼基建办公室负责人，虞寿林任教工党支部书记兼成人教育办公室负责人，范祥明任工会副主席兼服务公司经理，武可俊任教务处副主任，杨锦棣任膳食科副科长，许盘林任实习工厂副厂长。

1985年7月，学校对党支部进行了改选，校党委决定：胡维忠任机关党支部书记，杨烈儒任教工党支部书记，刘瑛任学生工作党支部书记，王宏元任后勤党支部副书记，许盘林任工厂党支部副书记。

1986年，学校对部分中层干部进行调整：林光郎任教务处主任(兼管学生科工作)，卞汉文任成人教育办公室主任，周一任基建办主任，张宗祥任教育研究室副主任，彭民军任团委书记(代理)。

1987年，经江苏省交通厅同意，学校政工科改设为组宣科。学校党委发文决定：罗家琚任组宣科科长，杨锦棣任保卫科副科长，王宏元任后勤党支部专职书记，许盘林任实习工厂厂长，魏代群任总务处主任，高进军任教务处副主任，范从来任膳食科副科长(兼食堂司务长)。

1989年，为适应学校发展需要，学校成立财务科、路桥专业科、汽车专业科、运管专业科，并对部分机构进行调整，总务处更名为总务科，撤销基建办，成立基建组，由总务科领导；保卫科改设为行政科室；教务处更名为教务科，将教务科和教育研究室合一办公，学生科和团委合一办公，实习工厂和汽车修理厂合一办公，均实行一套班子、两块牌子的管理形式；服务经营部、驾训队、卫生所直属学校管理。

1990年初，结合机构调整情况，学校实行中层干部聘任制。学校发文聘任胡维忠为学校办公室主任，林光郎为教务科科长兼学生科科长，张宗祥为教育研究室主任兼教务科副科长，武可俊为路桥专业科科长，高进军为汽车专业科科长，徐爱萍为运管专业科副科长，卞汉文为成人教育办公室主任，马桂兰为成人教育办公室副主任，王建平为财务科副科长，王晓农为图书馆馆长，杨锦棣为行政科科长，魏代群为总务科科长，彭民军为学生科副科长(兼)，范从来为膳食科副科长兼学生科副科长。

1990年，江苏省交通厅政治部同意建立中共江苏省南京交通学校委员会政治处，撤销组宣科，业务工作划归政治处。学校党委发文决定罗家琚任政治处主任。

在不断完善机构、深化内部管理改革的过程中，学校党政重视加强干部培养考核，于1985年出台了《江苏省南京交通学校干部考核制度》，从德、能、勤、绩等方面抓好干部考核工作，并逐步扩大科室权力，修订部门职责及中层以上领导岗位职责，实行中层干部聘任制和考核管理。同时不断建立健全行政指挥体系，探索实行目标管理、分级管理，学校管理和干部工作规范化迈出新步伐。

三、实行校长负责制

根据《中共中央关于教育体制改革的决定》和省教委《关于加快和深化中等专业教育改革的意见》精神，为进一步规范学校内部管理、深化教育教学改革、提高管理水平和办学效益，江苏省交通厅决定在厅属学校实行校长负责制，于1989年颁发了《江苏省交通厅所属学校实行校长负责制暂行办法》。1989年6月，批准江苏省南京交通学校实行校长负责制，学校校长实行聘任制，聘任黄荣枝为校长，聘期四年，副校长由校长提名，按照程序考核聘任。根据有关规定和程序，经校长提名，江苏省交通厅聘任孟祥林、张道明、魏明为学校副校长。

为贯彻执行和落实好校长负责制，经江苏省交通厅批准，学校印发了《江苏省南京交通学校校长负责制校长工作条例》《中共江苏省南京交通学校委员会工作条例》《江苏省南京交通学校教代会民主管理条例》《江苏省南京交通学校校长负责制校长任期目标》四个关于落实校长负责制的配套文件，并进行全面部署，认真组织学习和宣传动员，统一全校师生的思想认识。根据规定，1989年7月，学校成立了由校党政工团负责人、中层干部代表、教职工代表组成的"校务委员会"，其中，校党政工团负责人为黄荣枝、陈玉龙、孟祥林、张道明、魏明、范祥明、彭民军；中层干部代表为罗家琚、胡维忠、林光郎、魏代群；教职工代表为周以强、许榴宏、温演岁、奚晓东。

校长负责制的顺利实施，较好地落实了办学自主权，强化了教育教学的中心地位，也充分发挥了党组织保证监督和教代会民主管理的积极作用，调动了教职工的积极性，为深化教育教学改革、不断提高教学质量和办学水平、促进学校建设和发展起到了积极作用。

四、加强群团组织建设

为规范工会组织建设，促进工会工作健康开展，根据有关规定，经上级批准，1984年12月学校工会更名为中国教育工会江苏省南京交通学校委员会，接受南京市教卫工会领导。1984年12月28—29日，召开首届工会会员代表大会，经会员直接提名，学校党委集体讨论，确定工会委员候选人，并采取差额选举的办法，民主选举第一届工会委员会，姜浩兼任工会主席，范祥明任工会专职副主席。工会建立健全学校教职工代表大会制度，坚持每年召开1~2次教职工代表大会，听取和审议学校行政工作报告和财务预决算报告，讨论通过关系教职工切身利益的重大事项等。1985年11月27—29日，召开了首届教职工代表大会，审议通过了学校行政工作报告、学校财务预决算报告等。因姜浩调任江苏省交通厅政治部副主任，1988年学校党委决定由党委副书记陈玉龙代行工会主席职责。1990年6月4—5日，召开学校第二届工会会员代表大会，进行工会换届选举，民主选举第二届工会委员会，魏明任工会主席。学校工会重视加强思想和组织建设，通过完善教代会、工代会制度，不断丰富教职工文体活动，深入开展职工之家建设等，在推进民主管理、凝聚人心等方面发挥了积极作用。

为加强学生党建和思想政治工作，指导团学工作的开展，学校于1984年专门成立了学生工作党支部，刘瑛任党支部副书记。学生工作党支部与学生科、团委协调配合，不断加强共青团、学生会组织建设，规范团学工作，培养了一大批团学骨干力量，为促进学校人才培养做出了贡献。

第二节　加强教学管理，着力提高教育质量

为进一步加强交通系统中专校的教学管理，1982年，交通部教育司正式颁布《交通系统中等专业学校教学管理办法》（简称"三十条"）。学校认真组织学习宣传，全面贯彻落实"三十条"文件精神，着重抓好调整、改革、整顿工作，提高工作水平，强化教学管理，推动了学校教育教学改革各项工作。

一、加强教学研究，转变教育思想

学校重视教学研究和教育教学改革，1982年便成立教学研究组，1983年将其改设为教育研究室，是全国交通中专校开展教育研究较早的学校之一。

1985年，全国教育工作会议召开和《中共中央关于教育体制改革的决定》印发后，学校迅速掀起学习热潮，进一步转变观念，推进教育教学改革。学校提出"抓好建设、搞活学校、改进管理、开拓创新"的指导思想，以教育"三个面向"为要求，进一步改革教学内容、教学方法、考试办法，加强实践教学环节，增强学生实际动手能力，培养"四有"人才。学校办学和教育教学改革思路进一步明确，在教学方面：压缩课堂理论教学课时数，坚持教学内容少而活；加强实践教学环节和学生技能训练，增加教学仪器设备，提高实验课开出率，组织好学生的生产、毕业实习，增强学生实际动手能力；改革课堂教学方法和考试考核办法，调动学生的学习积极性，强化新技术应用，加强外语教学，广泛开辟第二课堂，开放校内实验室、阅览室等基地，指导学生自学。在学生素质能力培养方面，推行奖助结合，实行学生操行等级评定、劳动卫生教育及考核等，着力培养学生的自学能力、组织管理能力、社交与社会活动能力、表达能力、思维能力等。同时，实行教师工作量制和教学评估制，把教师的教学科研工作纳入科学量化的轨道，调动教师积极性，促进教师重视开展教育研究和参与学术活动，加强对学生的学习和实践指导。学校还重视加强对毕业生的跟踪调查，进行毕业生质量分析和社会需求调研，及时总结办学中的经验，改进办学中的不足，推动了教育教学改革。

1987年9月，学校创办校刊——《交校教育》，为推动教职工教育教学理论研究搭建了平台。

二、加强专业建设，提高教学质量

"六五"期间，学校认真贯彻"调整、改革、整顿、提高"八字方针，各项工作基本走上正轨。1986年7月，中华人民共和国成立以来第一次召开的全国职业技术教育工作会议确定了"七五"期间全国职业技术教育的发展目标，中专校呈现出加速发展的势头。1987年，国家教委召开全国中专校教改座谈会，强调把加强实践性教学作为教改的突破口，推动教学计划、教学内容和教学方法的全面改革。同年，江苏省交通厅出台《关于发展交通职业技术教育的意见》，明确南京交通学校等三所厅属中专校为全省交通系统的培训基地，在教学改革、学术研究、提高教育质量上起重要作用。学校深入贯彻落实全国职业技术教育工作会议和全国中专校教改座谈会精神，加大实践性教学改革力度，不断推进各专业教育改革，加强专业建设，全面提高各专业教学水平和人才培养质量。

1.汽车运用与维修专业建设与教学改革

突出加强实践教学环节，积极创建稳定的校内外实习基地，建立完善教学实验、教学实习、毕业实习与毕业设计等一整套实践性教学体系。将汽车专业的金工实习、汽车拆装实习、汽车驾驶实习分别安排在校内实习工厂、驾训队进行，汽车保养、汽车修理，以及毕业实习、毕业设计安排在金陵汽运公司修理二厂、扬州客运分公司等校外基地进行，不仅增强了生产性实习效果，也提高了专业教师教学研究和技术服务能力。由汽车专业教师张志伟、徐福祥、尹永年、高进军、屠卫星等组成的"人才规格与培养规范"课题组的研究成果"汽车运用工程专业人才规格与培养规范的探讨"，获交通部交通中专教育科研成果一等奖。

汽车专业教学

随着教育教学改革的不断发展，学校提出要办好校办工厂，就要在完成教学实习的基础上搞生产，促进教学、生产、科研相结合。1988年，学校在原实习工厂汽修车间和汽修实验室的基础上，申请成立了学校汽车修理厂，主要任务是承担教学实习、生产实践任务，同时积极开展社会技术服务。1988年8月，学校汽车修理厂取得经营许可证，并经南京市汽车维修行业整顿办公室验收，确认为一类大修企业，1988年9月正式对外营业。金加工厂也开展了来料加工业务。1990年，学校调整校办工厂组织机构，将汽车修理厂与金加工厂合并为一个工厂，成立学校校办工厂领导小组，下设办公室、修理车间、金工车间。高进军任领导小组组长，许盘林、陈长林任副组长，王永圣（兼修理车间主任）、曹冬生（兼金工车间主任）、顾国祥为成员。校办工厂不仅成为汽车专业教学实习的重要基地，也成为学校对外技术服务体系的重要组成部分。

2. 路桥专业建设与教学改革

路桥专业教学始终坚持走产教结合道路，加强实验室建设，依托专业开展产学研和社会技术服务等，不仅培养学生动手能力，也促进专业发展和师资队伍建设。1989年，经江苏省编制委员会和江苏省交通厅政治部批准，学校成立了"江苏省南京交通学校路桥勘测设计室"。1990年4月，江苏省交通厅投资建设的4000多平方米实验大楼投入使用，主要用作路桥专业的教学和实验场所，极大地促进了路桥专业实验、实习条件改善和教学设备建设，实验课开出率大大提高，推动了专业发展。学校依托专业实验室加强了科研工作。1990年，由学校路桥专业教师何卫平等主要负责、淮安市公路站协作开展的"阳离子乳化沥青添加剂的研究"课题获江苏省交通厅立项，该课题于1994年5月通过江苏省交通厅组织的专家鉴定，实现了学校科研从无到有的突破。

1989年10月，交通部教育司发出《关于开展中专学校路桥专业教育质量评估检查工作的通知》，开展了一次专业教育质量评估，这也成为学校发展过程中坚持迎评促建的首次评估工作。学校高度重视，认真部署开展公路与桥梁专业教育质量自评工作，抓住机遇促进路桥专业建设和发展。根据文件要求，公路与桥梁专业教育质量评估要在学校自评、主管部门初评的基础上，进行申报，接受交通部评估。江苏省交通厅政治部对此十分重视，不断加强指导，保证评估取得成效。学校通过组织自评，形成公路与桥梁专业教育质量评估自评报告并上报江苏省交通厅，省交通厅随后组织专家进行了初评工作，对学校路桥专业教育质量给予高度肯定，并向交通部积极推荐学校申报的项目，之后该项目在交通部组织的评估检查中顺利通过。

3. 财会专业建设与教学改革

财会专业在专业建设中，重点以专业课程教学改革为切入点，改革专业课教学方法，努力拓宽学生知识面，贯彻"加强实践、两个结合"的教育思想，推进教学改革，即突出财会专业实践环节，做到教材与现行会计制度相结合，课堂教学与课外实践相结合。从85级开始，在教学中除布置教学大纲要求的正常作业外，自编的章节辅以综合练习，突出实践知识，注重练习的实用性；自编"财会综合作业"（大作业），结合企业会计核算全过程，模拟企业1个月完整的会计核算资料，让学生在3周内完成大作业，这种学用结合的教学方法取得明显效果。同时增加校内外实习时间，从1987年起，将原教学计划2个月的实习时间增加到8个月，采用校内外相结合的实习方式，即校内建立财会模拟实习室，校外建立稳定实习基地。1988年，在校内建成的160平方米财会模拟实习室（综合实习室1个、分岗位实习室4个、实习教学资料室1个）投入使用，均配备会计工作岗位所需的实习设备和用品，保证了学生实习的需要；与省内相关企业，如南通汽运实业集团有限公司、江苏省汽车运输公司盐城分公司等签订协议，建立稳定的校外实习基地。学生在校内模拟实习基础上，再到校外实习基地进行毕业生产实习，提高了实践动手能力，能尽快地适应会计岗位工作要求。

三、完善制度建设，深化教学改革

重视和加强调查研究，建立教育教学各项规章制度。学校贯彻执行交通部教学管理"三十条"，1983年起先后制定了教育教学各项规章制度文件22种，促进了教学管理规范化。为进一步加强专业建设，学校经常组织开展毕业生调查，不断推进专业改革。在1987年3月召开的学校第二次教务工作会议上，学校提出大力开展以加强实践教学环节为中心的教改活动，全面修订教学管理制度，修订了有关加强实践教学的文件规定，增补教师工作量考核办法，制定了专业实践技能标准、专业课程实践技能标准及考核办法。

1. 调整专业发展方向，适应社会需求

学校以积极服务交通行业和社会发展为办学宗旨，加强专业改造，满足行业和社会对人才的需要。1985年，因江苏省交通监理人才缺乏，根据省交通厅的要求，学校在82级（8210班）汽车运用与维修专业教学计划中增加交通监理课程，强化技术技能，扩大了毕业生就业岗位范围。1988年，修订了汽车、路桥、财会、运管四个专业的教学计划和教学大纲，拓宽专业面，加强实践环节。在汽车运用与维修专业中增加筑路机械和汽车检测方面的内容，在公路与桥梁专业中增加工程监理和工民建方面的内容，在财会、运管专业中增加工程财会、统计、水运、物资管理方面的内容。加强实验基础设施建设，完善电教设施，发展电化教育，探索现代化教学手段的应用。

2. 设置专业科，增强专业活力

随着办学规模和办学质量不断提高，为适应教育教学改革需要，进一步加强专业与社会的联系，促进专业建设质量提升，1987年12月，学校成立路桥教研室、汽车教研室、运管教研室，并调整各专业教研组，为成立专业科打下基础。1989年3月，学校召开了教学质量考核领导小组全体会议，讨论"教务管理体制改革"的有关问题，决定进一步调整学校教学机构。经研究成立了路桥专业科、汽车专业科、运管专业科，并将教务科与教育研究室合一办公，实习工厂和汽车修理厂合一办公，实行一套班子、两块牌子的管理形式，保证教学改革的顺利推进。

3. 改革学生奖学金分配办法

为发挥奖学金激励作用，促进学生综合素质提高，学校改革学生奖学金分配办法，从87级开始实施。87级初中生班"以奖为主、以助为辅"，87级高中生班全部实行奖学金，拉开各种奖学金差额，对学习基础比较薄弱的学生，增设"向前跃进"奖励，结合德智体表现，设学习奖、劳动奖、守纪奖、爱班爱社会工作奖等。实行班主任管理班级承包制，确定每周三下午为学生活动日，并将活动开展情况纳入评奖考核。通过奖学金分配办法的改革，极大地调动了学生学习的积极性。

第三节　招揽人才，切实加强师资队伍建设

提高师资质量是学校办学特别是保证教学质量的关键。学校领导充分认识到人才队伍建设的重要性，认真落实党的知识分子政策，采取多种措施，积极招揽人才；加强师资培养，切实提高教师学历水平；关心教职工生活，调动教职工积极性。

一、不断扩大师资队伍规模

学校在边建校、边办学、边发展的过程中，不仅面临着建校的艰苦和困难，更面临着扩大师资规模和提高师资水平的重要问题。学校积极争取大学毕业生到校任教，不断壮大师资队伍。根据1982—1983年度学校干部年报，当年学校有教职工96人，其中专职教师55人，教职工中大学毕业45人、中专毕业35人、其他16人。1984年11月，交通部教育局在南通召开了交通中专师资管理工作座谈会，会议讨论了《交通系统中等专业学校师资管理办法（征求意见稿）》和《1985年至1990年交通中专师资队伍建设规划（草案）》，学校认真学习贯彻座谈会精神，推进师资队伍建设。1986年制订教职工队伍建设方案，方案提出学校教职工编制按在校生1000人规模、师生1∶5比例，确定教学和管理人员为200人，其中教师占55%，为110人；学校附属单位按学生人数的5%计编，为50人（实习工厂42人、卫生所8人）；由于学校地处远郊，远离生活物品供应点，按照教学和管理人数的10%增加后勤经营服务人员编制，计20人。这样，学校教职工编制定为270人。据1985—1986年度学校干部年报统计，学校引进教职工34人，其中教师18人，基本达到大专以上学历。到1990年，学校教职工达到232人，其中专职教师86人。

二、多举措提高师资队伍素质

1. 推进职称评定工作，完善师资职称结构

1987年6月，学校以交办发〔1987〕9号文件决定成立"江苏省南京交通学校职改领导小组"，黄荣枝任组长、陈玉龙任副组长，并成立学校职评办公室，开展职称评审。当年评审了中级职称13人。1990年，学校评审高级职称3人、中级4人、初级33人，教职工中具有高级职称近20人、中级职称近50人。

2. 加强在职教职工文化补习和进修培养

1982—1983年，学校开展青工业余文化补习、考核，先后有20人通过了上级考试。1983年，学校有6人脱产进修，在职在外旁听学习12人次，投入经费2250.57元。1985年4月，学校制定《关于鼓励在职进修的奖励办法》，对教师在职进修给予一定的经费支持，调动了教职工学习进修的积极性和主动性。开展教师计算机学习班，推动新技术的学习应用。1986年，学校有24人参加中专以上学习进修，路桥专业佘若凡老师参加了研究生进修学习。

3. 着力提高教师实践能力

1987年5月，交通部交通中专师资队伍建设检查组到校检查，并对学校的师资培养和教学管理工作给予了充分的肯定。1990年，学校制定了《关于教师实践锻炼的有关规定》（交校办〔1990〕16号），对加强教师实践能力培养作出规定：

（1）新教师必须参加1年及以上实践锻炼，不安排课堂教学任务。

（2）未参加过实践锻炼的35周岁以下青年教师，均有计划地安排1年以上实践锻炼。

（3）对36～49周岁的教师，有计划地安排到所从事学科相关的生产部门参加半年以上实践工作。

规定将实践锻炼作为新教师转正和教师晋升的条件之一。当年学校安排了4名专业教师参加生产实践，3名教师脱产到企业实践。学校通过多种途径加强教师实践能力培养，如安排教师到学校实验室进行教具制作、实验指导和科研开发，到校办工厂从事技术管理、生产操作工作，到企事业单位参加实际岗位工作锻炼，承包工程项目或科研任务等。

三、大力营造尊师重教校园风尚

1985年9月10日是我国第一个教师节，学校党政高度重视。为进一步提高教师社会地位，做到尊重知识、尊重人才，学校以庆祝首个教师节为契机，同年3月便作出《关于开展尊师活动的决定》，大力营造尊师重教校园氛围。一是要求领导带头，规定每年做好接访、征求教师意见、慰问教师工作，切实关心教职工的工作和生活；二是认真落实党的知识分子政策，在教师中发展党员；三是做好学生尊重师长等言行教育，形成崇尚文明礼貌的优良风尚；四是把每年教师节前后开展庆祝活动制度化。6月，学校制定了《关于开展第一个教师节活动的意见》，深入开展一系列庆祝活动，开展优秀教师和优秀教育工作者评选表彰活动，先后组织召开了学校复办初期老教师座谈会、干部职工座谈会、学生座谈会，组织节日走访慰问活动。9月10日，学校隆重举行第一个教师节庆祝大会，表彰了一批优秀教师和优秀教育工作者，并向具有25年教龄的教师颁发了荣誉证书。

同时，根据江苏省委办公厅《关于首届教师节庆祝活动的通知》，为进一步提高人民教师的政治地位和社会地位，在交通系统中进一步树立尊师重教、尊重知识、尊重人才的风气，江苏省交通厅大力宣传教育工作者的功绩和先进事迹，鼓励他们终身从事教育事业。江苏省交通厅在厅属学校中开展先进教育工作者评选和表彰活动。学校积极响应，认真开展评选、推荐工作，在第一个教师节来临之际，全省交通系统共评选表彰14名先进教育工作者，其中学校的周以强、杨烈儒、许榴宏三位教师受到表彰。

自第一个教师节起，学校党委在每年教师节开展优秀教师和优秀教育工作者评选活动，表彰了一大批先进分子，同时积极向上级推荐表彰优秀教师。1986年9月，林光郎被交通部表彰为"全国交通系统先进教师"；1989年7月，温演岁、许榴宏分别被交通部表彰为"全国交通系统优秀教师""全国交通系统优秀教育工作者"；温演岁于1989年9月被国家教委、人事部、全国教育工会授予"全国优秀教育工作者"称号；1989年12月，温演岁光荣当选江苏省第八次党代会代表。在江苏省交通厅评选表彰中：1987年9月，陈锁庆被表彰为"全省交通系统优秀教师"；1988年9月，奚晓东、葛福祥被评为"全省交通系统优秀教师"；1989年9月，沙圣芳、毕朝晖、陈锁庆、温演岁、张荣夫被评为"全省交通系统优秀教师"，刘瑛、杨锦棣被评为"全省交通系统先进工作者"；1990年9月，沙圣芳、武可俊、吉志白、周以强被评为"全省交通系统先进工作者"。

学校切实关心教职工生活，充分调动教职工教学积极性、主动性。由于地处江北，为努力改善教职工的工作、生活条件，1985年学校积极开展"八项改善"工作：改善校门口桥面、更换自来水、配备煤油炉、改造活动室（舞厅）、安装纱门窗、改善幼儿园设施设备、建设自行车棚和小吃店、改造职工煤气包（因需有关部门协调，当年未能完成，到1989年，70户教职工家庭烧上了煤气包）等。通过以上措施的落实，学校教职工思想稳定、工作安心。广大教师心系学校建设发展，艰苦奋斗，一心扑在教育事业上，想方设法提高教学质量，积极投入教育教学改革，为学校持续建设和发展做出了贡献。

第四节　多渠道多形式办学，积极拓展办学功能

20世纪80年代初召开的全国中等专业教育工作会议指出，新时期中专教育必须与经济建设和科学技术的发展相适应，为我国的"四化"建设培养更多、更好的专业人才，提高职工队伍中技术、管理人才的比例。学校充分挖掘潜力，拓宽办学路子，坚持多层次、多途径办学，形成了普通中专教育、干部培训、电视中专、函授教育并举的格局，发挥了在职业技术教育中的重要作用，为经济社会发展和交通事业发展做出了贡献。

一、扩大普通中专招生

为适应国家"新时期中专教育的任务就是多办和办好中等专业学校，培养德智体全面发展、又红又专的中等专业人才"的形势和要求，学校积极探索中专教育的多种办学形式。

1. 开办职工中专班

1983年，根据《国务院批转教育部〈关于举办职工中等专业学校的试行办法〉的通知》和江苏省政府苏政发〔1982〕225号文件精神，为使江苏省交通系统有条件学习的在职职工受到系统、正规的中等专业教育，加速培养现代化建设人才，以适应交通运输事业发展的需要，经省政府批准，江苏省交通厅决定在所属江苏省南京交通学校等2个厅属中专校开办职工中专班，招生计划由江苏省教育厅统一下达。职工中专班主要招收全省交通系统公路、航政管理处（站）、省交通工程公司及县属以上船厂（包括集体所有制）的在职正式职工。要求考生具有初中毕业生的实际水平、五年以上工龄。1983年，学校共招收在职职工120名，其中，公路与桥梁、汽车运用与维修、财务会计三个专业各40名。从1983年起连续招生，开设了四届职工中专班，共毕业460人。学校还于1984年9月与南京军区司令部某工程兵部队合作开办了

"部队路桥中专班"（8423 班），共 29 人，为部队培养了军地两用人才。由于部队精简整编，该班学制进行了调整，学生于 1986 年 12 月毕业。

2. 开办校外班

为贯彻落实江苏省委、省政府关于加快发展苏北的指示，学校发挥办学功能，积极与地方联合办学，培养急需的交通人才。自 1985 年开始，学校先后在盐城、扬州、徐州开办了 3 个校外班，分别开设财务会计专业、公路与桥梁专业、汽车运用与维修专业，校外班办学规模 300 人，纳入学校统一招生计划，招生范围以所在市为主，面向苏北各市县。1985 年，先后开办了南京交通学校盐城校外班、扬州校外班，分别开设财务会计专业、公路与桥梁专业，当年盐城校外班招收财务会计专业 40 人。1987 年初，学校开办南京交通学校徐州校外班，开设汽车运用与维修专业。学校各校外班每年招生数保持在 45 人左右，成为学校办学的重要组成部分。

校外班实行南京市交通局与江苏省南京交通学校双重领导，以市局为主的领导体制，师生和管理队伍、办学经费由市交通局统筹安排，学校重视加强校外班的教学管理和业务指导，确保教学质量。学校每年召开校外班工作会议，通报校本部建设发展情况、交流校外班办学经验和教学工作情况，解决校外班办学中的实际问题。特别是 1987 年 4 月召开的校外班工作会议，讨论制定了《南京交通学校校外班教学管理办法》，完善和签订办学协议，保证办学质量，促进校外班办学健康持续发展。1988 年，在扬州召开的校外班工作会议，全面总结和交流办学情况，并邀请三个市交通运输单位的领导举办"人才培养座谈会"，听取对苏北交通和社会人才培养的要求，加强单位间的横向联系，促进学校及校外班办学水平提高，形成稳定的办学格局，支持了地方建设和发展。

3. 招生对象与学制转变

1984 年 4 月，教育部发出通知，规定中等专业学校的招生对象，要逐步过渡到以初中毕业生为主，招收初中毕业生学制为三年或四年，招收高中毕业生学制为两年。1985 年，江苏省交通厅以苏交科〔1985〕49 号文件同意学校学制调整，自 1985 年起，招收高中毕业生学制为两年，在校生中 84 级学制由三年改为两年、83 级学制仍为三年。为适应中专招生对象和学制转变的要求，1987 年，学校对招生计划安排进行调整并经省教委批准，其中，汽车运用与维修和财务会计两个专业招收高中毕业生各 125 人，同时招收初中毕业生各 125 人（其中徐州汽修班、盐城财会班各 45 人）；当年新开设的汽车运输管理专业以及公路与桥梁专业均改招初中毕业生，学制为四年，其中，汽车运输管理专业招生 80 人、公路与桥梁专业招生 125 人（含扬州路桥班 45 人）。1988 年起，学校 4 个专业全部招收初中毕业生，当年招生 495 人。

随着学校的发展，1988 年 10 月，江苏省人民政府同意江苏省南京交通学校在校生规模扩大为 1500 人。根据学校当时的办学条件，江苏省交通厅明确学校在校生规模暂定为 1280 人，另可挖掘学校潜力进行在职培训。到 1990 年，学校在校生达到 1441 人（含校外班 342 人）。

二、设立交通部电视中专江苏分校

根据《中共中央批转中央组织部、中央宣传部〈关于加强干部培训工作的报告〉的通知》要求，为尽快落实对各级45周岁以下、未达到中专文化程度的干部的教育培训工作，交通部于1985年开办了交通部电视中等专业学校（简称"电视中专"），在各省（自治区、直辖市）设立交通部电视中专分校，以满足交通系统干部职工学历教育需求。1985年7月，江苏省交通厅向交通部电视中专（总校）提交了《关于建立交通部电视中等专业学校江苏分校的报告》，1985年8月，根据交通部1985年交电中字第30号文件批复精神，江苏省交通厅在学校建立了交通部电视中等专业学校江苏分校（简称"电中江苏分校"），校长由黄荣枝兼任，学校负责分校日常工作，并相继在南京、镇江、徐州、无锡、苏州五市建立了电中江苏分校工作站，形成了交通部电中总校—省交通厅分校—市交通局工作站—市工作站各教学班的交通电视中专教育领导和运行体系。

电中江苏分校在1985年由南京、无锡两市交通局设工作站并组织招生，1986年开设了汽车运输管理、汽车运输财会、水运管理、水运财会、路桥工程等专业并全面招生，学习年限为脱产两年、业余三年，招收45岁以下、具有初中毕业文化程度、两年以上工龄的在职干部和在岗技术人员，统一经入学考试录取。学员学完规定的全部课程，成绩合格，经所在单位对其政治思想表现鉴定后，由交通部电中总校审核通过，发给毕业证书，承认其中专学历。

1990年，电中江苏分校成立五周年时，分校已在全省建立了11个工作站、16个教学班，开设6个专业，在校生近1000人，取得了显著的办学成效。

三、与高校联合举办本专科函授班

随着江苏交通事业的蓬勃发展，交通系统对高层次专门人才的需求越来越迫切。学校在稳步发展中专教育的同时，积极与高等学校开展联合办学，以满足江苏交通对高层次专门人才的需求。

学校从20世纪80年代初起，先后与同济大学联合开办了公路与桥梁专业本科函授班，与南京建筑工程学院联合开办了工业与民用建筑专业本科函授班。1985年2月，为提高在职经济管理人员的专业水平，加速培养实现公路运输事业现代化所需要的高级管理人才，与西安公路学院、江苏省汽车运输公司商定，采用函授形式由双方联合举办交通运输管理工程专业大学专科函授班，学制三年，实行学分制，授予西安公路学院函授大学专科毕业文凭，函授工作站设在江苏省南京交通学校，江苏省汽车运输公司主管领导兼任函授工作站站长、江苏省南京交通学校校长任副站长。1985年秋，该班招生100人，第一期招生对象主要是企业中层以上业务骨干。1987年，江苏省南京交通学校又与西安公路学院联合开办了交通运输管理和财务会计两个专业的干训班（一年制），先后培养学生150人。

四、大力开展岗位培训

为响应中央加强对在职干部培训的要求，在江苏省交通厅和全省交通系统的支持下，学校从 1982 年起，先后承担了开展经理训练班、交通局局长训练班、现代化管理培训班、财会人员培训班、汽运管理干部培训班、车队长训练班，以及军转干部上岗前培训班等干部培训工作。学校加强社会联系，先后开办了汽车机务管理、汽车修理工、机动车定损员、公路测量等职工培训班。另外，学校驾训队每年开展驾驶培训业务，积极为企业培训驾驶员，如 1985 年为江苏省旅游局、物资局委托培养驾驶员 59 人，为江苏省外事旅游汽车公司委托培养驾驶员 50 名（其中货车驾驶员 34 名、客车驾驶员 16 名）。1985 年，在省、市车管部门的关心和支持下，学校建立了江苏省南京交通学校驾培中心，是当时南京市最早的驾驶培训学校之一。

学校在办学中不断积累组织大规模培训的教学和管理经验，不仅提高了服务经济社会的能力，也促进了教师的能力提高和知识技术更新，成人教育与培训也成为学校长期坚持的发展方向。

到 1985 年，学校已挂有"江苏省南京交通学校""江苏省交通厅干部训练班""交通部电视中专江苏分校"三块牌子，校中有校，校外有班，形成了多元化培养人才的格局。学校实施一套班子运行模式，统一领导，采取相应措施，加强管理。首先是校领导明确分工，各司其职，各负其责；其次是健全机构，明确职责，由教务处牵头、各专业科配合抓好校外班教学管理，专门设立成人教育办公室、电视中专办公室两个中层科室，分别负责函授教育和各类培训、电视中专的教学管理和协调工作，从而较好地稳定了教学秩序，保证了学校办学的有序开展。

第五节　加大投入，不断改善办学条件

"七五"末期至"八五"期间，国家教育主管部门及相关部门重视开展中专学校专业教育质量、办学条件和办学水平评估工作，促进了中专学校进一步深化改革，提高教育质量，不断改善办学条件，增强办学效益。学校紧紧抓住评估机遇，视评估为动力和重要契机，坚持以评促建，办学条件不断改善，保障了学校发展需要。

一、校园基本建设

1983 年 5 月，江苏省交通厅工程管理局同意拨款 4.9 万元，支持学校建设临时宿舍 700 平方米。同时，四层的家属楼落成，并建设江北住宅，校舍面积达 16000 平方米。1985 年建成城区职工宿舍 2000 平方米、学生宿舍 2450 平方米以及运动场挡土墙，基建花费达 68 万元。

为了改善办学条件，1986年4月24日，江苏省交通厅召开厅长现场办公会，决定在校园西侧征地47亩。在征地过程中，由于南京市决定建设南京工学院（浦口）工业园，将此地块纳入红线范围，学校征地未能实现。经过协调并得到省交通厅和浦口区支持，1990年5月，省交通厅批复同意在学校校园东侧新征地64.89亩，按1500人规模规划，建设图书馆、教学楼、新行政办公楼、运动场、汽车教练场等。

运动场、宿舍楼

1990年，学校建成教学楼、办公楼、实验大楼、学生食堂及大礼堂、教工食堂、3幢工厂厂房、3幢学生宿舍和3幢教职工住宅，以及有300米跑道的运动场、2.5亩小游园等，校舍建筑面积达20000多平方米。同时，新征地手续加紧办理，校园占地面积扩大到近160亩，完成学校总体规划和"八五"基建计划，促进学校建设有序开展。

二、教学设备及实验室建设

随着浦口校区建设速度的加快，实验室建设提上重要日程。为改善实验、实习条件，提高实习效果，学校于1984年建成了电工电子实验室，购置了江苏省中专校第一台夏普PC-1500计算机作为教学演示设备。学校在82级路桥专业中开设BASIC程序设计语言课程，是江苏省第一所开设计算机语言课程的中专校。到1987年，在经费、场地紧张的情况下，学校完成物理实验室、化学实验室建设，建成了以伟易达Laser-310和南京紫金Ⅱ为主的2个计算机实验室，并购置当时最先进的个人计算机（PC），为在教师中普及计算机知识奠定了基础。购置了一批用于专业教学的设备仪器，如路桥测量设备、汽车发动机设备等，进一步改善了各专业的实验、实习教学条件。

1990年4月，江苏省交通厅投资45万元建设的建筑面积达4000多平方米的实验大楼投入使用，其中包括16个实验室及1个报告厅。为加强实验室建设与管理，学校成立了实验室管理中心，制订和完善管理制度，使实验室管理有章可依。同时，加强校外基地建设，建立了稳定的校外实习基地，如南京、扬州、淮阴等汽车修理实习基地，南通、盐城等财会实习基地。

三、图书馆建设

学校重视图书馆建设,重视发挥图书馆在教育教学中的作用,推进图书馆建设与管理规范化、科学化。1988年,学校图书馆积极引入计算机管理技术,以王晓农为首的几名教师自己钻研计算机程序设计技术,并用DBASEⅢ数据库,自主开发编写"图书馆计算机管理程序",以图书采购、查询、验收、著录、打印各种报表和图书卡片等图书馆内部科学管理事项为主要对象,共编制了6个子程序系统。经过上机调试,全部达到预期目的,于1988年下半年全面投入使用,取得了令人满意的效果。当年学校图书达74862册,图书馆计算机管理和应用程序的运用,方便师生上机查找1986—1988年除水运以外的全国交通中文文献资料,极大地提高了图书馆服务效率。由于是江苏省中专校中第一家推行图书馆计算机管理的学校,之后有很多中专校来校学习考察。为此,南京地区中等专业(技工)学校图书馆协作委员会在学校召开了现场会,积极推介学校图书馆计算机管理经验。

学校每年安排专项经费,用于图书馆建设和图书购置,图书馆藏书量逐年增加。到1990年,馆藏图书达80575册,在江苏省中等专业学校图书馆协会评估中获得南京市中专校第一名的好成绩。

四、后勤服务与改革

加强四项常规管理。1990年2月,江苏省教育委员会制定并印发了《江苏省中等专业学校校园环境管理规则(试行稿)》等四个管理规则文件,着力规范中专校教室、宿舍、食堂、校园环境等四项常规管理。当年8月,又印发了《江苏省中等专业学校四项管理检查评分标准细则》。学校认真贯彻落实相关要求,以抓好"四项常规管理"为载体,全面推进各项工作规范化,通过迎接上级评估,形成规范化、制度化长效机制。学校成立了常设的四项常规管理组,结合实际,分别制订了教室、宿舍、食堂、校园环境管理办法,加强检查监督和考核,持续开展评比活动,使校园面貌焕然一新,教育教学工作和学习秩序井然,校园环境卫生和美化水平有了很大提高。1990年10月,学校以优异成绩通过江苏省教育委员会组织的四项常规管理检查评估,受到专家好评。

尝试学校后勤工作社会化。鉴于学校地处江北,职工待业子女不断增加,以及学校离市区商业网点比较远等诸多因素,学校积极向省交通厅申办成立南京交通学校服务公司。1984年12月,根据江苏省交通厅《关于同意成立南京交通学校服务公司的批复》精神,学校服务公司成立。经学校党总支研究,由工会副主席范祥明兼任服务公司经理。服务公司作为新办集体经济组织,独立核算、自负盈亏,遵循按劳分配、民主管理等原则,对解决教职工子女就业、促进校内经营活动起到了积极作用。

1987年,服务公司改办为服务经营部,仍实行独立核算、自负盈亏,并实行经理聘任制和经营承包制,竞争意识增强,为学校后勤工作社会化做出尝试。

第六节 加强党建和思想政治工作，创建文明学校

学校党建和思想政治工作是推动两个文明建设的重要保证。学校认真学习贯彻党的十二大精神，把精神文明创建工作作为党建和思想政治工作的重要抓手，不断推进两个文明建设。

一、加强理论学习

1983年，学校以党的十二大精神统领各项工作，进一步加强党的十二大报告等文件学习，又组织开展学习《邓小平文选》活动，党总支中心组集中学习2次，组织党员集中学习4次，组织教职工大会听辅导报告录音3次，年底进行了学习党的十二大精神的测验，推进理论学习活动。

1987年10月，党的十三大确定了"一个中心、两个基本点"的基本路线，即以经济建设为中心，坚持四项基本原则，坚持改革开放。学校以党的十三大精神为指导，加强宣传和思想政治工作，抓好校风校纪教育。组织学习了《坚持四项基本原则，反对资产阶级自由化》《建设有中国特色的社会主义》，举办了5次辅导讲座，观看辅导录像2次，召开师生座谈会2次。组织学习《人民日报》有关加强校风校纪的文章，加强劳动纪律教育。积极开展普法宣传教育，获"浦口区普法教育组织奖"、"区治保工作先进单位"称号。

二、开展整党工作

根据中央和省委的整党部署，1985年初，江苏省交通厅党组把江苏省南京交通学校等三个在南京的厅直属单位列为第二批整党单位，要求在1985年上半年完成整党。学校党总支（党委）贯彻落实《中共中央关于整党的决定》和江苏省交通厅党组《关于第二批整党的安排意见》精神，认真制订方案，从1985年1月30日至7月10日，按照学习文件、对照检查、党员登记、检查总结四个阶段，全面部署和开展整党工作，取得了明显成效。

全校党员干部主要学习《中共中央关于整党的决定》和邓小平《目前的形势和任务》第三部分"坚持党的领导，改善党的领导"，提高党员干部积极投入整党的自觉性，为搞好整党打好思想基础。学习党的十二届三中全会《关于经济体制改革的决定》和邓小平《建设有中国特色的社会主义》等有关内容，推动学校改革顺利进行。学习《关于建国以来党的若干历史问题的决议》的有关条款和《红旗》杂志中《增强党性，克服派性》等文章，达到增强党性，促进团结的目的。学习《中国共产党章程》《关于党内政治生活的若干准则》和陈云有关党风党纪方面的文章，增强党的纪律观念，自觉克服不正之风，发挥模范带头作用。

在抓好学习文件的基础上，认真做好思想动员工作，党员干部广泛征求意见，找准问题，对照思想认识和问题撰写书面材料，开展批评与自我批评。认真进行党员登记，切实保证党组织的纯洁性和先进性，进一步提高广大党员的思想政治素质和组织纪律性。

全校 47 名正式党员全部进行登记并参加整党活动，8 名预备党员积极参加学习和教育活动。1985 年 8 月，学校《关于整党工作的总结报告》得到江苏省交通厅党组批准，同意学校整党工作结束。特别是学校党委在整党中根据《中国共产党章程》《关于党内政治生活的若干准则》对领导干部的要求，为把领导班子和领导干部建设成为团结、奋进的领导核心，制定的《校级党政领导干部八不准》受到省交通厅党组高度肯定，被省交通厅整党办公室转发，要求全系统学习参考。

三、推进精神文明建设

学校深入开展"五讲四美"活动和每年 3 月的"文明礼貌月"活动，加强精神文明建设。1984 年，学校提出"创建文明学校"，制定了《关于建设文明学校的规划》，明确"全面贯彻党的教育方针，以提高教育质量为中心建设两个文明，开创学校工作的新局面"的指导思想，推进各项创建活动经常性、制度化，形成"以旬促月、以月促年"的创建活动规划，如每年的 3 月为"文明礼貌月"、5 月为"尊师爱生月"、10 月为"爱校守纪月"、12 月为"爱国卫生月"等。学校团委充分发挥团员青年主体作用，推进"青年工程"，按照学校统一部署，结合共青团工作和青年特点，开展系列活动，全校形成了全员参与文明创建活动的生动局面。

1985 年 3 月，学校提出"建设一支好的师资队伍，改革教学、行政管理，全面提高教学质量，绿化、净化、美化校园，创建文明卫生学校"的号召。经过全校师生的努力，新校区初步形成"春有花、夏有荫、秋有果、冬有青（绿）"的优美环境。

1986 年，《中共中央关于社会主义精神文明建设指导方针的决议》（简称《决议》）发表后，学校党委认真组织学习，把师生员工的思想统一到《决议》精神上来，激发全校师生文明创建热情，推动学校精神文明建设不断取得好成绩。学校先后被评为南京市文明卫生先进单位、绿化先进单位，以及浦口区消防治安先进单位、浦口区食堂卫生工作先进单位等。1987 年 6 月，学校团委被省级机关总团委表彰为"先进集体"。1988 年，学校荣获"全省交通系统两个文明建设先进单位"称号。1989 年 5 月，学校图书馆被江苏省交通厅、江苏省海员工会评为"全省交通系统文明建设先进集体"。同时，学校有一大批教职工、学生获得各类表彰。

学校还加强军民共建活动。1985 年，学校与舟桥旅结为军民共建单位，部队官兵和学校师生经常开展文体活动、联谊活动。1987 年，学校与舟桥旅签订军训协议，部队官兵每年负责学校新生军训工作，增强学生国防意识，培养学生具备良好素质和作风。

1990 年，学校被南京市人民政府授予"南京市军民共建先进集体"称号。

四、加强德育工作

1985 年，学校响应邓小平"三个面向"（面向现代化、面向世界、面向未来）及"四有"（有理想、有道德、有文化、有纪律）的号召，重视加强德育和美育工作，把德育工作推向一个新的阶段。

为加强学生理想信念教育、道德品质教育和艺术教育，帮助学生树立正确的人生观、世界观、价值观，培养"四有"新人，1988年3月，学校创办了业余党校，党委副书记陈玉龙任党校校长，组宣科科长罗家琚任党校副校长，由学生工作党支部负责党校的具体工作，每期学制一年，招生规模均在120人左右。1989年初，又创办了业余艺校，教学副校长孟祥林任艺校校长、教务处主任林光郎任艺校副校长，由校团委负责艺校具体工作，设立书法、摄影、舞蹈、音乐等四个班，每期规模在120人左右。为办好两校，学校校长办公会先后进行专题研究，每年行政拨款近3000元作为两校的办学资金，保证了两校的顺利办学。

业余党校和业余艺校成为学校德育工作的有效抓手，使学校德育、美育工作相互促进、相互渗透、相得益彰，取得了积极成效。两校从创办起便始终坚持管理规范化、教学正常化，业余学校办得有声有色，在学校两个文明建设中发挥了重要作用。

为更好地展示学校办学成果，传承南京交校人艰苦创业、不懈奋斗的精神，凝聚师生智慧和力量，1990年学校组织开展校歌征稿活动。同年12月24日，《南京交通学校校歌》确定。学校校歌由著名音乐家沈亚威先生作曲、本校职工陈胜利作词。沈亚威先生应邀来校为师生作了生动的音乐欣赏专题报告，受到师生热烈欢迎。从此，全校师生传唱《南京交通学校校歌》，奋斗不息，勇于争先，推动学校不断迈上新的台阶。

南京交通职业技术学院

NANJING VOCATIONAL INSTITUTE
of TRANSPORT TECHNOLOGY
History

第五章

开拓创新，学校事业进入蓬勃发展快车道

1991—2001.6

1953—2023

Nanjing Vocational Institute of Transport Technology

History

20世纪90年代，我国交通事业进入快速发展时期，建设速度明显加快，基础设施总量迅速扩大。截至2000年，江苏省高速公路通车里程突破1000千米，县乡村公路通达工程里程突破18344千米。在此背景下，交通人才需求旺盛，推动了学校事业的快速发展。

20世纪90年代是南京交通学校作为中专学校发展最好的时期。学校以评促建，积极参与办学条件、办学水平、交通部规范化学校、国家级重点中专四次较大规模的教学评估，相继获得"交通系统规范化普通中等专业学校""江苏省（部）级重点中等专业学校"和"国家级重点普通中等专业学校"称号。学校扩大与高校合作开办本、专科层次学历教育的规模，经批准于1996年开始独立开办高职教育班，为提升办学层次积累了经验。学校坚持走产教结合的道路，努力提高服务社会能力；深化教育教学改革和内部管理改革，提高办学效益和质量。2001年6月，学校独立升格为高等职业技术学院，实现了办学层次的提升，揭开了学校发展的新篇章。

第一节　以评促建，争创国家级重点中专

开展教育评估是促进学校改善办学条件、提高办学质量和办学水平的有效手段，也是推动学校事业发展、提升学校社会影响力的良好契机。学校紧紧抓住历次评估机遇，视评估为动力，坚持以评促建，使各项建设取得了明显的成效。

一、办学条件合格评估

办学条件合格评估是国家教育行政部门对中等专业学校的办学基本条件、教育教学管理水平的一种鉴定性评估。学校办学条件评估工作大体经过了组织发动、学习文件、组织自评、迎接复评等阶段。

1. 组织发动阶段

1990年6月，学校成立了以黄荣枝校长为组长的自评工作领导小组。领导小组下设评估办公室和三个评估组，分工负责办学条件合格评估相关条目的测评和资料收集、整理工作，并对自评结果进行分析，提出整改建议。

1990年7月16日，学校召开了全体教职工动员大会，提出"以评估工作为动力，抓管理，上台阶"的要求，明确把评估工作作为当前和今后一个时期的中心工作来抓，并以迎评工作促进和推动学校工作的全面开展。

2. 学习文件、组织自评阶段

学校评估办公室及三个评估组在学习文件、领会评估指标体系及测评方法后，对照规定的评估标准与办法，对学校规模、领导班子、教职工队伍、教学文件及教材、实验和实习条件及电教设施、图书资料及阅览条件、学校面积及其他生活设备、办学经费等8大类62个测评指标进行了分工测评。

1991年7月，评估办公室完成了初步测评工作，并对存在的问题进一步梳理。9月，评估办公室按照指标要求进行了第二次测评，并对存在的教职工队伍不完善及实习指导教师、专职教师不足等问题提出了整改意见。9月15日，学校自评工作结束，并向江苏省教委、省交通厅提交了自评报告。

3. 迎接复评阶段

1991年10月13—17日，江苏省教委复评专家组来校对办学条件合格评估进行复评。复评专家组通过走访调查、查看材料、实地考察等方式对学校办学的软硬件建设情况进行了全面的评估，认为学校全体领导、师生思想一致，行动一致，材料准备、劳动纪律良好，四项常规管理又前进了一步，并指出了学校存在的主要问题：专业教师、实习指导教师、政工队伍人数不足，专业教师的职称、学历水平有待提高等。

经过江苏省教委专家组复评，学校办学条件合格评估取得总分91.2分的好成绩，被定为A级（较佳级），处于江苏省中专学校的领先地位。1993年6月23日，江苏省教委、省计划经济委员会发布《关于公布江苏省普通中等专业学校合格评估结果的通知》，江苏省南京交通学校成为这批最早通过合格评估的学校之一。

二、办学水平评估

1991年11月，学校根据江苏省教委对办学水平评估的要求，成立了办学水平评估工作领导小组和办公室，组织专业科室对所评估的条目进行初评，并对初评结果进行分析，找出存在问题，落实整改措施。1992年，江苏省教委决定对办学条件合格评估获得较佳级的学校进行办学水平评估。办学水平评估设置学校设施、队伍状况、教学工作、德育与学生工作、行政工作、质量与效益6个一级指标，细分为18个二级指标，54个三级指标，采用定性、定量相结合的方法进行测评。1992年8月20日，学校向江苏省交通厅政治部提交了《关于申报参加普通中等专业学校办学水平评估复评的报告》，汇报了学校的自评情况，请示参加办学水平复评，以期实现"确保江苏省（部）级重点，力争国家级重点中专"的目标。

1992年11月7日，江苏省教委中专学校办学水平评估专家组进驻学校，对学校办学水平进行了为期5天的复评。最终，经过专家的评审，学校办学水平评估总分94.6分，等级为"优秀"，评级为A级。复评专家组认为"学校有着可贵的奋发精神，优良的办学条件，积极稳妥的改革，有群众信赖的领导班子和上水平的管理，办学取得较大成绩，学校发展潜力很大"，并指出了学校办学过程中存在的主要问题：设施、设备等硬件建设尚需不断完善，设备的先进性有待提高，教师能力的培养、科研成果尚显单薄，后勤承包、校办产业及规范化管理工作尚待进一步改革，与用人单位的联系尚待加强，良好的信息环境需要建立。

三、交通部规范化学校评估

20世纪90年代初，中专教育的规范化管理被提到了非常重要的地位上。交通部印发《交通职业技术教育规划纲要》等文件，提出"八五"期间要办好一批办学条件较好，管理水平、教育质量、办学效益较高,在教育教学改革等方面成绩显著的规范化学校。

学校领导班子及时组织师生学习这些文件,对照标准,研究学校管理中的优势和不足,积极推进学校管理的规范化。学校以抓好四项常规管理为载体,认真贯彻落实教室、宿舍、食堂、校园环境管理办法。采取的主要措施有:强化学生的德育和劳动教育,重点抓好班级值周劳动和班主任值日工作;美化教室环境,严格值日制度,加强宿舍安全教育;改革食堂管理体制,推行食堂承包制或半承包制,成立伙食管理委员会,加强过程监督和考核检查,开展多项评比活动,提升后勤工作人员能力与素质。通过上述活动的开展,校园美化和环境卫生水平有了很大提高,教育教学、工作和学习秩序优良,校园面貌焕然一新,形成了规范化、制度化的长效机制,四项常规管理水平再上新台阶。1991年11月28日,江苏省交通厅四项常规管理检查组来学校进行检查评比,学校获得校园管理第一名。

1993年4月5—7日,交通部规范化学校评检调查组对学校规范化管理工作进行评估。专家组先后听取了学校报告,考察了实验室、校办工厂、图书馆、档案室、学生公寓等,召开了中层干部、学生干部和部分师生参加的座谈会。经过三天的考察,专家组认为学校管理规范化建设成绩突出。1993年6月30日,交通部发文批准学校为"交通系统规范化普通中等专业学校",并要求进一步加强规范化建设,发挥骨干、示范作用。

学校被交通部确定为"交通系统规范化普通中等专业学校"

四、省(部)级和国家级重点中专评建

1993年9月18日,学校向江苏省交通厅正式提交了《关于申报江苏省(部)级、国家级重点普通中专学校的报告》,其总结了学校近几年来的办学成果。学校主动适应交通发展对人才的需求,在校普通中专生、电视中专生、函授生、干部培训生近2500人,占地面积近170亩,建筑面积4.69万平方米,实验楼8000平方米,实习工厂3000多平方米,图书资料12.48万册,教职工250人,办学规模和条件符合申报要求。在教学改革方面,实施"三一分段制"教学改革,着力培养学生的动手能力、自学能力。重视实践教学和现代化教学手段的运用,改革考试办法,为江苏省交通系统培养出了一大批高质量的应用型人才。毕业生普遍受到社会的欢迎和好评,根据统计,97.8%的毕业生能胜任岗位工作,很多毕业生已成为技术骨干或走上领导岗位。学校积极开展干部培训、岗位培训,培训各类学员达5000多人。积极探索"教学-技术服务-生产实践"三结合的路子,自1985年以来承担各类公路勘测设计任务累计达300多千米,多次承担公路建设材料试验、工程勘测等任务。积极发展校办产业,创造了较好的办学效益。

江苏省交通厅及时向江苏省教委、计经委报告了学校参评要求。经江苏省教委、计经委组织专家评审,报省人民政府批准。1993年10月,江苏省人民政府下发《关于南京铁路运

输学校等 38 所中专校为省（部）级重点中等专业学校的批复》，批准南京交通学校为"江苏省（部）级重点中等专业学校"。同时，报送国家有关部委。

关于江苏省（部）级重点中等专业学校的批文

1994 年，国家教委对各省（部）推荐的国家级重点中专备选学校进行了初审，成立了"国家级重点普通中专学校审议委员会"，组织专家组对各备选学校进行考察评估，逐个审议。经专家评审，1994 年 8 月 22 日，国家教委以教职〔1994〕10 号通知公布了国家级重点普通中专学校名单，全国共有 249 所，其中江苏省 17 所，江苏省南京交通学校名列其中。8 月 31 日，江苏省教委转发了国家教委《关于公布国家级重点普通中等专业学校名单的通知》。

国家教委专家组来校评估

1999年11月12日,教育部组织专家对国家级重点中专学校进行了复评。经过三天的考察,学校顺利通过了复评,并以全省第四名的好成绩,再次被教育部确定为国家级重点普通中等专业学校。

第二节 试办高职专业,深化办学模式改革

1996年6月20日,江苏省教委、计经委、财政厅和人事厅联合下发了《关于在我省有条件的中专校试办高职班的意见》,提出从1996年起选择少数有条件的中专校,选取能够充分体现高职特点的专业试办高职班,以解决当时高等职业教育培养能力不足的问题,满足江苏省现代化建设对高等职业技术人才的需求。学校紧紧抓住机遇,积极主动探索试办专科层次的高职教育,并采取灵活多样的合作办学模式,与本科院校合作进行高层次人才培养,极大地提升了学校的综合办学能力。

一、试办五年制高职班

学校经过1991年后的几次评估建设,办学条件得到了极大的改善,专业建设取得了较大突破,教育教学质量得到了较快的提升。1992年6月,汽车专业试行"双证制",要求毕业生想要取得毕业证书,必须取得江苏省劳动局颁发的初级汽车修理工等级证书。1992年10月,学校路桥实验室被江苏省交通厅确定为"甲级交通工程实验室",为学生进行实习、实训等创造了良好的环境。1996—1997年,学校公路与桥梁施工技术专业、汽车运用工程专业先后被交通部评为"部级重点专业点",这两个重点专业的建设为学校试办高等职业教育打下了坚实的基础。

1. 试办公路与桥梁施工技术专业高职班

根据江苏省教委的文件精神,学校首先从优势专业、交通部重点专业点"公路与桥梁施工技术"着手积极申办高职班,在充分调研的基础上,学校向江苏省教委提交了开办公路与桥梁施工技术专业高等职业技术教育班的请示和可行性论证报告。

1996年7月5日,江苏省教委、计经委下达了全省中等专业学校试办高职班招生计划的通知,同意学校试办公路与桥梁施工技术专业高职班,招生计划为40人。

为了保证公路与桥梁施工技术专业高职班生源质量,实现高职班的培养目标,学校制定了《江苏省南京交通学校96级路桥

学校试办公路与桥梁施工技术专业高职班批文

专业高职班学生遴选办法》，并上报江苏省交通厅政治部。江苏省交通厅于1996年12月20日发文同意实施，并要求在执行过程中加强领导，坚持公开、公平、公正的原则，做好遴选工作。为此，学校成立了以校长黄荣枝为组长，教务科科长林光郎、路桥专业科科长朱雅文、学生科科长高冬青为组员的遴选工作小组，负责遴选工作的组织领导。高职班学生的遴选对象为1996年入学的公路与桥梁施工技术、汽车运用工程、公路养护与管理、计算机应用四个工科类专业的一年级新生。申报条件是本人自愿，家长同意，第一学年操行等级为优良，体育达标，身体健康。1997年6月，学校组织了文化课考试，共有357名学生参加。考试科目为数学、物理、语文、外语，每门课满分为100分。之后，按照考生成绩，分地区由高分到低分依次录取，共录取40人。1997年6月下旬，学校确定了首届高职班学生名单，并报江苏省交通厅、人事厅审查备案。

这次高职班学生遴选工作是学校承办高职班的第一次探索和尝试。学校对该班级教学、管理等工作非常重视，选派优秀青年教师担任班主任，配备了优质的师资力量，学生学习的积极性高涨，两年的实践证明试办高职班是成功的，这为其他专业开办高职班及进行学生的选录提供了宝贵的经验。

2. 高职专业的拓展与教学质量建设

学校在总结公路与桥梁施工技术专业高职班办班经验的基础上，决定进一步发挥专业优势、人才优势和设备优势，增加高职班招生专业。1996年10月，学校向江苏省教委提交了《关于申办"现代汽车运用工程""现代交通计算机管理"高职班的请示》。同年12月20日，学校向交通部教育司提交了《再次申请试办高等职业技术教育班的请示》，拟于1997年开办公路与桥梁施工技术、现代汽车运用工程、现代交通工程机械、网络技术与电子商务四个高等职业技术教育班。1997年4月，交通部教育司经研究后批示，同意学校试办公路与桥梁施工技术、现代汽车运用工程两个专业的五年制高职班，共计招生90人。

1998年3月24日，江苏省教委职教办发布了《关于开展五年制高职班教学视导的通知》，要求各个开办高职班试点的中等专业学校认真做好五年制高职班教育教学工作，并组织专家进行教学视导检查。1998年4月，学校成立了高职教学工作自评领导小组，校长孟祥林任组长，副校长王晓农、高进军任副组长。12月13日，江苏省教委教学视导专家组来校，围绕"视、导、讨"工作方针，对学校高职专业进行了视导检查，通过听取学校报告、观摩典型课程教学、考察实训中心、查阅专业建设材料、召开座谈会、对典型课程进行评议等，最终对学校高职教学工作给予较高评价。1998—1999年，学校根据人才需求继续进行了工程监理与质量检测、公路工程机械、高等级公路维护与管理、计算机网络技术等专业高职班试点的申报工作。到2001年6月学校升格前，招生的五年制高职专业达到四个，分别是公路与桥梁施工技术、现代汽车运用工程、现代交通工程机械、网络技术与电子商务。五年制高职班招生情况见下表。

五年制高职班招生情况一览表（单位：人）

年级	专业				合计
	公路与桥梁施工技术	现代汽车运用工程	现代交通工程机械	网络技术与电子商务	
1996 级	40	—	—	—	40
1997 级	44	44	—	—	88
1998 级	46	90	—	—	136
1999 级	109	85	83	—	277
2000 级	172	109	53	92	426
总计	411	328	136	92	967

二、与本科院校合作开展高层次人才培养工作

随着交通事业的蓬勃发展，交通系统对高层次专门人才的需求越来越迫切。学校在办好中专学历教育和五年制高职教育的同时，积极探索与高等学校合作办学的新路子，先后与同济大学、南京建筑工程学院、西安公路学院、南京化工大学等院校合作举办本科学历函授班、专科单招班，培养高层次专门人才。

进入 20 世纪 90 年代，学校相继与同济大学联合开办了公路与桥梁专业本科函授班，与南京建筑工程学院联合开办了工业与民用建筑专业本科函授班，与南京工业大学联合开办了交通土建专业本科函授班，与南京建筑工程学院联合开办了路桥专业大专班。

南京工业大学 2001 届交通土建专业本科函授班毕业合影

1999年，学校与南京化工大学联合举办三年制专科层次单招班。当年，共6个专业招生275人，纳入南京化工大学招生计划统一招生，学校负责专业教学计划制订与实施，以及学生教育管理工作，学生毕业时颁发南京化工大学专科毕业证书。

江苏省南京交通学校（南京化工大学）单招班情况一览表

序号	专业	班级	人数	班主任
1	现代汽车运用工程	99103	42	黄开兴
	现代汽车运用工程	99104	33	于苏民
2	汽车营销与售后服务	99105	33	黄 枫
3	公路与桥梁施工技术	99202	54	邬建强
4	高等级公路维护与管理	99203	42	洪春斌
5	会计电算化	99301	33	刘 瑛
6	计算机应用与维护	99401	38	吕永壮
合计			275	

2000年8月8日，学校建立同济大学网络教育学院南京教学点。2000年10月，教学点首次招收交通工程与信息技术专业本科生49名，开辟了合作办学的新形式。2001年4月20日，江苏省教育厅下达了招生计划，同意教学点招收交通工程（交通工程与信息技术）专业本科生100名。

三、交通部电视中专评估与建设

1992年10月15日，交通部电视中专评估组来校，对江苏分校的办学条件、专业设置、师资力量进行评估。因办学成绩突出，电视中专江苏分校1993年被交通部电视中专总校授予"先进分校"称号。1994年9月，经批准，"交通部电视中专江苏分校南京交通学校教学班"建立，首次招生95人，开设公路与桥梁工程和交通财务会计专业。

1997年9月，经江苏省交通厅政治部批准，南京交通学校校长孟祥林兼任交通部电视中专江苏分校校长。10月27—31日，交通部示范性成人中专评审组到校对电视中专江苏分校进行了示范性评估，给予了较高评价。在全国64所电视中专分校中，江苏分校名列全国第一，被评为示范性成人中专学校。1998年，学

江苏省交通电视中专工作会议

校开展了电视中专江苏分校下属示范性工作站（二级分校）的评估工作，涌现出一批先进工作站。

到2000年底江苏分校停办时，全省已建成15个工作站或二级分校，开设14个专业56个教学班，在校生1900多人，每年毕业生达600多人。交通电视中等专业教育在全省交通系统干部职工的学历提高和教育培训中发挥了积极作用。

四、扩大校外班办学

随着学校办学条件和办学水平的提高，1992年5月12—13日，学校在盐城召开了第六次校外班工作会议，江苏省交通厅政治部领导，盐城、扬州、徐州三个校外班管理人员及学校有关负责人参加了会议。会议结合学校办学条件和办学水平评估工作，对规范校外班办学提出新要求。1993年11月5日，学校开展了校外班教学评估工作，分别对盐城、扬州、徐州三个校外教学点进行评估复查，促进了校外班教学与管理工作的有序开展，确保了校外班的教学质量和毕业生质量。

为了更好地服务地方交通发展，增强学校辐射作用，学校决定扩大校外班办学规模。1995年1月，学校向江苏省交通厅提交了《关于学校与仪征市工业学校、金坛市直溪职业中学联合办学的报告》。2月18日，学校向江苏省教委呈报了《关于调整校外班办班点的报告》，原设在徐州交通职工中专的校外班暂停招生，1995年开始拟在扬州招生。5月，学校与仪征工业学校签订了联办汽车制造与维修专业的协议。11月20日，学校向江苏省交通厅呈报《关于学校与宜兴市交通职工学校联合办学的报告》，计划在1996年招收汽车拖拉机运用与修理和现代办公专业各40人。经批准，1995年12月20日，学校与宜兴市交通职工学校签订协议，开办汽车拖拉机运用与修理专业，学制四年。同时，学校与金坛市交通局、金坛市直溪职业中学签订了公路养护与管理专业的联合办学协议。

根据江苏省公布的1996年招生计划，学校校外班办学格局发生较大变化。其中扬州班招收公路与桥梁工程专业45人，盐城班招收交通财会电算化专业45人，仪征班招收汽车制造与维修专业45人，宜兴班招收汽车拖拉机运用与修理专业45人，金坛班招收公路养护与管理专业40人。

校外班开办情况一览表

办班点	办班时间	专业	在校生数
盐城交通技工学校	1985年9月	交通财会电算化	81
扬州交通技工学校	1985年9月	公路与桥梁工程	122
仪征工业学校	1995年9月	汽车制造与维修	45
宜兴市交通职工学校	1995年12月	汽车拖拉机运用与修理	45
金坛市直溪职业中学	1995年12月	公路养护与管理	40

第三节　走产教结合道路，提高社会服务能力

学校积极探索产教结合的新路子，大力兴办校办产业，举办多种类型的培训班，广泛开展科技开发和技术服务，不断提高社会服务能力。

一、大力兴办校办产业

1992年，学校成立了产业开发办公室，以加强对外联系，探索发展第二和第三产业。1993年，任命高进军为金加工厂厂长，游心仁和桑永福为汽车修理厂负责人，芮建平为驾驶培训部主任，进一步充实校办产业力量，推进产教结合。学校专门制定了面向校办工厂的奖惩制度，对汽车修理厂等校办企业进行积极的扶持，做到"主业精、副业兴"。1995年后，学校对校办企业实行目标管理，赋予企业领导对人、财、物和生产经营一定的权限，努力促进企业实现自收自支，同时，加强了企业管理制度建设，特别是财务核算与监督工作。为了整合资源、提高效益，1998年，学校将驾训队、汽车修理厂、金加工厂三个产业实体整合为一个校办企业，聘任游心仁担任厂长。这一时期，学校加快校办企业的建设步伐，大力兴办校办产业。

1. 筹备建立江苏育通经济发展公司

1992年10月，经过校长办公会等讨论和市场调研，学校根据发展规模和服务能力，决定兴办"交校科贸发展公司"。经过进一步论证，10月30日，学校向江苏省交通厅政治部提交了《关于成立江苏省南京交通科贸发展公司的报告》。报告对公司性质、经营方式、经营范围等作了说明，公司主要经营方式是制造、加工和贸易，主要经营范围是机电产品、机械加工、化工、五金、建材、运输、技术培训、技术转让、技术服务，注册资金150万元，实行全民所有制的独立核算。公司从业人员包括校内固定工50人，聘用合同工30人，共计80人。

经批准，学校开始筹建江苏育通经济发展公司。1992年12月3日，学校向江苏省交通厅提交了筹建情况报告。12月31日，江苏省交通厅下发了《关于同意成立"江苏育通发展有限公司"的批复》，同意成立江苏育通发展有限公司，隶属于南京交通学校。公司为全民性质、独立核算的第三产业公司，其用工由学校自行解决，不占用学校现有编制。

1993年5月28日，江苏育通经济发展公司成立大会召开。公司设置科技咨询服务部、驾驶培训部、机电部、经营服务部。学校任命黄荣枝为总经理，芮建平、武可俊为总经理助

江苏育通经济发展公司揭牌

理，邬建强负责办公室工作。

1997年11月12日，因黄荣枝退休，学校任命孟祥林为公司总经理兼法人代表，高进军任公司副总经理。

2000年11月2日，江苏省交通厅政治部同意"江苏育通经济发展公司"更名为"江苏育通交通工程咨询监理公司"。经交通部核准，成为具有公路工程监理临时甲级资质的社会监理单位。学校任命孟祥林为经理，武可俊、陆春其、何卫平为副经理，朱雅文为总工程师。

2001年5月16日，江苏育通交通工程咨询监理公司获得江苏省交通厅颁发的"江苏省交通建设工程监理资信登记证明"，从而为公司进入交通建设市场创造了有利条件。

2. 成立南京交校工程勘测设计所

多年来，学校积极探索专业教学、社会服务、生产实践三结合的路子。学校路桥专业有着良好的专业基础、人才基础和实践基础。1992年5月，学校提出建立路桥设计室的构想，将其作为对外技术服务的窗口，充分利用学校教师、学生的力量，联合设计院、科研所等单位，承接外部设计任务。综合路桥专业的师资力量和实验室条件，1992年6月，学校路桥试验室成立。1992年10月30日，路桥试验室被江苏省交通厅定为"甲级交通工程试验室"（苏交质〔1992〕6号）。1993年2月，江苏省交通厅监理总公司筹备处与学校达成协议，确定学校路桥试验室为监理测试中心。中心首次承担了沪宁公路某路段的监理工作，与江苏省测绘局合作进行了苏州某地区的地形测量，承担了常州武进城区6千米道路的勘测设计任务，承担了宁通公路泰兴段、沪宁高速公路F4标段监理工作。1995年，学校通过工商部门注册，江苏省南京交通学校路桥勘测设计室（原学校路桥试验室）更名为南京交校工程勘测设计所，成为法人单位，法人代表为武可俊。1998年10月，江苏省高速公路指挥部检测中心成立，挂靠在南京交校工程勘测设计所。学校为此配备了专职检测队伍和必备的设施设备，严格进行工程质量检测。检测中心自成立以来，承担了大量高等级公路的质量检测工作，包含公路工程所用原材料、构件、工程制品、工程实体的质量检测，参与公路工程建设的科研工作，为江苏省高等级公路建设做出了积极贡献。

3. 组建江苏省汽车驾驶员培训中心

学校是全省第一家开展汽车驾驶员培训的学校，也是第一家面向全省招收汽车驾驶员培训学员的学校。到1990年，学校已有30多年的驾驶培训历史，积累了丰富的培训经验，每年均举办多期培训班。20世纪90年代，学校驾训队发挥设备优势和人才优势，培训范围不断扩大，培训质量高、信誉好，受到社会普遍好评。

1992年，学校建成了新的汽车教练场，1993年初，建成了倒桩场等配套设施，改善了驾驶员培训的条件。1993年5月10日，江苏省公安厅交管局批准学校在全省范围内招收汽车驾驶员进行大货车和小客车培训。1995年，驾训队通过了南京市市级一类驾训培训中心评估，完成了第17、18期大货车384人及小客车三期96人的培训任务。1997年，学校组建了江苏省汽车驾驶员培训中心。到2000年，学校已为社会培养汽车驾驶员3000多人。

学校校办产业的发展，为探索产教结合的路子、改善办学条件和提高教职工的福利待遇提供了较好的经济支撑。经过数十年的建设，学校校办产业形成了汽车修理、驾驶员培训、公路工程检测、交通工程监理、机械零部件加工等多种业态并举的格局，有力地支持了学校的改革和发展。

汽车驾驶员培训中心

二、开展职业培训工作

为提高交通干部职工的政治理论水平和业务素质，学校积极承担了全省交通系统干部培训和职工岗位培训工作。学校开办的技术培训班有汽车机务员管理班、汽车修理工班、汽车电工班、机动车定损员班、汽车驾驶员培训班、公路测量班、黑色路面班、财会人员班、施工员班、材料实验员班、工程质检员培训班等。学校开办的干部培训班主要有经理厂长培训班、县交通局局长班、国防交通干部班、施工企业项目经理班、交通运管所所长班、车队队长班、军队转业干部岗前培训班等。1992—2000年每年非学历培训人数在500人左右，仅"八五"期间就累计培训2404人。

1995年，学校成为江苏省计算机应用能力培训与考核点之一，开办了江苏省交通厅机关干部、直属企事业单位管理人员计算机应用能力培训班，学员考核合格率在96%以上。1996年初，学校被批准为江苏省财政厅会计电算化培训考核点，当年培训并考核通过的交通系统财会人员达500多名。

为加强全省交通系统干部培训和社会主义精神文明建设，提高党员和干部队伍的政治素质和业务素质，江苏省交通厅决定成立"江苏省交通干部培训中心"。1996年9月28日，培训中心宿舍楼竣工验收，达到市优良工程标准。1997年1月14日，江苏省交通厅党校、江苏省交通干部培训中心揭牌仪式在学校隆重举行。江苏省政协副主席胡福明，江苏省交通厅党组书记、厅长徐华强，江苏省委党校有关领导及其他领导出席。培训中心的成立，为学校在交通行业开展培训打开了新局面。

1995年1月，学校向江苏省交通厅提交了《关于设立省交通学校国家技能鉴定所的报告》，主要开展汽车修理工、高级汽车驾驶员等5个工种的鉴定工作。1997年12月20日，学校申报"国家职业技能鉴定所"评审会在江苏省交通干部培训中心举行。经江苏省劳动厅、江苏省交通厅领导和专家评审，同意在学校设立"国家职业技能鉴定所"。鉴定所面向学生开展专业技能培训与鉴定，为学生毕业时取得双证书打下了基础。

1999年，学校干部培训、职业培训工作再上新台阶。全年共举办江苏省交通厅处级干部党风廉政建设法制教育学习班、县（市）交通局局长岗位培训班、军队转业干部岗前培训班、99交通质量年交通工程质量培训班、交通行政执法人员岗前培训班等各类培训班23期，参加培训的有1449人，取证率99.8%。1996年10月至2000年12月，学校共举办各类培训班85期，共培训5807人。

江苏省交通干部培训中心成立

三、开展科技开发和技术服务

学校充分发挥专业优势，广泛开展科技服务。其中路桥专业师生先后承担江苏省测绘局、江苏省交通规划设计院、江浦县交通局、江苏省交通工程监理公司等单位的测量、道路材料试验、勘测设计、监理等工作任务，受到好评。1985—1993年，学校承担各类公路勘测设计任务，累计达300多千米。

1994年5月20日，学校与淮安市公路站合作的"阳离子乳化沥青添加剂的研究"通过了江苏省省级鉴定，受到了专家的好评。

1996年，由学校教师自主研制的"水平圆振动干燥机"通过江苏省省级鉴定，"液压行星无级变速器"获得国家专利。1997年，学校又积极承担了"公路工程概预算编制的研究""现代汽车新技术应用的研究"等研究课题。1999年，学校对产业结构进行整体优化配置，分别成立了工程部和机械部。工程部承担了苏北多条高速公路的检测任务以及宁靖盐高速公路的工程监理任务。

第四节 深化内部管理改革，提高办学效益

一、学校领导班子建设

1997年9月，江苏省交通厅党组任命孟祥林为校长，王晓农、高进军、魏明为副校长，陈玉龙为党委副书记，成立了学校新的领导班子。

学校新的领导班子提出"四讲四必须"的要求。"四讲"即讲大局，讲正气，讲纪律，讲奉献。"四必须"即必须勤奋，必须高效，必须团结，必须争先。

在此期间，学校不断自加压力，抓住机遇，加快发展步伐。新的领导班子坚持"质量立校、特色兴校、科技强校"，提出了"在办学层次上调高，在办学规模上调大，在办学质量上调优，在办学机制上调活"的办学思路。

二、人事分配制度改革

根据教育部《关于当前深化高等学校人事分配制度改革的若干意见》和中组部、人事部、教育部《关于深化高等学校人事制度改革的实施意见》文件精神，学校结合实际，以富民强校为目标，开展了以机制转换、制度建设为核心的人事分配制度改革。

1. 精简中层机构及中层干部职数

1997年11月，学校开展中层干部换届工作，对时任中层干部的各项工作进行综合测评、量化考核。考核内容包括德、能、勤、绩四个方面，重点考察思想品德、工作态度、工作绩效。对工作成绩平平，在任期内发生重大责任事故，违法乱纪，或者群众意见较大者，学校责令辞职或就地免职。12月31日，学校完成了新一轮中层干部聘任工作。

1999年，学校本着"精简、效能、统一"的原则，精简中层科室和中层干部职数，引进末位淘汰的机制，择优聘任中层干部。1999年8月，学校进一步精简和调整行政机构，中层科室从31个减少到21个，中层干部职数由原来的36人减少到23人，中层干部职数减少36%，改变了中层机构结构臃肿、中层干部人浮于事的现象，提高了行政工作效率。

2. 行政管理人员竞聘上岗

1997年，学校在职职工265人，其中行政相关部门的一般管理人员达80人，工作效率低下，人浮于事。针对这一现状，1998年9月19日，学校三届六次教代会一次性全票通过了《关于在学校有关部门实施竞岗工作的意见》和《关于待岗、转岗、内退、拒岗等规定》两个文件，决定在学校行政机关、党群部门、教辅部门、后勤部门和产业未承包部门实施定岗定编、竞争上岗。

通过竞争上岗，学校行政相关部门原有的80人中，60人被继续录用留在行政相关部门，16人转岗分流到其他部门，2人内退，2人待岗，行政相关部门一般管理人员减少了25%。学校建立了低职高聘制度，对于为学校教学工作做出特殊贡献的教师进行低职高聘，如青年教师张晓焱、范健因工作认真，表现突出，被学校低职高聘，享受讲师待遇，调动了青年教师工作积极性。本次竞聘比较好地优化了学校人才资源，做到适岗适人、适人适用，教职工工作状态和精神面貌有了明显改观。

3. 分配制度改革

1992年下半年，学校首先在基础科开展教师课时津贴改革试点工作，取得了较好的效果。1994年4月，在总结基础科教师课时津贴改革试点经验的基础上，学校全面推行教师课时津贴制和职工岗位津贴制，同时遵循按劳取酬、科学合理、简便易行、拉开档次的分配原则，积极开展绩效改革，极大地调动了教职工积极性。

三、教育教学改革

1. "三一分段制"

20世纪90年代初，学校根据岗位对人才的技能要求，加强对学生实践能力的培养，实行"三一分段制"教学模式。学生在四年制的中专教育中，前三年在校内学习基础理论，参加校内实训实习，第四年在校外交通企事业单位进行生产实习，主要学习生产技能。实践证明，"三一分段制"教学改革提高了学生生产实践能力，提高了毕业生走上工作岗位的适应能力。

2. "双证书"制度

在加强实践教学环节的基础上，从1992年起，学校试行毕业生"双证书"制度，要求学生在取得毕业证的同时，取得相应的专业技术等级证书，并逐步使学生的专业技能学习规范化、制度化。汽车运用与维修专业学生毕业须获得汽车中级修理工证书或驾驶证，公路与桥梁工程专业毕业生须获得测量工、材料试验工证书，交通财会电算化专业毕业生须获得珠算等级证书和财会电算化等级证书。1995年1月，江苏省劳动局、交通厅联合发文要求，从1995年起，在省交通厅所属学校应届毕业生中实行"双证书"制度。学校按照文件要求，在1996年全面推行"双证书"制度，职业资格证书考核合格率达100%。学校毕业生基本上达到"双证"要求，受到了用人单位的欢迎。

3. 借鉴CBE理论和DACUM方法的课程体系改革

自1996年开办高职专业以来，学校紧紧围绕行业发展的需求，以培养学生的综合职业能力为主线，以"双证书"制度为框架，借鉴国外先进职业教育"能力本位教育（Competency Based Education，CBE）"理论和"开发一个教学计划（Develop A Curriculum，DACUM）"方法，探索高职专业的现代化建设之路，建立起了新的职业教育课程体系，使人才的培养从学科型向技能型转变。

学校的专业课程体系改革，当时走在了全国交通系统教学改革的前列。

1999年上半年，交通部汽车专业委员会在学校对现代汽车运用工程专业教学计划进行了审定，肯定了学校综合课程体系改革的框架。2000年10月，这一改革思路以《高职专业现代化建设的实践与探索》为题，在全国五年制高职第五次例会上进行交流，获得了同行专家、教师的一致肯定。

四、师资队伍建设

1997年5月，学校提出了培养跨世纪的师资队伍人才战略，通过多种途径提高师资队伍的整体素质。采取的具体措施有：

（1）加速青年教师的培养，实行导师制。

（2）加速教师知识更新，每年拨出40000元专款用于教师进修学习，实行教师进修责任制。

（3）组织教师参加生产实践和科研开发，为实行"双师制"创造条件。

（4）活化用人机制，实行专兼结合的聘用制度。

2000年，学校开始全面实施教师教学质量奖惩办法，通过学生测评、同行测评、领导测评等方式，每学期对教师教学质量进行测评。测评结果按职称分别排序，排名前15%的给予教学质量奖励，排名后5%的给予适当扣除绩效奖金的处罚。对教学中出现的诸如监考不严、上课迟到、没有教案上课等问题，一经发现，按照相关规定严格处理。

从1996年开始，学校开展了教学带头人和骨干教师的选拔、培养工作，在教师中产生了较大影响。学校制定了《南京交通学校教学带头人和骨干教师评选办法》，并于1998年作了进一步修订。其中规定，教学带头人和骨干教师的聘任采取任期制，任期两年，并采用滚动式评选方式。任期内定期考核，合格后可继续留任，不合格者取消其资格。骨干教师成绩突出者可申报教学带头人，教学带头人和骨干教师享受校内津贴。

学校教学带头人和骨干教师一览表

届次	公布时间	教学带头人	骨干教师
第一届	1996年9月10日（交校办〔1996〕3号）	王晓农　朱雅文　张志伟　徐爱萍	屠卫星　张春阳　高进军　葛福祥　陆春其　毕朝晖　陈锁庆　陆　礼　王湘沅　邹建强　祁洪祥　胡维忠　蒋兰芝
第二届	1998年10月8日（交校办〔1998〕11号）	张志伟　朱雅文　温演岁　陈锁庆　卢　昶	屠卫星　陆　礼　王海方　曹苏燕　刘静予　李玉珍　王党生　邢江勇　胡维忠　陆春其　邹建强　陈桂奇　樊琳娟　周传林　倪　方　何玉宏　周明秀　朱国芬　杨益明　蒋兰芝
第三届	2000年11月29日（交校办〔2000〕16号）	陆春其　屠卫星　王海方　陆　礼　毕朝晖	曹苏燕　王　平　邢江勇　何玉宏　卢　昶　倪　方　周传林　樊琳娟　李玉珍　蒋　玲　李士涛　杨益明　刘静予　范　健　文爱民　王党生　胡维忠　蒋兰芝　吕亚君　祁洪祥　邹建强　朱国芬

五、教学和管理现代化

随着信息时代的到来，学校积极建设多媒体、计算机实验室，在教学、管理中逐步推行计算机管理。学校于 1992 年给图书、财务、人事、教务等部门配备了计算机。1994 年，学校成立了以计算机教研组为核心的"电子计算机中心"。1994 年 11 月 18 日，学校利用世界银行贷款 10 万美元，建成了当时江苏省中专校最先进的两个 HP486 计算机中心，配备计算机 50 台，建成了全省中专校第一个多媒体教学教室。

1995 年，学校普及计算机在教学、管理工作中的应用，数学组已经开始用计算机组题出卷。图书馆尝试推行图书借阅的计算机管理，卫生所初步建立了职工医疗与健康信息的计算机管理系统。同年 12 月，学校建成了华东地区中专校第一个局域网，并在江苏省网络教学现场会议上作了交流。

1996 年，学校初步建成校内计算机管理系统。同年 3 月，新学期开学，学校图书馆实行计算机借阅图书，各食堂实行磁卡售饭。6 月，在交通部重点中专学校校内微机联网现场会上，学校进行了现场交流，受到会议代表的好评。

1997 年，学校初步建成了校园网，1998 年进一步增加投入，完善了校园网建设，建成了 1 个多媒体视听室、2 个多媒体投影室及专业教室，并使用了江苏省中专校教学管理信息系统、学生管理信息系统和后勤管理信息系统。1998 年 10 月，江苏省教委对学校的校园网建设进行了网上验收。1999 年 1 月，江苏省教委下达了验收结论，认为学校校园网布线规范、功能完善，验收合格。当年，学校完成了电教中心的改造和建设，图书馆建成了电子图书阅览室。

六、后勤服务社会化改革

20 世纪 90 年代初，学校以食堂为重点，开始后勤服务社会化的初步尝试。1999 年 9 月，学校全面推进后勤服务社会化。

（1）撤销原总务科、基建办、卫生所等科室建制，把行政车辆管理工作从学校办公室分离出来，组建学校物业管理中心。其所辖的房屋、家具维修，绿化维护，卫生保洁等总务工作模拟物业管理公司的运作方法，医务工作模拟社区医院的运作方法，车辆管理模拟汽车出租公司的运作方法，为学校师生提供有偿服务。

（2）撤销原膳食科行政科室建制，与劳动服务公司组建学校生活服务中心。其下辖的餐饮、浴室、商店、洗衣房等部门转制为经济实体，引入社会人员参与竞争，规范服务，放开经营，实行市场化运作。

两个后勤服务实体按照企业化模式运作，负责人具有经营权、管理权和分配权，建立健全各项管理制度，独立核算，自主经营，按照服务协议内容实行有偿服务。学校取消了对后勤服务实体的行政拨款，改"拨"为"收"。后勤服务实体的财务采用二级管理方法，实行资产所有权和经营权分离，所有权属学校，经营权属后勤服务实体。

第五节　学校改制，独立升格为高职院校

一、改制背景

20世纪末，随着交通事业的突飞猛进，尤其是交通基础设施技术含量、交通运载工具（汽车）的智能化程度，以及交通管理的现代化水平极大提高，南京交通学校作为江苏省培养交通建设和管理人才的重要基地，培养的中等专业毕业生已经不能适应现代交通岗位的需要。交通大发展强烈要求学校加快提升办学层次，为行业大发展提供人才保障与智力支持。

二、改制条件

1. 办学规模

学校根据科技进步和产业结构调整升级的需要，积极增设新专业，改造老专业，形成了具有比较优势和特色的三大专业群共18个专业，即以现代汽车运用工程专业为主干专业的机械类专业群，以公路与桥梁工程专业为主干专业的土建类专业群，以现代交通计算机管理专业为主干专业的管理类专业群。其中，公路与桥梁施工技术、现代汽车运用工程、网络技术与电子商务等8个专业为高职专业。截至2000年9月，学校在校生2580人，其中普通中专生1338人，高职生1242人，高职在校生比例达48%。

2. 师资力量

学校具有与专业设置、在校生人数相适应的、能胜任高等职业技术教育的管理队伍和师资队伍。截至2000年9月，学校拥有教职工260人，其中专任教师112人。专任教师中具有本科及以上学历的110人，本科率为98.21%；具有高级职称32人，占专任教师总数的28.6%；具有中级职称54人，占专任教师总数的48.2%。

3. 教育现代化手段

学校具有满足高等职业技术教育需求的实训场地、教学仪器设备和图书资料。1994年，学校被评为国家级重点中专后，积极组建多个校内外实习基地，校内实训场地建筑面积为12922.5平方米。机械类专业群建立了汽车实训中心、汽车检测线、一类汽车修理厂、机械加工厂和汽车驾驶员培训部等，土建类专业群建立了路桥甲级试验室、路桥勘测设计所、交通工程咨询监理公司、高等级公路检测中心等，管理类专业群建立了财会模拟实训室、计算机实训室和电子商务实训室等。教学仪器设备方面，学校投资200多万元购进一大批现代化实验设备充实到各个专业。土建类专业群购置了当时工程施工中最先进的全站仪、电脑马歇尔仪、核子密度仪、平整度测定仪、无损强度测定仪、四联直剪仪、固结仪等，机械类专业群购置了克莱斯勒"彩虹"和桑塔纳、奥迪等汽车以及OTC专家诊断系统、底盘测功机等。学校实验设备固定资产达2056万元。学校投资300万元先后建成了9个多媒体教室、3个计算机网络教室、2个语音视听教室、1个远程教育教室。图书馆面积2654平方米，图书馆

藏书 18.37 万册，学生人均图书资料 75 册以上。

4. 教学质量

学校注重实践技能培养，毕业生受到用人单位一致好评。学校坚持大力培养学生的综合职业能力，毕业生就业率在 98% 以上。学校以能力为本位，以"双证"为框架，不断开发新的教学计划，优化课程设置，借鉴 CBE 理论，采用 DACUM 办法，建立了由基础课程、专门课程、实践课程和课外活动课程等组成的新的课程体系。人才培养从学科型向职业教育型转变，实践课时占总课时的 40% 以上。在教学内容上，实现了课程的综合化，将原来分散在各门课程中的相关知识集中起来，避免了教学内容的交叉重复；删去与职业能力关系不大的内容，增添新技术、新材料、新工艺、新规范等内容。教学模式上，采用理论与实践一体化教学模式、三段式技能训练教学模式、产教结合教学模式等，学生实践能力明显增强，教学质量明显提高。

5. 办学机制

学校活化办学机制，增强专业辐射能力和社会服务能力。学校基本形成了五个中心，构成了多功能的办学格局。具体情况如下：

（1）交通高层次人才培养中心：学校在办好中专教育的基础上，自 1981 年起，先后与同济大学、西安公路学院、南京建筑工程学院等高校共同培养本、专科毕业生近 2000 人。同时组织学生参加自考，并独立举办高职班，为学校提高人才培养层次打下了坚实基础。

（2）全省交通系统干部培训中心：培训门类十多种，年均培训 2000 人次左右。1999 年，干部培训中心大楼建成，进一步完善了集培训教学、生活服务、会议接待于一体的培训设施。

（3）全省交通电视中专教育管理中心：开设 14 个专业 56 个教学班，在校生 1900 多人，是全国示范性成人中专学校。

（4）国家职业技能鉴定中心：1998 年初建立后，主要在交通中专毕业生和交通行业职工中开展公路测量工、材料试验工、汽车修理工、汽车电工、汽车驾驶员等五个工种的初、中级工技能鉴定工作，每年培训、考核、鉴定等级工 500 人以上。

（5）汽车驾驶员培训中心：学校汽车驾驶员培训中心是南京地区开办最早的驾驶培训学校之一，拥有较先进的专用封闭训练场和车辆，培训质量历年在南京地区名列前茅，社会信誉好。

6. 学校管理

学校积极进行制度创新，增强办学活力。学校实施精简机构，考核上岗，完善中层干部聘任制度。积极稳妥地做好职工竞争上岗、转岗分流工作，普遍增强了广大教职工的危机感和忧患意识，教师工作状态和精神面貌有了明显改观。此外，学校排除干扰，坚定不移地推行后勤服务社会化改革。结合学校实际，分别成立了物业管理中心和生活服务中心，引入市场机制和竞争机制，提高了服务质量，使学校从沉重的后勤"包袱"中解放出来，使学校能够更好地集中精力做好教学改革和教育现代化建设工作。学校自 1991 年起连续 8 年被江苏省委、省政府授予"江苏省文明单位"称号，2001 年 12 月 14 日，学院被江苏省委、省政府授予 1999—2000 年度"江苏省文明单位标兵"光荣称号。

三、改制过程

1996年9月,学校提出在新形势下办好中专教育,以普通中专教育为主,高职教育、培训为两翼,努力争取创办高等职业技术学院的目标。

学校经过多年的发展,在办学条件、办学水平诸多方面,具备了改制的基本条件。1999年上半年,学校向江苏省交通厅提交了《江苏省南京交通学校改制为江苏交通高等职业技术学院的可行性研究报告》和改制的请示。1999年8月和2001年2月,江苏省交通厅两次向江苏省人民政府提交了《江苏省南京交通学校改制为江苏交通职业技术学院的请示》,并多次指示学校要以申办职业技术学院为契机,努力发展、进步。

在江苏省交通厅的领导和支持下,2001年3月,学校向江苏省教育厅提交了改制的自评报告和资料过渡表。在自评报告中,学校回顾了办学历史,并从办学条件、师资队伍、硬件配置、教学质量、办学机制、管理创新六个方面进行了自评。在资料过渡表中,学校对照要求,从领导班子、师资力量、办学条件、专业设置、教学质量、经费管理、招生就业等方面进行了申办说明,并提交了论证材料目录。

2001年4月28日,江苏省教育厅组织以东南大学常务副校长吴介一教授为组长的专家组,对学校申办高等职业技术学院工作进行评估考查。经过考查,专家组认为学校硬件和软件条件比较好,基本符合申办高等职业技术学院的十项条件。

2001年6月19日,江苏省人民政府以苏政复〔2001〕96号文件批复,同意江苏省南京交通学校升格为专科层次的南京交通职业技术学院。

改制为高等职业院校,是对学校48年办学成果的总结和肯定,是全体南京交校人共同努力的成果,也是社会各界对于学校办学水平的高度肯定。学校独立升格为高职院校,实现了办学层次的提升,揭开了学校发展的新篇章。

南京交通职业技术学院

NANJING VOCATIONAL INSTITUTE
of TRANSPORT TECHNOLOGY
History

校史

第六章

抢抓机遇，学院实现跨越式发展

2001.7—2005

Nanjing Vocational Institute of Transport Technology

History

2001年6月，经江苏省人民政府批准，江苏省南京交通学校独立升格为南京交通职业技术学院，同时撤销江苏省南京交通学校建制。原学校的人员、资产由南京交通职业技术学院统一调配和使用，隶属关系、经费渠道等均不变。学院实施全日制高等职业教育，隶属于江苏省交通厅。从此，学院积极应对升格带来的机遇与挑战，主动适应高职发展要求，征地扩容建设新校区，积极开展迎评创优活动，努力实现高职高专院校人才培养工作水平评估"优秀"等次的建设目标。

第一节　健全组织机构，加强队伍建设

一、学院领导班子建设

升格初期，学院党政工作由原南京交通学校党政领导班子主持。2002年6月23日，江苏省委决定组建南京交通职业技术学院党委，任命史国君为党委书记，孟祥林为院长。根据省委决定，省委组织部任命孟祥林为党委副书记，高进军、王晓农为党委委员、副院长，陈玉龙为副院级调研员。

2002年6月25日，经学院党委研究确定院领导分工，具体如下。

党委书记史国君主持学院党委工作，分管党务、精神文明建设、组织、宣传、统战、纪检（监察审计）、离退休、群团和培训工作。

党委副书记、院长孟祥林主持学院行政工作，分管人事劳资、财务、招生、就业、基建、产业工作。

党委委员、副院长高进军分管学生、保卫、群众体育、驾驶培训工作，协助孟祥林管理就业工作。

党委委员、副院长王晓农分管教学、教研、科研工作，协助孟祥林管理招生工作。

副院级调研员陈玉龙分管物业管理中心、生活服务中心，协助史国君管理干部培训中心，协助孟祥林管理基建工作。

二、组织机构与中层干部建设

2002年9月，学院结合机构设置改革，认真贯彻执行《党政领导干部选拔任用工作条例》，按照"平稳过渡、先进后出"的原则选拔任用中层干部，选拔过程中注意任用年轻干部。坚持"集体领导、民主集中、个别酝酿、会议决定"的原则，在对原中专学校时期的中层干部进行两次民主测评的基础上，经过民主推荐、末位淘汰、组织考核、任前公示、党委会讨论决定等程序，完成了学院首届中层干部选拔和聘任工作。其中：

党群部门：李国之任党委办公室副主任兼纪委副书记，陆礼任党委办公室副主任（兼）；张永春任党委组织宣传部部长，赵勇任党委组织宣传部副部长；汤涛任党委学生工作办公室主任（兼）；许榴宏任工会主席；吴兆明任团委副书记。

行政部门：康建军任院长办公室副主任、人事处副处长；陈胜利、何玉宏任院长办公室副主任；徐爱萍任财务（审计）处处长，张家俊任财务（审计）处处长助理；陈锁庆任教务处处长，樊琳娟任教务处副处长；汤涛任学生工作处（毕业生就业指导办公室、招生办公室）处长，王平任学生工作处（毕业生就业指导办公室、招生办公室）副处长，陈书龙、冯必达任学生工作处（毕业生就业指导办公室、招生办公室）处长助理；祁国新任保卫处处长，唐利国任保卫处处长助理；武可俊任产业发展处处长，游心仁、何卫平任产业发展处副处长；赵家华任科研教研处处长，何玉宏兼任科研教研处副处长。

教学部门：陆春其任公路建筑工程系主任，周传林任公路建筑工程系副主任兼党支部书记，蒋玲任公路建筑工程系副主任；屠卫星任汽车机电工程系主任，刘瑛任汽车机电工程系副主任兼党支部书记，杨益明、张春阳任汽车机电工程系副主任；王晓农兼任管理信息工程系主任，胡维忠任管理信息工程系副主任兼党支部书记，祁洪祥任管理信息工程系副主任，姜军任管理信息工程系主任助理；毕朝晖任基础学部主任，陆礼、邬建强任基础学部副主任；高冬青任图书馆馆长，黄枫任图书馆馆长助理；陈锁庆兼任成教学院院长，张荣夫、杨锦棣任成教学院副院长。

后勤产业：陈玉龙兼任后勤服务中心主任，魏代群、俞高钧任后勤服务中心副主任；武可俊兼任工程部主任；游心仁兼任机械部主任；何卫平兼任江苏育通交通工程咨询监理公司副经理。

2003年，学院党委坚持党管干部和走群众路线的原则，按照"精干、高效、公开、公正"的要求，通过中层干部部门述职、职工民主测评和推荐、原中层干部同行测评和推荐、公示、党委会讨论决定等程序，于2003年9月完成了新一轮中层干部考核考察和聘任工作。其中：

学院党委任命李国之为党委办公室主任、纪委副书记，张永春为党委组织宣传部部长，陆礼为党委组织宣传部副部长（兼），汤涛为党委学生工作办公室主任（兼），许榴宏为工会主席，吴兆明为团委副书记，周传林为公路建筑工程系党总支书记，胡维忠为汽车机电工程系党总支书记，刘瑛为管理信息工程系党总支书记。学院行政聘任李国之为院长办公室主任（兼），康建军为人事处处长，张家俊为财务（审计）处处长，祁国新为保卫处处长，汤涛为学生工作处（毕业生就业指导办公室、招生办公室）处长，刘雪芬为招生办公室、毕业生就业指导办公室负责人，陆春其为教务处处长，樊琳娟为教务处副处长，张春阳为科研产业处处长，何玉宏为科研产业处副处长，王道峰为后勤管理处负责人，黄枫为后勤服务中心主任，俞高钧为后勤服务中心副主任，武可俊为工程部主任（兼），游心仁为机械部主任，何卫平为江苏育通交通工程咨询监理公司经理。聘任武可俊为江宁新校区建设指挥部副总指挥兼新校区建设指挥部工程部主任，赵勇为综合部主任，姜军为计划财务部副主任。聘任周传林为公路建筑工程系主任，蒋玲、夏卫国、王松成为公路建筑工程系副主任；杨益明为汽车机电工程系副主任（主持工作），文爱民为汽车机电工程系副主任；陈锁庆为管理信息工程系主任，祁洪祥为管理信息工程系副主任;毕朝晖为基础学部主任,陆礼、邬建强为基础学部副主任;王平为成教学院副院长;高冬青为图书馆馆长。

2003年11月,学院任命陈国荣为党委组织宣传部副部长,并聘为人文社科系(筹)负责人。

2004年1月,随着学院招生规模的扩大,原来的三个大系已不能满足学院教育教学改革与发展的需要,学院及时调整系部,将三个大系拆分为六个系,分别为汽车工程系、公路工程系、管理工程系、信息工程系、机电工程系、建筑工程系,并成立了人文社科系,形成"七系一部一院"的教学架构,对应的系主任分别为杨益明、周传林、祁洪祥、陈锁庆、张春阳、王松成、陈国荣。

为满足招生规模扩大的办学需要,2004年初,学院租借海军指挥学院(原海军工程大学电子工程学院)部分校舍(珠江校区),主要用于安排2004级新生2000余人的教学、生活。根据工作需要,2004年6月2日,学院成立珠江校区管委会,由王晓农副院长任管委会主任,陆春其、汤涛、毕朝晖任副主任。管委会下设珠江校区管理处,陆春其兼任管理处处长,王道峰任管理处副处长。2004年9月10日,学院党委决定成立珠江校区临时党支部,隶属于教务党总支,并成立珠江校区团总支。2004年12月,学院党委任命应海宁为纪委副书记。

2005年7月,学院根据办学主体搬迁至江宁新校区和两校区办学实际,撤销了珠江校区管委会及管理处,成立了浦口校区管理处,全面负责浦口校区教学、后勤管理和安全等工作。聘任赵勇为浦口校区管理处处长、王道峰为浦口校区管理处副处长。在浦口校区管理处下设教务办、学工办(团总支)、后勤办、保卫办等,加强浦口校区管理。

2005年9月,撤销江宁新校区建设指挥部,设立基建办公室,履行学院基本建设职能。聘任武可俊为基建办公室主任、刘凤翰为基建办公室副主任。同年11月,学院将后勤管理处与基建办公室合署办公。

三、师资队伍建设

学院坚持走"人才强院"之路,通过政策促进、措施保障、内部提高和外部引进等举措,大力加强师资队伍建设。

1. 制定师资队伍建设管理制度

2001年,学院制定了《教师参加研究生(学位或双学历)学习的补充规定》,鼓励优秀教师提升学历层次。2003年,学院印发了《学院人才引进管理办法》《学院高层次人才引进优惠政策实施意见》《学院专业技术职务评聘管理办法》等文件。2004年12月7日,学院印发了《关于选拔培养学科带头人和骨干教师实施方案(试行)》。这些制度的出台与实施,为师资队伍的建设提供了可靠的制度保障。

2. 加强"双师型"教师队伍建设

学院充分利用校办产业、校外实训基地、职业技能鉴定所等资源,安排专业教师轮流参加工程实践,到校办企业挂职锻炼或顶岗实训;同时制定了兼职教师聘用政策,积极从企事业单位引进工程技术人员、高技能人才到学院兼职，充实"双师型"教师队伍。重视兼职教师队伍建设，采用"不求所有，但求所用"的用人新机制，从校外企业及科研院校聘请工程技术人员和高技能人才担任学院兼职教师。截至 2005 年，学院共聘请校外兼职教师 102 人，其中外聘兼职教师人数占学院专业基础课、专业课和实践课教师总数的 27.50%，具有高级职称的教师占外聘教师总数的 39.22%。

3. 引进与培养相结合，优化师资队伍结构

2002 年 4 月 27 日，学院成立了教师资格认定工作领导小组，领导小组下设办公室，全面负责教师资格认定工作。年底，学院完成了首次教师资格认定工作，做好了中专教师职务对应高校教师职务的转聘工作，鼓励并帮助符合条件的教师申报高一级职称，全面实施教师职务聘任制。自此，学院有了首批副教授、高级实验师、讲师、助理研究员等。2002 年 11 月，学院成立学院高级人才引进工作小组，通过引进教授、副教授、高级工程师以及研究生，有效改善了师资队伍学历和职称结构。几年间，学院引进教授 3 人，副教授、高级工程师等副高职称教师近 40 人，应届硕士毕业生 50 人。此外，学院积极鼓励教师在职攻读学位。学院通过与南京林业大学联合开办研究生学位进修班、委托高校培养在职研究生等措施，鼓励教师攻读硕士、博士学位。截至 2005 年 6 月底，学院共有专职教师 255 人，其中具有高级职称的教师 82 人，占专职教师的 32.16%；专业基础课和专业课教师共 200 人，其中"双师型"教师 135 人，占专业基础课和专业课教师总数的 67.50%；青年教师 182 人，其中具有研究生学历或硕士学位的教师 127 人（含在读硕士 65 人），占青年教师总数的 69.78%。

第二节　转变办学理念，开启高职办学新征程

学院由中等专业学校升格为高等职业技术学院，这不仅仅是名称上的变化，更重要的是教育层次的转变、教育对象的变化以及内涵建设上的拓展。因此，如何抓住职业教育改革的难得发展机遇，办好人民满意的高职教育，是摆在学院领导和教职工面前的重要课题。

一、开展解放思想大讨论

2001 年，作为新升格的高职院校，学院面临的首要任务是尽快实现办学理念从中职教育理念到高职教育理念的转变，由中专校办学层次向高等教育办学层次转变。学院重视思想引领的先导作用，组织教学管理人员和教师学习《国务院关于大力推进职业教育改革与发展的决定》《教育部等七部门关于进一步加强职业教育工作的若干意见》等一系列文件精神，开展高职教育的内涵及根本任务、办学指导思想及定位等方面的学习和研讨，邀请职业教育专家来院讲学，并多次组织中层干部、教师到兄弟院校学习和调研。通过学习与调研，学院教职工一步步转变教育思想观念，形成共识。在办学定位上，高职教育不能是"本科模式的压缩"或者是"中专模式的延伸"，应该培养生产第一线的高级应用型人才；在教育教学体系

上，高职教育是高层次的职业技术教育，教学课程体系设置必须与经济发展程度和社会生产力紧密对接，具有较强的实用性；在教学方式上，要由灌输式、注入式变为启发式、讨论式，注重发挥学生主动性、培养学生动手能力、鼓励学生发挥创造性思维等。

二、实行党委领导下的院长负责制

《中华人民共和国高等教育法》明确规定，公办高校实行党委领导下的校长负责制。2002年，学院党委班子成立后，通过学习，充分认识到高校实行党委领导下的校长负责制的重大意义。

为了更好地保障党委领导下的校长负责制的落实，学院党委先后出台了《党委会议事规则》《院长办公会议事规则》《党政联席会议事规则》等基本工作制度，从职能定位、参加对象、议决范围、管理职责、议事程序、决议执行、督促检查等方面进行明确规定，形成规范的决策制度体系，保证了各项工作的顺利开展。在实际工作中，党委和行政相互尊重、相互配合、相互支持，处处以学校改革和事业发展的大局为重。党委做到领导而不包办、监督而不挑剔。院长在重大工作上主动向党委汇报，尊重党委的意见，经常沟通情况，从而初步形成了党政协调一致、分工实施的运行机制。

三、探索院系两级管理体制

为了明确学院和教学单位的工作职责，学院决定实行院系两级管理模式，自2002年起逐步探索推进院系两级管理体制改革。学院中层管理机构由原来的科室改成了处、部、系，并在系设立了党总支。

2003年被学院确定为"改革发展年"。学院进一步推进以系部为基础的两级管理体制，对经费报销制度进行改革，赋予系部较大的自主权，充分发挥系部的自主管理作用。系部实行党政集体领导，对系部工作中的重大事项共同讨论、共同决策，决策过程中共同负责。系部把党政联席会议作为系部的最高决策机构，明确党政共同负责的决策程序，有效地避免了党政之间出现"两张皮"的问题，提高了系部的工作效率。

四、深化人事和分配制度改革

2003年，学院按照"双向选择、下聘一级"的精神，推行机关、图书馆、成教学院工作人员竞争上岗，并为此专门召开了教代会专题会议，审议通过了《学院机关等工作人员竞争上岗实施办法》《学院岗位聘用实施办法》，以及与之相关的《学院人才交流中心暂行规定》等改革文件，强化了机关和教辅部门工作人员为教学服务的思想，保证了竞争上岗工作的顺利完成。

为更好地发挥分配的导向和激励功能，充分调动教职工工作积极性，不断提高办学水平和办学效益，2003年10月28日，学院印发了《学院岗位津贴暂行办法》《学院岗位津贴实施细则》，对学院教学、科研、教辅、党政管理、群团组织等部门在岗人员进行绩效考核，根据考核结果发放岗位津贴。

学院召开机关工作人员竞争上岗动员大会

教师绩效考核指标包括教学工作量（教学质量）、教科研（论文、论著等）和综合表现三项。中层干部绩效考核指标包括履行岗位职责情况、与学院签订的目标责任书完成情况和综合表现三项。其他人员绩效考核指标包括岗位职责履行情况和综合表现两项。

2003年11月，学院下发了《关于教师实行岗位津贴有关情况的补充通知》《党政管理人员岗位津贴各档次上岗条件》，对系部教师岗位津贴实施办法进行调整，并对13级上岗条件进行了明确规定，从而稳妥地完成了以岗位津贴为核心的分配制度改革，较合理地拉开了分配档次，较好地处理了各类人员之间的关系，尤其是教学科研人员和管理人员之间的关系，并强化了分配的激励功能，极大地激发了广大教职工的工作热情。

五、推进后勤服务社会化改革和校办产业发展

1.后勤服务社会化改革

2003年，为进一步深入推进后勤服务社会化改革，学院印发了《学院后勤社会化规范分离总体框架》，将后勤管理职能和服务功能合理分离，重新设立了后勤组织机构，成立后勤管理处，形成了有效的监督机制。后勤管理处以甲方身份代表学院行使后勤管理职能，纳入学院行政系列编制。后勤服务中心经营服务范围包括：餐饮业，学生公寓建设与管理，教学科研设施的物业管理，卫生保洁，校园绿化，教育商贸，接待服务，誉印服务，交通运输，校舍维修，通信和水、电、气运行，后勤自筹资金创办的其他服务项目。2003年，学院在江苏省高等学校后勤服务社会化改革规范分离工作验收评估中综合得分90.5分，在同类院校中名列前茅，被省教育厅批准为"验收达标单位"。

2.校办产业发展

（1）江苏育通交通工程咨询监理公司。2000年，"江苏育通经济发展公司"更名为"江苏育通交通工程咨询监理公司"，要求公司做好建章立制工作，实行规范经营，并取得了临时乙级资质。2003年，江苏育通交通工程咨询监理公司由临时乙级晋升为乙级资质，完成产值1000万元。2004年，江苏育通交通工程咨询监理公司获得交通部公路工程监理临时甲级资质，先后承接监理项目11个，完成产值1023万元。2005年，江苏育通交通工程咨询监理

公司强化企业管理，积极申报交通部甲级资质，同时有序推进公司改制进程。

（2）南京交校工程勘测设计所试验检测中心。2002年9月，学院印发了《关于成立南京交校工程勘测设计所试验检测中心的通知》，在原南京交通学校交通工程甲级试验室与勘测设计所试验室的基础上组建南京交校工程勘测设计所试验检测中心，业务隶属于勘测设计所。2003年，南京交换工程勘测设计所试验检测中心顺利通过交通部乙级试验资质评审，新增检测项目2项，完成产值230万元。

（3）南京交苑道路工程有限责任公司。2003年12月，学院和教职工共同出资，按照股份制公司模式组建了南京交苑道路工程有限责任公司，使学院产业发展为设计、检测、咨询监理、施工等配套相对完善的新格局，为产学研更好地结合开拓了新路子。2004年，南京交苑道路工程有限责任公司成功召开公司董事会、持股大会，进一步完善了公司组织机制和营运规则，积极拓展业务，完成经营产值400万元，实现利润超过60万元。

（4）驾驶员培训中心。2003年，驾驶员培训中心抢抓机遇，开拓市场，先后开办了驾训紫金分校、海能分校，并积极向江宁大学城进行业务拓展。2005年3月5日，学院江宁校区驾驶员培训中心开工仪式在江宁校区举行。江宁校区驾驶员培训中心规划用地50亩，投资100万元，2005年底建成达到一类驾训标准、具有完备设施的现代化驾训场地。同年，驾驶员培训中心又与江苏省交通厅运管局合作，筹建江苏省机动车驾驶教练员考试中心。

第三节 加快教育教学改革，全面提升高职教学质量

学院在深入学习和广泛调研的基础上，制定教育教学改革方案，调整专业设置和课程设置，加大教育教学投入，积极推进和深化人才培养模式改革。

一、人才培养模式改革

随着社会用人机制和对人才综合素质要求的不断变化，通过毕业生质量调研，根据专家意见和企业用人单位反馈的意见，学院发现学生的计算机应用能力和外语应用能力已成为学生需要掌握的职业能力中的基本能力。从2001年开始，学院首先增加了三年高职教育中外语能力证书和计算机应用能力证书要求，到2003年对所有专业提出了学生毕业时必须同时获得毕业证书、英语能力证书、计算机应用能力证书和专业技能证书的要求。经过多年的努力，学院逐步形成了具有特色的以"1+2+X"为主要要求的人才培养模式，即以突出职业能力培养为主线，明确毕业生在完成学业获得一张毕业文凭的同时，须获取两张基本技能证书（英语能力证书+计算机应用能力证书）和一张或多张与其所学专业相关的国家就业准入职业资格证书。实行这一人才培养模式，目的是通过要求学生获取各种证书，培养适应就业市场需要、实践动手能力强、综合素质高、可"零距离"上岗的实用型人才。

学院围绕以"1+2+X"为主要要求的人才培养模式，突出实践性、职业性，加强专业建设，开展全方位、深层次的课程体系改革和教学评价体系改革，并构建了与专业课程体系相结合的实践教学体系。

学院重视人才培养方案的制定和实施。按照以"1+2+X"为主要要求的人才培养模式，针对各专业岗位所需要的知识、能力、素质，明确培养目标和毕业生质量标准，通过专业指导委员会论证，制订教学计划。同时建立与培养目标相适应的实践教学体系，加大实践教学比重，各专业均安排半年左右的毕业实习，每学期安排四周左右的集中实训，使专业实践教学与理论教学课时数之比达到1∶1。

与企业合作探索"订单式"人才培养模式。2004年，学院与日本丰田汽车公司合作开办了T-TEP学校，引进吸收了日本丰田汽车公司"技术教育系统"，调整了汽车运用技术专业教学计划，并据此开设"丰田班"；与江苏沪宁钢机股份有限公司合作开办了建筑工程技术专业"沪宁钢机班"，实现了专业与企业"订单式"培养人才的实质性合作。

南京交通职业技术学院 T-TEP 开校仪式

二、专业建设

2001年，学院努力转变中专专业设置模式，按照高等教育专业建设的要求，逐步开拓新专业，拓宽专业面，使专业数达到16个，并对专业教学计划进行了全面修订，增加了新技术、新方法和新成果应用等内容，体现高职教育的高级性和技能性。

2002年，学院加快了专业结构调整步伐，加大了优化教学计划力度，全面修订了专业教学大纲。同时，通过积极推进主干专业的现代化建设，完成有关试验设备的购置任务，举办教师现代教育技术培训班，建设多媒体教室，推进多媒体教学，加快了教育信息化进程。

2002年专业设置一览表

专业大类	序号	专业名称	学制（年）	所在系部	开办年份	备注
土建类	1	公路与桥梁施工技术	（5）3	路桥	1996 1999	
	2	高等级公路养护与管理	3	路桥	1999	
	3	工程监理与质量检测	3	路桥	2002	调整
	4	建筑工程与信息技术	3	路桥	2002	新设

续上表

专业大类	序号	专业名称	学制(年)	所在系部	开办年份	备注
机械类	5	现代汽车运用工程	(5) 3	汽车	1997 1999	
	6	现代交通与工程机械	3	汽车	1998	
	7	汽车销售与售后服务	3	汽车	1999	
	8	制冷与空调	3	汽车	2002	新设
	9	高等级公路现代装备技术	3	汽车	2002	调整
管理类	10	财会电算化	3	管理	1999	
	11	计算机应用与维护	3	管理	1999	
	12	网络技术与电子商务	(5) 3	管理	2000 2002	调整
	13	物流管理	3	管理	2001	新设
	14	涉外会计	3	管理	2002	新设
	15	交通运输管理	3	管理	2002	新设
	16	高等级公路运营管理	3	管理	2002	新设

注：表中学制(5)为初中毕业五年制，3为高中毕业三年制。

2003年，学院专业建设取得明显成效，现代汽车运用工程和公路与桥梁施工技术两专业被评为江苏省五年制高职示范性专业。专业结构得到了进一步调整与优化，申报新增6个专业，专业数达22个，着力抓好核心课程与精品课程建设，制订了核心课程开发计划。学院还召开了6个系专业指导委员会会议，推进专门化培养计划的修订工作。

2004年，随着高职教育教学改革的不断深入，学院积极探索学制改革，开展专业改革试点工作。按照教育部紧缺人才培养基地建设的要求，首先对现代汽车运用工程专业进行了学制改革，对专业培养目标、课程体系、教学模式、教学内容、教学实践环节以及考核标准进行调整，制订了两年制改革的总体方案，并取得阶段性成果。该专业"汽车专业学生岗位能力培养方案"被评为江苏省优秀教学成果奖二等奖。

根据江苏省教育厅《关于做好高校专业设置管理工作的通知》精神，结合学院办学情况，为主动适应江苏交通经济结构性调整和社会发展的需要，更好地服务江苏"两个率先"目标，学院从2004年开始进行双专业人才培养改革试点，即"3+1"学制试点，培养复合技能型人才。学生前三年学习主干专业，延长一年学习其他专业核心课程，毕业时获取双专业文凭。2004—2006年开设双专业的有：工程机械/路桥施工技术、汽车营销与售后服务/涉外会计、汽车技术服务与营销/会计、道路与桥梁工程技术/工程造价、建筑工程技术/电子信息工程技术、工程机械运用与维护/道路与桥梁工程技术。这些双专业的开设使学院较好地探索出了高素质复合技能型人才的培养途径。2007年，由于国家招生政策调整，学校不再招收四年制双专业学生。

双专业招生情况一览表

年份	专业名称	学制（年）	所在系部	人数
2004	工程机械/路桥施工技术	4	机电	96
	汽车营销与售后服务/涉外会计	4	汽车	96
2005	工程机械运用与维护/道路与桥梁工程技术	4	机电	90
	建筑工程技术/电子信息工程技术	4	建筑	50
	汽车技术服务与营销/会计	4	汽车	90
	道路与桥梁工程技术/工程造价	4	公路	90
2006	工程机械运用与维护/道路与桥梁工程技术	4	机电	90
	建筑工程技术/电子信息工程技术	4	建筑	48
合计				650

2005年，学院以"1+2+X"为主要要求的人才培养模式改革效果良好，专业建设逐步推进。学院根据交通产业链的需求，开设了有鲜明交通行业特色的以"道路与桥梁工程技术"为主干专业的公路建筑类专业群、以"汽车运用技术"为主干专业的汽车机电类专业群、以"物流管理"为主干专业的管理信息类专业群，同时根据社会经济发展及紧缺人才需求情况，按照科学合理、宽窄并存的原则开设了以"工程机械运用与维护"为主干专业的机电类专业群、以"建筑工程技术"为主干专业的建筑类专业群、以"图形图像制作"为主干专业的电子信息类专业群、以"法律事务"为主干专业的人文社科类专业群，形成了门类较为齐全的专业框架，其中汽车专业实训基地、建筑专业实训基地被确定为国家技能型紧缺人才培训基地，"公路与桥梁施工技术"专业和"物流管理"专业被省教育厅认定为教改试点专业，五年制"现代汽车运用工程"和"公路与桥梁施工技术"被省教育厅认定为江苏省五年制高职示范性专业，"图形图像制作"专业被确定为院级教改试点专业。

2005年专业设置一览表

专业大类	序号	专业名称	学制（年）	所在系部
汽车机电类	1	汽车运用技术（汽车电子技术方向）	3	汽车工程系
	2	汽车技术服务与营销	3	
	3	汽车检测与维修技术	3	
	4	汽车整形技术	3	
	5	汽车运用技术（汽车评估方向）	3	

续上表

专业大类	序号	专业名称	学制（年）	所在系部
汽车机电类	6	汽车技术服务与营销/会计（双专业）	4	汽车工程系
	7	汽车检测与维修技术（单招）	2	
	8	汽车技术服务与营销（单招）	2	
公路建筑类	9	道路与桥梁工程技术	3	公路工程系
	10	公路监理	3	
	11	高等级公路维护与管理	3	
	12	市政工程技术	3	
	13	水利工程施工技术	3	
	14	道路与桥梁工程技术/工程造价	4	
建筑类	15	建筑工程技术	3	建筑工程系
	16	建筑装饰工程技术	3	
	17	工程造价	3	
	18	物业管理	3	
	19	工程监理	3	
	20	建筑工程技术/电子信息工程技术（双专业）	4	
机电类	21	工程机械运用与维护	3	机电工程系
	22	供热通风与空调工程技术	3	
	23	机电一体化技术	3	
	24	模具设计与制造	3	
	25	工程机械运用与维护/道路与桥梁工程技术（双专业）	4	
电子信息类	26	图形图像制作	3	信息工程系
	27	计算机网络技术	3	
	28	电子信息工程技术	3	
	29	计算机系统维护	3	
	30	应用电子技术	3	
管理信息类	31	物流管理	3	管理工程系
	32	物流管理（国际货运代理方向）	3	
	33	公路运输与管理	3	
	34	会计	3	

续上表

专业大类	序号	专业名称	学制（年）	所在系部
管理信息类	35	市场营销	3	管理工程系
	36	电子商务	3	
人文社科类	37	法律事务	3	人文社科系
	38	文秘	3	
	39	连锁经营管理	3	

三、课程建设

在课程建设方面，学院致力于打破传统课程体系，注重学以致用，突出学生的动手能力和职业技能训练，全面系统地推进课程建设。在公共课程的设置方面，以适用与够用为度；在专业基础课程的设置方面，强调针对性和应用性；在专业课程的设置方面，强调职业性。随着课程教学内容和课程体系改革不断深化，学院构建了以能力为本位、双证为框架、应用为主旨和特征的课程体系，该体系体现了以职业素质为核心的全面素质教育。在教学内容改革方面，以精品课程建设为抓手，通过精品课程建设促进其他课程改革，到 2004 年，建设院级精品课程共 41 门。道路建筑材料、汽车底盘结构与维修课程先后被评为江苏省二类优秀课程。2005 年，学院建成省级优秀课程 2 门、院级优秀课程 8 门，在建精品课程 27 门，其中 8 门核心课程建设已作为院级课程立项。

四、实践教学

1. 校内实训基地建设

学院每年投入大量经费用于实训室的设备购置和建设。江宁新校区的成功建设，极大地改善了学生实习实训环境，各个系按照专业大类改造和组建校内实习、实训基地。到 2005 年，学院共建有 18 个实训中心，121 个各类实训室。江苏育通交通工程咨询监理公司、南京交苑道路工程有限责任公司、驾驶员培训中心等校办企业，兼作校内实训基地。

这些实训基地为各专业构建相对独立的、与理论教学体系相辅相成的实践教学体系提供了强有力的支撑。

2. 校外实训基地建设

学院不断探索工学结合模式，进一步完善校企合作办学机制，加大建立校外实训基地的力度，在巩固原有校外实习基地的基础上，2004—2005 年又与 31 家企事业单位签订了合作协议书，壮大和稳定了校外教学实习基地。

到 2005 年，学院有 26 个专业在校外建立了实训基地，建立了一批紧密结合型实习基地，并签订了校企合作协议，如南京朗驰集团一汽汽车专营有限公司、江苏省镇江市路桥工程总公司、南京三建（集团）有限公司、张家港市金港物流中心有限公司、南京新华海科技产业集团有限公司等55个稳定的校外实训基地。这些实训基地为学生生产实习和毕业实习提供了良好的条件，也为校企合作实行"订单式"培养模式打下了基础。

3. 国家职业技能鉴定所建设

学院依靠国家职业技能鉴定所，积极开展职业技能鉴定工作，不断拓展鉴定工种，技能鉴定工作取得了较突出的成绩。学院国家职业

校外实习基地签约仪式

技能鉴定所因此被评为江苏省示范性国家职业技能鉴定所。到2005年，学院可开展汽车维修工、筑路机械维修工、汽车电器工、交通勘测公路工程测量工、交通勘测公路工程试验工、汽车驾驶员等工种的初级工、中级工、高级工的技能鉴定以及技师、高级技师培训和鉴定考核工作，鉴定工种涵盖学院各主要专业。各专业均建成职业技能考核题库，将职业资格所要求的应知应会内容融入教学内容，这样既为推行"双证书"制度提供了保障，也为培养学生的专业技能、提升学生的岗位能力提供了有力的保证。凭借学院雄厚的师资和考评力量、先进的设备和教学场所，学院国家职业技能鉴定所成为江苏省汽车维修工、交通勘测公路工程测量工、交通勘测公路工程试验工鉴定示范基地，学院也是江苏省唯一一所具有汽车高级技师鉴定资质的单位。

五、教学管理和质量监控

2003年，学院初步确立了教学工作的院系两级管理体系，建立健全教学管理制度，制定并完善了《学院教学文档管理规定》《学院教师教学质量评价办法》《学院实验实习管理办法》《教学检查制度》《人才培养总体质量标准》《毕业生质量标准》《主要教学环节质量标准》《教学事故认定及处理办法》等管理制度，形成了比较系统的教学管理文件。学院还建立了教学督导制，对教学质量以及主要教学环节规定了明确具体的质量标准，先后出台了《教学督导制度》《领导听课制度》《学生信息员制度》《教学评估制度》《教师教学质量评价办法(试行)》等制度。

在教学管理方面，教务处编制教学管理流程，进一步理顺教学管理程序，确定了教学工作接口。加强对教学过程的管理，实行学院和教学系部常规检查，重点做好期初教学检查、期中教学检查和期末教学检查，通过学生测评、同行测评和领导测评对教师教学质量进行加权计分，从高分到低分进行排序，对排名前15%的教师给予教学质量奖励，对排名后5%的教师适当扣除岗位津贴。这种奖惩措施的实施，极大地调动了教师工作的积极性。

在教学质量监控方面，教务处专门聘请了督导员，对教学运行、教学管理、学生的学习等情况进行全面了解，保证对教学质量的有效监控。学院成立了教学质量监控领导小组，有效地保证教学质量与监控体系的运行。实行院系两级教学质量管理，建立了学生信息员队伍，各个班级的学生信息员每月向教务处报告教师教学、学生管理等方面的意见，教务处根据学

生意见进行核实，及时处理。在教学质量监控过程中做到有过程、有检查、有结果、有反馈，保证了教学质量的稳步提高。

六、学生职业能力培养

学院坚持以能力为本位，重视学生动手能力和综合应用能力的培养，优化教学与训练环节，强化职业能力培养，全面实施素质教育，提高教育教学质量。专业实践技能训练紧紧围绕社会需要，凸显教学的职业性和针对性。各专业制定的人才培养方案对学生应具备的职业能力、培养目标、教学内容、毕业标准等作出了明确的规定。教学计划明确规定了理论教学与实践教学的比例，每学期实训不少于4周，保证了实践教学的教学课时数。通过加强对学生动手实践能力的训练，2003—2004年毕业生的专业技能持证率达96.6%，英语等级考试的通过率为83.5%，计算机应用能力取证率为95.5%。另外，通过定期举办学生技能大赛和积极组织学生参加省市各类科技文化竞赛等活动，激发学生的创新思维，提高其创新能力。2003年以来，学院有85人次在市级及以上科技文化竞赛中获奖。在2003年全国大学生数学建模竞赛中，两个参赛队分别获江苏赛区一等奖和三等奖；在2004年全国大学生数学建模竞赛中，两个参赛队获全国乙组二等奖，一个参赛队获江苏赛区二等奖，三个参赛队获江苏赛区成功奖；在江苏省第七届高等学校非理科专业高等数学竞赛中，参赛队获一等奖；在首届江苏省大学生力学创新制作大赛中，两个参赛队分别获制作奖和创意奖。

七、科研与社会服务

科研工作薄弱是高职院校升格后面临的普遍问题，如何在较短时间内增强教师的科研意识并提高其科研工作能力，是各个高职院校需要解决的问题。2002年，学院创办了《南京交通职业技术学院学报》，每年定期出版。2002年12月22日，学院成立了首届学术委员会。学院以学术委员会为平台，以分配制度改革为激励，设立科研专项经费，推动教师教研、科研工作的开展。

学院首届学术委员会成立大会

2004年,学院成立了高等职业教育研究所,配备专兼职教育研究人员,负责教育思想、教学改革等教育研究工作;成立了教学工作委员会、专业指导委员会等,研究和指导学院教学教研活动的开展,不定期出版教研工作简报。

2004年5月,学院印发了《科研工作量化办法》《科研奖励暂行办法》《学院科研成果管理暂行办法》等科研工作制度,进一步调动了学院教师和科研人员主动开展科研工作的积极性和创造性,为全面提高教职工科研能力打下了基础。文件印发后,当年学院科研项目数量就有了很大的提升,全院各系、各部门申报专业研发、硬课题和软课题项目达43项,其中32项被批准立项。道路建筑材料、汽车底盘结构与维修课程被江苏省教育厅评为江苏高等学校优秀课程;国家"九五"科技攻关项目"工程机械使用与维修质量综合评估系统""液压行星无级变速器""阳离子乳化沥青材料""工程机械激光自动找平系统的应用与开发""汽运专业现代化教学手段的应用与开发研究""电控发动机故障分析实验仿真系统开发设计"等一批省部级科技成果与软课题分别通过省级鉴定或获得国家专利。截至2005年6月,学院教职工申请获准专利9项,取得市厅级以上科研成果奖12项(其中省级教育科研成果4项);启动院级课题73项,发表论文338篇(其中中文核心期刊87篇、CSSCI期刊3篇、EI期刊3篇),主持和参与的市厅级以上科研课题36项,主持和参与企业提供的横向技术服务项目10余项。

发挥岗位培训和职业技能鉴定基地功能,服务于行业和地方经济。学院大力开展岗位培训工作,每年举办面向军转干部和监理业务、试验检测、汽车维修人员等的各类培训班,2002—2005年,年培训人数达1万余人次。学院充分利用国家职业技能鉴定所,面向校内应届毕业生和企事业单位等的社会人员进行技能鉴定,鉴定人数达2万人次。另外,学院利用校内的办学资源,多次受行业协会和企业委托,组织承办各类专业技能和职工职业技能竞赛等活动,对推动全省交通系统职工岗位练兵、技术比赛的广泛开展,提高交通系统职工的技术水平和业务素质,促进校企合作交流,都发挥了积极的作用。

八、继续教育

2002年,经江苏省教育厅批准,南京交通职业技术学院成人教育学院获得独立开办成人大专(函授)和夜大的资格,开辟了学院成人教育的新天地。2003年,学院成人教育开始第一年招生工作,共录取公路与桥梁施工技术专业学生64人。2004年,成人教育招生专业增加为两个,分别是工程监理与质量检测、公路与桥梁施工技术,共录取学生300人,学制四年。2005年,成人教育学院开始招收全日制成人脱产生59人。到2005年,成人教育学院开设的专业有公路与桥梁施工技术、工程监理与质量检测、现代物流管理、汽车运用工程,学制二年。

第四节　抢抓机遇，推动办学水平上新台阶

高职教育的迅猛发展以及学院招生规模的迅猛扩大，要求学院必须扩大基本建设规模并加强内涵建设，以适应社会对高等教育规模扩增和教育质量提升的要求。因此，学院抢抓机遇，一是决定征地扩容、建设新校区；二是开展迎评创优，确保学院在高职高专人才培养工作水平评估中获得优秀等次。

一、建设江宁新校区，扩大办学规模

1. 积极筹划新校区建设

经过多方努力，江苏省发展计划委员会于2002年11月25日发布《关于南京交通职业技术学院新校区项目建设书的批复》，同意学院在南京江宁大学城征地800亩进行新校区建设，该项目总建筑面积为24万平方米，总投资约4.48亿元。江苏省发展计划委员会要求学院委托资质设计单位结合新老校区使用功能进行新校区总体规划，经多方案比选，认真编制项目可行性研究报告并提交上级部门报批。

2. 确定新校区总体建设规划

2003年，在充分调研论证、招标投标、专家评审等的基础上，经江苏省发展计划委员会、江苏省交通厅批准，新校区总体建设规划得以确定。同时，学院按照"一次规划、分期实施"的要求，确定了一期工程计划。

学院江宁新校区项目总建筑面积为24万平方米，包括教学楼18000平方米、图书信息楼20000平方米、系部组团53500平方米、成人教育学院综合楼6000平方米、科技交流中心6000平方米、行政办公楼9000平方米、实习实训中心20500平方米、学生宿舍72000平方米、食堂13000平方米、文体活动中心6000平方米、单身教工宿舍8000平方米、附属用房8000平方米。

图书信息楼为高层建筑，采用框架结构；教学楼、实习实训中心、系部组团、食堂、科技交流中心、文体活动中心为多层建筑，采用钢筋混凝土框架结构；学生宿舍、单身教工宿舍及其他附属用房采用砖混结构。工程按7度抗震设防烈度规划设计。校区给水由南京市江宁区城市给水管网供应，排水采用雨污分流制。新校区总用电负荷10240千瓦，由城市电网提供双回路10千伏电源供电。该项目总投资预计4.48亿元（含征地拆迁费），所需建设资金主要由学校筹措解决，江苏省交通厅给予适当补助。

学院领导与相关职能部门负责人在江宁新校区实地考察

3. 决战新校区一期工程

在新校区建设过程中，受国家宏观调控政策影响，学院曾一度面临土地审批艰难、资金短缺、工期紧张等重重困难。但学院领导和新校区建设者认真筹划，克服困难，科学有序地实施了新校区建设任务。

为了快速推进新校区建设，学院决定在新校区建设指挥部下设三个职能部门，分别是综合部、工程部、计划财务部，并聘武可俊为新校区建设指挥部副总指挥兼工程部主任，赵勇为综合部主任，姜军为计划财务部副主任，配齐精干的基建管理力量。同年9月，学院调整了新校区建设招标办公室成员，张永春兼任新校区招标办公室主任、徐爱萍任副主任，成员有李国之、王永安、秦志凯、武可俊。

为了解决江宁新校区建设资金短缺问题，学院领导班子想方设法，多途径多渠道进行筹措。2003年6月，学院从南京市商业银行贷款5000万元，开始实施江宁新校区一期工程建设。为了尽快解决建设资金困难，2005年5月，学院向南京市商业银行书面提供《关于江宁新校区建设贷款事项的函》，进一步争取落实了2.4亿元银行贷款额度。

此外，学院积极争取江苏省交通厅的政策支持和资金帮助。2004—2005年，学院多次向江苏省交通厅申请资金支持。2005年3月23日，江苏省交通厅党组书记、厅长潘永和莅临江宁新校区视察，并强调"百年大计，教育为先，一定要确保工程质量，确保安全，精心组织，合理安排，确保建设项目如期完成"。2005年3月28日，江苏省交通厅厅务会议专题研究了学院新校区建设费用补助问题，决定对学院补助8000万元，分三年拨付。鉴于学院2005年建设资金矛盾最为突出，在江苏省交通厅已划1500万元补助的基础上，厅财务处积极与省财政部门协调，力争2005年的补助额度有所增加，其余补助资金分别列入2006年、2007年厅部门预算中。

2005年，学院完成了江宁新校区一期工程16个建筑单体的建设，总建筑面积16.43万平方米，并建成一个标准运动场。新校区的落成极大地改善了学院办学条件，为学院扩大办学规模、提高办学水平、实现新的历史跨越提供了更高层次的平台和发展空间。

2005年10月28日，学院隆重举行了江宁新校区落成典礼。江苏省人大常委会副主任、省总工会主席张艳，交通部公路司副司长徐亚华，江苏省交通厅党组书记、厅长潘永和及副厅长蒋华年，省劳动和社会保障厅副厅长吴可立及省交通厅各处室、厅属各单位领导，省总工会、省劳动和社会保障厅有关部门领导出席了落成典礼。

江宁新校区奠基仪式

二、开展人才培养工作水平评估,提升办学质量

根据江苏省教育厅《关于开展高职高专院校人才培养工作水平评估的通知》要求,高职高专院校应在 2005—2007 年接受人才培养工作水平评估。

学院领导经过慎重考虑,认为学院不仅要参加 2005 年下半年的人才培养工作水平评估,而且要以"优秀"成绩通过评估。面临这样艰巨的任务,学院领导带领全体师生锁定目标,坚持贯彻和执行"以评促建、以评促改、以评促管、评建结合、重在建设"的 20 字方针,对照评估指标体系的要求,边评估、边整改、边建设,力争人才培养工作水平评估取得可喜成绩。

学院依据《高职高专院校人才培养工作水平评估方案》,在自评工作的基础上,形成了《人才培养工作水平评估自评报告》。报告共分为 5 个部分:学院概况、自我评估、学院办学特色简要说明、存在的主要问题及整改措施、人才培养工作水平评估自评结果。在 15 个二级指标中,学院有 14 个自评为 A,1 个自评为 B;"特色与创新"项目有 2 项,总体上达到"优秀"标准。

2005 年 12 月 11—15 日,受江苏省教育厅委托,省高职高专人才培养工作水平评估专家组一行 8 人对学院的人才培养工作水平进行了现场考察评估。

省高职高专院校人才培养工作水平评估专家组在学院开展评估工作

专家组经过多种形式的考察,广泛采集信息,充分讨论评议,对学院在人才培养工作中取得的主要成绩和形成的办学特色给予了充分肯定。专家组认为学院十分重视评估工作,充分依托交通行业的优势,坚持职业教育的发展方向不动摇,坚持走产学研结合的办学道路不动摇,综合实力不断增强,办学声誉不断提高,形成了良好的发展态势,进入了健康发展的轨道。学院在高职高专院校人才培养水平评建工作中的主要成绩突出体现在 8 个方面:

(1)坚持正确的办学方向,办学指导思想明确,办学思路清晰,人才培养规格、定位准确。

(2)以师资队伍建设为抓手,积极推进师资队伍建设,加大师资学历层次培养的力度,加快引进高层次人才的速度,在较短时间内,使学院师资队伍的数量、结构和质量发生了较大的变化。

(3) 以新校区建设为契机，在较短的时间内，校园建设实现了新的跨越，办学条件得到明显的改善。

(4) 紧贴交通，构建专业建设平台，专业结构合理，按照"积极发展特色专业，着力建设重点专业，精心打造品牌专业"的专业建设思路，取得了专业教学改革新成效。

(5) 坚持走产学研相结合的改革发展之路。

(6) 坚持质量立校的办学思想，构建了有效的教学质量监控体系，使教学质量得到有效保证。

(7) 主动服务于交通行业和区域经济发展，取得了一系列令人瞩目的成果。

(8) 主动适应高等职业教育发展，积极推进新校区建设，教职员工、学生抢抓机遇、勇于拼搏、自强不息的精神面貌给专家组留下了深刻的印象。学院平台建设有创新、有实践、有成效，形成了"紧贴交通产业链发展，打造专业建设平台，为行业培养高素质高技能应用型人才"的办学特色。

专家组还提出了进一步总结办学特色、加强高职教育理论研究与实践、进一步加大师资队伍建设力度、营造校园文化等宝贵的意见和建议。

2006年4月，学院被认定为人才培养工作水平评估"优秀"的高等学校。

第五节 稳步推进，提高党建与群团工作水平

学院坚持围绕学院中心工作，加强党建和群团工作，切实增强党组织的凝聚力、战斗力和创造力。

一、党建工作

1. 思想作风建设

学院领导班子建立后，提出了"建立学习型学院、培养学习型干部和学习型教师"的要求，进一步营造理论学习的浓厚氛围。学院深入开展了"三个代表"重要思想学习实践主题活动，学院领导班子成员带头深入学习《学习"三个代表"重要思想通俗读本》，召开党建和思想政治教育研讨会，抓紧抓实"三个代表"重要思想"进教材、进课堂、进学生头脑"。学院开展了机关作风建设活动，以"敬业爱岗、乐于奉献、以人为本、热情服务"为主题，全面提高机关工作人员素质和工作效率，树立机关工作人员的形象。2004年4月，省委教育工委高职高专党建工作调研组来学院进行党建工作调研，学院作了《固本强基抓党建　开拓创新谋发展》党建工作汇报。学院被江苏省总工会评为"学习'三个代表'，力争'两个率先'先进集体"。

2005年8—11月，学院党委集中组织开展了新时期保持共产党员先进性教育活动。

学院各级党组织紧紧抓住学习实践"三个代表"重要思想这条主线，坚持高标准、严要

求,在狠抓学习上下功夫,在边学边改、边议边改、边整边改、务求实效上使实劲,认真解决党建工作中存在的突出问题,扎扎实实抓好每一个环节,圆满地完成了各项任务,收到了明显成效,得到了上级组织的肯定。

2. 党员队伍建设

2003年,学院印发了《关于进一步加强学生党建工作的意见》《关于建立党委委员联系系党总支、党员联系班级制度的意见》,要求党委委员每月不少于一次听取所联系的系党总支的汇报,针对存在问题进行调查研究,提出指导意见;党员联系人要配合班主任每周不少于一次深入班级了解情况,做好学生思想工作。这项制度的探索和实践,强化了学院基层党组织和党员的责任意识,发挥了教职工党员在学生党建工作中的积极作用。

学院进一步规范党员发展工作,严格按照"坚持标准、保证质量、改善结构、慎重发展"指导方针,认真抓好师生党员发展工作,切实提高党员发展质量。为加大对入党积极分子的培养教育力度,制定了《关于进一步加强学院党校工作的意见》,重建了党校组织机构,进一步完善党校管理。党校聘请院领导、党委职能部门负责人、各系党总支书记和具较高水平的两课教师作为党校兼职教师,承担党课的理论教学工作。党校始终坚持因材施教、重点指导,根据不同校区、不同系科、不同专业编排班级,同时采用现代化教学手段,通过开设讲座、观看录像片、多媒体教学、参观爱国主义教育基地、开展社会实践等多种形式进行授课,取得了明显的办学成效。

3. 党风廉政建设

学院狠抓党风廉政建设,把好纪检关。加强纪检规章制度的建设,组织制订了一系列管理制度和相关规章,进一步规范了学院纪检工作。

2003年,学院以新校区建设为契机,积极推行工程建设责任制,确保实现"工程优良、干部优秀"双优目标。进一步规范学院的招生、就业、收费、基建等政策公示制度;在干部考核、招生、设备采购、工程招投标等工作中加强纪检部门的监督作用,严格工作程序,严肃工作纪律,加大监管力度,杜绝违纪现象的发生。

二、工会工作

1. 工会、教代会组织建设

2003年2月13—15日,经过认真筹备,报院党委、省海员交通工会批复同意,学院首届工会会员、教职工代表大会在江苏省交通厅党校报告厅隆重召开。代表们认真审议、表决通过了院长所作的《学院行政工作报告》,以及《学院2003—2010年发展规划报告》《学院2002年财务收支预算执行情况》《2003年财务收支预算报告和学院江宁新校区建设进展情况报告》。代表们还听取了全体院级领导的述职报告,对学院领导和全体中层干部进行了民主测评,并对学院中层后备干部进行了民主推荐。大会经过充分酝酿,以无记名投票方式选举产生了首届工会委员会,以及工会经费审查委员会和教代会民主监督委员会、科学教育委员会、提案委员会、生活福利委员会四个教代会专门工作委员会。

为进一步加强系（部门）民主管理建设，学院工会在认真调查研究的基础上，积极开展系（部门）基层分工会的筹建工作，根据系（部门）工作特点，成立了机关分工会，基础学部分工会，公路工程系、建筑工程系分工会，管理工程系、信息工程系分工会，产业分工会，后勤分工会。各分工会制订了分工会章程，民主选举了各分工会委员会，充实和完善了学院工会的二级管理机构。

2003—2005年，学院每年召开1～2次教代会或专题会议，审议通过《学院行政工作报告》《学院财务预决算报告》《教代会提案办理情况报告》，以及《学院机关工作人员竞争上岗实施办法》《学院岗位津贴暂行办法》《学院教职工代表大会提案工作实施办法》《学院职工医疗制度改革实施意见》《学院实施同城待遇的办法》《学院医疗制度改革情况汇报》《学院新校区建设情况报告》等。在每年的教代会上，学院领导都会述职述廉，并进行民主测评工作。

学院首届工会会员、教职工代表大会

2. 工会活动

学院工会根据院党委和省海员交通工会的部署，先后组织开展了"学习'三个代表'，力争'两个率先'""两争一树""当好主力军，建功'十一五'，和谐奔小康"等主题宣传教育活动。活动成为吸引职工、团结职工、凝聚职工、培育职工的有效载体，成为全院全面提升学习能力、提高职工队伍整体素质、推进构建和谐校园的重要途径。

针对工会工作的特点，学院工会制定了《教职工代表大会工作规程》《学院教职工代表大会提案工作实施办法》等规定，通过规范化管理达到提高工会工作能力和提高工会工作效率的目的。工会资料齐全、管理规范，每次上级工会检查，都得到好评，学院工会连年获得省海员交通工会授予的"先进基层工会"荣誉称号。

三、团学工作

1. 共青团工作

学院共青团注重开展丰富多彩的校园活动，全面加强团员的素质教育。坚持每年举行校园文化艺术节活动，举办田径运动会、大学生数学建模大赛、汽车修理工技能大赛、试验工技能大赛、汽车营销模拟比赛、网页设计大赛、球类大赛、棋类大赛、"三个代表"重要思想主题教育等。学院还充分发挥学生社团作用，举办各种特色鲜明的社团活动，不仅丰富了学生的文化生活，锻炼了学生能力，而且营造了健康、和谐、向上的校园文化氛围。

此外，学院注重将综合素质教育渗透到丰富多彩的校园文化活动中去，推进高雅文化进校园，成立了青春剧团、文学社等。

2. 学生管理工作

各系成立了学生工作领导小组，设立了学生工作办公室，健全了系党、团、学生会、自管会、班委会等学生组织，并且按照教育部关于学生辅导员队伍建设的要求，将学院辅导员队伍建设作为一项重点工作来抓，学院先后四次向社会招聘了25名高素质人员任专职辅导员，辅导员与学生的比例达到了1∶280。

从2003年10月开始，在学生工作方面，学院系统开展了"班风建设好、早操质量好、晚自习秩序好、宿舍卫生好"以及"无乱倒乱扔、无抽烟酗酒、无打架斗殴、无夜不归宿、无旷课作弊、无安全隐患及事故"（简称"四好六无"）活动。自活动开展以来，学生的文明习惯有了明显改进，校园秩序、校园安全得到了进一步维护。

学院积极响应国家政策，开展助学贷款和帮贫扶困工作。构建了"奖、贷、减、免、补、助"多位一体的贫困学生资助体系，2003—2005年，共发放奖学金212.8万元、困难补助76.5万元，办理国家助学贷款33.6万元，各有关部门提供勤工助学岗位500人次，补助31万元。学院后勤服务中心坚持每年为最困难的50名新生免费提供生活用品，为20名特困生免费提供中、晚餐。各党支部坚持开展"1+1"助学活动，通过交特殊党费形式，长期资助校内的特困生。

2003年12月，学院成立了大学生心理健康教育中心，建立了专兼结合的学生心理健康教育队伍和心理健康教育网站，形成了"学院心理健康教育中心-系部心理健康教育工作站"两级网络。学院通过开设心理健康公选课、进行心理健康普查、举办心理健康周等系列活动，帮助学生提高心理素质，增强心理调节和适应能力，促进学生心理健康发展。

学院高度重视毕业生就业指导工作，将毕业生就业指导工作作为一项重要工作来抓，建立了完善的毕业生就业服务体系：开设职业生涯规划、纵横职场课程，把就业指导课纳入教学计划；举行就业政策和就业技巧讲座，给予毕业生就业指导和帮助；举办大型校内招聘会和就业单位专场招聘会，邀请省内外用人单位来学院选聘毕业生；建立完善毕业生就业网站，开辟网上服务平台。学院的毕业生就业率稳定在97%以上，位于省内同类学校前列。

南京交通职业技术学院

NANJING VOCATIONAL INSTITUTE
of TRANSPORT TECHNOLOGY
History

校史

第七章

内涵发展,
提升高职教育办学水平

2006—2013.6

Nanjing Vocational Institute of Transport Technology

History

为了深入贯彻落实《教育部关于全面提高高等职业教育教学质量的若干意见》（教高〔2006〕16号）、国家和江苏省中长期教育改革和发展规划纲要等文件，主动适应现代综合交通运输体系和经济发展方式转变的要求，学院将发展重点由以规模扩张为主的外延式发展转向了注重质量提升的内涵式发展，努力提升高职教育办学水平。

第一节　学院领导班子与机构干部队伍建设

一、学院领导班子建设

2006年4月，学院党委书记史国君赴淮安挂职副市长，党委副书记、院长孟祥林主持学院党政日常工作。2007年6月，经中共江苏省委组织部批准，江苏省交通厅党组决定许正林任学院党委副书记。

2008年1月，江苏省委决定孟祥林任学院党委书记，贾俐俐任党委副书记、学院院长。2008年12月，江苏省交通运输厅决定周传林任学院副院长，中共江苏省委教育工委决定应海宁任学院纪委书记。

2008年12月10日，学院召开第一次党员代表大会，选举产生了由孟祥林、贾俐俐、许正林、高进军、王晓农、周传林、应海宁7人组成的新一届中共南京交通职业技术学院委员会和由应海宁、赵勇、何卫平、张家俊、张文斌5人组成的第一届中共南京交通职业技术学院纪律检查委员会。经省委教育工委批复，孟祥林任党委书记，贾俐俐、许正林任党委副书记，应海宁任纪委书记。

2011年5月，江苏省委决定贾俐俐任学院党委书记，张毅任党委副书记、学院院长；免去孟祥林党委书记、委员职务（因年龄），免去贾俐俐学院院长职务。2012年3月，经省委组织部批准，江苏省交通运输厅决定，免去王晓农副院长职务（退休）。

2013年3月，经中共江苏省交通运输厅党组研究，报省委组织部批复同意，杨益明任学院副院长。

2013年3月，根据内设机构调整情况和工作需要，学院党委对院领导的分工进行调整：

党委书记贾俐俐主持学院党委全面工作。负责党建、思想政治教育、干部队伍及人才队伍建设、宣传、统战、工会、离退休工作、校园文化建设、高教研究工作。分管党委办公室（党委宣传部）、党委组织部（党委统战部、党校）、工会（离退休工作办公室）、发展规划处（高职教育研究所）。联系机电工程学院和思想政治理论课教研部。

党委副书记、院长张毅主持学院行政全面工作。负责人事、财务、科研、外事、基本建设、产业及岗位培训工作。分管院长办公室、人事处（外事办公室）、财务处、科研处、校企合作办公室、资产经营公司。联系路桥与港航工程学院。

党委副书记许正林负责学生教育管理、招生就业、共青团、国防教育、计划生育、关心下一代工作。分管学生工作处（党委学生工作部、武装部）、招生就业处、团委。联系运输管理学院。

党委委员、副院长高进军负责教学督导、体育工作和继续教育工作。分管督导室、继续教育学院、体育部。联系汽车工程学院和体育部。

党委委员、副院长周传林负责后勤保障、物资管理、物资采购、安全保卫、综合治理工作，协助张毅同志分管基本建设工作。分管后勤管理处、保卫处（保卫部）、基建办公室、后勤服务中心。联系建筑工程学院。

党委委员、纪委书记应海宁主持纪委工作。负责纪检、监察、审计、机关作风建设、图书和信息化建设工作。分管纪委办公室（监察审计处）、图书馆、信息化建设与管理办公室。联系电子信息工程学院。

副院长杨益明负责教学工作、评建及示范院校建设、国际合作与交流工作，协助张毅同志分管校企合作工作。分管教务处、基础教学部（国际合作与交流办公室）。联系基础教学部（国际合作与交流办公室）。

二、机构调整

2006年，在加强评估整改过程中，学院对教学机构进行了调整。根据2005年办学水平评估提出的督导机构设置不合理的问题，2006年2月，学院设立教学督导室，挂靠科研产业处并充实了队伍。同年11月，学院撤销了基础学部，其中的英语教研室、思想政治教研室成建制划归人文社科系；数学教研室成建制划归电子信息工程系；体育教研室更名为体育部，为学院直属教学部门，正科级建制。同年，学院党委决定将公路建筑工程系党总支分设为公路工程系党总支、建筑工程系党总支；汽车机电工程系党总支分设为汽车工程系党总支、机电工程系党总支；管理信息工程系党总支分设为管理工程系党总支、信息工程系党总支；成立人文社科系党总支。

2007年4月，经江苏省交通厅批准，成人教育学院更名为继续教育学院。2008年2月，学院决定教学督导室不再挂靠科研产业处，独立设置为副处级职能部门；将思想政治教研室和英语教研室从人文社科系划出，分别更名为思想政治理论课教研部和外语教研部，为学院直属教学部门，正科级建制。至此，学院形成了"七系三部"的教学架构。2009年3月，学院决定人文社科系更名为人文艺术系。2010年1月，为更好地推进校企合作办学体制机制建设，学院决定成立校企合作办公室。2010年4月，学院成立纪检办公室（监察审计）。2010年5月，学院决定公路工程系更名为路桥工程系，管理工程系更名为运输管理系。2010年10月，学院成立离退休工作办公室，挂靠院工会。2010年11月，为积极推进中外合作办学、教育国际化，学院决定成立国际教育学院，与继续教育学院合署。2011年6月，党委学生工作办公室更名为党委学生工作部。2011年10月，学院将国际教育学院改为与外语部合署，设置为国际教育学院（外语部）。2012年，学院根据新形势下高职教育改革发展和完善办学体制机制需要，开展高职院校机构设置调研，决定调整学院内设机构，并将六个系调整为二级学院，

进一步推进二级管理。2013年3月,学院内设机构调整设置方案得到江苏省交通运输厅批准。主要调整情况如下:

党委组织宣传部分设为党委组织部(党委统战部、党校)、党委宣传部。

学生工作处(招生就业办)分设为学生工作处(党委学生工作部、武装部)、招生就业处。成立党委保卫部,与保卫处合署;成立发展规划处,与高职教育研究所合署。纪检办公室(监察审计)、科研产业处、教学督导室分别更名为纪委办公室(监察审计处)、科研处、督导室。

汽车工程系、路桥工程系、运输管理系、电子信息工程系、机电工程系、建筑工程系分别更名为汽车工程学院、路桥与港航工程学院、运输管理学院、电子信息工程学院、机电工程学院、建筑工程学院。

国际教育学院(外语部)更名为基础教学部(国际合作与交流办公室)。

现代教育技术中心更名为信息化建设与管理办公室,为正科级建制。

学院根据省厅批准的方案,按照精简、高效和有利于教育教学改革、有利于工作开展的原则,对部分机构进行整合设置:将党委办公室、党委宣传部合署,设置为党委办公室(党委宣传部);将信息化建设与管理办公室从原电子信息工程系成建制划出,挂靠图书馆,相对独立运行;将原电子信息工程系所属的数学教研室成建制划归基础教学部(国际合作与交流办公室);将人文艺术系所属的法律教研室成建制划归思想政治理论课教研部。学院形成6个二级学院、一系二部的教学架构。

同时,为加强学院基层党建工作,学院党委决定调整基层党组织设置,设立了11个党总支,5个直属党支部。

三、中层干部队伍建设

学院积极探索干部人事制度改革,坚持中层干部考核聘任制、任期制,推进干部竞争性选拔机制。2006年和2008年,学院均按时做好两年一次的中层干部换届工作。2008年5月,学院面向校内首次公开招聘后勤服务中心副主任一名,对干部竞争性选拔工作做出了尝试。2010年1月,学院出台了《南京交通职业技术学院中层干部选拔任用工作实施细则》,明确中层干部任期由两年调整为三年,对干部选拔任用程序、公开选拔和竞争上岗、实行中层干部聘任制和任期制、中层干部试用期制,以及中层干部任职年龄、干部轮岗交流、免职、辞职、降职等事项作出具体的规定。

学院开展了中层干部任期考核工作,采取360°全方位考评方法,根据所在部门(单位)群众评价、同行评价(中层干部互评)、学院领导评价,按不同权重对每位中层干部的德、能、勤、绩、廉进行量化打分。坚持公开、平等、竞争、择优原则,努力建立"能上能下、能进能出、竞争择优、充满活力"的用人机制。到2010年3月,学院全面完成了新一轮中层干部选拔聘任工作。

2010年3—4月,学院推进干部竞争性选拔工作,组织对部分中层岗位副职的公开竞聘,发布了《南京交院部分中层岗位公开竞聘工作方案》,面向全校公开选拔系副主任3名、党群部门副职和系党总支副书记6名。公开竞聘分为公布方案和职位、发动宣传、组织报名、资格审查、面试答辩、民主测评、组织考察、研究聘用、公示和任前谈话等几个阶段，严格按照规定程序规范进行。通过竞聘，8名年轻同志走上中层副职岗位，经试用期考核合格后正式任职。2011—2012年，学院又先后竞争性选拔了院团委副书记、国际教育学院副院长、系党总支副书记等，较好地积累了干部竞争性选拔经验。

2013年3月，学院启动新一轮中层干部换届工作，制定了《中层干部换届工作的实施方案》《中层干部改聘相应干部职级暂行办法》等，按照积极稳妥、民主公开、竞争择优的总体原则，志愿申报、扩大视野、促进交流、努力做到人岗相适的基本思路开展。通过个人申报和民主推荐、民主测评、组织对申报提任和新竞聘人员面试、组织考察等程序，学院于6月上旬完成了新一届中层干部聘任工作，随后于6月底完成了基层党组织换届选举工作。换届后，学院中层干部平均年龄为41岁，具有研究生学历和硕士学位的占60.61%，副高以上职称达50%，女干部16人，交流任职干部6人，干部队伍结构得到了进一步优化。同时，各二级院系领导班子也基本配备到位，为推进学校二级管理打下了较好的基础。

第二节 示范性高职院校与人才培养水平评建工作

一、创建省级示范性高职院校

2008年5月，根据江苏省教育厅《关于开展江苏省示范性高等职业院校建设工作的通知》的要求，学院提交了《江苏省示范性高等职业院校建设单位申报书》和《南京交通职业技术学院江苏省示范性高等职业院校建设方案》。该建设方案包括建设示范性院校基础、指导思想与建设目标、学院综合建设、专业及专业群建设、建设经费与进度、建设保障措施、项目建设预期成效七个部分。在学校申报的基础上，江苏省教育厅随后组织了专家评审委员会，对符合条件的学校进行答辩评审。2008年7月，江苏省教育厅、省财政厅联合下发《关于公布2008年江苏省示范性高等职业院校和园区建设单位名单的通知》，学院被确定为2008年江苏省示范性高等职业院校建设单位。

2008年9月27日，学院成立了由党政主要领导任组长，各副院级领导任副组长，各系部及各有关部门负责人为成员的学院示范性高等职业院校建设领导小组，领导小组下设示范性院校建设办公室，由分管教学的副院长任主任，教务处、科研产业处负责人任副主任，负责示范性院校建设的日常工作。根据具体建设项目任务和配套工作，成立了职责明确、分工到人的专项建设组、子项目建设组和项目监督组，全面推进示范性高职院校建设工作。其中专项建设组负责课程、师资、设备管理和资金保障四个方面的专项建设任务，子项目建设组负责七个专业（群）和素质教育、校企合作等共计九项子项目的建设任务。

专业建设是高职院校内涵建设和示范性建设的核心内容。2008年10月，学院根据示范性高职院校建设的要求对各系重点（试点）专业（群）建设方案进行了评审，11月对专项建设规范与建设方案进行了评审。2009年1月，学院与示范性高职院校五个重点建设专业（群）、两个试点专业项目负责人签订了《示范性高等职业院校分项目建设责任书》。学院紧紧围绕专业建设，经常性组织对五个重点建设专业（群）的人才培养方案、教学计划等的执行情况及师资队伍、实训基地等的建设情况进行检查和指导。

2010年底，学院示范性高职院校建设取得显著成效，基本实现了各项建设任务目标。2011年1月，学院通过听取重点建设专业负责人的专业建设情况汇报、查阅建设资料、实地考察教学条件、验收专业（群）资源库建设网站等方式，对分项目建设情况进行了验收。

二、新一轮高职院校人才培养工作评建

学院在全面推进省级示范性高职院校建设的同时，按照教育部开展新一轮高职院校人才培养工作评估的部署和江苏省教育厅《关于印发〈江苏省高等职业院校人才培养工作评估规划〉的通知》（苏教高〔2009〕39号）要求，积极开展迎评促建工作。

1. 持续抓好评建重点工作

（1）教师说课和专业剖析演练

从2010年上半年开始，学院以教师说课为抓手，启动评估工作，如邀请兄弟院校说课优秀的教师到学院为教师示范说课，组织各系部教师代表参加说课培训，学院督导室主任陈锁庆为全院教师作了《关于课程建设说课问题的认识》的报告，各系部采取教师逐人说课、相互评议的形式，有组织地开展了说课活动。

学院多次组织说课抽查，并选出说课优秀的教师在全院教师大会上进行说课，有效促进了学院教师说课活动的开展。

2011年4月，学院召开了"专业剖析与说课要求解读"专题报告会，教务处处长杨益明作了《专业剖析实施意见》的报告。2011年7月，学院在明德楼303室开展了专业剖析示范演练活动，汽车检测与维修专业、物流管理专业负责人分别进行了专业剖析。2011年6—8月，学院全面开展说课和专业剖析的测试与抽查工作，第一轮抽查说课教师72名、剖析专业17个，第二轮抽查说课教师69名、剖析专业18个，促进教师说课和专业剖析水平不断提高。

（2）数据采集平台建设

学院高度重视每学年状态数据采集平台的填报和分析工作，采用学习研讨、集中辅导、分工负责、责任到人的工作机制，保证平台数据的准确、严谨。2011年5月，学院完成了2008—2009学年、2009—2010学年状态数据采集平台的数据分析报告，2011年10月完成了2010—2011学年状态数据采集平台的数据采集填报，并形成2010—2011学年状态数据采集平台的数据分析报告。根据评估工作要求，2011年12月初，学院将《状态数据采集平台分析报告》《学院人才培养工作自评报告》《学院人才培养工作分项自评报告》等信息在校

园网上公布。

（3）评估指标体系建设和自评报告

评建办公室、建设项目组和院系两级相关负责人全面、深刻理解关键评估要素指标的内涵，汇总、整理项目各重点考察内容的自评结果、佐证材料和各种数据，查找问题与不足，提出改进建议与方案，凝练办学特色与亮点，确定关键评估要素指标的自评等级。不断完善、论证评估材料，在2011年下半年陆续将材料整理归档。

在抓好评估材料整理归档的同时，学院对评估分析报告、院长工作报告等内容进行了深入的研讨，完成了学院人才培养工作评估自评报告、各分项自评报告、年度状态数据采集平台分析报告等。学院对照《江苏省高等职业院校人才培养工作评估指标体系》的要求，认真自查自评，22个关键评估要素全部达"合格"标准，自评结论为"通过"。2011年11月，学院向江苏省教育厅提交了各项自评报告。

2. 评估专家组现场考核

2011年12月18—21日，以教育部高职高专院校评估委员会主任杨应崧教授为组长的教育部高职院校人才培养工作评估专家组一行9人，对学院进行了为期三天的现场考察和评估。

2011年12月21日，学院人才培养工作评估反馈会在行健馆会议室召开。

专家组从以下六个方面对学院人才培养工作取得的主要成绩和形成的办学特色给予充分肯定：学院领导班子和师生员工的勤奋求实精神；不断调整专业结构，树立特色专业品牌；创新人才培养模式，推进课程体系建设；构建师资队伍建设体系，打造专兼职团队；加大校企合作力度，改善实践教学条件；健全制度规范管理，促进人才培养质量提高。学院高水平通过了新一轮高职院校人才培养工作评估，江苏省教育评估院领导高度评价学院本次评估工作，认为本次评估树立了评估工作的典范，是优质的评估、和谐的评估。

高职院校人才培养工作评估反馈会

第三节　教育教学与人才培养模式改革

"十一五"以来,学院按照《教育部关于全面提高高等职业教育教学质量的若干意见》(教高〔2006〕16号)中的要求,引领内涵建设,推进教学基本建设,深化校企合作、工学结合人才培养模式改革,不断提高学院教育教学质量和人才培养水平。2012年10月,学院被江苏省教育厅评为"2012年江苏省教学工作先进高校"。

一、专业建设与改革

学院按照"适应需求设专业、校企合作建专业、依托行业强专业"的专业建设思路,调整和优化专业设置,建设以重点专业为龙头、相关专业为支撑、交通行业特色鲜明的专业群。构建国家、省级、院级三级重点专业建设体系,推动各级重点专业(群)的建设与发展。

2008年5月,学院成立了教育教学改革领导小组,各系部成立相应的教育教学改革工作小组,开展以专业与课程建设为重点的新一轮教育教学改革。2008年6月,学院确定了八个试点专业(群)作为本轮教改工作的试点建设专业。2008年10月,学院围绕示范性高职院校建设开展了工学结合模式下的重点专业(群)、试点专业建设方案的集中评审和初步论证工作,确定了汽车运用技术专业为重点的汽车类专业(群)和物流管理专业为重点的现代物流专业(群)为两个重点建设专业(群),建筑装饰工程专业和会计专业为两个试点专业;对其余各重点建设专业(群)和试点专业建设方案的论证意见以书面形式进行反馈,并要求限期整改。

学院科学、合理地制定了专业建设发展规划,加强专业建设和指导。2010—2011年,学院相继出台了《关于加强专业开发工作的有关意见》《关于专业结构调整优化指导意见(试行)》《学院省级重点专业群建设管理办法》《学院专业设置与调整管理办法》《学院专业建设管理办法》等制度文件,遵循"适应需求、特色发展、结构效益、科学可行"的原则,适时调整专业设置,优化专业结构,强化优势专业,打造品牌特色专业,培育紧缺专业,形成了适应社会需求的专业优化、预警、退出等动态调整机制。"十一五"期间,新开设轨道工程技术等13个专业,学院专业数达到48个。2011年,新开设交通运营管理、港口物流管理、工程机械技术服务与营销3个交通行业紧缺专业,停招了市政工程技术、电子商务、连锁经营管理等11个行业需求减少的专业。2012年,新开设港口与航道工程技术专业,停招了会计与审计、电气自动化技术、文秘3个专业。到2013年6月,学院设有47个专业,其中有教育部"高等职业学校提升专业服务产业发展能力"项目建设专业2个、国家技能型紧缺人才培养基地专业2个、省级品牌(特色)专业6个、省级重点专业群4个。

2012年,学院汽车运用技术、物流管理两个专业开始与南京林业大学合作进行"3+2"高职与普通本科分段培养,2013年增加道路与桥梁工程技术专业,与南京工业大学合作进行"3+2"高职与普通本科分段培养,提升了专业办学层次。

学院专业建设成果一览表

年度	专业名称	类型	专业负责人
2006	汽车运用技术	江苏省级品牌专业	杨益明
	道路与桥梁工程技术	江苏省级特色专业	蒋 玲
	物流管理	江苏省级特色专业	吕亚君
2008	汽车技术服务与营销	江苏省级品牌专业	边 伟
	计算机网络技术	江苏省示范重点建设专业	宋维堂
	道路与桥梁工程技术	江苏省示范重点建设专业	蒋 玲
	物流管理	江苏省示范重点建设专业	祁洪祥
	建筑工程技术	江苏省示范重点建设专业	刘凤翰
	汽车运用技术	江苏省示范重点建设专业	杨益明
2010	公路监理	江苏省级特色专业	樊琳娟
	工程机械运用与维护	江苏省级特色专业	沈 旭
2011	建筑工程技术	"高等职业学校提升专业服务产业发展能力"项目	刘凤翰
	工程机械运用与维护	"高等职业学校提升专业服务产业发展能力"项目	沈 旭
2012	汽车运用技术	江苏省"十二五"高等学校重点专业（群）	文爱民
	道路与桥梁工程技术	江苏省"十二五"高等学校重点专业（群）	蒋 玲
	物流管理	江苏省"十二五"高等学校重点专业（群）	祁洪祥
	建筑工程技术	江苏省"十二五"高等学校重点专业（群）	刘凤翰

二、课程建设与改革

课程建设与改革是专业建设的基础，更是提高教学质量的核心。学院坚持突出职业能力培养，提出了"开发一批、建设一批、带动一批"的整体建设思想，以专业核心课程建设为重点，按照"职业性、实践性、开放性"的要求和"课程体系对接职业能力、课程内容对接工作任务、教学情境对接工作情境"的课程建设思路，全面推进课程建设与改革。

2009年8月，学院组织开展了为期一周的课程改革方案设计研讨，择优推荐23门课程作为首次课程教学改革试点，并对上述课程从课程标准设计、课程整体设计、单元设计等方面进行了论证和完善。同时要求其他课程都按照这种改革思路逐步进行改革，共涉及7个系的近40个专业。在公共课程建设方面，2010年3月，公共体育课程在江苏省教育厅考核中获得优秀等级；2011年5月，思想政治理论课通过江苏省教育厅的考核；2012年3月，军事理论课程通过江苏省教育厅专家组考核验收，外语课程教学改革得到了评估专家的好评。

学院先后制定了《精品课程建设与管理》《网络课程建设与管理》《教材建设与管理》等

制度文件，建立了院级、省级、国家级的三级精品课程建设机制。鼓励和支持教师与行业、企业联合开发课程和教材，校企合作开发基于工作过程项目导向、任务驱动的课程。到 2011 年，校企合作开发课程 127 门，编写教材 75 部、实训教材（实践指导书）20 本，建成 7 个专业教学资源库。截至 2012 年 8 月底，通过校企合作，学院建有国家级精品课程 1 门、省部级精品课程 15 门、院级精品课程 68 门、院级网络课程 80 门；编写国家级、省部级精品教材 16 部。

学院规范课程教学的基本要求，改革教学方法和手段，融"教、学、做"于一体，提高课程教学质量，强化学生能力的培养。各系部、广大教师以工学结合、学做结合为出发点，积极改革教学模式，探索多种教学方法。如：汽车类专业对汽车技术基础课程进行了重组，开发了 10 门项目化课程，并依据工作过程中的"资讯、计划、决策、实施、检查、评价"采取"六步教学法"；交通土建类专业充分依托行业优势和校办产业积极尝试实践专业课程的"现场教学法"；以物流管理专业为代表的管理类课程探索实施了"校企双带教 + 大小循环"学生轮岗实训模式；等等。学院推行工学交替、任务驱动、项目导向、顶岗学习等教学模式，对接岗位，构建课证融通课程体系，创新教学模式，增强了学生职业能力。

三、人才培养模式改革

"十一五"以来，学院认真总结以"1+2+X"为主要要求的人才培养模式，坚持以学生就业为导向，以突出职业能力培养为主线，积极推进和实践"二结合一融通"多样化工学结合人才培养模式改革，校企合作共建育人平台，学做结合改革教学模式，课证融通构建课程体系，学生职业素质和职业技能得到明显提升。

1."2+1"教学模式改革

2006 年，学院各系各专业全面开展"2+1"专业教学方案的探讨，即进行两年的专业基础教学，再专门利用一年的时间安排学生进行专业技能培训、专业技能考核、专业社会实践和顶岗实习等。学院启动了 15 个专业的"2+1"人才培养教学改革试点，及时制（修）订专业教学计划，确保这些专业课的实践教学课时数与理论教学课时数比例为 1∶1。2007 年下半年，学院各专业全面开展了"2+1"或"2.25+0.75"的教学模式，推进校企合作、工学结合的人才培养模式改革。

2."订单式"人才培养模式

2004 年，学院与日本丰田汽车公司合作开办 T-TEP 学校，选拔汽车专业学生设立"丰田班"，开启学院"订单式"人才培养的新模式。2006 年以来，学院设有"东风标致班""英达公路医生绿色养护班""优配班""柳工班"等 15 个订单班，"订单式"人才培养模式得到积极推行，发展较快，受到相关媒体的关注和报道。2008 年 6 月 4 日，江苏教育电视台作了题为《校企合作走出"订单式"人才培养新路》的专题报道。2010 年 4 月，《中国交通报》以《南京交通职业技术学院：订单输送　联合培养》为题报道了学院"订单式"人才培养模式的探索成绩。

2010 年 12 月，学院制定了《"订单培养"教学管理暂行办法》，规范"订单式"培养教学管理。2012年9月6日,学院被教育部列为"中德职业教育汽车机电合作项目"第二批试点合作院校。2012年10月,学院在同济大学举办的中德职业教育汽车机电合作项目(SGAVE)2012年年会上获得授牌。

3. "游学制"人才培养模式探索

2011年6月,学院依托江苏交通运输职业教育集团,推进学校与行业、企业深度融合,共商人才培养方案,共控人才培养质量,形成共建共享、立体育人格局。学院与南京地区交通类高职院校(南京铁道职业技术学院、江苏海事职业技术学院)、交通骨干企业联合成立了"南京交通高职教育联合体"(简称"联合体"),以物流管理、交通运营管理等专业为试点,创新实施"公铁水游学制"人才培养模式,培养适应"大交通"的复合型、技能型人才,被江苏省人民政府列为江苏省高等教育体制改革试点项目。2011年6月17日,《中国教育报》头版报道了"游学制"人才培养模式。立项后,三校联合进行了一系列细致有效的研讨,制订了"2+0.5+0.5"复合型高职人才培养方案,完成了游学课程模块的课程设置和教学标准制订、课程体系构建的关键工作,突破了"大交通"复合型人才培养校际课程融通的难点。通过游学项目的实施,三所院校逐步实现了学分互认、教师互聘、学生互派、课程互选、资源共享,并依托南京交通高职教育联合体中的交通运输企业,开展校企合作,实行工学交替、轮岗实训等教学模式,为构建江苏"大交通"职教体系做出了有益尝试。

《中国教育报》头版报道了"游学制"人才培养模式

四、实践教学与实训实习条件建设

学院按照"紧扣专业、突出重点、满足需要、资源共享"的原则和"职业、开放、共建、共享"的建设理念,建设功能齐全、开放共享的校内实训基地和合作稳定的校外实习基地。

1. 实训基地建设

2006年,汽车运用与维修实训基地先后成为江苏省高职教育实训基地和中央财政支持高职教育实训基地。2009年,学院交通土建实训基地成为江苏省高职教育实训基地。2010年,路桥工程技术实训基地成为中央财政支持建设高职教育实训基地。2012年,交通信息技术综合实训基地成为江苏省高职教育实训基地。到2012年,学院建有道路与桥梁施工实践基地、轨道施工实践基地、汽车电子技术实践基地等45个校内仿真实训基地,生产性实训基地6个,多媒体教室71个,理实一体化教室26个,校企共建实训中心8个,拥有校内主要顶岗实习场所22个。截至2012年8月,设备购置费总投入近8000万元,建筑面积8.28万平方米,设备总值达8155万元,已形成一个功能较为齐全、布局较为合理、紧密结合行业区域社会经济发展和人才培养需求、充满活力的校内实践教学和培训基地。

2006年以来，学院不断深化与行业企业合作，加强校外实习基地建设。尤其是2010年以来，学院巩固校外实习基地，推进紧密型校外实习基地建设，建立深层次的校企合作关系。截至2012年8月，学院已建成152个校外实习基地，2012年校外实习基地接待学生数量达到1.45万人次。

2. 国家职业技能鉴定所建设

学院加强国家职业技能鉴定所的建设，面向在校学生和社会人员积极开展职业技能鉴定与培训工作，提升了学生的职业岗位适应能力，提高了学院人才培养的质量，推动了江苏交通人才队伍建设。自成立起，学院国家职业技能鉴定所先后8次被评为江苏省职业技能鉴定先进单位，年均开展职业技能鉴定和培训1.5万人次。截至2013年初，鉴定工种从最初5个拓展到18个，实现了学院人才培养与职业技能培训同步增长的发展目标。

五、技能大赛促进人才培养

学院把学生职业技能训练和竞赛工作作为促进教学质量提高和进行人才培养的重要平台。2004年，起学院建立了学生实践技能大赛的长效机制，每年在各系部组织预赛的基础上，举办技能大赛决赛，以赛促学促教促水平，这已成为学院专业实践教学的重要项目。

学院把行业职业技能竞赛活动看成检验学校办学整体实力的重要机会，同时也是学院教师职业教学能力的集中展现，先后承办了10多次不同种类技能大赛。2006年6月，学院荣获江苏省总工会授予的"江苏省百万职工职业技能大练兵活动优秀组织奖"，成为获此殊荣的唯一一所高校。

学院学子在江苏省2012年技能状元大赛中获一等奖

2007年，随着国家对职业教育重视程度的不断提高，学生职业技能竞赛被列为职业教育的重要内容。学院高度重视各类职业技能比赛，精心组织学生参赛，加强比赛前的技能训练。

学院学生在全国、全省各类技能竞赛以及英语、数学、力学、人文知识等各级各类竞赛中频频获奖，全面展示了学院的教学质量和人才培养质量。2007年6月，学院被江苏省劳动和社会保障厅公布为"江苏省第三批高技能人才培养示范基地"；2012年8月30日，学院被江苏省人民政府授予"高技能

学院学子获2010年全国交通高职高专院校路桥工程材料试验技能竞赛团体一等奖

人才摇篮奖"。

在2013年全国职业院校技能大赛上，学院3支代表队共10名学生代表江苏省分别参加了汽车检测与维修、汽车营销、测绘测量3个赛项的竞赛，共获得7块奖牌，其中一等奖4项、二等奖3项，奖牌数量、含金量以及赛项覆盖面均达到了历史新高。

六、继续教育与国际合作办学

1. 继续教育

（1）学院继续教育稳定发展。2006年，学院与北京交通大学合作开设高起专、专起本的现代远程学历教育，主要开设交通类专业，招收对象是从事道路运输管理、交通行政执法、交通行政管理、交通工程管理及工程技术工作的在职职工。2006年起，学院先后与省内10多所职业院校建立了良好的成人高等教育合作办学关系，设立函授站或校外教学点，增强了办学功能和辐射能力。到2012年9月，学院远程教育录取110人，在学院接受成人教育3798人。2013年，学院成人高等教育开设了汽车技术服务与营销、物流管理等17个专业的函授班、业余班，学制2.5～3年，成教在册学生4000余人，分布在江苏全省以及周边省市。

（2）继续教育学院积极推进办学模式改革。2008年起，先后在汽车运用技术、物流管理、城市轨道交通运营管理专业招收组建"技能+学历"特色班。对取得成人学籍的学生同时开展学历教育和相关专业技能培训，完成学历教育课程、技能培训及考证并达到毕业要求的，可以同时取得国家承认的成人高等教育大专文凭和相关技能证书。

（3）学院依托各系部专业优势，开展"专接本"人才培养。2008年，学院第一次与南京工程学院开展"专接本"招生，"专接本"工作进展迅速。为了让更多专业的学生有本科深造的机会，2012年，学院又与南京林业大学的汽车维修与检测专业、南京理工大学的工业设计专业进行对接，"专接本"新生注册人数达429人，在校生达788人。2012年10月，第一届"专接本"商务管理、数控加工与模具设计专业49名学生顺利毕业，获得南京工程学院学士学位。截至2012年底，"专接本"毕业人数累计346人，其中有169人获得学士学位。

学院第一届"专接本"学生获得南京工程学院学士学位

到 2013 年初，学院开展"专接本"合作的主要院校达到 7 所，分别是南京工程学院、南京财经大学、南京林业大学、南京航空航天大学、南京理工大学、南京工业大学、江苏理工学院。"专接本"招生专业涵盖交通运输（汽车运用工程方向）、汽车维修与检测、商务管理、数控加工与模具设计、会计、电子工程、计算机网络、工业设计等 9 个专业，毕业人数累计 1131 人。

2. 国际合作办学

2006 年，经江苏省教育厅批准，学院与加拿大圣克莱尔学院合作开办模具设计与制造专业，实现中外合作办学的良好开局。2011 年，经江苏省教育厅批准，学院与圣克莱尔学院合作开办建筑装饰工程技术（室内装饰设计）专业，纳入统一招生计划。课程设置及教学由双方共同承担，采取"2+1"的模式，即前两年学生在南京交通职业技术学院学习，由中、加双方院校联合教学，达到圣克莱尔学院入学标准并获得签证后，第三年进入圣克莱尔学院学习，学业期满、成绩合格者可分别获得由南京交通职业技术学院和圣克莱尔学院颁发的专科毕业证书。

2008 年起，学院与澳大利亚墨尔本坎培门理工学院合作开办会计与审计专业，每年招生 50 人，学制三年。该专业实行中澳联合执教，双语教学，采取分组教学、现场模拟等教学方式，积极探索以岗位工作过程为核心，"教、学、做"为一体的教学模式，突出学生的职业岗位能力培养。

2010 年 4 月，学院加入"海外本科直通车"项目。当年面向会计、计算机网络技术、机电一体化专业招收学生 150 人，分别与海外项目合作院校加拿大圣克莱尔学院、澳大利亚墨尔本坎培门理工学院合作培养专业型、复合型、国际化人才。2012 年，增加市场营销专业，4 个专业共计招生 160 人。

2013 年，学院"海外本科直通车"项目已和美国、加拿大、澳大利亚、日本等的 8 所高校，就学分承认、续读时限、课程衔接、语言能力、招生办法、收费标准、奖学金等方面进行反复磋商，并达成了招生合作协议。

2013 年，学院与英国考文垂大学在会计、市场营销、计算机网络技术、道路与桥梁工程技术、建筑工程技术 5 个专业开展"3+1+1"专升本升硕项目的校际合作。学生在学院完成三年学习获得大专文凭，继续申请在考文垂大学就读一年，顺利毕业后，可获得考文垂大学本科文凭，再续读研究生课程一年，可获得考文垂大学硕士学位。

第四节　人才培养机制体制与现代职教体系建设

2010 年以来，学院学习贯彻国家和江苏省中长期教育改革和发展规划纲要（2010—2020 年）等，适应行业和区域经济社会发展要求，把握高等职业教育改革发展方向，深化校企合作人才培养机制体制，推进集团化办学，积极探索构建现代职业教育体系。

一、组建江苏交通运输职业教育集团

2010年5月26日，学院牵头组建江苏交通运输职业教育集团（简称"职教集团"）。

江苏交通运输职业教育集团实行理事会负责制。2010年5月26日，职教集团理事会召开第一次会议，学院被推举为理事长单位。会议确定了各大指导委员会的主要职责，确立了8个集团专业分会及其牵头单位：汽车工程分会和路桥工程分会（南京交院）、轮机工程技术分会和港航机械工程分会（南通航运职业技术学院）、现代物流分会（南京铁道职业技术学院）、航海技术分会（江苏海事职业技术学院）、筑路机械工程分会（江苏省交通技师学院）、船舶工程技术分会（江苏省无锡交通高等职业技术学校）。

江苏省交通运输厅党组书记、省铁路办主任刘大旺，省教育厅副厅长丁晓昌为
江苏交通运输职业教育集团揭牌

2011年6月7—8日，职教集团在学院先后召开了职教集团理事会第二次会议和2011年年会。

职教集团的成立与发展，迈出了江苏省交通职业教育集团化办学的实质性一步，进一步延伸了校企共生发展的连接面，搭建了校企深度合作的大型平台，对于推进职业教育人才培养模式的改革和提升江苏交通职业教育整体实力和办学水平，具有十分重要的意义。

2011年6月8日，依托职教集团，由南京交通职业技术学院、南京铁道职业技术学院、江苏海事职业技术学院三所交通运输类高职院校和江苏省交通运输厅及多家公路运输、铁路运输、水路运输骨干企业组成的"南京交通高职教育联合体"（以下简称"联合体"）正式启动。

联合体由江苏省交通运输厅副厅长汪祝君任理事长，南京交通职业技术学院院长贾俐俐任常务副理事长，南京铁道职业技术学院党委书记、院长王虹和江苏海事职业技术学院院长金南冬任副理事长。

江苏省交通运输厅副厅长汪祝君、江苏省教育厅副巡视员李世恺共同为联合体揭牌

联合体成立了江苏省交通运输研究中心,下设公路运输研究中心、铁路运输研究中心、水路运输研究中心三个分中心,探索建立有效的产学研合作机制。出台了《南京交通高职教育联合体理事会章程》《物流管理专业"公铁水游学制"项目实施管理办法》等文件,明确了试点项目的实施原则、组织机构、人员职责以及项目的资金、设备、信息和成果管理方式。

在推进改革试点项目的过程中,联合体建立了管理、研究、实施"三位一体"的项目运行机制。2010—2011年,三所学校联合申报的课题"建立服务'大交通'的高职教育联合体实施方案研究"获江苏省教育科学"十一五"规划重点课题立项,课题"大物流格局下物流管理专业人才培养模式的研究与实践"获江苏省职业教育教学改革研究课题立项,两个项目均完成结题相关工作。课题"交通运输中职和高职教育有效衔接的研究与实践"获2011年交通运输职业教育科研重点项目立项,并取得了阶段性研究成果。

2011年12月,南京交通高职教育联合体作为江苏省高等教育体制改革试点,获江苏省教育体制改革领导小组批准,并被列为江苏省高校人才培养体制改革六项措施之一,上报教育部备案。

2012年9—10月,学院分别走访了江苏省交通技师学院、南通航运职业技术学院、江苏省无锡交通高等职业技术学校、苏州建设交通高等职业技术学校、江苏汽车技师学院、江苏建筑职业技术学院,就交通职业教育的办学经验、职教集团的运行机制、集团内合作模式、资源共享等事项进行了交流。2012年10月19日,江苏交通运输职业教育集团汽车工程分会在学院成立。2013年1月15日,船舶工程技术分会在江苏省无锡交通高等职业技术学校成立。

截至2013年3月,职教集团理事单位达104家,其中包括院校单位23家、政府部门4家、行业协会5家、企业单位70家、科研机构2家。

二、构建现代职业教育体系

2011年以来,学院按照"适应需求、有机衔接、多元立交"的现代职业教育体系建设要求,着力构建中职、高职、应用型本科有机衔接的技术技能型人才成长"立交桥"。

2012年7月，学院成立了现代职业教育体系建设试点项目领导小组，院长张毅任组长，副院长高进军任副组长，成员有杨益明、王道峰、陈锁庆、谢剑康、姜军、张家俊、游心仁、文爱民、祁洪祥、沈旭。领导小组下设汽车运用技术、物流管理、机电一体化三个专业试点项目工作组，认真组织实施高职本科分段培养试点项目、中高职分段培养项目。

1. "3+2"高职与普通本科分段培养

2012年5月，作为江苏省现代职业教育体系建设试点项目，学院获批与南京林业大学联合进行汽车运用技术和物流管理两个专业的"3+2"高职与普通本科分段培养。

2012年7月，学院与南京林业大学在南京签署了《南京交通职业技术学院-南京林业大学高职与普通本科分段培养项目合作协议》。江苏省交通运输厅厅长游庆仲、省教育厅副厅长丁晓昌出席签约仪式并作讲话。

学院与南京林业大学签署高职与普通本科分段培养项目合作协议

该项目当年计划招生160人，其中文科30人、理科130人。学院加强试点项目的招生宣传工作，2012年9月，学院实际录取160人，其中汽车运用技术专业录取120人，物流管理专业录取40人，全面完成招生计划。录取分数理科273分、文科256分，均远高于三本省控线。9月10日，两校对接培养院系对首届2012级"3+2"高职与普通本科分段培养项目143名新生进行了入学教育。双方在培养目标、课程体系、职业资格证书、教学模式等方面深入研究了互相衔接的机制，构建了高职与本科衔接的人才培养方案。

学院与南京林业大学的合作办学，是江苏省交通人才培养模式改革的创新之举。江苏教育电视台、《扬子晚报》、《现代快报》、中国江苏网、龙虎网等媒体对此次合作进行了报道。

2. "3+3"中职与高职分段培养

2012年7月，江苏省教育厅批准了学院作为牵头院校，同南京金陵中等专业学校开展汽车应用技术专业、同江苏省溧水中等专业学校开展汽车应用技术和机电一体化专业的"3+3"中职与高职分段培养。学院与南京金陵中等专业学校开展的汽车应用技术专业的分段培养，招生计划为 60 人；与江苏省溧水中等专业学校开展的汽车应用技术和机电一体化专业的分段培养，招生计划为 120 人。同年 9 月，项目顺利实施，两校顺利完成了招生工作。

在职教体系内，学院与合作的中等职业学校通过专业、课程的有机衔接，为中、高职毕业生继续发展提供了通道，同时为招生考试方式改革积累了经验。

第五节　师资队伍建设与科研社会服务

学院先后制定"十一五""十二五"师资队伍建设规划，推进人才强校战略，实施"双师工程""名师工程"，加强专业带头人、骨干教师队伍培养，优化师资结构。

一、人才强校战略

1. "双师"队伍建设

学院把"双师型"教师培养作为师资队伍建设的重点工作来抓。2007 年 5 月，学院制订了教师培训计划，联系有关培训基地，分批次对教师进行了培训；建立教师轮岗实践制度，当年选派 10 多名教师到企业实践锻炼。2009 年，学院分批选送 116 人到企业锻炼，2 人参与江苏省临海高速公路建设工程项目。2009 年 11 月，学院出台了《专业教师下企业实践锻炼管理暂行办法》，把具有 6 个月以上的企业实践经历、具有"双师"资格作为教师资格评定、岗位聘任的依据。2010 年，暑期下企业教师有 127 人，分赴 63 家企业进行了为期 2～4 周的暑期实践锻炼。2011 年，学院实施了暑期"百名教师下企业实践"项目，下企业教师有 116 名。2012 年，下企业教师有 95 人，其中 15 人考核结果为优秀。

广大教师深入企业，与企业员工同劳动、同思考，并在实践中学技术、学技能、进行课题研究，为企业提供技术服务，帮助其进行技术研发，同时引进横向课题，为学院专业建设、课程建设、人才培养方案的完善提供科学指导。截至 2012 年 8 月，学院教师拥有汽车销售工程师、物流师、公路检测员、材料检测员、注册心理师、注册会计师、网络工程师等职业资格者达到 317 人，占教师总数的 79.65%。

2. "名师工程"

2007 年，学院出台了《教学名师评选及管理办法》，评选从师德、教学研究、学术造诣、教学实践方面进行全面考察，并加强了奖励与管理方面的工作。2008 年，蒋玲、杨益明被评为江苏省交通系统教学名师；文爱民获交通部"吴福-振华交通教育优秀教师奖"。2009 年，杨益明被评为第五届江苏省高等学校教学名师。2011 年，文爱民、吕亚君、张淑梅被评为江苏省交通系统教学名师。2006—2011 年，张春阳、杨益明、蒋玲、何玉宏、盛海洋先后入选江苏省交通行业"100 人才工程"。

3. 专业带头人和优秀教学团队建设

2009 年底，学院出台了《专业负责人选拔、培养管理暂行办法》，加强优秀人才选拔、培养和管理工作。2010年，评选出专业带头人10名、专业负责人19名、骨干教师43名。2012年，评选出专业带头人5名、专业负责人7名、骨干教师15名。2010年，学院评选了汽车技术服务与营销、道路与桥梁工程技术、物流管理、计算机网络技术、工程机械运用与维护、建筑工程技术6个院级优秀教学团队。2012年，又新增了汽车整形技术、工程测量技术、会计、电子信息工程技术、建筑装饰工程技术、实用英语、思政理论课7个院级优秀教学团队。学院有交通运输部高职教育专业带头人3名、江苏省高校"青蓝工程"中青年学术带头人2名、优秀青年骨干教师7名。汽车运用技术教学团队为省级优秀教学团队。

4. 青年教师培养与人才引进

学院通过"青蓝工程"结对培养，以经验丰富的老教师指导新进年轻教师的方式，每年开展新教师岗前培训，促进年轻教师迅速成长。学院督导和系部教学督导还对青年教师的课堂教学、课程设计进行监督和指导，并组织他们参加说课比赛、公开观摩课、教案设计比赛、教学大奖赛等。学院还派出教师参与社会服务，为企业培训优秀员工，承担省级大赛裁判工作。

学院通过自主组团或参团出国（境）考察、培训，落实江苏省教育厅中青年骨干教师出国（境）研修项目、国内访问学者项目、高职教师培训项目。参加国内外学术会议、教学改革论坛等方式，进一步提升了中青年教师的教学能力和科研水平。

2012年3月，学院召开了实施人才优先战略工作推进会，相继出台了学院教职工继续教育、高层次人才引进、高层次人才科研启动经费管理三个关于高层次人才培养、引进的重要文件，加大力度鼓励和支持教职工参加学历（学位）进修、岗位培训、实践锻炼等各级各类进修。2012年，15人申请攻读博士学位。

2006—2012年，学院引进正高职称4人、副高职称13人、博士9人。截至2012年底，学院有教职工603人，其中专任教师398人，教授、副教授等高级职称157人，240人具有博士、硕士学位。

5. 兼职教师队伍建设

学院完善了兼职教师聘用和管理办法，聘请行业、企业专家和技术骨干担任学院的兼职教师，承担实践类课程的教学与指导、专业建设等工作。2008年，学院聘请建筑类客座教授6名，指导专业与课程建设。2010年11月，学院聘请56家企业的部门经理或人力资源部门负责人，建设首批校外教学质量督导队伍。2011年11月，学院聘请客座教授、兼职教授18名。截至2012年8月，学院拥有兼职教师401人，他们对学院的教学、科研、校企合作及其他建设改革起到了重要的推动作用。

二、科研工作与学术交流

1. 科研工作情况

学院不断完善科研管理制度和科研考核评价机制，努力调动教师科研创新和科研成果转化的积极性。2006年11月，学院出台了《科技创新工作实施意见》，成立了由院长担任组长的"科技创新领导小组"。2008年5月,学院学术委员会审议通过了《学院科研、教研奖励暂行办法》《教研工作管理条例》,对科研工作进行了详细的定量评价。2012年2月,学院出台了《高层次人才科研启动经费管理实施办法》,吸引并稳定高层次人才,促进学院学术科研工作的开展。

2006年以后,学院课题获得江苏省高校哲学社会科学项目、江苏省教育厅哲学社会科学项目立项的数量不断增加。2009年,学院5项课题获批江苏省高校哲学社会科学研究基金资助项目立项,4项课题获批江苏省高校哲学社会科学研究基金指导项目立项,资助项目立项数量名列江苏省高职院校第一,并成功申报首个高校科技成果孵化及高新技术产业推广项目。到2013年6月,学院获得省级哲学社会科学项目立项的项目达67项,在江苏省高职院校中名列前茅。

2008年,学院首次设立了学院青年基金项目。2010年12月,学院成立了交通经济与社会发展研究所,有效激发了青年教师参与科教研工作的热情。2011年,学院14项教育科研成果获得市厅级奖励。2012年,学院何玉宏教授等申报的"交通运输方式变革对社会生活方式的影响研究"获2012年度教育部人文社会科学研究规划基金项目立项资助,学院社会科学研究工作取得了新的进展。

学院在江苏省高教学会规划课题、江苏省职业教育教学改革研究课题、江苏省教育科学"十二五"规划课题等较高级别的省级教育课题立项中成绩喜人。2009年江苏省高教学会规划课题立项2项,2011年江苏省职业教育教学改革研究课题立项10项,江苏省教育科学"十二五"规划课题立项4项,这些课题如"校企合作,工学结合培养人才的机制研究——以交通道路与桥梁工程技术专业为例"(盛海洋)、"'大物流'格局下物流管理专业人才培养方案开发研究"(祁洪祥)、"土建专业校内实训项目开发研究"(刘凤翰)、"中高职教育有效衔接的理论与实践研究——以交通运输类专业为例"(何玉宏)等。

学院教师立足交通事业发展,努力破解交通工程发展中的待解难题,积极开展科研开发,钻研前沿技术,产生了众多优秀成果,如江苏省交通运输厅项目"基于公众需求的现代综合交通服务体系研究"(孟祥林)、"路基土压实度测试仪研制"(张春阳)、"和谐交通建设的道德环境研究"(史国君、陆礼)、"国产环氧沥青混合料性能的研究"(贾俐俐)、"桥梁基桩检测培训与新技术推广研究"(樊琳娟、金志强)、"硅藻精土在高等级公路沥青路面工程中的深入应用研究"(曹荣吉、蒋玲)、"光学信息技术在路桥检测中的应用研究"(周传林、袁健)、"基于PAC技术的公交车载智能系统应用研究"(沈旭)等,发挥了交通运输类高校较强的科研服务作用。

2011—2012年,学院横向课题数量大幅增加,达到27项,到账经费63.7万元。2011年,学院获批实用新型专利1项、软件著作权2项。2012年,学院专利申请立项取得较大突破,《带有雾化水装置的空气净化器》《便于清洗过滤插板的反吹装置》《具有自动回落污染空气中颗粒的净化器》等共计30项实用新型专利通过国家知识产权局实质性审查,其中23项实用新型专利获得授权。

2011 年，江苏省交通节能减排工程技术研究中心成立后，学院加大了基于交通发展的节能减排技术、环境污染防治、循环经济等方面的研究力度，逐渐形成了学院的一个学术品牌。承担的课题如江苏省交通运输厅项目"江苏低碳交通运输组织优化研究"（贾俐俐）、"低碳交通运输发展政策研究"（高进军、陆礼），住房和城乡建设部科研项目"气凝胶复合材料处置港口/航道化学品泄漏的应用研究"（程东祥）、"污水中重金属离子的生化再生研究"（程东祥），江苏省教育厅哲学社会科学项目"基于资源生产率理论的区域低碳竞争力评价系统研究"（陈静）、"江苏省道路运输节能减排评价指标体系研究"（姜军）等。

"十一五"以来，学院科研水平不断提高。经过初步统计，学院校外课题立项 170 余项，横向课题 40 余项，发表论文 2000 多篇，其中全国中文核心期刊论文 380 余篇，被 SCI、EI、CSSCI 收录论文 60 余篇，申请专利 50 余项。

2. 学术交流和科研教改成果

学院积极促进学术交流。每年举办高职教育教学改革等方面的专家讲座，开阔广大教师视野。每年定期出版南京交通职业技术学院学报《交通高职研究》4 期，已同全国近 100 家高校进行了学报交流。广大教师将教学实践与科学研究结合起来，努力探索工学结合人才培养模式、校企合作、集团化办学、项目化课程改革、素质教育、校园文化建设、现代职教体系的体制机制，针对高职教育发展提出了具体可行的对策，获得多项省级教育教学成果奖。

学院教育教学获奖情况一览表（2009—2012 年）

年度	项目名称	获奖类型	获奖等级	主要完成人
2009	全程参与、深度合作，校企联合培养汽车服务类人才	江苏省高等教育教学成果奖	一等奖	杨益明　文爱民　陈林山　边伟　屠卫星
2011	紧贴行业，校企共育，路桥专业人才培养创新与实践	江苏省高等教育教学成果奖	一等奖	蒋玲　盛海洋　周传林　樊琳娟　张文斌　李建才　夏卫国　罗云军　刘求龙　李永成
2012	物流管理专业"3312"工学交替人才培养模式的研究与实践	江苏省高等教育教学成果奖	二等奖	祁洪祥　吕亚君　纪正广　张洪满　邹冬萍
2012	全省交通运输系统教学竞赛	江苏省交通运输系统教学竞赛	一等奖	程丽群
2012	全省交通运输系统教学竞赛	江苏省交通运输系统教学竞赛	一等奖	林榕
2012	全省交通运输系统教学竞赛	江苏省交通运输系统教学竞赛	二等奖	杨蘅
2012	全省交通运输系统教学竞赛	江苏省交通运输系统教学竞赛	二等奖	宋万里

学院还积极推动优秀学者走出去,参加国内外高层学术论坛,提高了学院知名度和影响力。2010年5月,贾俐俐当选江苏省职业教育教学改革创新指导委员会委员和江苏省职业教育交通运输类专业教科研中心组组长;2010年12月,当选南京机械工程学会塑性工程(锻压)专委会主任、第五届南京机械工程学会塑性工程(锻压)专业委员会主任委员。2012年7月,陆礼教授公开出版国内第一部交通伦理学专著《交通伦理》;2006—2012年,先后十多次出席国内外高层学术会议或论坛。2012年11月,何玉宏教授公开出版学术专著《汽车社会与城市交通——交通社会学的探索》,当选为南京市社科联第七届委员会委员,受邀担任《汽车社会蓝皮书:中国汽车社会发展报告(2012—2013)》撰稿专家,获得"钱学森城市学金奖提名奖"。

三、省级工程中心建设

1. 江苏省道路交通节能减排工程技术研究开发中心

2010年,为进一步推进江苏高等职业技术院校的人才培养、科技开发和成果转化工作,提高高职教育服务区域经济社会发展的能力,江苏省教育厅启动了在高等职业技术院校建设若干个工程技术研究开发中心的计划。作为交通运输大省,"十二五"期间,江苏省面临的节能减排任务尤为艰巨,加强交通节能减排科技研发具有重要的现实意义。因此,学院紧紧围绕节能减排技术研发任务组织申报研究开发中心。2010年11月,顺利通过了江苏省教育厅组织的对"江苏省道路交通节能减排工程技术研究开发中心"的现场考察论证,该研究开发中心的建设获得江苏省教育厅批准。

江苏省道路交通节能减排工程技术研究开发中心揭牌仪式

2. 江苏省交通节能减排工程技术研究中心

根据江苏省交通运输"十二五"发展规划纲要,江苏交通大力推动资源节约、环境友好型行业建设,大力促进新技术、新材料、新工艺和低碳环保技术的研发应用,提出新建

2～3个行业研发中心的任务。2011年6月，学院向江苏省交通运输厅提出申请建立"江苏省交通节能减排工程技术研究中心"，经江苏省交通运输厅组织专家进行可行性论证与审查，同年12月，该研究中心的建设获得省交通运输厅批准。

江苏省交通运输厅厅长游庆仲出席江苏省交通节能减排工程技术研究中心揭牌仪式

江苏省交通节能减排工程技术研究中心成立后，积极开展工作，推进科技创新，取得了较多成果。2011年至今，共计数十个科研开发项目获得立项，获得拨款400多万元。2011年12月，江苏省交通运输节能减排专项经费项目"低碳交通运输发展动态与政策建议研究"和"船舶油污水的气凝胶复合材料再生技术应用研究"的工作大纲顺利通过评审。2012年8月，根据江苏省交通运输厅的部署，经交通节能减排工程技术研究中心组织评审推荐，江苏交通系统共有26个项目获得交通运输部2012年度第二批交通运输节能减排专项资金支持，补助金额共计4797万元，位列全国第一。2012年12月，江苏省交通节能减排工程技术研究中心被授予"全省交通运输节能减排先进集体"荣誉称号。

四、职业培训

学院坚持全日制高职教育与成人教育、岗位和职业培训协调发展，形成了多层次多形式办学格局。"十一五"以来，学院根据行业、企业和社会需要，进一步加强各级各类技能培训，依托国家职业技能鉴定所和交通行业职业技能培训工作站及鉴定站、中央和省财政支持的高职教育实训基地等，培训企业在职员工、转岗人员等；承担省部级的有关新规范、新技能等的行业培训；开展造价工程师、试验检测员（工程师）、监理工程师等工程技术人员多个职业技能和职业资格认证项目的培训。学院每年开展社会培训，培训量超过万人次。2008年，学院汽车运用类实训基地被江苏省教育厅确定为江苏省高职汽车类专业"双师"培养基地，每年承办省教育厅组织的中职、高职院校的汽车运用与维修专业骨干教师培训等，发挥了较好的示范作用。2009年，交通土建类实训基地成为全省交通土建各类专业工种培训与考核基地、全国基桩检测人员培训基地，每年承办全国和全省公路（水运）工程专业技术人员培训班，在省内外产生了积极影响。

五、校办产业发展

学院坚持走产学研发展道路，依托专业、技术、人才优势，发展校办产业，推动专业建设与发展，培养和锻炼师生，促进技术技能型人才培养。"十一五"以来，学院校办产业每年的技术服务产值在3500万元以上，取得了新的发展成效。

2006年，江苏省交通厅在学院设立了"江苏省机动车驾驶培训教练员考核中心"，该中心成为全国首家对全省从事机动车驾驶培训的教练员和申领教练员资格的人员进行考核，并发放教练员上岗资格证书的单位。

按照江苏省教育厅《江苏省属高校组建资产经营（管理）有限责任公司办法》的要求，2007年6月，学院正式注册成立了南京交通职业技术学院资产经营有限责任公司（简称"学院资产经营公司"），由该公司统一持有并经营管理学校对企业投资的股权和经营性资产，承担经营性资产保值增值的责任。2008年，改制注册成立了江苏育通交通工程咨询监理有限责任公司，在2009年度中国公路建筑行业协会"公路交通优质工程奖"评选中，该公司参建的南京至淮安高速公路获2009年度公路交通优质工程奖一等奖。2010年3月，该公司承接的京杭运河常州市区段改造工程获第九届"中国土木工程詹天佑奖"，同时荣获交通运输部颁发的2009年度水运工程质量奖。

第六节　学生教育管理与招生就业工作

学院全面贯彻落实中共中央、国务院《关于进一步加强和改进大学生思想政治教育的意见》和江苏省委的实施意见，始终坚持"以学生为本，促进学生全面发展"的工作理念，坚持育人为本、德育为先，注重学生综合素质培养。坚持以服务为宗旨、就业为导向，加强学生就业指导和创新创业教育，形成了全过程、全方位、全员化的"三全"育人和服务体系。

一、学生教育管理工作

1. 大学生综合素质教育

学院通过丰富载体，搭建平台，促进学生综合素质的提高。2007年以来，学院积极开展"阳光体育"活动，以冬季长跑、早操晨跑等方式将趣味性融入体育运动。到2012年，"阳光体育"活动已经举办了六届。学院先后被江苏省教育厅评为2009—2010年度、2011—2012年度江苏省体育工作先进学校。2009年，先后设立了阡陌文化讲坛、道德讲堂等。2010年，阡陌文化讲坛共举办讲座17场，内容涉及艺术、法律、地理知识、心理健康教育、诚信教育、形象设计、环保等方面，听众近1万人次。2010年以来，学院积极推进思想政治教育进网络、进学生公寓、进学生社团的"三进模式"，建立了QQ群、博客等，将传统思想政治工作优势和互联网的思想政治教育信息平台有机结合起来。2012年，学院与有关网络运营商签订了"南京交院校园手机报""校园短信发送台"合作协议，搭建了学生教育的现代媒体平台。坚持开展"四好六无"文明班级和个人评选等，树立典型，表彰先进，发挥激励作用。

2012年，在江苏省教育厅主办的"2011江苏省大学生年度人物"评选中，学院电子信息工程系2009级刘昌春同学荣获"2011江苏省大学生年度人物"提名奖，参加由共青团江苏省委、江苏省教育厅、江苏省学生联合会组织的"我的青春故事"——江苏省百场大学生成长体验报告会，赴省内多所高校巡回讲述自己的青春故事。2012年6月，运输管理系连锁经营管理专业2012届毕业生刘娟，积极响应国家号召，光荣成为学院首名国家西部计划志愿者，赴新疆生产建设兵团六十八团政法办工作一年。2013年6月，汽车工程系2010级唐凡同学入选"2012江苏省大学生年度人物"提名奖。

2013年3月，汽车工程系营销与售后服务专业2006届校友朱虹当选第十二届全国人大代表，成为江苏代表团150人中最年轻的代表，也是其中仅有的2名大学生乡村干部之一。3月8日上午，习近平总书记参加江苏代表团审议，总书记和她亲切握手、交谈并合影。2006年7月，朱虹毕业后，毅然放弃了城里待遇优厚的工作，回到家乡无锡市锡山区东港镇山联村，成为一名大学生乡村干部，任无锡市锡山区东港镇团委副书记、山联村党总支副书记。她带领家乡村民创业致富，使山联村由原来的贫困村发展成"江苏省首届最美乡村""无锡市社会主义新农村十佳示范村"，朱虹也获得了"全国农村青年致富带头人""江苏省优秀大学生村官""无锡市首届十佳大学生村官"等荣誉称号。

2. 心理健康教育

2006年，学院进一步完善了院、系、班级心理健康教育三级网络，健全了心理健康服务体系。2007年，学院购买了一套心理测评系统和沙盘心理治疗器材，首次运用心理测评系统完成了新生心理健康情况建档工作。学院每年对新入学的学生进行全面的心理健康普查，建立心理健康档案，对普查出来的"高危人群"进行有效跟踪和干预。学院每年都举行"心理健康教育月"系列活动，通过开展心理健康讲座、心理健康咨询、心理健康知识竞赛、心理剧大赛和橱窗宣传等形式增强学生的心理健康意识。2007年1月，学院荣获"江苏省大学生心理健康教育工作先进集体"称号。2010年12月，学院获得"全国高职院校心理健康教育先进集体"荣誉称号。

3. 资助工作

2006年，学院成立了学生资助管理办公室，坚持"资助与育人相结合、扶贫与扶志相结合"的原则，建立和完善了奖学金、助学金、国家助学贷款、困难补助、学费减免、新生入学绿色通道等多措并举的学生资助体系。2010年5月，创新开设了"南京交院励志菁英学校"，发布了《南京交通职业技术学院励志菁英学校暂行条例》，面向一年级家庭经济困难学生招生，每年招生约50人，学习时间为一年。将"资助"与"育人"有效结合、"扶贫"

与"扶志"有效结合，通过素质拓展、专题讲座、参观交流和开展励志教育实践训练项目，以不断完善的资助体系为抓手，全面提升家庭经济困难学生的综合素质和能力。"十一五"期间，学院建立了以助学贷款为主，以奖学金、勤工助学、困难补助、学费减免和新生入学绿色通道为辅的多元化贫困生资助体系。采用"党员1+1"帮困助学、发放"爱心就餐卡"和"爱心助学款"等多种方式解决家庭经济困难学生的生活问题。合作企业在学院设立奖学金，2008—2010年，苏州汽车客运集团有限公司在汽车工程系设立"苏汽奖学金"；2010年，江苏捷宏工程咨询有限责任公司在建筑工程系设立"捷宏奖学金"；2011年，深圳民太安在线保险公估有限公司在汽车工程系设立"民太安奖学金"。2011年5月，学院获"江苏省学生资助工作先进单位"称号。

4. 公寓文化建设

学院坚持"教书育人、管理育人、服务育人"的"三育人"模式，加大力度鼓励文明宿舍创建。2007年，学院持续开展创建"宿舍文化"系列活动，丰富宿舍文化建设。学院组建了自管队、楼管会等学生自我管理组织，增强学生自我管理能力。

学院探索建立公寓文化建设长效机制。2009年9—12月，学院举办了"我爱我家"首届公寓文化节活动。截至2012年12月，共举行了四届公寓文化节活动，学生公寓成为学院培养大学生文明、自律、参与意识和团队精神，积极推进思想政治教育进公寓的重要载体。2010年，学院全部宿舍组团被江苏省教育厅评为"江苏省高校文明宿舍"。

二、招生与就业工作

1. 招生工作

自2008年以来，高考生源数减少，高校招生面临着"生源紧缺"的严峻形势。学院积极应对，每年与相关系部签订招生就业目标责任书，层层细化工作，明确职责，进一步把招生工作摆上重要位置。

（1）开拓生源基地。2009年3月，学院进行了为期3周的生源基地调研与建设工作，由各系党政主要负责人带队分赴全省13个地级市开展就业市场和生源基地调研，走访用人单位、各市人才中心和招生办，深入当地中学，发放宣传资料。2011年，建成生源基地23所，招收生源基地学生97人。2012年，学院建成优质生源基地53所，招收生源基地学生263人。

（2）扩大招生范围。经江苏省教育厅批准，到2013年6月，学院招生省份已增加至16个省（区、市），外省（市）包括山西省、辽宁省、浙江省、安徽省、福建省、山东省、河南省、广东省、四川省、贵州省、云南省、甘肃省、广西壮族自治区、新疆维吾尔自治区、重庆市，每年省外招生计划在500人左右。

（3）拓展招生类型。随着学院专业结构优化调整和合作办学、教育国际化的推进，学院招生类型不断拓展。到2012年，学院以高中毕业生为招生对象的普通高考招生形式有普通类、现代职教体系建设试点项目"3+2"高职与普通本科分段培养和"3+3"中职与高职分段培养、艺术类（美术）高职专科、海外本科直通车、中外合作办学，以及面向中职学校选拔优秀学生的对口单招方式。

学院每年招生计划稳定在3400人左右，新生省内普通报到率在92%以上。招生的各个批次的录取控制线和报到率处于省内高职院校前列，新生报到率、生源质量持续保持较高水平。

2010—2012年学院招生录取情况一览表

年份	计划人数	录取人数	报到人数	总报到率	省内普通报到率	省外报到率
2010	3400	3400	3087	90.79%	92.63%	80.43%
2011	3400	3401	3124	91.86%	94.40%	84.96%
2012	3400	3376	3111	92.15%	93.21%	88.39%

2. 毕业生就业工作

学院视就业工作为发展的生命线，以"提高学生和用人单位满意度、提高学校就业率和学生就业质量"为目标，把毕业生就业工作作为学院教育教学质量和办学水平的重要检验标准，健全了院系两级就业工作管理机制，建立了毕业生就业工作保障机制，形成了全程化实施就业指导、全方位开展就业服务、全员化参与就业工作的"三全"服务体系，形成了学院毕业生就业率、就业质量"双高"的局面，基本实现了毕业生充分就业的目标。2012年5月，学院荣获"江苏省高校毕业生就业工作先进集体"称号。

三、创新创业教育

"十一五"以来，学院提出加强以大学生素质和创业能力培养为主的创业教育。学院鼓励大学生跨学校、跨院系、跨专业、跨年级组建创新团队，并对获得立项项目给予经费资助和监督、考核、验收。鼓励和支持大学生尽早参与科学研究、技术开发和社会实践等创新活动，不断提高大学生的创新创业精神和实践能力。2008年以来，大学生实践创新训练计划项目每年立项20余项。学院积极组织申报省级立项，2007—2012年，学院共有69个项目获得江苏省高等学校大学生实践创新训练计划立项，涌现了"电动刮水器及后视镜实验台架制作""废弃混凝土建材的再生利用现状和解决措施调查研究（以南京主城区为例）""大学生自主创业（汽车美容精品店）创业计划""水泥混凝土棱柱体抗压弹性模量试验数据自动采集系统研究""基于.NET的幼儿园主题网站研究与开发"等优秀创新项目。

2010—2011年，学院先后举办了大学生创业讲堂、"大学生创赢南京·企业家导师高校行"等具有影响力的大学生创业教育活动，常规性地举办大学生就业与创业讲座或报告会。2012年4—6月，学院举办了首届"明日之星"大学生创业计划大赛，作品内容涉及现代服务业、教育培训、室内环保、机械制造与加工、文化传媒、电子商务6个行业。

2012年5月，汽车工程系梁建磊、仲从双、李斌、史志涛4名同学共同设计的参赛作品"'佳诺'车世界汽车美容精品店创业计划"，在江苏省第七届"挑战杯"创业计划大赛中夺得高职组银奖。2012年5月25日，学院与淘宝网·淘宝大学合作建立了大学生创业孵化基地。

2012年12月27日，学院"地铁隧道风力发电系统""公交车载智能系统""智能机器人搬运标准平台"3个科技创新成果在江苏省第一届大学生创新创业成果（项目）交流会上亮相，10余家媒体进行了采访报道。2013年3月，学院推荐项目"地铁隧道风力发电系统""RC模型协会"获江苏省教育厅大学生创新创业成果奖，经省教育厅组织专家评审和融投资机构代表评定，"地铁隧道风力发电系统"被评为"最具潜力"项目50强，"RC模型协会"被评为"最具活力"社团20强。

学院"公交车载智能系统"等3个科技创新成果在江苏省第一届大学生创新创业成果（项目）交流会上亮相

第七节　校园基本建设与环境育人

2006年以来，学院结合事业发展和办学要求，逐步调整并完善了校园规划，大力推进二期工程建设，着力建设节约型校园、数字化校园，争创江苏省平安校园，促进校园文化和精神文明建设，打造优良育人环境。

一、推进二期工程建设

2005年底，学院完成一期工程建设15.43万平方米。2006年，完成了风雨操场工程建设任务，同时积极筹措资金推进江宁新校区二期工程建设。2007年11月16日，学院教职工住宅（文鼎雅苑）开工，2010年3月22日交付，全校216名教师乔迁新居。2008年上半年，学院完成了江宁校区二期学生公寓E、F组团的建设，共计4.8万平方米，可入住3600名学生；完成了浦口校区的整体搬迁工作和交接工作，降低了办学成本，提高了办学效益。

2009年8月底，学院新食堂——思源堂北楼顺利开业，总建筑面积8715平方米，共分三层。该新型食堂的建成，为师生提供了宽敞、舒适的就餐环境。

2011年3月，学院二期工程建设一批重点项目全面启动，总建筑面积达4万平方米，主要包括图文信息楼19878平方米、行政办公楼8877平方米、学生公寓H组团7204平方米、学生公寓I组团4147平方米，以及南北大门工程。

2011年8月，行政办公楼（弘毅楼）主体结构顺利封顶。2012年8月，行政办公楼投入使用。

2011年10月11日，学院学生公寓H、I组团主体结构顺利封顶，并通过"市级文明工地"及"优质结构工程"的验收工作。当月，完成近6万平方米校园一期道路上面层沥青的铺筑及标志、标线布置工作。11月28日，学院建设规模最大、建筑标准最高的标志性建设工程——图文信息楼主体结构顺利封顶，并通过"省级文明工地"的验收，被评为南京市2012年度"优质结构工程"，2013年5月正式投入使用，2014年荣获江苏省优质工程奖"扬子杯"。

2012年9月，学院南北大门建设完成，投入使用。

2013年1月10日，学院又一民生工程项目青年教师公共租赁住房及大学生实习实训基地项目开工。项目拟建总建筑面积约44817.91平方米，为钢筋混凝土框架剪力墙结构。

截至2013年6月，学院占地面积921亩，校舍总建筑面积27.9万平方米，学院现有全日制在校生近万人，成教在册学生4000多人。图书馆馆藏纸质图书65万册、电子图书230万种，教学仪器设备总值8400余万元。教育教学、生活设施及体育运动场馆等相继投入使用，校园附属设施逐步完善，能够较好地满足办学需要。

二、校园绿化美化

学院重视加强校园绿化美化，不断改善校园育人环境和办学条件。2007年，根据校园绿化、美化、净化工作的整体部署，学院投入近100万元，共计种植树木1.2万棵、灌木类绿植4.2万余株，增加草皮绿化2.5万平方米，校园新增绿化面积3.8万平方米；江宁校区校园绿化面积达17.7万平方米，绿化率达33.19%。

2008年暑期，学院后勤基建部门对校园风华广场的绿化用水喷灌系统进行了布设和安装，共铺设各类供水管线1800多米，安装水泵4台、喷灌龙头84个，完成土石挖填约440立方米。

2011年6月，学院进行了草坪改造，实施翻土施肥，布局造景。同时，在各个楼宇附近都进行了景观改造，美化了校园环境。同年11月，学院完成了占地面积20万平方米的一期景观、绿化工程施工建设任务。

2012年5月，学院开始一期工程建筑外墙出新先导试验——明德楼、大学生活动中心（行健馆）外墙出新工程。经过试验，进一步推广到其他楼宇，同年10月，外墙出新工程全部完成，共计约 10 万平方米。2012 年，完成了校内 12 万平方米二期景观绿化任务。学院校园环境和办学条件有了较大改善，校园面貌焕然一新，美丽校园建设迈出新步伐。

三、数字化校园建设

2012 年，学院数字化校园建设进入全面实施阶段。11 月，学院加强了校园全覆盖无线网络建设，与中国联通江宁分公司联合搭建的无线校园网 NJCI-WLAN 开通，校园内用户可以使用笔记本、手机、平板电脑进行无线办公学习。12 月，学院与中国移动南京分公司、中国联通南京分公司就信息化项目合作签订战略合作协议。两大运营商承担了学院无线网络基础建设任务，开展了数字化校园、助学助教、校园迎新等多方面的数字化服务。2012 年 11 月，学院荣获"江苏省高等学校信息化建设优秀单位"称号。

四、图书馆建设

学院高度重视图书馆文献信息资源建设和数字化工作。2006 年，学院江宁、浦口两校区图书馆馆舍面积合计 9800 平方米，有阅览室座位 1000 个，馆藏纸质图书 35 万册，馆藏中外文期刊 1100 余种。2006 年，购买中国知网学术期刊数据库，拥有中国知网、维普期刊网和超星电子图书数据库。

2008 年，图书馆进一步加快数字资源建设步伐，购买富士通存储设备一套，在高职院校图书馆中率先建设 3T 容量存储设备，用于存储馆藏数据库资源。启动图书馆自建数据库工作，建成外文期刊目录数据库和随书光盘数据库，购置新东方多媒体学习库和中国交通科技数据库，满足学生网络学习需要。2010 年，图书馆购买读秀学术搜索系统，新增加电子图书 190 万册。

学院新建图书馆

2011 年，图书馆启动新馆建设工作，完成新馆调研和设计工作，购置了超星学术视频数据库。2012 年，购买中国知网优秀博硕士论文数据库，图书馆数据库资源覆盖期刊、学位论文、会议论文、报纸、电子图书等资源。参加了南京高校（江宁地区）图书馆联合体，实现了江宁地区 15 所高校图书馆全部纸质和电子文献资源的共建共享，更好满足了全院师生的文献阅览需求。

2013 年 5 月 8 日，经过整体搬迁整理和试运行，学院新图书馆（图文信息楼）开馆。图书馆新馆建筑面积达 1.9 万平方米，有馆藏纸质文献 65 万册，馆藏中外文期刊 1100 多种，阅览室座位 1600 余个，现代化电子和视听阅览室 100 座，拥有读报机、24 小时自动借还机、自助还书机、自助复印机、彩色打印机等现代化设备，全馆实现全开放式借阅，成为全院师生的知识家园和"智慧校园"的重要窗口。

五、平安校园建设

学院坚持每年开展"安全教育月"活动，创建"平安校园""安全文明校园"，维护校园安全稳定，构建和谐校园。学院完善校园治安防控体系，构建起以"人防为主体、物防为基础、技防为手段"的三位一体大防控体系。健全各类值班制度，坚持院领导带班、中层干部值班、保卫值班、学工值班、医务值班、后勤值班等制度。成立由学生参与的校园巡逻队，加大校园巡查力度。2006 年，配备了校园 110 治安巡逻车，强化校园及周边巡逻管控，提高应急处置能力。2008—2009 年，学院投入 200 余万元，建成了校园监控室等安防系统，制订突发公共事件应急处置预案，可有效预防和处置突发安全事故，保证学院正常的教学、工作和生活秩序。同时，加强了对校园消防安全、食品卫生安全、交通安全和网络安全等方面的监管，从而能及时化解、妥善处理可能出现的群体性事件。2006 年以来，学院多次被南京市公安局表彰为"全市文化保卫系统先进集体"。

2007 年 11 月 14 日，学院成功举办了第一届消防运动会，此后该运动会被纳入每年的"安全教育月"活动。着重开展了消防安全"四个能力"建设、消防器材操作技能竞赛。2010—2011 年，学院深入开展了"江苏省平安校园"创建活动，采购安装了消防设施设备、视频监控系统、学生公寓门禁系统等安全设施。2011 年底，学院顺利通过了"江苏省平安校园"市级考核验收，并被评为首批"江苏省消防安全教育示范学校"。2012 年 2 月 28 日，"江苏省平安校园"考核专家组对学院进行了省级考核验收。2012 年 4 月，学院被江苏省教育厅、综治办、公安厅联合授予"江苏省平安校园"称号。

六、后勤管理

学院积极推进节约型校园建设。2007—2008 年，学院以"节水型高校"创建工作为动力，完善了节水节电制度，加大了日常保养、维护和检查力度，节约支出数十万元，并获得江宁供电部门的奖励。2009 年，学院以加强水电节约为重点，全面推进节能工作。2009 年 3 月，经考评验收，学院被江苏省教育厅、省水利厅联合授予江苏省"节水型高校"称号。同时，积极争创南京市"节水型单位"，2009 年 6 月在南京市"节水型高校"创建工作现场推进会上作经验交流。2009 年 10 月，学院再次以优异成绩通过南京市验收，被评为南京市"节水型单位"。

学院着力推进精细化管理和健康教育工作。后勤部门狠抓饮食安全卫生和监管工作，建立了食堂管理运行机制，着力改进餐饮管理水平，开展了食堂文明创建和学院健康教育工作。2008年，学院获得南京市2006—2007年度健康教育工作三等奖；2009年，被评为江苏省高校"文明食堂"；2010年3月，学院第一食堂荣获"南京市食品卫生等级A级单位"称号；2011年1月，学院荣获"南京市2009—2010年度健康教育工作先进单位"称号。2012年3月以来，后勤管理处和后勤服务中心大力推行食堂的"7S精细化管理"，即整理（seiri）、整顿（seiton）、清扫（seiso）、清洁（seiketsu）、安全（safety）、节约（save）和素养（shitsuke）。2012年12月，"7S精细化管理"取得了阶段性成果，食堂面貌发生很大改变，餐饮质量和服务质量得到了较大提升。

第八节　党建与思想政治教育工作

学院坚持以科学发展观为指导，充分发挥党委领导核心作用、基层党组织战斗堡垒作用和党员先锋模范作用，深入开展各类主题教育实践活动，切实加强党建与思想政治教育工作，为学院改革发展和人才培养工作提供了坚强的思想和组织保证。

一、思想理论建设

1. 加强两级中心组理论学习

学院党委坚持把思想和理论武装摆上党建突出地位，建立健全思想建设工作机制，保证党建和各项工作的顺利开展。

学院坚持党委中心组、系级党组织中心组两级中心组理论学习制度。制定了《南京交通职业技术学院两级中心组学习制度》，每年制订中心组理论学习计划，明确学习时间、学习内容和重点，发挥领导干部理论学习示范引领作用。结合学院工作实际，每年落实中心组学习重点，把中心组理论学习与学院中心工作紧密结合，提高办学治校能力。

坚持基层党组织"三会一课"和民主生活会等制度，出台了《南京交通职业技术学院党员干部学习制度》《关于加强干部在职学习的实施意见》等，切实推动党员干部的理论和业务学习。

2. 推进学习型党组织和学习型校园建设

学院于2010年发布了《关于在全院建设学习型党组织的意见》，成立创建学习型党组织领导小组；2011年，制定并印发了《南京交院创建学习型党组织建设标准（试行）》，积极开展创建工作。坚持教职工政治理论学习制度，每学期制订教职工学习计划。2011年，制定了《关于进一步加强学院政治学习和业务学习规定》，进一步明确了每周三下午党员和教职工进行政治理论学习和业务学习的有关规定，促进学习型校园建设。

3. 深入开展学习实践科学发展观活动

根据中央部署和省委要求，高校为第二批开展深入学习实践科学发展观活动的单位。学院认真制订学习实践活动实施方案和活动计划，明确了"坚持科学发展，彰显交通特色，高水平建设示范性高职院校"的学习实践科学发展观活动主题，对规定的"三个阶段六个环节"活动内容和目标任务进行了全面部署。

经过四个多月的精心组织、统筹安排、扎实推进，学院深入学习实践科学发展观活动圆满地完成了各阶段任务。2009年7月5日，学院召开了学习实践科学发展观活动总结大会，回顾总结了学院学习实践活动情况和成果。省高校第一督导组组长戴家隽对学院学习实践活动给予高度评价，称学院实现了"党员干部受教育、科学发展上水平、师生群众得实惠、服务地方做贡献"的活动目标。在督导组开展的群众满意度测评中，师生群众满意率达99.34%。

二、组织建设

1. 召开第一次党代会，加强党委自身建设

2008年12月10日，在江苏省委组织部、江苏省委教育工委、江苏省交通运输厅党组的领导下，学院成功召开了第一次党员代表大会，大会全面总结了学院党委六年来的工作成绩和经验，明确了今后五年学院发展的指导思想和总体目标。经大会选举产生并报上级批准，成立了新一届学院党委领导班子和第一届纪委。

2010年，学院认真贯彻落实省委组织部、省委教育工委有关规定，制定了《南京交院贯彻执行党委领导下的院长负责制实施办法》《南京交院党委会议事规则》《南京交院院长办公会议事规则》等制度文件，坚持民主集中制原则，建立和完善"集体领导、民主集中、个别酝酿、会议决定"的党政决策机制，保证学院事业健康发展。修订完善了《学院领导干部民主生活会制度》《学院领导干部联系点制度》《关于进一步推行党务公开的意见》等，切实加强党委自身建设。

中共南京交通职业技术学院第一次代表大会召开

2. 加强基层党组织建设，党建考核获得"优秀"

学院认真贯彻落实《中国共产党普通高等学校基层组织工作条例》《江苏省普通高等学校基层党组织建设工作考核实施意见》等各项规定，先后制定了《关于加强和改进学院基层

党组织建设的实施意见》《关于加强党总支建设的若干规定》《学院基层党建工作基本标准及考核办法》《系级党组织建设工作目标管理与考核标准》等。2009年，学院全面启动迎考工作，成立院、系两级迎考组织机构，制订工作计划，分解落实考核指标体系，加强学习培训和调研，确保迎考工作顺利开展。

2009年12月14日，江苏省委教育工委组织党建工作考核专家组一行7人对学院基层党组织建设工作进行了为期三天的考核。考核组通过听取汇报、与学院领导个别谈话，分头举行中层干部、党员群众和基层党组织座谈会，查阅相关资料和实地考察等形式对学院党建工作进行了全面考核。根据《江苏省高职高专院校基层党组织建设工作考核实施意见》及《江苏省高职高专院校基层党组织建设工作考核基本标准》，考核组认真评议，认定学院基层党组织建设工作考核为"优秀"。

3. 深入开展创先争优活动，发挥党组织和党员作用

2010年5月至2012年12月，学院根据中央和省委部署，在全院基层党组织和广大党员中深入开展以"创建先进基层党组织、争当优秀共产党员"为主要内容的创先争优活动，并制定了《南京交院深入开展创先争优活动实施方案》，明确了"发动部署、学习教育，全面争创、扎实推进，典型示范、总结提高"三个步骤，以"公开承诺、领导点评、群众评议、评选表彰"的方式，按照"推动科学发展、促进校园和谐、服务师生员工、加强组织建设、发挥党员作用"的目标要求，有序推进各项活动。全院13个党总支（直属党支部）、34个党支部的364名教师党员和在校学生党员全部参加了活动。2010年6月28日，学院隆重召开纪念"七一"暨开展创先争优活动动员大会，全面启动创先争优活动。2010年5月至2011年7月，以庆祝建党90周年为主要内容，开展"学党史树理想信念、学典型树人生标杆"的"双学"活动；2011年7月至2012年12月，以迎接党的十八大、学习贯彻党的十八大精神为主线，着力构建创先争优活动长效机制。学院注重培育先进典型，不断激发全院创先争优热情，发挥了党组织战斗堡垒作用和党员先锋模范作用，涌现出一大批先进典型。汽车工程系党总支第三党支部被江苏省委党建办、省交通运输厅党组授予江苏省交通运输行业"百佳先进堡垒党支部"称号。学院先后获评江苏省交通运输行业"百名先锋模范党员"2人、省交通运输行业创先争优"基层示范岗重点建设对象"1个、全省交通行业文明示范窗口1个、江苏省巾帼文明岗1个、全国巾帼文明岗1个、全省高校"最佳党日活动"优胜奖1个。2010—2012年，学院共有40多人获得上级部门的各类表彰。2012年7月，学院组织了创先争优专题评选表彰活动。

4. 党校建设与党员发展工作

学院重视学生党建和党员发展工作。加强党校教育阵地建设，每年举办入党积极分子党校培训班1～2期，着力开展党史和党的基本知识、党的理论、形势政策等教育培训，并结合实际，开展党校学员爱国主义教育和社会实践活动，突出理想信念教育，发挥党校学员示范引领作用，党校办学不断取得新成绩。

2008年4月，中共南京交通职业技术学院委员会党校被江苏省委宣传部、省委组织部

表彰为 2004—2007 年度"江苏省先进基层党校"。学院坚持做到"早启发、早引导、早发现",尽早建立起一支数量充足、素质较高的入党申请人队伍,夯实学生党员发展工作的基础。坚持党员标准,规范程序,积极慎重地发展学生党员。

2010—2012 年,学院认真贯彻落实《中共江苏省委教育工委关于建立大学生党员质量保障体系的实施意见》并推进大学生党员素质工程,在学生党员中开展"弘扬三创三先 争当校园先锋"主题教育活动,切实加强学生入党积极分子和党员发展工作。2012 年 10 月 30 日,江苏省委教育工委组织对学院大学生党员发展工作进行专项调研,调研组对学院大学生党建工作给予了充分肯定。

三、党风廉政建设

学院党委始终把党风廉政建设作为重大政治任务,纳入学院发展总体规划,坚持"一把手负总责,一级抓一级,一级对一级负责"的原则,层层签订廉政责任状,贯彻落实党风廉政建设责任制和反腐倡廉各项规定,坚持领导干部述职述廉和考核制度,切实抓好责任落实。学院每年召开党风廉政建设工作会议,总结部署反腐倡廉建设工作,明确目标任务。每年开展廉政文化进校园活动,举办廉政书画、廉政广告、宣传画设计作品展等,大力推进廉政文化建设。加强党员干部警示教育,特别是对党员领导干部和重点岗位工作人员的教育,筑牢思想道德防线。学院党委以推进内控机制建设为载体,完善反腐倡廉制度体系,加强对人、财、物等权力运行的监督监控,有效防控了各类廉政风险。大力构建惩防体系,建立起反腐倡廉的长效机制,保障和促进了学院健康可持续发展。

学院分别于 2009 年和 2012 年两次被江苏省教育厅授予"全省教育纪检监察先进集体"荣誉称号。

四、党建带群建

1. 工会工作

学院重视发挥教职工代表大会在学院民主建设和民主管理中的地位和作用,制定了《南京交通职业技术学院教职工代表大会操作规程》。学院每年召开 1～2 次教职工代表大会,审议学院行政工作报告、财务预决算报告等,或专题审议学院的重大决策和改革事项。

学院积极推进依法治校、民主办学,实施校务公开制度,促进学院民主建设,促进和谐校园建设。2006 年,学院被南京市教育系统校务公开领导小组授予"南京市校务公开先进单位"荣誉称号。

2006 年,学院结合实际修订了《学院深入开展建设"教职工之家"活动的决定》。学院于 2006 年获南京市教卫系统工会"模范职工之家"荣誉称号,于 2007 年获南京市总工会"模范职工之家"荣誉称号。在创建"职工之家"的基础上,学院积极建立健全以教职工大会为基本形式的二级民主管理制度,指导分工会开展创建"职工小家"活动。2010 年 12 月,学院被江苏省教育科技工会授予"模范职工之家"称号。

学院工会积极组织开展江苏省交通行业"安康杯"活动,以及"巾帼建功"等创建活动,激发教职工主人翁意识和立足岗位创先争优意识。2012年2月,学院工会被江苏省交通运输厅授予"全省交通运输行业工会工作先进集体"称号。

2. 共青团工作

学院团委每年举办一期团学干部培训班,培训对象以团干部和学生会、学生社团主要干部为主。自2008年起,学院启动了青年马克思主义者培养工程,采取理论培训、活动创办、社会实践和调查研究相结合的方式,坚持不懈地用马克思主义中国化的最新理论成果武装青年。截至2012年底,青年马克思主义者培养工程共培训青年骨干500多人,为广大团员树立了身边的楷模。学院每年举办校园文化艺术节和主题活动。2006年起,先后举办了"我与祖国共奋进"、"喜迎党的十八大 我为党旗添光彩"、"我的青春故事"大学生成长故事会等主题教育。学院不断打造校园文化品牌,先后开展了高雅艺术进校园活动、校园文化艺术节活动和"金话筒主持人大赛""交院好声音""校花校草大赛"等特色活动,广获好评。2011年以来,"我的青春故事"大学生成长故事会展现了当代青年优秀代表的风采,受到了同学们的欢迎。

学院注重建设宣传阵地。2010年,学院开始出版团讯《交院团声》,新声代广播站、"青春舞台"网站等团属媒体也广受学生欢迎。2011年12月,学院团委面向全体学生开通了腾讯微博、飞信群等新媒体平台。2012年,学院开通了157个团工作微博,进一步形成了共青团工作动态即时交流平台。

学院团委大力扶持优秀学生社团成长。截至2012年底,学院形成了文化娱乐、体育竞技、公益实践、科技专业四大类62个社团,涌现出梦飞扬合唱团、天一话剧团、RC模型协会等一批优秀学生社团。参加社团的学生超过2000人次,每年举办100多项活动。院团委组建重点社会实践团队41个,开展社会调查、志愿服务、公益宣传、交通调研等社会实践活动;建立社会实践基地20余个,形成800多

学院志愿者为党的十八大代表赴京参会服务

篇优秀调查报告。其中,低碳交通宣传、城市堵车问题调查、城市停车状况调研等,已成为学院暑期社会实践品牌。

青年志愿者服务活动形成了项目化、品牌化的特点。2011—2012年,学院团委与南京南站、南京地铁等签订了"博爱青年志愿者服务站"共建协议。学院青年志愿者圆满完成了铁路春运、中国(南京)国际软件产品和信息服务博览会、亚洲青年运动会吉祥物发布会、世界无车日等省市重大活动的志愿服务工作。参与志愿服务的青年志愿者达到1200人次,总服务时间5000余小时。2012年6月,运输管理系学生刘娟成功入选西部计划志愿者,赴

新疆工作。2012年11月，党的十八大期间，学院500余名志愿者协助开展南京南站实名制查验专项工作，并为本省党的十八大代表提供登车服务。2013年3月，学院青年志愿者协会被中国共产主义青年团全国铁道委员会授予"2013年春运优秀青年志愿者组织"荣誉称号。

2011年12月，学院接受江苏省高校共青团工作考核。考核组充分肯定了学院共青团工作的特色：一是将江苏交通精神融入大学生综合素质培养过程中；二是大学生社团建设成效显著；三是社会志愿服务工作体现了学院的交通特色。

2011年，学院团委荣获江苏省第三届大学生艺术展演优秀组织奖和"共青团工作优秀奖单位"等荣誉和表彰。2010年、2012年，学院团委先后两次被共青团江苏省委授予"五四红旗团委"称号。2011年、2012年，学院先后两次被评为"共青团工作优秀奖单位"。学院广大青年教师积极建功立业，公路工程系道路工程教研室、现代教育技术中心、人文艺术系艺术设计教研室先后获得了"青年文明号"称号。

3. 统战工作

学院党委贯彻落实中央统战部、教育部《关于加强高校统一战线工作的意见》、中共中央《关于巩固和壮大新世纪新阶段统一战线的意见》等文件精神，重视学院统战工作，发挥民主党派人士在学院改革发展中的积极作用，邀请民主党派代表列席学院党代会、教代会，参加领导干部民主考核和民主测评；在学院重大决策、重要工作中认真听取他们的意见和建议，团结凝聚各方面力量，着力构建和谐校园，推动学院科学发展。

五、校园文化与精神文明建设

学院重视加强校园文化建设，从校园精神文化、环境文化、文化活动等各个层面着力构建富有时代特征、交通特点、学院特色的校园文化。

1. 广泛征集和凝练"一训三风"

2011年，学院组织全院师生认真回顾办学历史和发展成绩，广泛开展学习研讨，对学院的校训、校风、教风、学风进一步凝练，取得了新的成果。经过全院师生的共同参与，重新确定了"知行合一、明德致远"的校训，"勤奋、求实、团结、创新"的校风，"尚德善教"的教风和"砺志敏学"的学风。2011年10月，学院隆重举行"一训三风"发布仪式，激发师生热爱学校、加快建设和发展学校的新动力。

2. 推进学院环境文化建设

学院在江宁新校区一期工程建设过程中就启动了新校区CI设计与策划工作，成立课题组，开展了江宁新校区建筑物、广场、桥梁命名工作，以及楼宇名贴置、房间编号及用途标识方案的设计工作，形成了一批成果并将其应用于实际。2011年11—12月，学院对校园各主要道路进行命名，并建成校内视觉导示系统；结合学校专业结构、办学模式、所在区域等因素，积极引入文化元素，依托具体的行业文化形态，加强专业环境文化建设，各系部楼宇文化呈现新亮点。

3. 丰富校园文化活动

学院注重校园文化活动建设。按照大型活动届次化、精品化，中型活动系部化、特色化，小型活动社团化、经常化，品牌活动班级化、普及化的活动思路，积极开展各类特色鲜明、参与面广的大学生科技、文化、体育、艺术活动。在每年举办"技能大赛""文化艺术节""经典诵读""体育文化节""公寓文化节""心理健康月""职业规划大赛""阡陌文化讲坛"等活动的基础上，要求"人人参与社团、人人参与体育俱乐部"，打造出一批特色鲜明、科技含量高、富有影响力的院级品牌科技文化活动，学生的科学素养和创新精神得到较好培养。一些有特色的文化品牌项目经常参与大学园区校际联合表演和省交通运输系统会演。学院获得了江苏省第二届、第三届大学生艺术展演优秀组织奖，多个节目获得省级一、二等奖，进一步扩大了社会影响力。

4. 加强精神文明建设

学院在2001年被评为江苏省文明单位标兵以后，更加重视文明创建工作，深入贯彻落实《中共中央关于加强社会主义精神文明建设若干重要问题的决议》和省文明创建工作各项要求，强化文明创建"四个到位"。第一，组织领导到位。学院领导班子团结奋进、锐意进取，把文明单位创建作为学院发展的助推剂，坚持"一把手亲自抓、分管领导重点抓、班子成员配合抓、部门领导具体抓"。第二，思想认识到位。通过宣传造势、氛围营造、理论学习、组织生活、文体活动等多种形式，营造了"党委重视、部门努力、人人参与、全面创建"的氛围。第三，责任落实到位。实行业务与创建工作一岗双责，明确规定创建目标、要求、措施、经费等。第四，措施保障到位。认真抓好精神文明创建规划工作，明确目标任务和保障措施，做到年年有计划、有目标。

校园文化艺术节活动现场

学院文明创建呈现创新与落实并重、巩固与提高同步发展局面，有力促进了学院各项事业全面、协调推进。2008年12月26日，学院隆重举行了纪念改革开放三十周年暨建校五十五周年庆祝大会。江苏省副省长史和平莅临大会并作讲话，充分肯定了学院两个文明建设成就,以及对交通事业发展做出的贡献。

"十一五"以来,学院先后获"2005—2006年度江苏省高等学校文明学校"称号;2005—2006年度、2007—2009年度"江苏省文明单位"称号;"2006—2010年度全省教育系统法制宣传教育先进单位"称号;2005年、2008年、2012年"江苏省高等学校思想政治教育工作先进集体"称号;2008—2009年度、2010—2011年度连续获得"江苏省高等学校和谐校园"荣誉称号等。学院积极开展文明创建、结对共建活动,2010年以来,与江宁区横溪、谷里、湖熟街道等在帮困助学、留守儿童心理健康教育、法制宣传、技术技能指导培训等方面开展了结对共建,积极发挥省文明单位示范作用,巩固和推动了省级文明单位创建工作持续深入开展。

学院纪念改革开放三十周年暨建校五十五周年庆祝大会

南京交通职业技术学院

NANJING VOCATIONAL INSTITUTE
of TRANSPORT TECHNOLOGY
History

第八章

奋楫扬帆，全力推进一流高职院建设

2013.7—2017

Nanjing Vocational Institute of Transport Technology

History

2013—2017年，现代职业教育进入加快发展期。2014年国务院印发《关于加快发展现代职业教育的决定》（简称《决定》），全面部署加快发展现代职业教育。《决定》明确了今后一个时期加快发展现代职业教育的指导思想、基本原则、目标任务和政策措施，提出了"到2020年，形成适应发展需求、产教深度融合、中职高职衔接、职业教育与普通教育相互沟通，体现终身教育理念，具有中国特色、世界水平的现代职业教育体系""探索发展本科层次职业教育"。

2014年6月，学院召开第二次党员代表大会，提出了"凝心聚力，深化改革，创新发展，为建成特色鲜明、国内一流的交通运输类高职院而奋斗"的工作目标。学院"十三五"规划擘画了加强内涵发展，"把学院建成特色鲜明、国内一流的交通运输类高职院"的蓝图。学院立足交通，不断调整优化专业结构，加速升级实训基地建设，产教融合能力显著提升。2017年9月，根据《省政府办公厅关于印发江苏高等职业教育创新发展卓越计划的通知》（苏政办发〔2017〕123号），学院被遴选为江苏省高水平高职院校建设单位。2017年，根据《中国高等职业教育质量年度报告》，学院入选全国高职院校"服务贡献50强"和"国际影响力50强"。同年12月，根据中国高校创新人才培养暨学科竞赛评估结果，学院居全国高职院校第23名（江苏省第2名），谱写了谋划高质量发展、勇攀一流交通运输类高职院的新篇章。

第一节　60周年校庆展示学院新形象

2013年，学院迎来建校60周年校庆。学院按照"热烈、喜庆、简朴、创新"的原则，以建校60周年为契机，认真总结办学经验、展示办学成果。加强校友会建设，加强与校友和社会各界的联系交流。做好校史编辑、校史馆建设、学校宣传片和宣传画册制作等工作，挖掘学校的历史积淀和文化底蕴。通过一系列主题明确、形式多样的校园文化活动，凝聚人心，振奋精神，充分展示了学院的办学成就和交院人良好的精神风貌，引导广大师生和校友"知校史、行校训、明校情、扬校风"，凝心聚力共谱学院未来发展华章。

一、成立校友会

校友是学院的历史、名片和镜子，更是学院的宝贵资源和财富。学院非常重视校友工作，本着"服务校友、服务母校、服务社会"的宗旨，实现学院与校友共同发展。

2012年9月22日，学院首个校友分会——南京交通职业技术学院校友会宿迁校友分会在宿迁正式成立，至2013年11月8日校庆日，学院相继成立了泰州、淮安、连云港、徐州、盐城、镇江、扬州、无锡、南通、常州、苏州、南京、宿迁、省直属单位等14个校友分会。

2013年9月，学院校友会成立。史国君、孟祥林、贾俐俐任名誉会长，张毅任会长，周传林任秘书长。

为进一步加强校友会工作，更好地服务校友，增进校友与母校、校友与校友的沟通交流，以常态化的校友工作推动学院事业和各地校友更好发展，学院决定从2017年开始设立"校友返校日"，时间定在每年校庆日（11月8日）前后，11月中上旬利用一个周六，组织各校友分会代表、毕业逢五或逢十周年的校友重返母校，开展系列活动。

2017年11月25日，学院举办2017年校友返校日活动。全省各地近500位校友欢聚母校，共叙师生同窗情谊，共话新时代母校发展。

南京交通职业技术学院校友会成立大会

二、热烈庆祝建校60周年

1. 建校60周年庆祝大会隆重举行

2013年11月8日，学院在行健馆举行建校60周年庆祝大会。来自省内14个校友会的历届校友代表，学院历任领导、离退休干部以及在学校工作过的教职工代表，全体教职工和学生代表共2400余人参加了庆典。

建校60周年庆祝大会暨校企合作签约仪式

庆祝大会由校党委书记贾俐俐主持。省交通运输厅党组书记刘广忠，省教育厅副厅长、省教育科学研究院院长丁晓昌，中国交通教育研究会会长吴兆麟，中国交通教育研究会副会长李祖平，中国交通教育研究会职业教育分会副会长常焕，省交通运输厅巡视员吴承亿，省信访局副局长史国君，省物价局副局长祝井贵，省国家安全厅原纪检组长张树森，南京工程学院党委书记吴建华，南京工业大学副校长崔益虎，南京林业大学党委副书记叶国英，连云港市交通局局长、党委书记吴孟军，江宁区高新园副总经理王宁邦等领导出席了庆祝大会。省交通运输厅有关部门领导、参加中国交通教育研究会职业教育分会2013年年会的全体与会人员、兄弟院校领导或代表、江苏交通运输职教集团成员单位、13个省辖市和有关县交通运输局领导或代表一起参加了庆祝活动。

中国交通教育研究会职业教育分会副会长常焕代表分会和与会的全国兄弟省市交通院校宣读了贺信。校长张毅发表了热情洋溢的讲话，回顾了南京交院不平凡的发展历史，表达了建设南京交院美好明天的信心和决心。省教育厅副厅长、省教育科学研究院院长丁晓昌，省交通运输厅党组书记刘广忠发表了讲话。在校生代表刘凯迪、教师代表蒋兰芝，以及84届校友、江苏省交通工程集团有限公司总裁万习春在发言中表达了对学校的深厚感情和美好祝愿。

2. 校史编撰和校史馆建设顺利完成

为庆祝建校60周年，进一步加强校园文化建设，学院启动校史编撰和校史馆建设两大工程。经过近一年的努力，南京交通职业技术学院首部校史——《南京交通职业技术学院校史（1953—2013）》于2013年10月底付梓出版。首部校史由孟祥林任主编，全书以时间为叙事顺序，注重史实考订，客观地呈现了学校1953—2013年的办学历程，忠实地记录了学校各个不同历史阶段在行政管理、教学管理、学生管理、后勤管理、科研产业开发、党建与精神文明建设等方面开展的重大活动和发生的重要事件。

南京交院校史馆开馆仪式

2013年11月8日，校史馆正式开馆。全体院领导、校友代表、退休教师代表、学生代表参加了开馆仪式。学院党委书记贾俐俐主持开馆仪式。退休教师代表端木建国和在校学生代表路桥与港航工程学院学生会主席于洪煜共同为校史馆揭牌。校史馆主要分为"序厅、艰辛创业、稳步发展、历史跨越、桃李芬芳"五个主要展区,运用多媒体技术,通过图文与实物结合的方式,按照时间顺序记录了学校办学历史中的精华篇章,展示了学校办学60年来取得的骄人成绩和未来的发展远景。

3. 校企合作谱发展新篇

2013年11月8日,学院建校60周年庆祝大会暨校企合作签约仪式在行健馆隆重举行。学院与江苏省交通规划设计院有限公司、江苏省交通工程集团有限公司(简称"江苏交工集团")、中国东方航空江苏有限公司、郑州捷安高科股份有限公司、江苏江中集团有限公司、江苏文峰汽车连锁发展有限公司、上海蓝灯软件科技有限公司等15家企业举行了签约暨揭牌仪式。党委书记贾俐俐主持签约揭牌仪式。院长张毅代表学院与合作单位签约。此次校企合作签约事项规模盛大、成果丰硕,是近年来学院校企合作成绩的重要展现,也是深入贯彻国家大力发展职业教育、增强职业教育吸引力的重要举措。

4. 校庆文娱活动精彩纷呈

2013年11月7日晚,经过7个多月的精心筹备,学院庆祝建校60周年校庆文艺晚会在行健馆上演。晚会分"寻梦""追梦""圆梦"三个篇章,学生会、社团等学生组织、教职员工、离退休干部、校友、军民共建单位踊跃参与,抒发交院情怀。校领导、部分校友和嘉宾以及当日参加由学院承办的中国交通教育研究会职教分会第七届四次理事会暨2013年年会的兄弟学校领导与学校师生一同观看了晚会。

11月8日上午,学院举行图书馆开馆和第七届读书节启动仪式。全体校领导、部分离退休干部和校友、南京地区部分高校图书馆代表、300多名师生参加了仪式。图书馆二楼大厅主题石刻浮雕《跨越时空》、一楼附楼报告厅东门大厅壁画《仁义礼智信——中华民族的精神家园》也于开馆之日与读者见面。图书馆的落成和投入使用,弥补了学院办学功能、教学科研设施的不足,对创建优良的教风、学风和校风产生积极作用,也成为学院成长与发展轨迹的重要标记。

11月13日下午,作为庆祝建校60周年系列活动之一的"成长之路——奋进中的交院人"杰出校友报告会在图书馆报告厅举行。学院党委副书记许正林,学生工作处、团委等部门负责人出席了报告会。包括励志菁英班学员、各二级院(系)学生代表在内的500余名学生参会。报告会上,2003级杰出校友朱虹从在校期间学习、生活的点滴谈起,向与会的全体师生分享了她毕业7年来的成长经历。

第二节 "十三五"发展规划与学院章程建设

"十三五"时期是学院坚持以建成"行业领先、国内一流、国际有影响力的交通运输类高职院"为目标的决胜阶段,也是学院向更高水平、更高层次目标跨越的关键时期。学院在认真总结研究"十二五"发展规划实施情况的基础上,准确把握经济发展新常态下交通运输发展和区域经济发展面临的新形势新任务，围绕提高人才培养质量和增强学校核心竞争力两大主题，进一步找准学院在新时期的发展定位，树立新理念，把握新机遇，提出新举措，研判提出学院"十三五"发展战略目标与重要任务，为学院推进新一轮改革发展奠定了基础。

大学章程是大学办学和管理的"总宪章"，是学校管理实现民主化、科学化、制度化和规范化的重要依据。为不断完善现代大学制度，促进体制机制的改革创新，根据教育部和江苏省教育厅文件精神，学院启动章程修订工作，2015年12月，学院章程通过省教育厅核准。

一、"十三五"规划锚定建设一流交通运输类高职院愿景

"十三五"时期是学院深入贯彻落实党的十八大精神和习近平总书记系列重要讲话精神，加快推进特色鲜明、国内一流交通运输类高职院建设的发展期。

2014年12月，为做好学院"十三五"发展规划编制工作，学院成立"十三五"规划编制工作领导小组；2015年3月，学院党委印发《学院"十三五"发展规划编制工作方案》，全面启动规划编制工作。2016年9月，完成了学院、系部"十三五"发展规划和各专项规划初稿。同年10—11月，学院先后组织了近20场发展规划征询意见座谈会，全体院领导、中层干部、教师代表、民主党派代表、离退休教职工代表等累计近500人次参加了座谈会。2017年3月，学院"十三五"规划经学院三届四次教代会审议通过。

学院"十三五"发展规划的指导思想：以党的十八大和十八届三中、四中、五中全会重要思想为指导，以国务院《关于加快发展现代职业教育的决定》为依据，主动适应国家经济发展方式转变、产业结构优化升级和交通运输现代化建设要求，培养高素质技术技能人才。坚持深化改革、开放办学、提升内涵、特色发展的办学方向，以立德树人为根本，以提高人才培养质量为核心，以体制机制创新为动力，以校企合作、产教融合为途径，以提升内部治理能力为保障，为行业和地方经济社会发展做出贡献。

学院"十三五"发展规划的总体目标：学院办学规模保持稳定，办学模式形式多样，专业结构不断优化，综合改革持续推进，治理能力显著增强，质量保障落实到位，办学实力不断提升。把学院建成特色鲜明、国内一流的交通运输类高职院，争创全国优质高职院校，到2020年达到国家规定的应用技术大学办学要求。

学院"十三五"发展规划的具体目标：稳定规模提升内涵、优化专业结构、创新教育教学改革、提升实训基地建设水平、提高人才培养质量、优化师资队伍结构、提升科研与社会服务能力、推进校园及文化建设。

"十三五"时期学院发展的主要任务与举措：深入推进教育教学改革，全面提高人才培养质量；推进卓越教师队伍建设，全面提升教师队伍素质；坚持开放办学，推进产教深度融合、校企紧密合作；加强产学研平台建设，提升科教研水平与社会服务能力；进一步加强素质教育，增强学生可持续发展能力；深化管理体制机制改革，建设现代大学制度；推进校园文化建设，构建和谐校园；全面加强和改进学校党的建设。

二、修订学院章程

大学章程是高等学校依法办学、自主管理和履行公共职能的基本准则,是制定内部管理制度及规范性文件、实施办学活动、开展社会合作的依据。《国家中长期教育改革和发展规划纲要(2010—2020年)》指出,要完善中国特色现代大学制度,要求高等学校加强章程建设,依法制定章程,依照章程规定管理学校。

1. 启动学院章程修订工作

2014年10月,根据教育部《高等学校章程制定暂行办法》和省教育厅《关于加快高校章程建设的通知》要求,学院启动章程修订工作。

2015年3月,形成了《南京交通职业技术学院章程(草案)》。经教职工代表大会讨论、修改后,提交院长办公会议审议。2015年4月,经院党委会讨论审定,11月通过省交通运输厅审核,同年12月通过省教育厅核准。

《南京交通职业技术学院章程》(简称《章程》)共十章八十条,约1.2万字。包括序言、总则、举办者与学校、学校职能与任务、教职员工、学生、内部治理结构、学校与社会、财务与资产管理、学校标识与校庆日、附则。该章程基本涵盖了大学章程应该载明的主要内容,尽可能体现学院的办学特色和发展目标,着力解决学院办学、管理中的重大问题,理顺了学院内部治理结构,突出科学性和可操作性,成为学院自主管理、履行公共职责的基本准则。

《章程》明确了学校中文名称是南京交通职业技术学院,英文名称是 Nanjing Vocational Institute of Transport Technology,英文校名缩写为 NJITT。校歌为陈胜利作词、沈亚威作曲的《南京交通职业技术学院校歌》。

2. 学校标识与校庆时间的认定

《章程》第九章载明了学校标识与校庆日。学校标识包括校标和徽章:校标以"交通"的汉语拼音首字母"J""T"作几何变化,形成"环绕地球的,不断向前拓展的高速公路""一本展开的书籍""一个大写的'人'字昂然屹立于广袤的大地上"等抽象线条或图像,寓意通过发展教育来支撑交通的发展,教育依托交通得以发展。校标外框为车轮,为工程与交通之意。校标主色为蓝色,辅色为银灰色。学校徽章为教职员工和学生佩戴的题有校名的长方形证章。

学校标识(一)

学校办学的起始年份为1953年,校庆日定在11月8日。

学校标识(二)

第三节 党政领导班子与组织机构的调整

党的十八大以后，学院积极响应国务院《关于加快发展现代职业教育的决定》，不断加强领导班子建设与组织机构建设，坚持民主集中制，贯彻落实党委领导下的校长负责制，不断完善议事决策机制，学院领导班子核心作用发挥明显。2014年，学校第二次党代会胜利召开，产生新一届党委会，科学谋划并实施学校"十三五"发展规划，确定了"行业领先、国内一流、国际有影响力的交通运输类高职院"的发展目标。2016年，为进一步理顺机构职能，明确工作职责，促进学院健康持续发展，学校机构和党群组织设置进行了一次较大的调整。

一、学院主要领导调整

2014年第二次党代会召开后，学院领导班子成员调整如下：

党委书记：贾俐俐

党委副书记、院长：张毅

党委副书记：许正林

党委委员、纪委书记：高进军

党委委员、副院长：杨宁、周传林、应海宁、杨益明

2017年4月，江苏省交通运输厅党组发文免去杨宁同志党委委员、副院长职务。

二、学院组织机构调整

2016年，为进一步理顺机构职能，明确工作职责，促进学院健康持续发展，学院内设机构进行了调整。

1. 内部机构调整

（1）将党委办公室、院长办公室、发展规划处合署，校友会挂靠，实行一套班子运行。

（2）为进一步加强学院思想文化宣传工作和意识形态工作，更好地适应高等教育办学新形势新要求，独立设置党委宣传部。

（3）为进一步加强教育教学和人才培养质量监控，设置教学质量管理办公室，撤销督导室。

（4）认真落实省委巡视整改要求，加强二级单位党组织建设，严格落实院系党政共同负责制和基层党建工作责任制，进一步优化基层党组织配置，健全基层党组织领导班子。

（5）理顺后勤管理和服务体系，加强国有资产管理和后勤保障工作，设置资产管理处、后勤管理与服务中心，撤销后勤管理处、后勤服务中心；为加强后勤系统党风廉政建设，设置后勤党总支。

2016 年学院内设机构（单位）一览表

类别	机构设置
党政内设机构	党委办公室、院长办公室、发展规划处（合署办公，校友会挂靠）
	党委组织部（党委统战部、党校）
	党委宣传部
	纪委办公室（监察审计处）
	人事处（外事办公室）
	财务处
	教务处（教师教学发展中心挂靠）
	学生工作处（党委学生工作部、武装部，大学生素质教育中心挂靠）
	招生就业处
党政内设机构	保卫处（保卫部）
	科技处、校企合作办公室（合署办公）
	教学质量管理办公室
	资产管理处（物资采购管理办公室挂靠）
	后勤管理与服务中心
	基建办公室
群团机构	工会（离退休工作办公室）
	团委
教学及教辅机构	汽车工程学院
	路桥与港航工程学院
	运输管理学院
	电子信息工程学院
	机电工程学院
	建筑工程学院
	人文艺术系
	基础教学部（国际合作与交流办公室）
	思想政治理论课教研部
	体育部

续上表

类别	机构设置
直属单位及产业单位	图书馆
	信息化建设与管理办公室
	继续教育学院
	高等职业教育研究所（学报编辑部）
	江苏省交通节能减排工程技术研究中心
	南京交通职业技术学院资产经营管理有限责任公司
	南京交院驾驶培训中心
	江苏育通交通工程咨询监理有限责任公司
	江苏省南京交院土木工程检测所

2.党总支（直属党支部）的设置与调整

为进一步加强学院党的建设，促进学院事业全面、协调、可持续发展，结合学院内设机构调整情况，对基层党组织设置进行了相应调整。

2016年学院基层党组织设置方案

序号	基层党组织名称	领导范围
1	机关一党总支	党委办公室、院长办公室、发展规划处（合署办公，校友会挂靠），党委组织部（党委统战部、党校），党委宣传部，纪委办公室（监察审计处），工会（离退休工作办公室），人事处（外事办公室），财务处，学生工作处（党委学生工作部、武装部，大学生素质教育中心挂靠），招生就业处，保卫处（保卫部），团委
2	机关二党总支	教务处（教师教学发展中心挂靠），科技处、校企合作办公室（合署办公），教学质量管理办公室，继续教育学院，高等职业教育研究所（学报编辑部），江苏省交通节能减排工程技术研究中心
3	后勤党总支	后勤管理与服务中心、资产管理处(物资采购管理办公室挂靠)、基建办公室
4	产业党总支	南京交通职业技术学院资产经营管理有限责任公司、南京交通职业技术学院驾驶培训中心、南京交通职业技术学院培训中心、江苏省育通交通工程咨询监理有限责任公司、江苏省南京交院土木工程检测所
5	离退休党总支	离退休党员
6	汽车工程学院党总支	汽车工程学院
7	路桥与港航工程学院党总支	路桥与港航工程学院

续上表

序号	基层党组织名称	领导范围
8	运输管理学院党总支	运输管理学院
9	电子信息工程学院党总支	电子信息工程学院
10	机电工程学院党总支	机电工程学院
11	建筑工程学院党总支	建筑工程学院
12	人文艺术系党总支	人文艺术系
13	基础教学部直属党支部	基础教学部（国际合作与交流办公室）
14	思想政治理论课教研部直属党支部	思想政治理论课教研部
15	体育部直属党支部	体育部
16	图文信息直属党支部	图书馆、信息化建设与管理办公室

三、学院中层干部换届工作

2016年，学院完成新一轮中层干部换届工作。一是完善制度，规范操作。根据上级有关干部选拔任用的文件精神，学院修订完善了《学院中层领导干部选拔任用工作实施办法》，制定《2016年中层领导班子和中层领导干部换届工作实施方案》等文件，贯彻落实中央和省委对干部工作的新要求、新精神，明确学院干部选拔任用的基本原则、政策条件、纪律规范等，保证干部换届工作健康开展。二是严密组织，稳步实施。整个换届过程坚持正确的用人导向，充分发扬民主，不唯票、不唯分，重干部的一贯表现，重人岗相适，以良好的作风选人用人，严格规范开展选拔任用工作。据统计，在此次中层干部换届过程中，参加民主测评的各类干部、教师达1000余人次，进行个别访谈的各类干部、教职工超过150人次。三是轮岗交流，优化结构。从有利于培养与锻炼干部、有利于优化班子结构、有利于加强对干部的监督三个方面出发，新一轮聘任的干部轮岗比例超过27%。通过本次换届，一批年轻同志走上中层岗位，后备力量得到充实，干部年龄、学历、职称结构得到进一步优化。四是加强监督，统筹协调。做好学院（系部）和有关单位中层干部任职宣布工作，组织开展了全体中层干部任职集体谈话、新任职干部廉政谈话和个别干部单独谈话等工作，较好地完成了干部离任交接的有关工作。

2016年学院组织机构负责人一览表

序号	机构名称	负责人	职务	备注
1	党委办公室、院长办公室、发展规划处	谢剑康	主任（处长）	合署办公，校友会挂靠
2	党委组织部（党委统战部、党校）	王道峰	部长	

续上表

序号	机构名称	负责人	职务	备注
3	党委宣传部	李国之	部长	
4	纪委办公室（监察审计处）	张家俊	主任（处长）	
5	工会（离退休工作办公室）	何卫平	主席（主任）	关工委秘书处、医疗管理办公室挂靠
6	人事处（外事办公室）	刘雪芬	处长（主任）	
7	财务处	毛慧玲	处长	
8	教务处	刘阳	处长	教师教学发展中心挂靠
9	学生工作处（党委学生工作部、武装部）	康建军	处长（部长）	大学生素质教育中心挂靠
10	招生就业处	耿巍	处长	
11	团委	季仕锋	书记	
12	保卫处（保卫部）	周家明	副处长（副部长）	
13	科技处、校企合作办公室	姜军	处长、主任	合署办公
14	教学质量管理办公室	张晓莺	主任	
15	资产管理处	游心仁	处长	物资采购管理办公室挂靠
16	后勤管理与服务中心	杨金刚	主任	
17	基建办公室	焦挺峰	副主任	主持工作
18	汽车工程学院	文爱民	院长	
		赵勇	党总支书记	
19	路桥与港航工程学院	蒋玲	院长	
		彭涌涛	党总支副书记	主持工作
20	运输管理学院	吕亚君	院长	
		王艳梅	党总支书记	
21	电子信息工程学院	吴兆明	院长	
		张守磊	党总支副书记	主持工作
22	机电工程学院	米永胜	院长	
		滕兆霞	党总支书记	

续上表

序号	机构名称	负责人	职务	备注
23	建筑工程学院	刘凤翰	院长	
		张文斌	党总支书记	
24	人文艺术系	祁洪祥	主任兼党总支书记	
25	基础教学部（国际合作与交流办公室）	胡海青	主任	
		倪 方	直属党支部书记	
26	思想政治理论课教研部	何玉宏	主任兼直属党支部书记	
27	体育部	任忠芳	主任	
		孙志伟	直属党支部书记	
28	图书馆	郭荣梅	馆长	
29	信息化建设与管理办公室	张晓焱	主任	
30	继续教育学院	王 宁	院长	
31	高等职业教育研究所（学报编辑部）	王 平	所长	
32	南京交通职业技术学院资产经营管理有限责任公司	郭振华	总经理兼南京交院培训中心主任、产业党总支书记	
33	江苏省交通节能减排工程技术研究中心	程东祥	副主任	

第四节　教学设施与办学条件

2013—2017年，学院进一步加快江宁新校区建设步伐，相继完成图书馆，弘毅楼，学生公寓H、I、J组团，产业综合楼，学院第三食堂，青年教师公租房及大学生实习实训基地工程，启动数字化校园建设，根据事业发展需要完成江宁新校区总体规划调整并于2015年得到江苏省发展改革委的批复。不断推进校内外教学实习实训基地建设，2014年第二次党代会召开以来，学院建成中央、省级财政支持实训基地7个，交通运输部、省交通运输厅实训基地8个，校企共建实训（实习）基地293个，办学条件显著改善。学院积极拓展财源，科学统筹经费使用，收支基本平衡，财务运行总体良好，为学院事业快速发展提供了强有力保障。

一、推动江宁新校区总体规划调整工作

2013年，学院江宁新校区建设工作已取得阶段性成果，全面完成了原有规划立项的建设内容。随着学院事业发展的不断推进，办学规模不断扩大，人才培养方向不断调整完

善，职业教育改革不断深化，学院对基本建设工作也提出了新的要求。学院提前谋划全局，推动新一轮总体规划调整，委托江苏省建筑设计研究院股份有限公司完成了规划调整方案设计。

2013年8月，江苏省发展改革委、省交通运输厅在南京主持召开《南京交通职业技术学院总体规划调整可行性研究报告》审查会。评审组认为江宁新校区占地面积800亩，按照学生规模8000人考虑，总建筑面积为24万平方米，2006年学院老校区已整体搬迁到江宁新校区，江宁新校区的学生规模由8000人增加至10000人，鉴于两校区办学成本较高，原立项批复的24万平方米建筑面积不能满足现有办学规模所需。为贯彻落实《国家中长期教育改革和发展规划纲要（2010—2020年）》《江苏省中长期教育改革和发展规划纲要（2010—2020年）》《国家高等职业教育发展规划（2011—2015年）》《江苏省交通运输"十二五"发展规划纲要》以及教育部《关于推进高等职业教育改革创新引领职业教育科学发展的若干意见》等重要文件精神，结合学院隶属于大交通的行业背景，充分发挥学院在培养高端技能型人才方面的作用，更好地服务江苏交通运输事业和区域经济社会发展，学院新校区进行总规调整项目建设是必要的。在确保满足《普通高等学校建筑面积指标》（2008年版）规定的必须配备的十二项指标要求的基础上，通过产业综合楼、交通工程科技研发中心、十大实训基地及大学生创业园的建设，进一步提升学院教学、研究、实践的软、硬件配置，全面覆盖行业内的各个专业，加快为地区培养人才的步伐，拓宽学院的发展思路，不断扩大学校的办学能力和影响力。通过青年教师公租房建设，从民生角度优化青年教师的住宿环境，吸引优秀的教师前来学院任教，这对于挖掘学院教师资源，提高教学质量，加强师资队伍建设具有十分重要的意义。因此，学院总规调整项目是可行的。

2015年9月，学院新校区建设（总规调整）项目工程可行性研究报告得到江苏省发改委的批复，同意新校区调整为10000人的规模，总建筑面积由24万平方米调整为343222平方米，项目总投资由44800万元调整到103239.1万元。

二、经费投入与校园基本建设

1. 经费投入

在我国实施科教兴国和人才强国战略的背景下，国家对教育的投入也逐年加大。2013—2017年，全国教育经费总投入连续五年保持在4%以上，有力地促进了国家教育事业的发展。

学院在主管部门和行业单位的支持下，积极通过各种渠道筹措办学经费，收入来源主要为财政拨款、上级补助、附属单位上缴、产业经营、社会捐赠等。学校获得的财政拨款连年增长，财政拨款收入由2013年的11072.47万元增加到2017年的16669.49万元（含财政专项补助收入），年均增长率达10%；学校总经费投入由2013年的20721.34万元增加到2017年的24262.57万元，位居同类学校前列。

2017年，学院实际总支出26625.74万元。其中：日常事业经费支出16284.56万元，发展性专项支出6225.19万元，年度内下达的财政专项支出868.65万元，以前年度结余项目支出3043.98万元，课题研究等支出203.36万元。

积极拓展办学财源，持续增加经费投入，为学校事业快速发展提供了强有力的保障。不断深化年度经费预决算管理改革，促进了各单位当家理财意识的加强，实现了开源节流。学校财务管理工作成绩突出，财务处被江苏省城镇妇女"巾帼建功"活动领导小组、江苏省妇女"双学双比"竞赛活动领导小组授予2017年度"省级巾帼文明岗"荣誉称号。

2. 校园基本建设

加强节约型校园建设。2014年学院建设节能监管平台，项目总体投资近360万元，顺利通过了江苏省住房和城乡建设厅组织的专项验收。2015年成功入选江苏省住房和城乡建设厅节能管理示范项目。

提升日常维修及零星工程项目服务水平。完成各类教学实训场所、学生宿舍、食堂等维修改造任务年均300项。2013年在所有学生宿舍安装分体式空调，对所有教学楼更换即热式节能开水炉，极大地改善了师生学习、工作、生活的条件。2014年网上报修平台正式投入使用，年均接单量近6000件。2015年制定并发布了学院《零星工程项目实施管理办法》。2016年出台了《零星工程项目管理实施细则》《零星工程项目维修管理考核办法》等相关制度，确保将学院零星工程项目纳入统一管理。

按照学院确定的《关于加快新校区建设若干意见》，贯彻"高标准设计、高质量建设、高效能管理、低造价投入"的建设指导思想，狠抓工作落实，科学安排，合理调度，顺利完成了各年度建设目标任务。

2013年，全面完成了图书馆、弘毅楼、学生公寓H和I组团等工程项目的建设工作。全面完成二期校园景观绿化工程施工。完成了江宁新校区总体规划调整的设计、工程可行性研究报告的编制，并顺利通过专家评审。

2014年，全面完成了图书馆、弘毅楼、学生公寓H和I组团等建设工程项目的决算审计及竣工各项工作。完成了江宁新校区总体规划调整的环境评价及节能评价工作。

2015年，学院第三食堂完工并投入运营，产业综合楼主体工程、青年教师公租房及大学生实习实训基地工程顺利推进，进入基础土方开挖阶段。完成二期食堂改造及消防验收，完成江宁新校区总体规划调整，由省交通运输厅转报，获得了省发展改革委的批复。

2016年，完成产业综合楼室外工程等扫尾工程项目、弘毅楼办公室零星改造工程。完成青年教师公租房及大学生实习实训基地主体工程及验收；2017年12月，青年教师公租房及大学生实习实训基地顺利通过了省、市文明工地及优质结构的验收工作。完成青年教师公租房二次装修设计和样板房施工，做好二次装修工程招标准备工作。完成青年教师公租房项目电梯和太阳能热水器采购项目的招标。完成学生公寓J组团项目招标，组织监理和施工单位进场，办理各种前期手续，搭设临时设施及围挡，做好开工准备。

2017年，完成了学生公寓J组团工程、青年教师公租房及大学生实习实训基地主体工程。

青年教师公共租赁住房暨大学生实习实训基地项目开工仪式

三、推进实践教学基地建设

截至2017年12月,学院建设中央财政支持的高职教育实训基地2个、省财政支持的高职教育实训基地5个、校内实训基地126个,实训基地建筑面积共计100371.16平方米,教学仪器设备总值1.2亿元,可提供5521个工位,已开设1029个实训项目,专(兼)职实训管理人员90人,每年完成18000多课时的教学任务。同时,积极开展国家职业技能鉴定工作,负责交通运输行业工种鉴定及技师、高级技师考评,是国家汽车维修工种技师、高级技师职业标准及鉴定题库唯一开发单位。有国内首个服务全国公路水运工程的基桩检测培训基地,交通运输部支持的华东地区唯一的国家级现代物流实训基地,华东地区唯一的东风标致、东风雪铁龙培训中心,华东地区唯一的长安福特培训中心,全省道路运输领域、公路水运工程建设领域及港口生产领域从业人员职业培训、资格鉴定中心等。

2013—2017年学院省级以上实训基地一览表

序号	实训基地名称	所属部门	立项部门	级别	批准日期
1	中央财政支持的职业教育实训基地（智能储配综合实训室）	运输管理学院	江苏省财政厅、江苏省教育厅	国家级	2013年9月
2	江苏省交通运输港航工程职业教育实训基地	路桥与港航工程学院	江苏省交通运输厅	省级	2014年1月
3	交通运输部现代物流实训基地	运输管理学院	交通运输部	国家级	2014年7月
4	江苏省交通运输厅技术技能人才实训基地（城市轨道交通运营综合实训室）	运输管理学院	江苏省交通运输厅	省级	2015年6月
5	江苏省高等职业教育无损检测产教深度融合实训平台	路桥与港航工程学院	江苏省教育厅、江苏省财政厅	省级	2016年1月

续上表

序号	实训基地名称	所属部门	立项部门	级别	批准日期
6	江苏省教育厅物流管理专业群产教深度融合实训平台	运输管理学院	江苏省教育厅、江苏省财政厅	省级	2016年9月
7	智能交通综合实训室	电子信息工程学院	江苏省交通运输厅	省级	2017年1月

四、数字化校园建设

学院积极推动信息技术变革，提升信息化服务水平。2013年启动数字化校园建设，建设内容共分三期。一期建设包含信息门户平台、统一身份认证平台、数据共享平台三大平台，包含信息系统、网站群系统、办公自动化系统、教务系统、学工系统、招生就业系统、迎新离校系统、教学资源库、邮件系统、图书检索系统、教学质量跟踪及评价系统、采购管理系统等；二期建设主要包括人事系统、科研系统、决策分析系统、档案系统、学报系统、地理信息系统（GIS）、医保管理系统、移动App等；三期建设主要包括后勤资产系统、体质测试系统、统一支付平台等。

2016年，校园内各办公区域基本实现无线网稳定覆盖。同年8月，学院申报中央电化教育馆开展的全国第二批职业院校数字化校园建设实验校园建设项目，并顺利入围。2016年9月，实现将全部的线下业务搬到线上办理，规范了办事流程，提高了工作效率，师生满意度大幅提升，校园的数字化水平迈上新台阶。

2013—2017年，学校信息化工作稳步推进，获得了上级有关部门的肯定与表彰。2013年4月，现代教育技术中心获江苏省总工会授予的江苏省"工人先锋号"称号。2015—2017年，学院连续三年荣获"江苏省高等学校信息化建设先进单位"称号。

五、图书馆建设

2013年11月8日，学校图书馆圆满落成并正式开馆，面向全校师生开放。校图书馆建设历时两年多，新馆建筑面积近2万平方米，书库由原来的3个扩容至5个，新增图书阅览、休闲等区域。新馆增设了自助读报机、自助检索机、自助借还书机、自助打印复印机等一系列现代化设备，并进一步促进电子化图书借阅程序的科学集约、多元功能的释放，通过数字化的硬件配备、智慧化的软件服务，图书馆成为师生的知识家园、文化圣殿和"智慧校园"的重要窗口。

以新馆建设为契机，学校加大对资源建设的投入，实现了中文纸质图书人均70多册并保证年生均2册更新频率。学院采购中文纸质图书近11.5万册、中外文报刊1000多种，购买数据库4个。截至2017年底，纸本藏书总量达78万多册，拥有中国知网、维普科技期刊数据库、读秀学术搜索系统、软件通等多个数据库，形成了以公路、桥梁、汽车、航空、建筑、机电、电子信息技术、艺术设计为主的馆藏特色。2016年，加入"宁镇扬"图书馆联合体，学校师生免费享用的资源区域扩展到南京农业大学、南京林业大学、南京理工大学以及扬州大学、江苏大学，并与南京高校（江宁地区）图书馆结成联合体，实现全部纸质和电子资源共建共享，海量的资源，满足了学校师生学习、科研的需要。2017年9月，图书馆大字标识上墙，图书馆以新的形象服务于广大师生。

图书馆坚持"读者至上"的现代服务理念，采用先进的技术与设备，现代化建设初具规模。自助借还书机、自助读报机、自助检索机、自助打印复印机等实现了现代化服务；移动图书馆、微信图书馆、QQ师生咨询群等使服务突破了时空限制；图书馆网站的改版提升了用户体验，电子阅览区为信息素养教育提供了硬件基础，无线网的全覆盖提供了便捷的网络服务。书刊漂流协会、通途读书会等读者群的打造，增加了图书馆活力。2015年起，学校出台《学院大学生综合素质教育方案》，图书馆紧跟政策导向，除基础服务外，还开展了覆盖全年、全校的阅读推广和信息素养教育活动，为图书馆智慧化建设打下坚实的基础。

第五节　专业建设与教育教学改革

党的十八大以来，学院始终深化教育教学改革，推动高质量发展、内涵发展，加快"立足交通"办学的专业结构调整与优化。2014年，首批空中乘务专业招生；2016年，学院与南京工程学院、苏交科集团股份有限公司共同开展土木工程专业（交通土建方向）"4+0"高职与普通本科联合培养工作；2017年6月，为了适应快速发展的交通运输业形势，学校成立轨道交通学院。学院在人才培养模式创新、课程与教材建设、国际化教育方面均取得了新突破。

学院的教育教学改革成绩显著。2014年9月，学院申报的"高职汽车服务类专业群'平台+嵌入'项目化课程体系的创建与实践"获得职业教育类国家级教学成果奖二等奖。2014—2017年，学院组织参加江苏省"技能状元"大赛、江苏省高校测绘技能大赛、全国大学生会计信息化技能大赛、全国交通运输职业教育学生测绘技能大赛、全国交通运输职业院校物流创新大赛、全国职业院校新能源汽车技术与维修技能竞赛等省部级以上职业技能大赛，斩获一等奖17项。2017年12月，在中国高校创新人才培养暨学科竞赛评估中，学院位列全国高职院校第23名（江苏省第2名）。

一、专业结构调整优化

学院秉承"立足交通，服务社会"的办学宗旨，不断优化专业结构，做大做强交通运输类优势专业，做优做特服务地方经济发展类专业，适时开发适应现代综合交通运输体系建设发展的新专业。

学院按照"适应需求设专业、校企合作建专业、依托行业强专业"的专业建设思路，调整和优化专业设置，建设以重点专业为龙头、相关专业为支撑、交通行业特色鲜明和适应区域经济发展的专业群。

学院围绕交通载运工具现代化、交通基础设施建设现代化、交通运输服务管理现代化、交通机械装备现代化，构建了以汽车运用技术、道路与桥梁工程技术、物流管理、工程机械运用与维护等专业为核心的四个道路交通运输类专业群和以计算机网络技术、建筑工程技术专业等为核心的两个拓展专业群，专业设置基本覆盖了路上交通90%以上的技能型岗位，凸显了"立足交通、服务交通"的行业办学特色。

学院对接交通运输产业结构调整和新型业态，调整专业结构，专业布局向综合交通拓展。2017年6月，为了更好地适应现代交通运输行业的蓬勃发展，跟上综合交通转型升级趋势，学院机电工程学院转型升级为轨道交通学院，以原机电工程学院的工程机械和模具专业为基础，新建了城市轨道交通车辆技术和城市轨道交通通信信号技术专业。

按照国家、省级、院级三级重点专业建设体系，以工学结合人才培养模式改革和体制机制创新为切入点，推动各级重点专业（群）的建设与发展。

2013—2017年，学院专业建设成果丰硕。2015年物流管理、汽车运用技术获批为江苏高校品牌专业建设工程一期项目，2017年汽车营销与服务、道路与桥梁工程技术、计算机网络技术、工程机械运用技术、建筑工程技术等5个专业入选江苏省高等职业教育高水平骨干专业立项建设，这也是学院不断深化内涵建设，提升专业建设水平的重要表现。2017年9月，教育部办公厅等五部门公布全国职业院校交通运输大类示范专业点名单，学院汽车运用与维修技术、道路与桥梁工程技术2个专业成功入选。学院汽车专业群、交通土建专业群、运输管理专业群办学实力处于全国领先地位。2017年，学院入选全国高职院校"服务贡献50强"。

2013—2017年学院新增专业一览表

年份	新增专业个数	新增专业
2013	1	数字媒体技术
2014	5	空中乘务、港口与航道工程技术、动漫设计与制作、室内装饰设计、数字媒体设计与制作
2015	2	城市轨道交通运营管理、航空机电设备维修
2016	3	机械制造与自动化、新能源汽车运用与维修、城市轨道交通机电技术
2017	3	智能交通技术运用、城市轨道交通车辆技术、城市轨道交通通信信号技术

2015—2017年学院专业建设成果一览表

年度	专业名称	类型	专业负责人
2015	汽车运用与维修技术	江苏高校品牌专业建设工程一期项目	文爱民
	物流管理		吕亚君

续上表

年度	专业名称	类型	专业负责人
2017	汽车营销与服务	江苏省高等职业教育高水平骨干专业	边伟
	道路与桥梁工程技术		蒋玲
	计算机网络技术		孙丹东
	工程机械运用技术		米永胜
	建筑工程技术		刘凤翰

二、人才培养机制不断创新

健全完善学院教学工作委员会和专业建设指导委员会。教学工作委员会委员实行任期制，每三年换届一次。教学工作委员会委员的职责是学习党和国家的教育方针政策，研究国内外职业院校的先进办学经验和高等职业教育改革发展的趋势，为学院的教学建设和发展提供决策咨询。教学工作委员会为院长办公会、党委会提供有关教学工作的讨论预案和咨询决策意见，对职能部门和二级院系（部）确立教学改革思路与实施方案提供咨询和决策指导；研究和审议学院教学工作发展规划以及各专业人才培养方案，对学校专业设置、产教融合项目、国际合作项目、课程建设、教材建设、实训基地建设、师资队伍建设、重大教学建设项目、教学评估、教学改革项目等进行研究和审议；对学校教学质量控制体系的建设与运行提供建议。

为强化专业内涵建设，促进各专业更好地对接地方产业与社会发展需求，培养与区域经济社会发展紧密结合的应用型人才，各二级学院（系）成立了由校外行业专家、企业技术和管理人员及校内专家、教师和教学管理人员等组成的专业建设工作委员会，按照国家要求和学院规定，研究、指导专业人才培养方案和专业课程标准的制订，每年至少召开一次专业建设工作委员会会议，对专业人才培养方案进行论证。

学院积极推进和实践"二结合一融通"多样化工学结合人才培养模式改革，坚持"校企合作共建育人平台，学做结合改革教学模式，课证融通构建课程体系"。汽车服务类专业实施校企全程参与、深度合作的"嵌入式"人才培养模式，将丰田汽车、东风标致等知名企业的技术、文化、资源等企业因素嵌入人才培养的全过程；交通路桥类专业实施施工季节性"淡进旺出"双循环人才培养模式，教学安排与施工季节性相结合，既满足学生顶岗实习要求，又解决施工"旺季"企业人员缺乏问题；运输管理类专业实施"3312"工学交替人才培养模式，探索实施"校企双带教+大小循环"学生轮岗实训模式，满足了学生从顺利"入门"到有效"入行"再到成功"入职"的递进要求。

根据"加强基础、促进交叉、尊重选择、卓越教学"的方针，建设多样化人才培养体系。建立适应"3+2"高职本科贯通培养项目和"3+3"中高职衔接培养项目特点、学生学情和成长规律的人才培养模式，优化人才培养方案和培养规格标准，适度增加高职本科贯通培养项目数量，扩大规模。2013年，学院与南京林业大学开展物流管理、汽车运用与维修技术专业"3+2"高职与普通本科分段培养工作。2014年，与南京工业大学开展建筑工程技术专业"3+2"高职与普通本科分段培养工作。2016年，与南京工程学院、苏交科集团股份有限公司共同开展土木工程专业（交通土建方向）"4+0"高职与普通本科联合培养项目。

南京交院 - 南京工程学院 - 苏交科本科层次应用技术人才联合培养项目签约仪式

学院全面推行现代学徒制培养模式，推进"招生招工一体化"改革，研制现代学徒制专业教学标准，企业深度参与人才培养的全过程。2014年10月，学院首个现代学徒制试点班"江苏交工港航建造师班"开班。"江苏交工港航建造师班"是学校深入推进校企合作培养人才的新成果，是根据当前职业教育的最新发展趋势，按照现代学徒制理念，校企联合招生，通过学校优势专业资源与企业优质生产资源的联合，招生与招工结合，开启双主体育人、双导师教学，一体化育人的崭新合作模式。

2016年2月，学院报送的典型案例"定岗双元、工学交替，'舍弗勒班'试点现代学徒制人才培养"[该项目为学院与舍弗勒（南京）有限公司按照德国"双元制"模式共同开展AHK机电一体化专业现代学徒制人才培养]，"与英国考文垂大学合作开展学分互认'3+1+1'专升本升硕国际合作项目"和"牵头组建'3+1+1+N'大交通高职教育联合体，培养复合型交通人才"入选《江苏省高等职业教育质量年度报告（2016）》典型案例。

2017年12月，由江宁区人民政府、南京交院主导建设，相关企业参与建设，交通行业支持建设，多方参与共建的"南京新能源汽车产业与应用技术研究院"成立，这是落实国务院办公厅《关于深化产教融合的若干意见》的"产教融合"新模式。南京市江宁区人民政府和南京交院本着"资源共享、优势互补、协同发展"的原则，积极探索政府、行业、学校和企业协同发展的新模式，共同组建"南京新能源汽车产业与应用技术研究院"。学院围绕江宁新能源汽车及智能交通产业的发展，依托江宁区人民政府，在学院新能源汽车、交通信息技术研究所和省交通运输厅的支持下，以新能源汽车产品试验、新能源汽车相关标准制定和推广、智能交通基础建设、智能化养护和管理等为主要研究方向，汇聚国内优势资源，建设了相应的工程研究中心、创新创业团队、省级科技园，同时为新能源汽车技术、智能交通行业人才培养提供支撑。

三、加快课程改革与教材建设

1. 课程改革

学院结合人才培养工作评估，大力推进课程改革，采用"以赛代评"的方式在全院开展多轮课程教学设计竞赛、说课竞赛等，通过组织观摩、现场点评，使教师的教学能力有了明显提高。从学生评教结果来看，教师课堂授课平均得分呈逐年升高的趋势。2014—2017年，学院有国家级精品资源共享课1门，省级高校在线开放课程3门。

2014—2017年课程建设省级以上教学成果一览表

年度	成果名称	成果类型	负责人
2014	道路建筑材料检测与应用	第三批国家级精品资源共享课	蒋 玲
2016—2017	汽车自动变速器维修	2016—2017年省级高校在线开放课程	郭兆松
	公路运输管理实务		吕亚君
	外贸单证实务		林 榕

汽车服务类专业群实施"平台＋嵌入"项目化课程体系改革。为解决人才培养目标与用人单位需求脱节、毕业生职业发展后劲不足等核心问题，专业群充分利用丰田、东风标致、长安福特等知名汽车企业的资源，在人才培养的实践中，经过"大专业小专门化""订单式"培养的探索及实践，逐渐形成了"平台＋嵌入"的高职汽车服务类专业群项目化课程体系，在专业群全面实施项目化课程体系改革。为夯实专业核心能力，开发了10门专业群共享的项目化课程；为零距离对接岗位，与企业合作的12个订单班课程嵌入课程体系。校企双方合作，共同开发课程内容，共同编写教材，合作培养教师，共创实训条件。课程体系实施采用"1+1+0.25+0.75"分段教学组织形式。专业群共享的"汽车发动机机械维修"等10门项目化课程在实施过程中采用了主、辅讲双教师负责制和轮转式教学运行模式。核心能力平台和岗位技能平台课程全面推行"理实融合、学做一体"的教学方法改革，企业兼职教师全程参与教学过程。引入丰田、大众等企业评价体系和标准，合理设计项目化课程考核评价表。

2013年12月，该项改革成果"汽车专业群课程体系的创新与实践"获江苏省教学成果奖（高等教育类）一等奖。

2014年9月，学院申报的"高职汽车服务类专业群'平台＋嵌入'项目化课程体系的创建与实践"项目获职业教育类国家级教学成果奖二等奖。

2013—2017年学院教学成果获奖情况一览表

年度	成果名称	成果类型	负责人
2013	汽车专业群课程体系的创新与实践	省教学成果奖（高等教育类）一等奖	杨益明　文爱民　高进军　陈林山　谢　剑
	交通院校土建类专业综合实训基地建设创新与实践		蒋　玲　刘凤翰　龙兴灿　祁顺彬　罗云军
	工学结合背景下物流管理专业课程建设研究与实践	省教学成果奖（高等教育类）二等奖	吕亚君　祁洪祥　林　榕　纪正广　刘　鹏
	"4233"教学质量监控保障体系建设研究与实践		陈锁庆　贾俐俐　沈　旭　何玉宏　蒋　玲
2014	高职汽车服务类专业群"平台+嵌入"项目化课程体系的创建与实践	职业教育类国家级教学成果奖二等奖	杨益明　文爱民　高进军　陈林山　谢　剑　李贵炎　郭兆松　郭　彬　屠卫星　边　伟　程丽群　胡　俊　蒋浩丰　蔡彭骑　康建军
2017	实施"赛教融合"，深化"产教融合"，提升汽车专业群人才培养质量	省教学成果奖（高等教育类）一等奖	文爱民　陈林山　程丽群　郭兆松　陈　勇
	"3+1+N"式游学：复合型物流人才培养的创新与实践	省教学成果奖（高等教育类）一等奖	贾俐俐　吕亚君　何华芬　陈　军　黄银娣
	"环境重组、虚实结合"破解建筑工程技术专业实训难题	省教学成果奖（高等教育类）二等奖	刘凤翰　祁顺彬　彭　国　陈剑波　陈晋中

2. 教材建设

学院坚持"围绕教学搞科研，搞好科研促教学"的指导思想，提倡研究型教学，强调科研与教学研究、教学建设的相互结合、相互促进，推动科研成果向教学转化，推进精品教材建设，促进教育教学水平的不断提高。2014—2017年，学院建有江苏省高等学校重点教材11本、"十二五"职业教育国家规划教材24本。

2014—2017年省部级教材建设成果一览表

年度	成果名称	成果类型	负责人
2014	汽车美容与装饰（第3版）	江苏省高等学校重点教材	周　燕
	公路施工组织与概预算		杨卫红
2015	建筑施工组织设计	江苏省高等学校重点教材	祁顺彬
	公路病害识别与处治		汪　莹　蒋　玲
	汽车电气系统维修	第一批"十二五"职业教育国家规划教材	陈林山
	汽车发动机电控系统维修		李贵炎

续上表

年度	成果名称	成果类型	负责人
2015	汽车发动机机械维修	第一批"十二五"职业教育国家规划教材	郭 彬
	汽车使用与维护		蒋浩丰
	汽车手动传动系统维修		谢 剑
	汽车行驶与转向系统维修		胡 俊
	汽车车身电气系统检修		程丽群
	汽车制动系统维修		屠卫星
	公路交通电子系统		陈 军
	道路建筑材料检测与应用		蒋 玲
	公路养护技术与管理（第3版）		周传林
	土力学与地基基础		曾凡稳
	桥梁上部施工技术（第2版）		周传林
	汽车文化（第3版）		屠卫星
	汽车材料		周 燕
	旧机动车鉴定与评估		屠卫星
	数控车削加工技术与技能	第二批"十二五"职业教育国家规划教材	李东君
	数控铣削加工技术与技能		李东君
	数控加工技术项目教程（第2版）		李东君
	工程机械底盘构造与维修		高彩霞
	汽车车身修复（第2版）		汤其国
	高层与大跨建筑施工技术（第2版）		陈晋中
	汽车保险与理赔实务		周 燕
	汽车美容装饰与钣金修复（第2版）		周 燕
2016	外贸单证实务	江苏省高等学校重点教材	吕亚君 林 榕
	混凝土结构及其施工图识读		刘风翰
	汽车车身电气系统检修（第2版）		程丽群
2017	建筑施工技术	江苏省高等学校重点教材	陈晋中
	汽车电气系统维修		陈林山 刘 静
	公路运输管理实务项目化教程		吕亚君
	大学生创新思维与创业指导		李贵炎

四、开展创新创业教育

学院高度重视大学生创新创业教育工作。2015年3月,学院大学生创业孵化基地正式揭牌并投入运营,首批入住8个创业团队。为普及创业基础知识,提升学生创业知识、技能,2015年9月学院与南京市职业技能培训指导中心共同开设"大学生创业培训班",免费为有创业意向的学生提供专业的创业培训。

2016年9月,由中国高校创新创业教育联盟和全国高职院校创新创业教育联盟主编的《推动"双创"教育 助力出彩人生》一书,收录了学院选送的工作特色案例《健全工作机制 注重实践能力 全面提高学生创新创业素质》和学生案例《放弃白领工作 筑梦"中国最美乡村"》。

2017年9月,为深入贯彻落实《国务院办公厅关于深化高等学校创新创业教育改革的实施意见》(国办发〔2015〕36号)、《江苏省深化高等学校创新创业教育改革实施方案》(苏政办发〔2015〕137号)等文件精神,统筹做好学院创新创业教育工作,以扎实有效的创新与创业教育促进学院内涵建设和人才培养,学院成立了以书记、院长为组长的创新创业教育领导小组,各院系相应成立以院系领导为组长、专业教师参加的院系创新创业教育工作小组,依托行业特色,结合专业优势,积极开展各种形式的创新创业教育实践活动,推进院系两级创新创业教育工作格局的形成。

五、加强文化素质教育

为全面贯彻落实中共中央、国务院《关于深化教育改革全面推进素质教育的决定》以及教育部《关于加强大学生文化素质教育的若干意见》的文件精神,进一步整合优化学院素质教育资源,统筹做好学院大学生素质教育工作,着力加强贴合高职教育特点的素质教育体系建设,促进学生全面发展,学院于2015年5月成立大学生素质教育工作领导小组,同年7月成立大学生素质教育中心。

2015年12月,学院党委书记贾俐俐和主讲嘉宾——南京师范大学教授、中央电视台《百家讲坛》特约主讲人郦波共同为"天印大讲堂"揭牌。"天印大讲堂"以弘扬传统文化、陶冶当代大学生道德情操、提升大学生文化修养为使命,以服务师生为宗旨,为学院素质教育工作开辟了新的路径,打造了新的平台。

2016年1月,根据国家、江苏省教育发展规划纲要和全国职业教育工作会议的精神,按照学院第二次党代会、第三届教代会提出的全面深入推进大学生素质教育工作,努力构建资源整合、协同推进的具有学校特色的大学生素质教育机制的要求,学院党委印发《关于进一步加强大学生素质教育工作的意见》。

2016年5月,学院首届"明德综合素质提升实验班"(简称"明德班")开班。经过院(系)推荐和综合考核、面试,学院首届"明德班"从100余名优秀报名者中录取了34名。作为深化学院素质教育工作综合改革的重要举措,"明德班"是探索学生素质提升有效路径的试验田，是以创新创业为主轴的教育创新工程，学院致力于将"明德班"打造成全国高职院校具有一定影响力的品牌项目。

学院党委书记贾俐俐与中央电视台《百家讲坛》主讲人郦波共同为学院"天印大讲堂"揭牌

2016年6月，学院出台《南京交通职业技术学院大学生素质教育实践学分实施办法（试行）》，其中载明素质教育实践学分是指人才培养方案中"第一课堂"理论与实践教学课程之外的学分，每1小时计1学时，每16学时计1学分，实行弹性认定，学生主要通过参加"第一课堂"以外的各类实践活动并取得一定效果，经有关单位（部门）认定后获得该学分。素质教育实践学分是对大学生在校期间非专业素质状况的侧面反映，学生修满规定学分方可毕业。实践学分认定依托大学生成长服务平台Pocket University（简称"PU平台"）实施。

2017年11月，学院承办中国交通教育研究会职业教育分会素质教育委员会2017年年会暨"长风杯"大学生综合素质大赛与文艺展演活动，院长张毅在会上介绍了南京交院教育教学改革、校园文化、素质教育等方面的经验做法和成效，赢得了与会高校和专家们的高度赞誉。

六、持续推进继续教育

2013年以来，学院积极构建体现终身教育理念、面向人人的现代职业教育体系，积极发展多种形式的继续教育，主动满足社会需求，服务交通运输行业发展和区域发展，建设了"学历层次齐全、教育项目齐全、重点专业全覆盖"的学历继续教育体系，开展了大量专业特色鲜明、技术技能性强的培训，退役士兵教育、社区教育有了新突破，继续教育工作迈上新台阶。

构建完善学历继续教育体系。2013年，逐步构建了"专科、本科、工程硕士"学历层次齐全、"专科（函授、业余）、本科（'专接本'、'专升本'、自考助学、网络远程教育）"等教育学习形式齐全、"中职、企业、本科"等合作单位多样的学历继续教育体系。2013年成人教育高中起点专科（简称"成教高起专"）学制由3年调整为2.5年。2014年，南京航空航天大学在学院成立"南京航空航天大学－南京交通职业技术学院研究生联合培养基地"，联合培养项目管理、物流工程、工业工程3个专业工程硕士，标志着学院学历继续教育体系学历层次的进一步完善。2017年，成教高起专招生规模创历史新高，当年录取人数达1685人，覆盖14个专业。

提升教育教学质量。成教学生课程通过率、毕业率和对学校的满意度均有不同程度的提高，专科学生毕业率连年提高，"专接本"学生课程通过率、毕业率、学位总获取率均在同类院校中名列前茅。2014年，学院被评为"江苏省高等教育自学考试先进集体"，被南京理工大学评为"自考专接本先进院校"；2015年，被南京工业大学评为"自考专接本先进单位"；2016年，被南京林业大学评为"专接本优秀对接学校"。

开展远程网络教育。学院建设"北京交通大学南京交通职业技术学院现代远程教育学习中心"，专业数曾达15个，培养现代远程教育毕业生859人（其中高起专184人，专升本675人），受到学生和社会的一致好评。2014年、2016年获"北京交通大学现代远程教育优秀校外学习中心"荣誉称号，多人被评为"招生工作先进个人""教学管理先进个人""综合管理先进个人"。

加强函授站点建设。2013年，学院设有南京交通职业技术学院无锡汽车工程中等专业学校函授站、江苏汽车技师学院函授站、江苏省交通技师学院函授站3个函授站点；2017年，新增南京工业技术学校、宿迁经贸高等职业技术学校2个函授站。

开展自主招生改革。2016年，学院申报并获批参与省成教艰苦行业校企合作自主招生改革，与6家企业、1个行业协会开展校企合作，面向企业一线职工开展成教高起专自主招生与联合培养，培养企业员工300余人。

承担退役军人教育培训。2014年12月，学院获批成为退役士兵教育培训承训机构，开展退役士兵成教专科培训。2015年，出台了《南京交通职业技术学院退役士兵教育培训管理办法（试行）》，培养学员700余人。2015年被江苏省民政厅选定为南京市唯一一所退役士兵成教专科学历办学单位。

七、国际化教育取得新突破

学院坚持开放发展战略，积极探索国际化办学实践模式，构建国际合作平台，拓展国际合作与交流渠道，加强高素质技能型国际化人才培养，不断提升对外合作与交流的规模质量，逐步建立起一支具有国际视野的师资队伍，国际化办学格局不断完善，国际化教育取得新突破，来华留学生数量实现从无到有的突破。2017年，学院被评为高等职业院校"国际影响力50强"。

开展"3+1+1"海外专升本升硕校际合作项目。2013年，学院与英国考文垂大学签署校际合作协议，在会计、市场营销、计算机网络技术、道路与桥梁工程技术、建筑工程技术5个专业开展"3+1+1"专升本升硕的校际合作项目。该项目进一步提高了学院国际交流与合作的层次，推动学院国际合作与交流不断向纵深发展。

举办"路桥国际工程师班"。2015年，学院与江苏省交通工程集团有限公司加强校企合作，签订合作协议，共同冠名成立"江苏交工路桥国际工程师班"，联合培养企业紧缺的国际化人才。9月，"江苏交工路桥国际工程师班"正式揭牌开班，国际工程师班的开设是学校根据当前职业教育的最新发展趋势和企业"走出去"的用人需求，按照现代学徒制理念，校企联合招生，通过学院优势专业资源与企业优质生产资源的联合，招生与招工结合，实行双主体育人、双导师教学，培养国际化人才的重要实践。

招收来华留学生。2017年，学院积极响应国家"一带一路"倡议，为"一带一路"建设输出人才。学院事业发展规划将留学生工作列为重点工程，强化顶层设计和规划实施，多次召开党政联席会议专题研究留学生工作，并专门成立国际教育领导小组，明确留学生工作职能管理服务部门，周密制订了留学生工作实施方案。实施了留学生教室和宿舍改造工程，在教师队伍、课程设置、教学设施设备、汉语言文化学习、饮食、住宿、文化活动等方面进行充分安排和考虑，人性化、规范化地设计留学生管理和服务工作。2017年10月，37名来自老挝、印度尼西亚、塔吉克斯坦、俄罗斯、尼泊尔等"一带一路"国家的留学生顺利开学，开创了学院国际化办学的新局面。

南京交院2017级留学生开学典礼

第六节 学生管理与招生就业

学院坚持把立德树人作为中心环节，进一步丰富和深化"教育、管理、服务、引导"四位一体的学生工作内涵。本着以学生为中心的核心理念，2014年2月，学院精心打造的大学生事务一站式服务中心正式启用。学院贯彻落实全国高校思想政治工作会议精神，将思想政治工作贯穿教育教学管理全过程，以安全稳定为前提，以教育管理为先导，以养成教育为关键，以成人成才为目标，一体化构建了内容完善、标准健全、运行科学、保障有力、成效显著的学生工作质量体系，形成了全员、全方位、全过程的育人格局。

学院的招生就业工作多措并举，保持"进出两旺"。全校高度重视招生工作，把招生工作作为学院赖以生存和发展的命脉工程，全员参与，切实保障学院"生命线"工程；加强调研与分析,及时调整招生政策与措施,努力破解学院招生困局;针对更加严峻的招生形势和社会需求的变化,紧贴交通行业的发展需求,积极开展专业调整,持续改进生源地招生工作机制;创新思路,运用现代信息技术,创新招生宣传手段,全方位提升招生工作实效。

就业工作落实"一把手工程",积极构建就业工作长效机制,立足"三个平台",拓展毕业生就业市场;依托"三个载体",全方位开展就业创业指导工作;执行"三个精准",着力提升毕业生就业质量;开展"三方调研",重视毕业生数据反馈。

2013—2017年,学院面对招生就业新形势,创新思路,积极整合各类资源,认真谋划,主动作为,努力保持招生就业"进出两旺"的良好工作态势。

一、学生工作队伍建设

学院坚持引进、培养、使用相结合,多措并举不断打造特别能战斗、特别能吃苦、特别能奉献的学生工作队伍。

健全培训机制。建立分层次、分类别、多形式和重实效的辅导员队伍培训体系,先后完成学工干部各类培训研修200多人次。

搭建交流平台。2015年,与贵州交通职业技术学院共同实施"苏香黔馨"辅导员互派交流项目,每批选派2名辅导员参加,交流时间为2个月,累计有20名辅导员参与。2017年启动辅导员校内挂职交流、转岗交流计划,10名辅导员参加岗位交流。

坚持以赛促成长。2015年,在首届全国交通职业院校辅导员职业能力大赛中,1人获特等奖、1人获一等奖、1人获三等奖。在江苏省第五届高校辅导员职业能力大赛中,1人获二等奖。在第五届全国高校辅导员职业能力大赛(江浙沪皖片区)复赛中,1人获一等奖。2016年,在第五届全国高校辅导员职业能力大赛中,王荫西老师作为江苏省参加全国总决赛的高职院校唯一辅导员代表,荣获三等奖,实现历史性突破。2017年,在第二届全国交通职业院校辅导员职业能力大赛中,1人再获特等奖。

王荫西老师荣获首届全国交通职业院校辅导员职业能力大赛特等奖

二、以"四轮驱动"为架构的公寓文化建设

学院遵照文化育人的指导思想开展学生公寓管理服务工作,实施了以"制度 + 管理 + 环境 + 三自"为架构的"四轮驱动"公寓文化建设方案,使日常思想教育和管理服务工作走进生活区,学生公寓由单纯的住宿区变成育人区,将寝室构建成学生成长、文明习惯养成和综合素质提升的重要阵地,成为学院育人的"第二课堂"。

建立健全公寓管理规章制度——构建"制度"驱动之轮。学院先后制定或修订完善了《学生公寓管理办法》《学生公寓门禁管理规定》等10多项管理制度。组织开展了"三级建家"活动(即每周评选合格学生之家、每月评选优秀学生之家、每学期评选模范学生之家),促进文明宿舍评选标准规范化程度进一步提高。活动突出每天、每周、每月、每学期检查与评比,记录与通报,激励与约束,切实把学生在公寓的表现与综合素质测评、评奖评优挂钩,提高了学生参与的积极性和主动性。

打造高素质的公寓服务团队——构建"管理"驱动之轮。在日常公寓人员管理中实施了"6T"管理制度(即做到天天立岗晨会、天天检查走访、天天巡视指导、天天讲评落实、天天报送反馈、天天考核问责),用"做什么、怎么做,谁去做"明确了生活辅导员、门卫、保洁员岗位操作规程,提升了管理服务整体水平和管理者的执行力。开展宿舍管理人员年度考核,每年选出3名优秀生活辅导员、9名优秀门卫和保洁员,对宿舍管理人员起到了良好的激励作用。

强化软硬环境建设并重并举——构建"环境"驱动之轮。建立了以"五进"(党团组织、辅导员、心理健康教育、校园文化、学生自治组织)为主导的思想政治工作进公寓模式。深入推进以学生党员寝室和学生干部寝室挂牌制度为重点的"学生公寓党员(学干)责任区"的建设。强化辅导员进公寓的工作机制,每年辅导员进宿舍总次数达到1000余人次,挂牌学生党员责任区宿舍10余间,入党积极分子责任区宿舍400余间。通过集中开展宿舍安全教育、安全知识宣传,学生宿舍违纪率进一步下降,确保了学生公寓安全工作的有效开展。文化环境的营造也拉近了学生和教师之间的距离。网络调查显示,学生对辅导员、宿舍管理人员满意度在95%以上,对各项服务设施的满意度在80%以上。

发挥学生自主管理的作用——构建"三自"驱动之轮。学生公寓目前设有校、院两级自管会,逐渐形成了宿舍长—层长—楼长的三级管理模式和"三个一"(即每晚就寝检查一次、每周宿舍卫生纪律抽查一次、每月开展主题文化交流活动一次)的自我管理工作特色,学生综合素质得到了锻炼与提升。学生公寓所有活动均采取学工处搭台,自管会组织的形式,发挥学生自治组织作用,充分展示了学生自我管理、自我教育、自我服务的"三自"管理能力。

三、解困助学

学院资助育人工作始终坚持以学生为本的发展理念,加强学生资助工作规范化管理,全面推进精准资助和资助育人工作。2013年,学院学生资助工作在江苏省高校学生资助绩效

评价中获"优秀"等级。2017年，学院获江苏省"全省百佳学生资助工作单位先进典型"称号。

学院升级"爱心助学超市"，进一步打造校内资助育人实践平台，按照虚拟市场运作的模式，构建学生资助工作实体社区，在家庭经济困难学生自助、互助、助人的良性循环机制方面做了进一步探索。学院通过助学金、勤工助学、学费减免、困难补助及社会助学项目等途径资助家庭经济困难学生万余人；用心关注困难学生成长成才，实现资助育人可持续发展。2014—2017年，学院共发放国家励志奖学金、国家助学金2367.5万元，发放勤工助学补助223.5万元。

四、心理健康教育

2015年，学院进一步完善心理危机预警机制，发布了《学生心理危机预警与干预工作实施方案》。同年，创立"南京交院朋辈心理工作站"微信公众号，2015—2017年，共推送228篇心理科普类文章。2016年，学院进一步整合心理健康教学资源，成立心理健康教研室，定期开展教研活动，其中两名教师分别获全国高等职业院校心理健康教育课程微课教学大赛二等奖和三等奖。2017年，学院进一步完善了心理健康教育工作机制，出台了《进一步加强和改进大学生心理健康教育工作的实施意见》，构建了教育教学、实践活动、咨询服务、预防干预、平台保障"五位一体"的心理健康教育工作格局。学院每年对新入学的学生进行全面的心理健康普查，建立心理健康档案，对普查出来的"高危人群"进行有效追踪和干预。学院每年举办"心理健康教育月"系列活动，通过开设心理健康讲座，开展心理健康咨询，举办心理健康知识竞赛、心理剧大赛，利用橱窗宣传等形式增强学生的心理健康意识。2013—2017年，学院先后承办了三届江宁大学城趣味心理运动会活动。2017年，学院承办了江宁大学城第十二届心理健康教育活动月启动仪式，荣获"江宁大学城大学生心理健康教育工作先进集体"荣誉称号。

五、国防教育

国防教育工作紧紧围绕立德树人根本任务和强军目标根本要求，以提升学生国防意识和军事素养为重点，不断深化"五位一体"的工作格局，持续增强学生国防观念、国家安全意识和综合国防素质。

学生军事课教学质量持续攀升。2015年，学院在全省高校学生军训成果汇报大会光盘评比活动中荣获三等奖。2017年，在江苏省高校"军训之星"评比活动中，学院选送的参赛选手获得"参赛优秀奖"，学院获"优秀组织奖"。军事理论课教师先后获得全省军事课教师微课教学竞赛二等奖1项、授课竞赛二等奖1项。

学生国防教育内涵不断丰富。2015年12月，由江宁武装部发起，成立了由学院45名退役士兵组成的江宁大学生民兵应急排，为国防教育注入了新的活力。2016年6月，组建"战狼"防汛抗洪突击队，负责江宁大学城周边的防汛抗洪相关工作，相关事迹被《中国交通报》、中国江苏网等多家媒体广泛报道。2017年3月,学院在南京市江宁大学城社区设立了退役大学生士兵社区服务工作站,先后协助大学城社区完成了"走千企入万户,助发展促富民"大走访及江宁区群众安全感建设活动,帮助10家幼儿园开展升旗仪式,帮助6所中小学校开展国防教育,受到江苏文明网、《南京日报》、江宁电视台等多家媒体的广泛关注和现场报道。

大学生征兵工作成绩显著。通过建立健全征兵工作服务体系,有效地实现了大学生国防教育、征兵宣传、网上报名、政策咨询、疑问解答、身体初检、政治审查等"一站式"办理,促使参军入伍人数逐年递增,实现了国防教育和征兵工作的双丰收。2016年2月,学院被江苏省人民政府、江苏省军区表彰为江苏省"2015年度普通高等学校征兵工作先进单位"。2013—2017年,学院共有300余名学生光荣入伍,有多人在部队立功获奖或成功考入重点军事院校。

六、招生工作

高等院校考试招生制度改革是高等职业教育改革创新和高质量发展的重要环节。一直以来,政府和社会公众都高度关注高等职业教育的考试招生制度改革。2013年《教育部关于积极推进高等职业教育考试招生制度改革的指导意见》、2014年《国务院关于深化考试招生制度改革的实施意见》提出高职院校考试招生实行"文化素质 + 职业技能"的评价方式。

2013—2017年,是江苏高考生源逐年减少,直至最低谷的时期。学院领导高度重视,将招生工作作为学院赖以生存和发展的命脉工程,大力支持新形势下招生策略和方法的改进与创新,每年召开多次招生工作领导小组专题会议,从专业布局、政策调整、省内外计划统筹等多个方面分析研究,对招生工作进行动员和部署,并深入招生一线慰问和指导工作。同时学院教职员工也从不同层面积极支持、参与学院招生工作,形成了全员关心招生、全员参与招生的良好局面。

学院响应国家政策,推进高职招生制度改革,积极拓展招生方式。2013年学院开始参与江苏省高职提前招生,招生计划从最初的300人逐渐增加至1300人,提前招生成为学院重要的招生方式。此外还有普通高考、以中职技校毕业生为生源的对口单招,以及现代职教体系建设试点的"3+2"高职与普通本科分段培养、"4+0"高职与普通本科联合培养、"3+3"中职与高职分段培养等项目。

2013—2017年学院招生录取情况一览表

年份	2013	2014	2015	2016	2017
录取人数	3373	3479	3501	3742	3725
报到率	92.18%	93.10%	93.46%	92.56%	93.91%
江苏高考人数(万)	45.1	42.57	39.29	36.04	33
招生省份(个)	16	14	13	14	16

七、就业工作

学院领导高度重视毕业生就业工作，坚持把毕业生就业工作摆在学院中心工作的突出位置，把毕业生就业作为学生最大的"民生工程"常抓不懈，以"确保毕业生充分就业、就好业"为就业工作的总目标，积极构建就业工作长效机制，完善就业工作保障体系，做到"政策、人员、场地、经费"四到位。各二级院系党政共同负责，齐抓共管，层层落实，以就业工作目标责任制为抓手、考核评估为手段、评优奖励为动力，形成了学校党政领导带头、就业职能部门牵头、二级院系实施、相关部门参与的毕业生就业工作格局。

2013年以来，学院就业率稳定保持在96%以上。毕业生在省内就业比为90%以上。根据与学院合作的大学生就业评价第三方专业机构——麦可思公司对学院毕业生就业与能力测评报告数据，学院毕业生就业质量较高，毕业生就业岗位与专业相关度高出全省平均值10个百分点，用人单位满意度超90%，毕业生对母校满意度和就业期待吻合度高出全省平均值10个百分点，毕业生就业月收入和就业竞争力指数位于全省高职院校前列。

学院主动对接政府和企业，寻求资源。积极和省交通运输厅、省教育厅、长三角地区部分人力资源和社会保障局、属地园区联系，积极与毕业生就业管理部门对接，引入优质就业资源，宣讲就业政策，和南京市人社局合作开展"宁聚计划"专场宣讲会、轨道交通行业沙龙。组织南京地铁、徐州地铁、常州地铁、无锡地铁等专场就业活动，引入高质量就业单位促进毕业生就业。

大力拓展毕业生就业市场。学院主动加强与各地各级人才市场、劳动力就业市场的沟通，编制了毕业生就业推荐宣传册，精心部署和组织校内各类供需见面会、大型招聘会和各类专场招聘会，积极邀请用人单位来校选聘毕业生，推动毕业生与用人单位的双选活动顺利有序开展。平均每年组织3场大型校园招聘会、130余场小型招聘会，为毕业生提供了超过1万个专业对口的就业岗位，平均供需比超过3∶1。毕业生不用走出校门，就基本可以落实就业岗位。在巩固就业基地的同时，继续拓展"订单式"人才培养工作，充分发挥交通类企业在学院毕业生就业基地建设中的核心作用，拓展了南京地铁、南通地铁、无锡地铁、苏州地铁、常州地铁、滁州地铁、杭州地铁、杭港地铁等紧密型就业合作单位，为更多毕业生提供优质就业机会。

学院立足校园招聘、品牌就业、宣传调研三个平台，拓展毕业生就业市场。2017年，学院全年累计举办各类就业创业讲座46场次、大型招聘会3场，参会单位达800家，同时学院小型招聘活动日常化，举办校园招聘活动130余场，进校招聘单位总数超过300家，提供就业岗位总计12000余个。提供的就业岗位数达到毕业生总数的4倍。持续推进"我的大学我的职业生涯路"优秀毕业生风采展示活动，2017年全年共邀请27名优秀毕业生进校开展讲座及交流活动；积极组织开展"明日之星"创业计划大赛，参加了全省第七届大学生就业创业知识竞赛和第十二届职业生涯规划大赛，通过组织参与各类主题活动，全面提升了学生的就业创业能力和综合素质。

第七节　科研工作与社会服务

2013年以来，学院以内涵建设为目标，以高水平高职院校创建为契机，以科研管理服务平台建设和产教融合平台升级为抓手，以制度完善和项目申报为突破口，着力提升科研信息化管理和服务水平，奋力提升校企合作治理能力和辐射引领能力，建立有利于科研能力提升和高水平项目培育的激励机制，形成科研、教学、产教融合发展的良好态势。科技创新迈出了较大步伐，科研激励机制得到加强，科研氛围更加浓厚，社会服务水平也有显著提升。

一、不断完善相关科研管理制度

科研要发展，制度须先行。建立与健全必要的科研管理制度是保证科研工作规范化、管理科学化的重要前提。在学院不断强化内涵建设的背景下，2013—2017年学院陆续出台了《南京交通职业技术学院科研创新团队建设管理办法（2013）》《南京交通职业技术学院学生参与科研教研计划实施办法（2013）》《南京交通职业技术学院专利管理办法（2014）》《南京交通职业技术学院横向科研项目管理办法（2014）》《南京交通职业技术学院科研经费管理办法（2016）》《南京交通职业技术学院研究所管理办法（2016）》《南京交通职业技术学院科研成果奖励办法（2016）》《南京交通职业技术学院学术委员会章程（2016）》《南京交通职业技术学院教师工作量核算办法（2016）》等9个科研管理制度。内容涉及项目管理、经费使用、成果奖励、科研考核与评价机制、团队建设、学术章程等问题，为各项科研活动的顺利开展提供了制度支撑，特别是通过科研考评及奖励措施，进一步激发了教师参与科研的积极性和主动性，很大程度上提升了学院的科研水平。

二、加快建设一批教科研平台

学院坚持"整合科研资源、提升创新能力"的科研工作思路，加大科研平台及科研团队建设力度，为学院教师更好地开展科学研究提供了平台和组织保障。

2014年，根据《江苏省教育厅办公室关于做好高职院校工程技术研究开发中心验收工作的通知》（苏教办科〔2014〕11号）文件精神，经过前期积极筹备，于2011年获批的"江苏省道路交通节能减排工程技术研究开发中心"顺利通过了省教育厅验收工作。这也是学院首个教育主管部门批准的顺利通过验收的工程中心。

2016年，学院印发了《南京交通职业技术学院研究所管理办法》（交院研〔2016〕2号），决定组建校内研究所，以一个或两个专业为依托，重点立足于技术推广和社会服务。同年，经由各二级教学单位组织申报、学院组织专家评审并经院长办公会审议通过，共有7个研究所获准成立，分别是新能源汽车技术研究所、路桥工程新技术研究所、综合运输与管理技术研究所、交通信息技术应用研究所、混凝土工程技术研究所、交通装备与数控设备机电技术研究所、素质教育研究所。研究所建设周期为3年，学院共计投入105万元用于

7个研究所的建设工作。

2017年，学院与江宁区人民政府签订科技合作协议，共同成立"南京新能源汽车产业与应用技术研究院"。这是江宁区加快建立与高校联系对接机制，共建科技创新平台与载体的重要成果，也是学校与地方政府开展深度合作，构建区域科技服务体系的重点尝试。

该研究院依托江宁区人民政府、学院新能源汽车技术研究所和交通信息技术应用研究所及省交通运输厅的支持，围绕江宁新能源汽车及智能交通产业的发展，以新能源汽车产品试验、新能源汽车相关标准制定和推广、智能交通基础建设、智能化养护和管理等为主要研究方向，汇聚国内优势资源，建设相应的工程研究中心、创新创业团队、省级科技园，同时为新能源汽车技术、智能交通行业人才培养提供支撑。

除了加快建设一批科研平台外，学院还积极组建科研创新团队，旨在整合校内科研资源，深挖学院优势专业的科研潜能。2013年，经过校内遴选，"公路养护及试验检测技术团队"等6个校级科研创新团队组建成立，建设周期为3年，学院共计投入78万元用于团队后期建设。通过整合校内资源，2017年"交通节能减排科技创新团队"顺利入选江苏省教育厅高校优秀科技创新团队，这也是学院首个获批的省厅级优秀科技创新团队。

三、教师教科研能力显著提升

学院通过搭建平台、组建团队以及政策激励，有效地激发了教职工的科研积极性和主动性，学院教师科研能力得到显著提升。

学院科研项目获批数量不断增长，同时实现了高水平高级别项目的突破。2013年以来，学院获批各级各类院外科研项目150项，其中省部级项目87项，到账经费近400万元。科研项目除了数量的增加，更有了显著的质的提升，实现了高水平高级别项目的突破。2015年孙云志主持的"高职院校教育质量治理路径研究"、2016年王利平主持的"新常态下高职院校开放办学的机制创新研究"获批教育部人文社会科学基金项目立项；2016年武艳军主持的"变面轧制备高强/织构弥散镁合金"首次获批江苏省自然科学基金项目立项。这些项目的获批立项充分体现了学校教师科研能力的提升。

除了院外科研项目，学院每年组织一次院级科研项目的申报，得到了广大教师的积极响应。2013—2017年共计200项院级项目获批，院级项目的设置为青年教师科研能力的培育以及激励教师申报院外高级别科研项目起到了积极的促进作用。

产教融合、校企合作是高职院校科研的亮点和特色。近年来，学院教师积极与校外企业开展科研合作，为企业提供技术开发、技术服务、技术咨询以及技术转让等"四技"服务工作。2013—2017年，学院教师与校外企业签订的技术合同达110余项，合同金额570万元。

四、学术交流与科研成果

学院立足于交通行业以及职业教育面临的新形势、新问题，每年不定期邀请行业学者和专家来学院开展专家讲座，开阔广大教师的视野。2013年以来，学院先后邀请了上海市教育科学研究院董奇教授、江苏省交通运输厅副厅长金凌、南京工业大学能源学院院长张红教授、南京师范大学博士生导师张一春、台湾明新科技大学校长袁保新教授、福特汽车公司亚太及非洲区研究与技术总监韩维建博士等知名学者和行业专家就职业教育科研能力提升与建设、交通转型发展与交通职业教育、交通节能减排等问题开展学术报告与交流，增长了广大师生的见识，营造了浓厚的学术氛围。

学院还积极采取"走出去"战略，鼓励优秀教师参加高层次学术论坛，提高学院的知名度和影响力。近些年，学院教师分别在江苏省哲学社会科学第五届学术大会青年学者论坛、第四届全国职业院校"文化育人"高端学术论坛、全国"科学发展观与环境哲学"学术研讨会、中国职业技术教育学会学术年会、中国交通教育研究会职业教育分会交通职教论坛等做学术交流发言，并提交了多篇优秀学术论文。

2013—2017 年，学院教师在国内外期刊上公开发表的论文合计 1740 余篇，其中在 SCI、EI、CSSCI 及中文核心期刊等发表论文 300 篇。各级各类成果获奖达 120 余项。

五、社会服务能力稳步提升

学院着力推进社会服务能力建设，根据社会、企业的需要，积极开展各级各类技能培训。经统计，培训和鉴定范围涵盖了交通土建、汽车维修、工程机械、建筑工程、公路运输等 10 多个大类。共计开展了近 100 种职业技能鉴定工作，2014—2017 年开展职业技能鉴定 24000 人次，面向在校生开展各类技能培训 11 万余人次；开展职业资格证书培训，培训人数达 1 万余人；以主干专业群为支撑，面向社会开展技术培训 10 万余人次；以交通特色专业为基础，面向企业培训员工 15 万余人次；充分发挥汽车维修实训基地、基桩检测培训基地、道路及桥梁检测基地等校内实训基地的社会服务功能，培训在职职工、转岗人员 100 万人次；获社会（准）捐赠 2000 余万元；积极服务交通行业企业、地方经济与科技发展，全年企业技术服务收入达 1 亿元左右。

第八节　队伍建设与人事管理

2014 年，学院成功召开第二次党代会，完成领导班子换届工作，学院班子自身建设进一步加强。坚持党管干部，完善中层干部选拔任用制度，完善干部任期制，探索竞争性选拔机制，2016 年完成新一届中层干部换届工作，干部队伍结构不断优化。加强干部教育培训和日常管理监督，不断改进和完善干部考核工作，干部能力素质不断提高，作风建设得到强化。

学院锚定"特色鲜明、国内一流交通运输类高职院"目标，坚持"人才强校"战略，2015 年 7 月成立教师发展中心，将引进与培养相结合，不断加大投入，不断推进人事制度的建设与完善，以改革创新为动力，扎实推进内涵建设，教师发展体系日趋完善，师资队伍建设不断加强。

一、加强干部队伍建设

学院认真贯彻执行党的干部路线、方针、政策，落实全面从严治党、从严管理干部的要求，坚持德才兼备、以德为先、任人唯贤，大力选拔政治上靠得住、工作上有本事、作风上过得硬、师生员工信得过的优秀干部，增强干部队伍活力、提高干部队伍素质，努力建设一支信念坚定、为民服务、勤政务实、敢于担当、清正廉洁的高素质中层领导干部队伍，为全面深化学校改革，建设特色鲜明、国内一流的交通运输类高职院提供坚强组织保证。

完善中层干部选拔任用制度，规范干部选聘程序，增强干部选聘公信度。2016年，学院完成中层干部集中换届1次、届中干部调整12人次，加大干部轮岗交流特别是关键岗位干部轮岗力度，中层正职交流任职比例达到50%，干部队伍结构得到优化。其中，季仕锋同志当选为第十八届团中央委员会候补委员，干部中40余人次获省厅级以上表彰。

改进和完善干部考核评价机制，探索干部"能上能下"工作机制。进一步完善管理监督制度，落实干部个人有关事项报告"两项新规"，加强中层干部离任经济责任审计。完善分层次、分类别的干部培训体系，2013—2017年累计选派处级干部参加校外培训100余人次，组织中层以上干部赴延安、瑞金、古田等地开展党性教育。开展干部教师暑期学习培训、各类专家辅导等专项培训。2017年与国家教育行政学院合作开展"南京交院干部网络学习中心"，把中层以上干部、党支部书记、专职党务干部、思想政治辅导员等共150人全部纳入培训计划，实现了管理干部学习培训年必修学时不低于90学时的基本要求，完成各类别、各层次干部教育培训全覆盖。

二、教师发展体系日益完善

2015年7月，为进一步贯彻落实《国务院关于加强教师队伍建设的意见》（国发〔2012〕41号）和《江苏省教育厅关于加强高等学校教师（教学）发展中心建设的指导意见》（苏教高〔2014〕14号）的要求，加强学院师资队伍建设，全面提升教育教学质量，满足教师个性化发展和人才培养特色的需要，提升教师综合能力，促进教师全面发展，学院成立教师发展中心。

学院以国家和省培项目为主要载体，坚持校内与校外培训相结合，充分利用教育部、国家留学基金委、省教育厅等设立的各种基金和培训项目选派青年教师进行国内外研修、合作研究、学术访问，拓宽了教师的国际视野，提高了教师的教学科研水平，改善了教师的知识结构，有效破除新时期"双师"型教师队伍的"本领恐慌"和"能力恐慌"。2013—2017年，共有41名教师赴国（境）外开展访学进修或学术交流活动，1500余人次参加国培、省培等项目培训；首次将入职宣誓、学院学情分析等列入新教师校本培训必修内容；初步建立了以业绩为导向、分类管理、定量与定性相结合的绩效考核与分配体系；逐步形成重业绩、重贡献和向重点岗位、教学一线倾斜的激励制度；学校管理体制和运行机制更加适应人才队伍建设需要，师资队伍资源协调和规范管理保障能力有明显增强，教师薪酬待遇、发展能力有明显提高。

三、完善人事管理，创新用人机制

学校以岗位设置、绩效管理等人事管理专项改革为依托，深化人事人才发展体制机制创新，采取"领军人才+创新团队""大师名匠+高端项目""青年英才+技术平台"模式，全力以赴打造人才高地，筑牢学校发展之基。

建立全员聘任、竞争上岗的用人机制。2014年6月，学院成功召开第二次党代会，提出创新用人制度，全面实施教师岗位聘用制。同年5月，学院根据人事部、教育部《关于高等学校岗位设置管理的指导意见》《江苏省人力资源和社会保障厅关于进一步做好全省事业单位岗位管理实施工作的通知》和《江苏省高等学校岗位设置管理实施意见》等文件精神，成立岗位设置与聘用管理工作领导小组，负责学院各类岗位设置、聘用与考核工作，审批学院相关政策规定，下达全院各级、各类岗位总量指标。2016年1月，学院出台了《南京交通职业技术学院岗位设置与聘用管理暂行办法》，学院各类各级岗位的首聘工作全面展开。成立南京交通职业技术学院岗位聘任委员会，负责学院岗位聘任的评审与聘任工作。依据《南京交通职业技术学院岗位设置与聘用管理暂行办法》，经个人申报、各部门及教学单位审查推荐、学院各岗位聘任工作组审核评议、学院岗位聘任评审委员会评审、学院岗位设置与聘用管理工作领导小组审定，学院形成了首个岗位设置与聘用管理方案。2016年11月9日，学院612个岗位（602人，含双肩挑10人）拟聘人员名单及受聘岗位等级进行了首聘前公示。

推动绩效工资改革，激发干事创业积极性。在岗位设置和岗位聘任管理的基础上，以岗位绩效管理为核心，建立科学的岗位绩效工资体系，积极稳妥地推进收入分配制度改革。2016年，学院根据江苏省人力资源和社会保障厅、省财政厅发布的《江苏省其他事业单位绩效工资实施意见》《关于印发省直其他事业单位绩效工资实施办法的通知》《关于省直其他事业单位实施绩效工资若干具体问题的处理意见》等有关文件精神，启动绩效工资改革的相关工作。2017年10月27日，学院召开专题教代会，专题研究审议《学院绩效工资实施办法（草案）》。全体院领导、教代会代表、列席代表以分组讨论的形式，对该实施办法进行了认真审议，通过了《学院绩效工资实施办法》。2017年10月30日，学院党委印发《学院绩效工资实施办法》。

拓宽人才引进渠道，创新用人机制。学院坚持"基层一线专任教师为主、高层次紧缺人才优先"的原则，引进计划主要适用于充实高层次人才队伍和新建专业、省级及以上重点专业专任教师队伍。积极探索柔性引进人才政策，拓宽人才引进渠道，打造专兼职师资队伍。2017年12月，学院印发《南京交通职业技术学院兼职教师管理办法》，建立兼职教师人才库，并进行动态管理。完善岗位考核办法，制定教师职称评聘制度，形成"能进能出、能上能下"的用人机制，建立以"师德为先、教学为要、科研为基、发展为本"为基本要求，点面结合、分类分层相结合的教师评价体系。实施教师"双师"素质提升计划，引进优秀青年博士、专业领军人才以及高技能专业人才，成立技能大师工作室，选聘产业教授，建设卓越师资队伍。

四、师资队伍建设提质增效

学院先后推出高层次人才引进、柔性人才引进、产业教授选聘和技能大师工作室建设等一系列人才政策，人才红利得到进一步释放。

截至 2017 年底，学院人才资源总量达 680 人，纳入人员总量管理 624 人，比"十二五"期末增加 21 人。学院专任教师 427 人，占全院现有人员总量的 69%；其中正高级专业技术职务教师 30 人，副高级专业技术职务教师 222 人，高级专业技术职务教师占全院现有人员总量的 41%；学院博士研究生学历或博士学位教师 52 人（含正在攻读 22 人），硕士研究生学历或硕士学位教师 402 人，研究生学历或硕士以上学位教师占全院现有人员总量的 70%；45 岁以下的青年教师数、"双师"型教师数分别占全院现有人员总量的 69% 和 78%。

2013—2017 年，学院新增首批国家级职业教育教师教学创新团队和首批江苏省职业教育教师教学创新团队各 1 个，江苏省高校"青蓝工程"优秀教学团队 4 个，国家"双师型"教师培养培训基地 3 个；入选国家"万人计划"教学名师、交通运输部交通运输青年科技英才各 1 人；被评为全国交通运输系统先进工作者 1 人，获第四届黄炎培职业教育奖杰出教师奖 1 人；入选省"六大人才高峰"、"333 高层次人才培养工程"、高校"青蓝工程"、交通运输行业高层次领军人才、交通运输系统教学名师等人才项目达 50 人。

第九节 加强党的建设，提高群团工作水平

2014 年，学院上下深入贯彻落实党的十八大，十八届三中、四中、五中、六中全会和习近平总书记系列重要讲话精神，强化全面从严治党主体责任，成功召开中共南京交通职业技术学院第二次党员代表大会，抓好领导班子和干部队伍建设，开展党的群众路线教育实践活动，推进"两学一做"学习教育常态化、制度化，扎实推进党风廉政建设，全体中层以上领导干部参加"三严三实"专题教育，接受省委第九巡视组对学院党委的专项巡视。2017 年，学院将迎接党的十九大召开和学习贯彻党的十九大精神作为全年的首要政治任务，全校掀起了上下联动、师生共学、人人参与的学习热潮。

党建引领群团工作，"十二五"期间，学院完成第三、第四次团学代会换届工作，成功创建"江苏省五四红旗团委"，4 次获"全省共青团工作先进单位"。深化"幸福交院"工程，2014 年，15 个教职工活动俱乐部相继成立，2017 年学院组织召开了三届四次教代会（工代会）和专题教代会，审议通过了《青年教职工公共租赁住房管理办法》《学院绩效工资实施办法》等关系教职工切身利益的制度办法。

一、稳步推进党建工作

学院党委坚持总揽全局，协调各方，集中精力谋划学校发展大事。2013 年 8 月，学院

被江苏省委组织部、江苏省委宣传部联合表彰为全省首届学习型党组织建设工作先进单位。2014年6月,成功召开学院第二次党员代表大会。扎实开展党的群众路线教育实践活动,推进"三严三实"专题教育、"两学一做"学习教育常态化、制度化。实现基层党组织与中层干部同步换届,探索实行党组织负责人兼任行政副职,推动二级教学单位更好地贯彻落实党政共同负责制。制定《进一步加强和改进基层党支部工作的实施意见》《基层党组织党建工作经费划拨与使用管理办法》等文件制度,保障和推进基层党支部标准化建设。落实党组织党建主体责任,开展党组织书记履行党建责任述职的全覆盖。创新"三会一课"形式与内容,探索党建活动品牌化建设,推广"10分钟微党课、党员大家讲、主题党日活动"等,推动党支部认真落实"党员活动日"制度。重视党员发展工作,强化校、院两级党校教育培训。坚持把思想建设放在首位,严格执行院系两级中心组学习制度、民主生活会制度、党支部"三会一课"制度、干部教育培训制度和教职工政治理论学习制度,积极推进学习型党组织、学习型校园建设。学院根据不同时期的专项教育任务,积极开展主题教育。

1. 开展党的群众路线教育实践活动

2013年7月,学院根据中央和省委统一部署,结合学校实际,扎实开展党的群众路线教育实践活动。学院紧紧聚焦"四风"问题,以"改进工作作风、提升素质能力、顺应师生期待、推动科学发展"为主题,认真开展学习教育、听取意见、查摆问题、开展批评,整改落实、建章立制三个环节的工作,将"照镜子、正衣冠、洗洗澡、治治病"的总要求贯穿于教育实践活动全过程,做到规定环节不变通,规定内容不落项,并结合实际做到自选动作有创新。全院党员干部和广大师生共同努力,保证活动方向明确,持续推进,取得了明显成效,还特别以反对"四风",着力解决师生实际问题和推动事业科学发展为导向,推出20项即知即改措施、20个方面的制度建设方案、10个方面涉及全局的调研专题。学院制定《南京交通职业技术学院教育实践活动整改方案》及专项整治方案、制度建设方案,分析梳理列出14个整改项目、75条具体措施,形成整改任务分解表,确保整改工作取得扎扎实实的成效。学院领导班子把教育实践活动中凝聚的共识、形成的思路转化为促进学院科学发展的强大动力和自觉行动,进一步明确责任,以攻坚克难的决心和勇气,立足当前抓整改、促落实,着眼长远立规矩、定制度,确保学院教育实践活动取

江苏省首届学习型党组织建设工作先进单位批文

得新的成效。各级领导班子和党员领导干部更加自觉遵守政治纪律，不断增强中国特色社会主义道路自信、理论自信、制度自信和文化自信，坚定理想信念。

2. 成功召开第二次党员代表大会

2013年10月，院党委发布《关于成立第二次党代会筹备工作领导小组的通知》，领导小组负责会议的筹备工作，下设秘书组、组织组、宣传组、会务组和代表资格审查组，分工负责各项准备工作。同年12月5日，院党委下发《关于筹备召开中国共产党南京交通职业技术学院第二次代表大会的通知》，确定了第二次党代会代表名额分配办法、中共南京交通职业技术学院第二次代表大会代表产生办法、中共南京交通职业技术学院第二届委员会和纪律检查委员会委员候选人产生办法。12月17日，学院党委发出认真做好学院第二次党员代表大会代表正式选举的通知。根据省委教育工委的要求，本次党员代表大会在代表名额分配上充分体现先进性和广泛性，党员代表主要从教师、各类专业技术人员、党政管理干部中产生，同时，离退休人员和学生中也要有一定数量的代表。省委教育工委批准学院第二次党代会代表共106名。此时学校共有正式党员378名，各党总支、直属党支部按照分配名额，采用"自下而上、自上而下、充分酝酿、民主协商"的办法，选举产生了106名党代会正式代表。各类代表的构成比例为：各级党员领导干部代表占44%、教职工代表占51%、离退休人员和学生代表占5%，其中妇女代表占20%。

2014年6月27—28日，学院召开南京交通职业技术学院第二次党代会。江苏省委组织部、省委教育工委、省交通运输厅党组领导出席大会开幕式。院党委书记贾俐俐，院长张毅，党委副书记许正林，纪委书记高进军，副院长杨宁、周传林、应海宁、杨益明，106名党员代表，离退休院领导、民主党派成员共8名特邀代表，以及27名列席代表出席大会。大会先后听取审议并通过了党委工作报告和纪委工作报告。

中共南京交通职业技术学院第二次代表大会

贾俐俐代表新一届党委向大会作了题为《凝心聚力 深化改革 创新发展 为建成特色鲜明、国内一流的交通运输类高职院而奋斗》的工作报告。报告指出，今后一个时期学院改革发展的指导思想是：以中国特色社会主义理论体系为指导，以科学发展观为统领，遵循高职教育发展规律，准确把握交通运输行业及经济社会发展新趋势，坚持以人为本，立德树人的理念，深化办学体制机制改革，全力推进"八项工程"建设，全面提高人才培养质量，全面提升科学研究水平和社会服务能力，全面加强党的建设和思想政治工作，解放思想，改革创新，艰苦奋斗，在新的起点上开创学校质量发展、特色发展、创新发展、和谐发展的新局面，加快建成特色鲜明、国内一流的交通运输类高职院。今后一段时期的奋斗目标是：到2020年，将学院建设成为特色鲜明、国内一流的交通运输类高职院。

报告强调全力推进八项重点工程：实施教育教学改革工程，大力提高人才培养质量；实施师资队伍优化工程，全面提升教师队伍素质；实施学生素质提升工程，增强学生可持续发展能力；实施开放办学工程，推进产教深度融合、校企紧密合作；实施科研与社会服务能力提升工程，增强学校社会影响力；实施管理体制机制改革工程，建设民主科学和规范高效的管理体系；实施校园文化建设工程，以先进文化引领学院发展；实施"幸福交院"工程，提高师生满意度与认同感。

大会民主选举产生了由贾俐俐、张毅、许正林、高进军、杨宁、周传林、应海宁、杨益明组成的中共南京交通职业技术学院第二届委员会，以及由高进军、王道峰、谢剑康、张家俊、张文斌组成的学院第二届纪委会。

本次党代会确定了学院今后的发展方向和未来一个时期的工作思路，选举产生了新一届领导集体，确定了新的目标任务，力争用3～5年时间，取得一批标志性成果，实现办学水平和综合实力较大幅度的提升，努力在高职教育激励竞争的格局中占据优势。为实现这一目标，牢固确立"强特色、勇创新、争一流"的工作导向。同时，以这次党代会为一个新的起点，进一步加强思想政治建设，加强党组织和干部队伍建设，加强纪律和作风建设，不断提高各级党组织和广大党员干部的科学发展水平和办学治校能力，更好地团结和带领广大师生员工为实现大会提出的目标而努力奋斗。

3. 深入开展"三严三实"专题教育

2015年5月，学院在全校中层以上干部中深入开展"三严三实"专题教育。学院领导班子坚持以上率下、从严从实、融入日常的要求，紧紧围绕"六查六看六整治"这条主线，精心谋划"三严三实"专题教育各项工作，把专题教育作为深化作风建设和师德师风建设、更新办学理念、提高教育质量、推进内部治理体系和治理能力建设的重要契机，作为助推事业发展和党员干部、人才队伍建设的有力抓手，做到专题教育与推动工作两手抓、两促进，并取得了较好成效。一是坚持学习引领，通过党委会、中层干部会和党委中心组学习扩大会、领导讲党课、党支部"三会一课"等形式组织党员干部开展"三严三实"专题教育和时事理论学习，全年组织党委中心组理论学习10次，有计划地完成"严以修身""严以律己""严以用权"三个专题学习和六次集中研讨交流。二是强化问题导向，深入开展调研，推动各级干部查找"不严不实"问题，梳理问题清单，确保专题教育精准聚焦。始终贯彻严实要求，立学立行、立行立改，持续推进整改落实和立规执纪，着力形成从严从实的鲜明导向。三是高质量开好"三严三实"专题民主生活会和组织生活会。领导班子和党员干部重点围绕遵守党的政治纪律和组织纪律方面，修身做人、用权律己、干事创业方面，以及落实党风廉政建设主体责任和监督责任、廉洁自律等方面，深入查找问题，深入剖析根源，认清问题实质，提出整改的具体措施，并认真开展批评和自我批评，达到了民主生活会效果。党员干部恪守"三严三实"，讲政治、守纪律、守规矩和干事创业的自觉性进一步提升，干部作风能力建设进一步加强，为学院改革发展奠定了坚实的思想基础。

4."两学一做"学习教育扎实开展

2016年5月，在省委"两学一做"学习教育第四协调小组的领导下，学院开展"学党章党规、学系列讲话，做合格党员"学习教育。学院党委切实履行全面从严治党的主体责任，坚持学做结合、知行合一，精心谋划学习教育的实施方案和工作计划，成立完善的组织机构，加强督查指导，认真组织实施，做到了规定动作不走样、自选动作有特色。及时印发《关于深入推进"两学一做"学习教育工作的意见》等阶段性重要文件，组织学习徐川同志先进事迹并对其思政工作法进行了研讨，组织全院党员完成"两学一做"学习教育知识测试，认真抓好"新时期共产党员思想行为规范""增强四个意识""做四讲四有合格党员"等专题讨论和支部党课的落实工作。全体党员均按照规范要求亮明了身份，普通党员、党员干部分别对照查摆和强化的要求及时整改自身存在的问题，认真开展党员领导干部立家规、共产党员正家风活动，学院4名党员在省交通运输厅"立家规、正家风"活动中获奖。学院完成组织关系集中排查、党员违纪违法未予处理排查清理、基层党组织按期换届专项检查、党费收缴工作专项检查等四项重点任务的自查工作。全院各级党组织牢牢把握"日常教育、自我净化、以知促行、领导带头、解决问题"五个方面方法措施，以党支部为基本单位，以"三会一课"等党的组织生活为基本形式，以落实党员教育管理制度为基本依托，通过两级中心组学习、单周政治业务学习、成果展示、专题大讨论、座谈会、讲党课等多种形式，有效推进全院理论学习活动深入开展，并取得较好效果。通过"两学一做"学习教育的扎实开展，党员党性修养明显增强，基层党支部组织生活进一步规范。

学院召开"两学一做"学习教育动员会

二、提升群团统战工作水平

(一) 工会工作

学院工会紧紧围绕学校中心，秉承服务教学、服务教工、促进校园和谐的宗旨，以推进学院民主建设为重点，以为教职工办实事、办好事为支撑点，扎实有效地开展工作，发挥了促进学院民主政治建设和校园文化建设的积极作用。

1. 坚持教代会制度，推进民主管理

教代会是教职工参与学院民主管理、民主监督的基本形式。教代会制度是教代会工作正常开展和教职工参与学院民主管理、民主监督权利得以有效行使的重要前提。在学院党委的领导下，学院工会在认真调研和广泛听取教职工意见的基础上，2014年修订了《南京交通职业技术学院教职工代表大会实施办法》《南京交通职业技术学院教职工代表大会提案处理办法》，为教代会各项工作规范、有序开展提供了坚实的制度保障。

2014年3月，学院召开三届一次教代会（工代会），会议认真总结了二届教代会以来的六年工作，经过无记名投票差额选举产生了第三届工会委员会、经费审查委员会、女职工委员会委员。2016年顺利完成学院15个分工会（直属工会小组）换届选举。2017年三届四次教代会（工代会）及三届教代会（工代会）专题会议讨论通过《青年教职工公共租赁住房管理办法》《教职工租赁住房使用管理办法（草案）》，顺利出台《南京交通职业技术学院绩效工资实施办法》。

2. 加强文体建设，培塑先进典型

学院工会以丰富多彩的活动为载体，打造"幸福交院"工程。组织开展形式多样、有益教职工身心健康的文娱和体育活动，提升教职工建设校园文化的积极性与主动性。培塑先进典型，激发广大教职工干事创业的热情。2015年学院荣获江苏省"模范职工之家"称号、"南京市职工文化基地"称号。

2015年学院荣获江苏省"模范职工之家"称号

（1）培塑先进典型，弘扬社会主义核心价值观。2015年，为贯彻落实习近平总书记关于培育和践行社会主义核心价值观的一系列重要论述和要求，展示学院优秀教师风采，树立良好的师德师风，宣传在推动学院发展中涌现出来的先进典型，组织开展了"最美交院人"评选活动，评出最美教师10名、最美职工6名。2016年，学院工会以服务转型发展为立足点，积极配合学院和上级工会组织开展"工人先锋号""模范职工之家""巾帼建功"等主题教育，举办"全国劳模进校园"专题讲座，培养评选了一批先进典型。2017年汽车工程学院技能大赛办公室获得江苏省"工人先锋号"荣誉表彰。2017年学院财务处获得江苏省妇联颁发的"江苏省巾帼文明岗"称号，学院人事处获得"南京市科教卫体系统五一巾帼标兵岗"称号。通过发挥先进典型的示范作用，广大教职工学有榜样、赶有方向，激发了教职工的集体荣誉感和主人翁

意识，促进了广大教师教书育人的热情，增强了立德树人的使命感。

学院坚持将无偿献血作为培育和践行社会主义核心价值观的重要载体。自2014年以来，由工会（医管办）牵头，校红十字会成立的无偿献血宣传志愿服务分队，在校内外广泛宣传献血知识，为无偿献血师生提供服务，严格按照完全自愿模式组织献血。2016—2017年，学院师生累计献血4500人次，在全市各高校中居于前列。学院荣获2016—2017年度"全国无偿献血促进奖单位奖"，是南京市唯一获此殊荣的高校。

（2）推进职工俱乐部建设，丰富文体活动。2014年在学院党委的部署下，工会牵头打造"幸福交院"工程，成立15个教职工俱乐部，涵盖艺术、体育、健身、器乐等多个领域，参与人数达540多人。学院出台《南京交院教职工俱乐部管理办法》，健全各俱乐部机构，规范章程，坚持常规训练，定期开展活动。依托职工俱乐部，工会常年组织开展教职工歌唱比赛、交谊舞大赛、"欢乐一家亲"亲子才艺大比拼活动、厨艺比赛，教职工乒乓球、羽毛球、三人篮球对抗赛，棋牌比赛、摄影比赛、足球友谊赛等一系列文化体育竞赛活动。各俱乐部积极开展登山活动、健美操瑜伽课程、"迎中秋、庆国庆"包饺子活动、英语口语交流会、书画摄影讲座、钓鱼活动、羽毛球选拔赛、跳绳健身活动、DIY艾草香囊活动等，受到学院教职工广泛好评，极大地调动了教职工参与各类集体活动的热情和积极性，增进了彼此之间的交流，为营造和谐校园氛围起到了良好作用，有效提高全院教职工的凝聚力，引领校园文化的内涵建设。2016年，基础教学部分工会荣获"全省交通运输产业模范职工小家"称号。

学院积极利用良好的文体设施，开展社会服务。2017年8月，学院助力2017姚基金希望小学篮球季。本届希望小学篮球季，是由姚基金、中国青少年发展基金会、中国篮球协会三家单位主办，李嘉诚基金会等爱心企业大力支持的大型全国篮球公益活动。中国篮球协会主席姚明亲临现场。国家体育总局、省市领导，学院党委书记贾俐俐、院长张毅等学院领导，来自姚基金的爱心合作伙伴，南京市各有关部门、新闻媒体、志愿者以及社会各界爱心人士出席了开幕仪式。为感谢南京交院的大力支持，姚明先生向学院党委书记贾俐俐颁发"组织贡献奖"。

2017姚基金希望小学篮球季活动期间姚明与院领导合影

学院教职工代表队参加上级比赛亦多次获得优异成绩,在南京市高职高专"校长杯"乒乓球比赛、江苏交通职业院校第七届乒乓球比赛中蝉联多届冠军,在中国联通"乒乓在沃"高校球王争霸赛总决赛中获得男子单打第一名、女子单打第三名的好成绩,扩大了学院知名度和影响力。

3. 关注民生,坚持为教职工谋福利

学院每年组织教职工进行体检,邀请专家开展义诊活动,举办医疗健康、女性健康、心理健康等专题讲座,引导教职工树立科学健康的生活理念。坚持加大教职工及其直系亲属大病补助力度,帮助患大病的教职工解决了部分实际困难。

2013—2017年,按照工会经费管理办法足额按时给全院教职工发放端午节、中秋节、春节福利与生日福利。2014年出台《教职工福利待遇有关规定》并于2017年进行修订。坚持关心慰问教职工,将学院党政领导的关怀、工会组织的慰问送达广大教职工。

关心离退休人员和教职工子女。走访慰问离退休人员,每年举办离退休人员新春团拜会,组织离退休党员和离退休教师座谈会,畅通离退休人员为学院发展建言献策的渠道。2016年,学院开始组织离退休逢五逢十年的人员回校过集体生日。发挥教职工特长,2016—2017年开设体育、美术等7个教职工子女免费兴趣培训班,针对学龄前儿童、小学生开设乒乓球、羽毛球、篮球、跆拳道、书法、绘画兴趣培训班,针对小学生开设健美操、啦啦操兴趣培训班,专业教师每周在课余时间为孩子免费授课。培训班教学内容专业、充实,得到教职工及小朋友的喜爱。人文艺术系直属工会小组2017年还建成了陶艺工作室,深受广大教职工及小朋友欢迎。

(二)共青团工作

1. 召开共青团第四次代表大会

为进一步加强学院共青团的组织建设和队伍建设,总结共青团工作经验,根据《中国共产主义青年团章程》规定和《关于认真做好全省共青团组织集中换届工作的通知》文件精神,2015年12月学院召开共青团南京交通职业技术学院第四次代表大会。在全校9个代表团中,经投票选举产生的200名代表参加了会议。其中,团干部代表占45%、团员代表占50%、保留团籍的党员代表占5%;女代表占40%。共青团江苏省委党组成员、省少先队总辅导员姜东,省交通运输厅机关党委副书记、团委书记金华,团省委组织部部长陈鹏、学校部部长薛保刚莅临大会。学院党委书记贾俐俐,院长张毅,党委副书记许正林及全院党政、群团、关工委领导出席了会议。

本次大会的指导思想:高举中国特色社会主义伟大旗帜,以邓小平理论、"三个代表"重要思想、科学发展观为指导,深入学习贯彻党的十八大、团的十七大和中央党的群团工作会议精神,继续解放思想,把握时代脉搏,坚定信念,牢记使命,求真务实,锐意进取,团结带领广大团员青年,为把学院建设成为特色鲜明、国内一流的交通运输类高职院而努力,为实现中华民族伟大复兴的中国梦而奋斗。

共青团南京交通职业技术学院第四次代表大会现场

学院团委书记季仕锋作了题为《高举旗帜，牢记使命，求真务实，筑梦青春，为建设特色鲜明、国内一流的交通运输类高职院校而努力奋斗》的工作报告。大会完成了各项既定的任务，选举产生了第四届团委委员和学生会委员。

2. 加强青年思想政治教育工作

学院团委在广大团员青年中深入开展思想政治教育，引领青年自觉践行社会主义核心价值观。依托团日活动、主题教育、学习研讨等形式，以党的十九大胜利召开、纪念中国人民抗日战争暨世界反法西斯战争胜利70周年、国家公祭日、烈士纪念日、五四运动和一二·九运动纪念日为契机，对团员青年开展爱国主义教育、正确的历史观和理想信念教育。组织团员青年深入学习习近平总书记系列重要讲话精神，用社会主义核心价值体系引领青年、凝聚青年、教育青年，开展了"我的中国梦""与信仰对话""四进四信""勿忘国耻·圆梦中华""培育践行社会主义核心价值观""感恩 奋进 升华"等内容丰富、形式多样的主题教育。在"我的中国梦"主题教育中，结合实际开展了"中国梦 交院梦 我的梦"系列活动，以"人人知晓中国梦 处处践行中国梦"为目标，掀起学习、践行中国梦的热潮；在"培育践行社会主义核心价值观"主题教育中，围绕社会主义核心价值观的宣传、教育、践行，组织了宣传教育、实践养成、典型培育、文化熏陶四大板块活动，先后开展了青年对社会主义核心价值观认知调研、"我为社会主义核心价值观代言"微博接力、专题辅导报告、校园明辨会等活动。2016年2月，学院社会主义核心价值观培育践行工作受到团省委的表彰，获得全省"践行和培育社会主义核心价值观活动先进单位"表彰。

3. 开展暑期社会实践与志愿服务

积极组织开展暑期社会实践与志愿服务，促进青年学生在实践中成长成才。2013年以来，全校共组建超过百支实践团队奔赴省内外开展社会调查、志愿服务、公益宣传、红色寻访、行业调研、创新创业、支教服务等实践活动，建立社会实践基地80余个，形成1600多篇优秀调查报告。学院的暑期社会实践活动被中央电视台、中国青年网、人民网、光明网、《中国交通报》、学习强国等各级各类媒体报道1000多次。

学院团委将青年志愿服务作为落实"立德树人"要求、涵育公益精神、提升综合素质的载体和抓手。坚持日常志愿服务和重大保障服务相结合，开展春运保障、赛事服务、助老扶幼、义务支教、环保公益、政策宣讲、场馆讲解、应急安全等志愿服务。2013年8月，学院145名志愿者圆满完成了为期12天的在南京举办的第二届亚洲青年运动会（简称"亚青会"）赛会志愿服务工作。南京电视台新闻综合频道、《南京日报》、团市委官方微博等媒体在亚青会期间对学院志愿服务工作进行了采访报道。

第二届亚青会南京交通职业技术学院青年志愿者服务团队集体留影

2013年9月30日，省委书记罗志军来到南京南站，视察指导国庆长假期间的交通客运工作，看望慰问节日坚守岗位的交通战线干部职工和志愿服务者。视察过程中，罗书记向假期坚守在南京南站志愿服务岗位的学院志愿者表达了亲切慰问。

2013年9月，省委书记罗志军亲切慰问学院志愿者

4. 加强团组织建设

学院团委建立健全学生干部培养工作的长效机制，着力加强专职团干部、兼职团干部、团务助理、校院（系）两级学生会骨干、社团骨干、班级团学骨干6个层面的团学干部培养。2013年以来，每年分别组织对校级和院级主要团学干部进行专题讲座、户外拓展训练和团体心理辅导等多种形式的培训。2016年10月，南京交通职业技术学院学生公寓团工委成立，负责开展公寓团建工作。

深入实施"青年马克思主义者培养工程"（简称"青马工程"），引领青年不断提升综合素质。认真贯彻落实团中央《"青年马克思主义者培养工程"实施纲要》精神，高度重视对团员青年的塑造和培养，构建并完善校、院（系）两级培养体系，形成院（系）向校级输送优秀学员的培训机制，不断提升团学干部培养的科学性、专业性和系统性。通过系统开展主题讲座、经验分享、汇报交流、参观学习等活动，培养了一大批在思想理论、专业学习、社会服务、创新创业等方面表现突出的青年马克思主义者，同时，在培训中融入理想信念教育、校史校情教育，加强和兄弟高校的交流。2013—2017年，"青马工程"班从第四期开到第八期，共培训了约500人，把对共青团组织先进性的理解和共青团组织的重要决策带到了广大团员青年中，在基层团组织建设和工作实践中发挥了良好的示范引领作用。

5. 出台学院共青团工作改革实施方案

2017年10月，学院党委印发《南京交通职业技术学院共青团工作改革实施方案》（简称《方案》）。

《方案》的指导思想：深入贯彻党的十八大、十九大和历次中央全会精神以及江苏省第十三次党代会精神，深入学习贯彻习近平总书记系列重要讲话精神，特别是关于共青团工作的重要指示精神、在全国高校思想政治工作会议上的重要讲话精神，立足保持和增强政治性、先进性、群众性，着力解决脱离青年学生的突出问题，依照共青团"凝聚青年、服务大局、当好桥梁、从严治团"的工作格局，积极适应共青团深化改革新形势、高等教育综合改革新发展和青年学生新特点，始终把握思想政治引领这一核心任务，坚持立德树人，坚持服务学生成长成才，坚持以体制机制改革激发活力，着力推进组织创新和工作创新，按照学院人才培养标准和社会对人才的要求，引领青年学生成长进步，成为中国特色社会主义事业的合格建设者和可靠接班人。

《方案》的主要目标：学院共青团工作改革，始终以"知行合一、明德致远"的校训为传承，以助力培养具有工匠精神的高素质应用技术型人才为任务，围绕共青团的基本职责和工作要求，牢牢把握政治方向、尊重学生主体地位，积极稳妥推进改革。学院共青团改革以"服务青年成长"为核心，以"改革创新、提升质量"为目的，以"思想引领、组织建设、校园文化、社会服务、创新创业"为抓手，结合学院"十三五"发展规划，深入推进、扎实提升，不断增强共青团工作的政治性、先进性、群众性，着力提高共青团工作对党政中心工作的贡献度、学生对共青团工作的满意度，实现共青团工作的内容重塑、制度重塑和价值重塑，促使共青团工作回归学生需求，把学生培养成"德才兼备、情理兼修、能力出众"

的人才。

学院在《方案》中提出了改革优化领导体制和运行机制、改革健全基层组织制度、改革创新工作方式方法三项举措。

(三) 统战工作

学院党委坚持以民主治校、构建和谐校园为目标,认真学习贯彻党的统战工作方针政策,贯彻落实上级统战会议精神,围绕学院改革发展稳定的中心工作,积极探索新形势下高校统战工作的新思路、新途径、新方法。

高度重视,强化落实。学院党委高度重视统战工作,将新时期的统战工作纳入学院重要议事日程与工作要点。做到了"四个落实",即任务落实、责任落实、措施落实、经费落实;做到了年初有计划、年终有总结,并将计划和总结纳入学校支部工作考核内容,有力地保证了工作的开展。

健全机构,加强管理。学院党委书记亲自分管统战工作,设立党委统战部,与党委组织部合署办公,做到了分工明确,管理到位,确保了学院统战工作顺利开展。

做好民主党派工作,充分发挥他们参政议政作用。每年召开民主党派人士和高级知识分子座谈会,汇报学院工作,听取意见建议。开展领导干部与党外人士交友活动,学院领导班子成员均与1~2名民主党派人士和其他党外人士结对交友,各基层党组织负责人均与本单位党外人士结对联系,主动与他们结为诤友、挚友,定期开展交心谈心活动,了解和掌握他们的思想动态。加强民主党派人员的培养,选拔优秀党外人员到学校教育教学的领导岗位中来,使他们的业务能力和工作水平得到进一步提高。坚持任人唯贤,选人用人上积极为民主党派成员和党外人士提供公平竞争的机会,积极选拔民主党派和党外人士担任专业带头人、骨干教师、教研室主任等,充分发挥他们在学院发展和教育教学中的积极作用。

(四) 关工委工作

学院关工委遵照"围绕中心、配合补充,因地制宜、量力而为,立足基层、注重实效"的工作方针,配合学校中心工作开展关心下一代工作,着力对青年学生以及青年教职工进行思想政治和道德品质教育,全面关心青年健康成长,为培养德智体美劳全面发展的中国特色社会主义事业合格建设者和可靠接班人服务。

学院党政领导对关工委工作高度重视。学院党委办公室、院长办公室、党委组织部、党委宣传部、人事处、财务处、工会、教务处、学生工作处、团委等职能部门为委员单位,为关工委搭建了顾问团、报告团、组织员组、心理咨询组、帮困助学组、教学督导组、法治教育组、爱心超市和关工委网站等"二团、五组、一市、一网站"工作平台,体现了党政领导的主导作用、委员单位的助力作用、工作团队的核心作用和老同志的主体作用。

学院关工委在协助学生党建工作、思想政治和道德教育、心理疏导咨询、帮困助学、开办"爱心超市"、教学督导、法治教育、对青年教师传帮带、社区共建等方面展开工作。2013年构建校院两级关工委组织机构,2015年六院一系7个二级关工委全部通过学院二级关工委常态化建设合格单位验收,实现二级关工委工作常态化。

学院关工委2013年获得"江苏省教育系统关心下一代工作先进集体"称号，2015年获得江苏省教育系统关工委工作常态化建设巩固提高奖，2016年获得江苏省关心下一代工作委员会、江苏省精神文明建设指导委员会办公室授予的"全省关心下一代工作先进集体"称号，2017年获得全省教育系统关工委优秀工作团队称号。运输管理学院二级关工委荣获2017年度"江苏省教育系统关心下一代工作先进集体"荣誉称号。

南京交通职业技术学院

Nanjing Vocational Institute
of Transport Technology
History

第九章

凝心聚力，奋进学院高水平建设新征程

2018—2023

Nanjing Vocational Institute of Transport Technology
History

2018年，学院成功入选江苏省高水平高等职业院校建设单位，开启了高水平建设的崭新华章。近五年来，学院上下深入学习习近平新时代中国特色社会主义思想，贯彻落实党的十九大、二十大精神，牢牢把握职业教育和交通行业发展的良好机遇，落实第三次党代会精神，为"建成行业领先、国内一流、国际有影响力的交通运输类高职院"而努力奋斗。2023年4月，学院获得2022年度省属高校高质量发展综合考核第一等次。学院"十四五"事业发展规划明确2025、2035"两步走"战略目标，提出了到2035年，基本建成"综合交通特色、办学质量一流、国际影响显著"的国内一流本科层次职业教育交通院校的宏伟目标。

站在学院事业发展新的历史起点上，学校领导班子深入研判和把握国家高等职业教育和交通强国的发展形势，以高水平建设为抓手，全面推进"七大工程"建设，聚焦六个发展目标，实施九大战略任务，在专业建设、人才培养、教育质量、办学层次等方面都有了跨越式的发展，学院各项事业呈现蓬勃发展的良好态势，为学院新一轮改革发展奠定了坚实基础。

第一节 跻身江苏省高水平高等职业院校建设单位

为深入贯彻中共中央、国务院关于加快发展现代职业教育的决策部署，认真落实《中共江苏省委江苏省人民政府关于深入推进教育现代化建设努力办好人民满意教育的意见》（苏发〔2016〕17号）文件精神，加快培育建设一批卓越高职院校，全面提升江苏省高等职业教育改革发展水平，更好地为推进"两聚一高"新实践和"强富美高"新江苏建设服务，2017年9月5日，江苏省人民政府办公厅公布《江苏高等职业教育创新发展卓越计划》，计划通过5年的努力，重点打造一批专业水平高、国际影响力大、成果丰硕、特色鲜明、在全国具有领军地位的江苏省卓越高职院校。争创省级、国家级高水平院校是学院"十三五"重要目标，也是学院实现跨越式发展的重要战略机遇。

一、启动省高水平高等职业院校创建工作

学院领导高度重视省高水平高等职业院校的创建工作，认为这是学院提升办学水平，在激烈竞争中抢占先机的重大举措，必须举全院之力去争取。2016年10月，学院印发《江苏省优质高职院校创建工作方案》，开启学院省高水平高等职业院校创建工作。同时，组织成立省优质高职院项目创建工作领导小组，由学院党政领导和职能部门、教学单位主要负责人组成，在学院党委领导下全面负责创建工作的组织和领导，协调解决创建过程中的重大问题。成立省优质高职院项目创建工作办公室，在领导小组领导下统筹项目申报、建设实施、监督检查和评估验收等工作，及时对接各部门各单位以加强联系协调，妥善做好创建有关的各项工作。成立省优质高职院项目创建咨询专家组，对项目创建工作进行指导和咨询论证。咨询专家组由学院学术委员会（含专业建设指导委员会）的成员组成，并根据需要邀请院外专家参加，适时组织

召开有关专家座谈会或研讨会，为优质高职院项目创建提供智力支持。经过上下协调努力，同年11月完成了《南京交通职业技术学院优质高职院校建设方案》及相关申报材料。

二、入选省高水平高等职业院校建设单位

2017年9月，江苏省人民政府办公厅公布《江苏高等职业教育创新发展卓越计划》，明确"遴选培育20所左右江苏省高水平高职院校"。

2017年11月，省教育厅、省财政厅联合发文正式启动江苏省高水平高等职业院校建设单位遴选工作。学院对照《江苏省高水平高等职业院校建设单位遴选指标体系》，在进一步总结学院建设基础、优势特色和发展短板的基础上，充分征求高职教育领域和交通运输行业专家的意见，积极组织申报。学院提交了《江苏省高水平高等职业院校建设单位申报书》《江苏省高水平高等职业院校申报单位基本情况表》《江苏省高水平高等职业院校建设单位建设任务书》《南京交通职业技术学院江苏省高水平高等职业院校建设方案》。该建设方案包括建设基础、建设目标、建设内容、建设进度、经费预算、建设保障、预期成效等7个部分。在学校申报的基础上，2017年12月，江苏省教育厅随后组织了专家评审委员会，对符合条件的学校进行现场答辩评审，院长张毅代表学校进行现场汇报，并获得与会专家一致认可。

2018年1月30日，江苏省教育厅、江苏省财政厅联合发布《关于公布江苏省高水平高等职业院校建设单位名单的通知》（苏教高〔2018〕2号），公布22所高职院校为江苏省高水平高等职业院校建设单位，南京交通职业技术学院成功入选。

三、统筹推进省高水平高等职业院校建设

入选江苏省高水平高等职业院校建设单位以来，学院领导高度重视省高水平高等职业院校建设工作。2018年11月，学院成立了由党政主要领导任组长，各副院级领导任副组长，各二级院系部、各有关部门负责人为成员的学院高水平高等职业院校领导小组，领导小组下设建设管理办公室，由分管副院长任主任，发展规划处负责人任常务副主任，成员由教务处、财务处、人事处、信息化建设与管理办公室等部门人员组成，负责省高水平高等职业院校建设的日常工作。根据具体建设项目任务和配套工作，成立了职责明确、分工到人的"项目建设工作组""专业群建设工作组""财务资产管理组""质量监控考核组"，全面推进学院省高水平高等职业院校建设工作。其中"项目建设工作组"包括卓越技术技能人才培养工程、高水平骨干专业集群建设工程、卓越师资队伍建设工程、产教融合社会服务能力提升工程、教育国际化提升工程、智慧校园建设工程、综合改革与治理能力提升工程等7个建设工作组；"专业群建设工作组"包括汽车服务专业群、交通土建专业群、现代物流专业群、智能交通专业群、轨道交通专业群、建筑工程专业群等6个建设工作组。

为规范推进学院省高水平高等职业院校项目建设与管理工作，学院先后出台《南京交通职业技术学院江苏省高水平高等职业院校项目建设管理办法》《南京交通职业技术学院江苏省高水平高职院校建设资金管理办法》《南京交通职业技术学院江苏省高水平高等职业院校项目

档案管理暂行办法》等管理办法。

学院根据建设方案，积极筹措落实经费，制订并完善相应的保障措施，在建设期间，把建设重点放在加强内涵建设和提高教育质量上，确保项目顺利实施并取得预期成效。

四、全面推进"七大工程"建设

省高水平高等职业院校建设项目的建设期为 4 年，学院以省高水平高等职业院校建设为契机，立足新起点，共谋新发展，全面推进"七大工程"建设：卓越技术技能人才培养工程、高水平骨干专业集群建设工程、卓越师资队伍建设工程、社会服务能力提升工程、教育国际化提升工程、智慧校园建设工程、治理能力提升工程。

深入开展"七大工程"建设的行动基础是学院紧扣江苏"两聚一高"新实践和"一中心、一基地"建设，突出交通运输行业转型升级和区域经济发展对高素质技术技能人才的迫切需求，坚持立德树人，坚持改革创新，全面升级内涵建设，用 4 年时间把学院建设成为行业领先、国内一流、国际有影响力的交通运输类高职院校。学院力争进入国家优质高等职业院校建设行列，为江苏打造"交通强国"省域示范区提供人才保障和技术支持。

第二节　调整领导班子，完善组织机构

立足新起点，共谋新篇章。2018 年，学院成功跻身江苏省高水平高等职业院校建设单位行列，进入高质量发展新阶段，对承担着领导、组织、管理任务的干部队伍的建设和培养也提出了更高的要求。学院党委班子贯彻落实党的十九大精神，全国、全省职教大会等会议精神以及《中国共产党普通高等学校基层组织工作条例》《关于新时代加强和改进思想政治工作的意见》《深化新时代教育评价改革总体方案》等文件精神，坚持以政治建设为统领，始终牢记"国之大者"，坚决捍卫"两个确立"，自觉站在助力"教育强国"、"交通强国"和"强富美高"新江苏建设的高度思考谋划工作。2018 年，学院成功召开第三次党代会，成立新的领导班子。学院坚持党委领导下的校长负责制，修订"三重一大"决策制度实施细则，按照党委会、校长办公会议事规则和议事决策，在执行民主集中制上带好头。落实班子成员定期沟通制度，坚持集体领导和个人分工负责相结合，班子成员牢固树立"一盘棋"思想，政治上相互信任、工作上密切配合，形成"政治坚定、求真务实、团结有力"的坚强领导集体。2019 年，学院根据事业发展需要和内部管理机构运行情况，为全力推进高水平高等职业院校建设工作，对内设机构进行了一次调整。

一、校级领导班子的调整

2018 年 5 月，免去高进军同志南京交通职业技术学院党委委员、纪委书记职务。
2018 年 10 月，免去许正林同志南京交通职业技术学院党委副书记职务。

2018年10月，崔建宁同志任南京交通职业技术学院纪委书记。

2018年10月，王道峰同志任南京交通职业技术学院副院长。

2018年第三次党代会召开后，学院党委领导班子调整如下：

党委书记：贾俐俐

党委副书记、院长：张毅

党委副书记：周传林

党委委员、纪委书记：崔建宁

党委委员、副院长：应海宁、杨益明、王道峰

党委委员：刘雪芬、谢剑康

2022年7月，免去应海宁同志南京交通职业技术学院党委委员、副院长职务。

2022年9月，谢剑康同志任南京交通职业技术学院党委委员、副院长。

二、党群行政机构的设置与调整

2019年，为全力推进高水平高等职业院校建设工作，根据学院事业发展需要和目前内部管理及机构运行情况，学院对内设机构进行调整。

1. 党政管理部门调整设置

（1）党委办公室、院长办公室、发展规划处调整为党委办公室、院长办公室（合署办公）；科技处、校企合作办公室调整为科研处、校企合作办公室（合署办公）。

（2）党委宣传部独立设置。

（3）财务处更名为财务处（审计处）；发展规划处（高职教育研究所）更名为发展规划处，增挂高水平高职院校建设办、教学质量管理办公室牌子；基建办公室并入后勤管理与服务中心，更名为后勤管理处（基建办）；人事处（外事办公室）增挂教师发展中心牌子；纪委办公室（监察审计处）更名为纪委办公室（监察处）。

调整后共设党政管理部门12个，具体为：党委办公室、院长办公室（合署办公）；党委组织部（党委统战部、党校）；党委宣传部；人事处（教师发展中心、外事办公室）；财务处（审计处）；教务处；学生工作处（党委学生工作部、党委人民武装部）；招生就业处；保卫处（党委保卫部）；科研处、校企合作办公室（合署办公）；发展规划处（高水平高职院校建设办、教学质量管理办公室）；后勤管理处（基建办）。

按规定设置团委、工会，离退休工作办公室与工会合署办公。

2. 教学院系调整设置

调整后设10个院系部，具体为：汽车工程学院、路桥与港航工程学院、运输管理学院、电子信息工程学院、轨道交通学院、建筑工程学院、人文艺术系、基础教学部（国际合作与交流办公室）、马克思主义学院和体育部（正科级）。

3. 教辅机构调整设置

（1）根据高水平高等职业院校建设需求，信息化建设与管理办公室升格为副处级教辅机构。

（2）设立资产管理中心（副处级）；设立高等职业教育研究所（学报编辑部），由党政管理内设机构调整为教辅机构。

2020年2月，经省交通运输厅批准，学院纪检机构调整为纪委办公室、执纪审查室，原纪委办公室（监察处）撤销。

2019年学院内设机构（单位）一览表

类别	机构设置
党政管理部门	党委办公室、院长办公室（合署办公）
	党委组织部（党委统战部、党校）
	党委宣传部
	人事处（教师发展中心、外事办公室）
	财务处（审计处）
	教务处
	学生工作处（党委学生工作部、党委人民武装部）
	招生就业处
	保卫处（党委保卫部）
	科研处、校企合作办公室（合署办公）
	发展规划处（高水平高职院校建办、教学质量管理办公室）
	后勤管理处（基建办）
纪检监察机构	纪委办公室（监察处）
群团机构	工会（离退休工作办公室，关工委秘书处、医疗管理办公室挂靠）
	团委
教育教学单位	汽车工程学院
	路桥与港航工程学院
	运输管理学院
	电子信息工程学院
	轨道交通学院
	建筑工程学院
	人文艺术系
	基础教学部（国际合作与交流办公室）
	马克思主义学院
	体育部

续上表

类别	机构设置
教辅机构	图书馆
	信息化建设与管理办公室
教辅机构	继续教育学院
	高等职业教育研究所（学报编辑部）
	资产管理中心
	江苏省交通节能减排工程技术研究中心
	新能源汽车工程技术研发中心
	创新创业学院
其他	南京交通职业技术学院资产经营管理有限责任公司

4.党总支（直属党支部）的设置与调整

按照"有利于加强党员发展和教育管理服务工作、有利于开展活动、有利于党支部和党员作用发挥"的原则，2019年，学院对各基层党组织设置进行调整。

2019年学院基层党组织设置一览表

序号	基层党组织名称	领导范围
1	机关第一党总支	党委办公室，院长办公室，党委组织部（党委统战部、党校），党委宣传部，纪委办公室（监察处），工会，发展规划处，人事处，财务处（审计处）
2	机关第二党总支	教务处，科研处、校企合作办公室，学生工作处，招生就业处，保卫处（党委保卫部），团委，继续教育学院，高等职业教育研究所（学报编辑部），江苏省交通节能减排工程技术研究中心，新能源汽车工程技术研发中心，创新创业学院
3	后勤党总支	后勤管理处（基建办），资产管理中心
4	产业党总支	南京交通职业技术学院资产经营管理有限责任公司，南京交院驾驶培训有限公司，南京交苑宾馆有限公司，江苏育通交通工程咨询监理有限责任公司，江苏省南京交院土木工程检测所
5	离退休党总支	离退休党员
6	汽车工程学院党总支	汽车工程学院
7	路桥与港航工程学院党总支	路桥与港航工程学院
8	运输管理学院党总支	运输管理学院
9	电子信息工程学院党总支	电子信息工程学院
10	轨道交通学院党总支	轨道交通学院

续上表

序号	基层党组织名称	领导范围
11	建筑工程学院党总支	建筑工程学院
12	人文艺术系党总支	人文艺术系
13	基础教学部直属党支部	基础教学部（国际合作与交流办公室）
14	马克思主义学院直属党支部	马克思主义学院
15	体育部直属党支部	体育部
16	图文信息直属党支部	图书馆、信息化建设与管理办公室

三、干部队伍建设

根据中共中央修订的《党政领导干部选拔任用工作条例》，学院修订了《干部选拔任用工作实施办法》，制定《中层干部选拔任用工作规程》。2019年，学院高质量完成中层干部换届工作，优化内设机构和干部职数配置，加大干部轮岗交流特别是关键岗位干部轮岗力度，轮岗交流27人，中层正职交流任职比例达到39%；提拔中层正职6人、副职13人，提任比例超过22%，干部队伍得到优化。改进和完善优秀年轻干部培养、选拔机制，出台《深入推进优秀年轻干部培养工作的实施办法》，通过选派参加上级调训、轮岗交流，积极为年轻干部搭平台，选派年轻干部参加巡视巡察、援疆、疫情防控等工作。坚持"五突出、五强化"，贯彻落实"三项机制"，完善干部考核评价机制，修订《中层干部考核工作实施办法》，制定《中层干部平时考核办法》，做到月度有总结、季度有评价、年度有考核。

认真落实领导干部个人有关事项报告，加强对离任中层干部的经济审计。扎实推动领导干部深入学生"七进"工作落地落实，聘任党员干部担任新生班级"第二班主任"，全体中层以上干部带头深入基层、深入一线、深入师生开展调查研究，形成高质量的调研报告。加大干部教育培训力度，建设国家教育行政学院南京交通职业技术学院网上党校平台，通过选派干部参加上级调训、参加干部培训班等方式，线上线下相结合，提高干部理论武装水平和政治觉悟。实施专业能力提升计划，每年组织开展党性教育、干部教师暑期学习培训班等专题培训，完善知识体系，优化知识结构，提升适应现代职业教育发展需要的素养和能力。

2019年学院组织机构负责人一览表

序号	机构名称	负责人	职务	备注
1	党委组织部（党委统战部）	刘雪芬	部长	
2	党委宣传部	谢剑康	部长	
3	纪委办公室（监察处）	张家俊	纪委副书记、主任（处长）	
4	党委办公室、院长办公室	康建军	主任	合署办公

续上表

序号	机构名称	负责人	职务	备注
5	人事处（教师发展中心、外事办公室）	刘凤翰	处长（主任）	
6	财务处（审计处）	毛慧玲	处长	
7	教务处	文爱民	处长	
8	学生工作处（党委学生工作部、党委人民武装部）	张守磊	处长（部长）	
9	招生就业处	耿巍	处长	
10	团委	季仕锋	书记	
11	保卫处（党委保卫部）	周家明	副处长（副部长）	主持工作
12	科研处、校企合作办公室	吕亚君	处长、主任	合署办公
13	发展规划处（高水平高职院校建设办）	仲尚伟	副处长（副主任）	主持工作
14	资产管理中心	游心仁	主任	
15	后勤管理处（基建办）	吴成群	处长（主任）	
16	工会、离退休工作办公室	米永胜	主席、主任	合署办公
17	汽车工程学院	刘阳	院长	
		赵勇	党总支书记	
18	路桥与港航工程学院	蒋玲	院长	
		李国之	党总支书记	
19	运输管理学院	姜军	院长	
		王艳梅	党总支书记	
20	电子信息工程学院	吴兆明	院长	
		杨金刚	党总支书记	
21	轨道交通学院	陈林山	院长	
		滕兆霞	党总支书记	
22	建筑工程学院	张文斌	院长	
		陈晋中	党总支书记	
23	人文艺术系	张晓焱	主任兼党总支书记	
24	基础教学部	胡海青	主任	
		袁茜	直属党支部书记兼国际合作与交流办公室主任	

续上表

序号	机构名称	负责人	职务	备注
25	马克思主义学院	郭荣梅	院长兼直属党支部书记	
26	体育部	孙志伟	主任	
		史立峰	直属党支部书记	
27	图书馆	张晓莺	馆长	
28	信息化建设与管理办公室	陈燕飞	主任	
29	继续教育学院	王宁	院长	
30	高等职业教育研究所（学报编辑部）	王平	所长	
31	南京交通职业技术学院资产经营管理有限责任公司	郭振华	总经理兼南京交院培训中心主任、产业党总支书记	
32	江苏省交通节能减排工程技术研究中心	程东祥	副主任	
33	新能源汽车工程技术研发中心	李贵炎	副主任	
34	创新创业学院	王黛碧	副院长	

第三节　全面加强党的建设，推进学院事业发展

学院坚持以习近平新时代中国特色社会主义思想为指导，充分发挥党委的领导核心作用、基层党组织的战斗堡垒作用和党员的先锋模范作用，坚持围绕中心抓党建，抓好党建促发展的方针，围绕中心，服务大局，推进学院各项事业的稳步发展。2018年12月，学院成功召开党的第三次代表大会，鲜明提出了今后五年学院事业发展的指导思想、目标和重点任务。深入开展"不忘初心、牢记使命"主题教育、党史学习教育等各类主题教育实践活动，全面加强党的建设，坚持党要管党、全面从严治党的方针，不断提高办学治校能力，为学院改革发展和人才培养工作提供了坚强的思想保证和组织保障。学院以高质量党建引领学院事业高质量发展，2023年4月，学院获得2022年度高质量发展综合考核（省属高校）第一等次。

学院获得2022年度高质量发展综合考核（省属高校）第一等次

一、强化思想理论武装，筑牢高校意识形态主阵地

加强两级中心组理论学习，提升领导干部的理论水平和工作能力。学院党委坚持把思想理论武装摆在党的建设的突出地位，建立健全理论学习工作机制，把理论学习中心组学习列入重

要议事日程，纳入党建工作责任制，纳入意识形态工作责任制，在学思践悟中引导党员干部提高政治站位、增强理论修养、锤炼实干本领、凝聚奋进力量，为推进学院高质量发展提供思想保证和精神动力。2019年6月，学院党委印发《关于进一步加强和改进校院（系）两级中心组理论学习的实施意见》，深化两级中心组学习的主要内容，不断完善两级中心组学习的制度和管理，切实加强两级中心组学习的组织领导，进一步抓好校院（系）两级中心组学习，切实提高党政领导干部的理论素养、领导能力和决策水平。2020年7月，学院党委印发《理论学习中心组学习实施办法》和《党总支（直属党支部）班子理论学习巡学旁听实施细则》，进一步推进党委理论学习中心组和各党总支（直属党支部）班子理论学习制度化、规范化，不断提高学习质量，提升学习效果，推动理论武装工作深入开展，提高领导干部的理论水平和工作能力。

丰富学习形式和载体，提升思想政治教育的效能。一是沉浸式学习。2021年，围绕党史学习教育等专题，学院党委理论学习中心组采用参观"学习强国"线下体验馆、建党百年成就展、嘉兴南湖红船和浙江佘村的体验式学习方式，让学习内容看得见、摸得着、听得到、"活"起来，加深直接感悟，让学习入脑入心。将党史学习教育与庆祝中国共产党成立100周年系列活动结合起来，举办演讲比赛、知识竞赛、艺术团课、红色戏曲（影片）巡演、校园歌手大赛、播音主持大赛、书画摄影展等近百场丰富多彩的校园文化活动，让学习在沉浸式参与活动的过程中入脑入心。二是互动式学习。2021年6月，学院打造了江苏省首个高校"学习强国"线下体验馆，探索集线上学习和线下体验为一体的学习模式。该馆集文字、图片、实物、影像等融媒体形式于一体，汇"学习强国"平台资源、党史学习资料、思想政治元素和交通行业发展内容于一处，有效增强了党史学习的沉浸感和参与感。学院以该馆为平台创新开展思政教育的经验成效获得中宣部关注，并先后获《人民日报》、人民网、中央党史学习教育专题网站、学习强国等主流媒体报道。2022年8月，中宣部宣传舆情研究中心组织召开全省高校座谈会，学院作为全省唯一一所参会的高等职业院校作交流发言，会议两次以"学习强国"南京交通职业技术学院线下体验馆为典型案例作了推介。2022年10月，学院配合"学习强国"总平台拍摄的专题宣传视频在"学习强国"青春中国频道置顶区和推荐频道"同学汇"专题展示。党的二十大召开前夕，由中央宣传部、国家发改委、中央军委政治工作部和北京市委市政府联合主办的"奋进新时代"主题成就展在北京开幕，南京交院作为全国唯一一所高等职业院校在宣传片中亮相。三是线上化学习。学院官方微信公众号开发"微学习"掌上学习平台，助力"每日一学""专题研学"和"学习测试"。《人民日报》电子阅报栏、"学习角"全面覆盖办公区、教学区、生活区，为包括中心组成员在内的全体师生提供便捷的学习渠道。"学习强国"App、青年大学习、新时代统一战线知识学习平台、江苏省交通运输干部网络教育培训平台等线上平台成为师生随时随地开展学习的阵地。学院与人民网合作建设网上思政学习教育平台，创新新时代传播话语体系，丰富大学生思想政治教育方式。2023年1月，以"深耕思政建设　培育时代新人"为主题的南京交通职业技术学院网上思政学习教育平台在人民网正式上线。平台由人民网江苏频道提供技术支持，进行内容审核，系人民网江苏频道打造的江苏首家高校网上思政学习教育平台。

江苏首个高校"学习强国"线下体验馆在学院开馆

成立马克思主义学院，持续推进思政课创优行动。2018年5月，根据中共中央宣传部、教育部《关于加强马克思主义学院建设的意见》、教育部《关于印发〈高等学校马克思主义学院建设标准（2017年本）〉的通知》要求，学院确定在思想政治理论课教研部的基础上成立马克思主义学院，同时撤销思想政治理论课教研部建制。马克思主义学院是直属于学院党委和行政领导的、独立设置的二级教学研究机构，负责思政课教学和马克思主义理论研究工作。马克思主义学院成立以来，积极推进思政课示范课堂建设，开展思政课教师说课比赛和优秀教学设计评比，创设"大学生讲思政课""博士生讲党课"等活动，着力推进新思想、新理论、"四史"进教材、进课堂、进头脑。融入地域优秀文化，积极推进"大思政课"建设，思政课舞台化实践项目《道路的选择》深受学生欢迎和业界赞誉。充分发挥马克思主义理论学科的理论优势和辐射作用，服务全省交通运输行业、社区、学校，2021年以来，为省交通运输厅党组理论学习中心组、干部培训中心以及交通一线职工、师生和学校基层党组织开设"红色课堂"近60场，直接受众6000余人；积极承办省交通运输厅厅属院校思政课教师培训，在马克思主义理论研究和阐释上下功夫，荣获2020—2021年度全省教科研工作先进集体、全省交通运输现代化示范区建设先锋队暨党建引领"四个在前"标兵党支部称号。

全面推行课程思政教学改革，筑牢高校意识形态主阵地。健全"党委统一领导、教务部门牵头、相关处室协同、二级院系落实推进"联动工作机制，成立课程思政教学改革领导小组，统筹推进课程思政工作；出台《课程思政建设实施方案（试行）》，有效推进课程思政教学改革和课程建设工作；修订完善《学院课程思政建设工作实施方案》《课程思政示范课建设及评选实施办法》等文件，全面修订各专业人才培养方案和课程标准，大力推进课程思政整体规划、教学改革和课程设计等工作，充分促使交通元素有机融入课程思政建设，打造具有行业特色的课程思政品牌。截至2022年底，校级"课程思政"示范项目立项18门，校级"课程思政"培育项目立项15门；校级教学基本建设项目中"课程思政"教学专项立项53门，其中示范课程20门、培育课程33门；入选江苏省职业教育课程思政示范课程1门、全国交通运输职业院校课程思政优秀案例3项。

二、中共南京交通职业技术学院第三次代表大会召开

2018年12月19—20日，中共南京交通职业技术学院第三次代表大会隆重召开。江苏省交通运输厅党组成员、副厅长金凌，省交通运输厅政治处处长张欣出席大会开幕式，中共江苏省委督导组组长、南京师范大学原党委书记文晓明率省委督导组到会指导和监督。学院党委书记贾俐俐代表学院党委作了题为《立德树人，砥砺前行，为建成高水平高职院实现新时代高质量发展而努力奋斗》的党委工作报告，学院纪委书记崔建宁作了题为《聚焦监督执纪问责，推进全面从严治党，为建设高水平高职院营造风清气正的政治生态》的纪委工作报告。

按照规定程序，经到会112名代表（应到115名）无记名差额投票，选举产生了第三届党委会和纪委会。当选的党委委员、纪委委员名单如下：

院党委委员9人（按姓氏笔画排序）：王道峰、刘雪芬、杨益明、应海宁、张毅、周传林、贾俐俐、崔建宁、谢剑康。

院纪委委员7人（按姓氏笔画排序）：王艳梅、张文斌、张家俊、赵勇、姜军、袁茜、崔建宁。

学院成功召开第三次代表大会

本次大会主题：高举中国特色社会主义伟大旗帜，以习近平新时代中国特色社会主义思想为指导，深入贯彻党的十九大精神和全国教育大会精神，坚持社会主义办学方向，落实立德树人根本任务，动员组织全校党员干部和广大师生员工，开拓进取，奋发有为，凝心聚力，砥砺前行，为建成行业领先、国内一流、国际有影响力的交通运输类高职院而努力奋斗。

院长张毅在开幕致辞中指出，中共南京交通职业技术学院第三次代表大会的胜利召开，既是学院发展史上和政治生活中的一件大事，也是学院立足新时代谋划新发展的内在要求。他表示，新时代赋予交通职业教育新的使命，提出新的要求。学院将认清形势，抢抓机遇，全面总结上一次党代会以来的主要工作和基本经验，准确研判学院内外环境和所处的历史方位，科学确立今后一个时期的奋斗目标和工作任务，进一步凝心聚力，改革创新，攻坚克难，

全面开创新时代学院各项事业发展的新局面。

学院党委书记贾俐俐的工作报告（简称"报告"）从"坚持全面从严治党，党建和思想政治工作取得新成绩""坚持以教学为中心，教育教学改革成效显著""坚持人才强校战略，人才队伍结构不断优化""坚持以生为本理念，学生工作及素质教育富有成效""坚持开放办学，产教融合与合作办学取得新成绩""坚持强化服务贡献，科研与社会服务能力显著增强""坚持深化管理改革，内部管理和服务保障能力不断提升"七个方面全面总结了第二次党代会以来学院取得的一系列新成就，阐述了"必须坚持党的领导，必须坚持以人为本，必须坚持改革创新，必须坚持质量发展，必须坚持特色办学"五点基本共识。

报告指出，未来五年将是学院向更高层次和更高水平迈进的关键阶段，也是深化改革，实现升级发展，提升核心竞争力的重要时期，我们要对接江苏"交通强省"战略和现代综合交通运输体系对高素质技术技能人才的最新需求，改革创新，奋力拼搏，把弱项快速补强，把强项做成优势品牌，不断开拓改革发展新境界。

报告明确了学院发展的指导思想为"高举习近平新时代中国特色社会主义思想伟大旗帜，认真贯彻党的十九大精神、全国教育大会精神和省第十三次党代会精神，遵循高职教育发展规律，主动服务交通运输行业转型发展和区域经济创新发展需求，坚持党对教育事业的全面领导，以立德树人为根本，以质量提升为核心，以产教融合为抓手，以开放创新为驱动，以协同育人为引领，以专业集群建设为重点，以高水平师资队伍建设、高水平科技与社会服务为支撑，推进国际交流与合作及智慧校园建设，全面深化综合改革，完善学校治理体系建设，合力打造学校发展的内生动力，培养德智体美劳全面发展的社会主义建设者和接班人"。报告将"建成江苏省高水平高职院，具备应用型本科办学实力"确立为学院今后五年的发展目标。

报告提出了未来五年重点实施的"八项工程"：实施党建领航工程，坚持党对学院事业的全面领导；实施高水平专业建设工程，推进专业内涵质量整体提升；实施人才强校工程，统筹推进高素质人才队伍建设；实施学生综合素质提升工程，促进学生全面发展；实施科研与服务能力提升工程，推进产教深度融合；实施教育国际化提升工程，构建开放办学新格局；实施智慧校园建设工程，提升校园管理的现代化水平；实施治理能力提升工程，增强办学治校能力。

学院纪委书记崔建宁的工作报告，全面回顾了第二次党代会以来的纪委工作，总结了学院党风廉政建设工作体会，围绕"严守纪律规矩，夯实校园政治生态基础""强化责任意识，深入推进全面从严治党""坚持常抓常管，不断巩固作风建设成果""加强廉洁教育，践行监督执纪'四种形态'""坚持打铁必须自身硬，提升履职尽责能力"五个方面，提出未来五年持续深化全面从严治党的工作思路。

本次党代会全面总结了学院第二次党代会以来的发展成绩，客观分析了学院事业发展面临的新形势与新任务，明确提出了今后五年学院事业发展的指导思想、目标和重点任务，系统部署了全面加强党的领导、党的建设和全面从严治党工作，来自全校各单位112名代表和全校师生员工共同谋划未来五年以及更长一个时期学校事业发展的宏伟蓝图。

三、持续发挥基层党组织战斗堡垒作用

学院以党支部建设"提质增效"三年行动计划和院系党组织"强基创优"工程为抓手，持续加强基层党组织建设。

2019年完成基层党组织换届，选优配强支部书记。开展党建工作标杆院系和样板支部培育建设工作。2019年12月，电子信息工程学院党总支第二党支部"风信子凝聚引航计划"获得学校党建工作创新奖评选鼓励奖，入选江苏省交通运输厅党组优秀基层党建品牌，入选教育部全国党建工作样板支部培育创建单位。

2021年6月，轨道交通学院党总支第一党支部被省委教育工委评为省级"高校特色党支部"。2022年3月，轨道交通学院党总支第一党支部成功获批教育部第三批全国党建工作样板支部培育创建单位。2018—2022年，学院4个党支部获评省级优质党支部，1个党支部获评省级特色党支部，1个党支部获评"全国党建工作样板支部"，1个党支部入选"全国党建工作样板支部"培育创建单位；入选江苏高校党建工作典型案例100例。

电子信息工程学院党总支第二党支部入选教育部全国党建工作样板支部培育创建单位

落实教师党支部"双带头人"培育工程，教师党支部"双带头人"100%达标。实施二级党组织、基层党支部"书记项目"，充分发挥各级党组织书记带头抓党建的示范作用，提高学院党建工作的科学化水平。及时修订二级院系党总支委员会会议和党政联席会议议事规则，健全二级党政共同负责制。持续开展党总支和党支部书记履行党建责任述职评议全覆盖工作。坚持把政治标准放在党员发展首位，高质量完成党员发展计划。2021年12月，完成智慧党建平台建设工作，启用"交院e党建"App，全面提升学院党建工作科学化、智能化、信息化水平。

四、开展"不忘初心、牢记使命"主题教育

根据中央和省委部署，学院参加第二批"不忘初心、牢记使命"主题教育，从2019年9月开始，到11月底基本结束。在省委第八巡回指导组的精心指导下，学院党委扎实开展主题教育，坚持把深入学习贯彻习近平新时代中国特色社会主义思想作为最突出的主线，将学习研讨、调查研究、检视问题、整改落实贯穿始终，督导检查同步跟进，确保主题教育往深里走、往心里走、往实里走。

主题教育期间，学院"我和我的祖国"主题快闪活动、"立德树人担使命，爱国奋斗守初心"、"全力推进学院高水平院校建设"等工作特色亮点被"学习强国"平台报道。

2019年9月12日，学院召开"不忘初心、牢记使命"主题教育动员会议。9月16日，学院党委发布关于成立"不忘初心、牢记使命"主题教育领导小组及办公室的通知。9月20日，

印发《开展"不忘初心、牢记使命"主题教育实施方案》的通知。

(一) 抓学习教育，促理论先行

党委领导班子成员带头读原著、学原文、悟原理，先学一步，学深一层，强化理论武装，筑牢思想根基。

一是全面系统学。通过学习规定书目，认真领会，确保学到深处、学到实处。主题教育期间，学院党委领导班子全体成员开展集中学习研讨13次，撰写心得体会23篇，从历史的角度、现实的维度掌握蕴含在书中的科学思维、科学方法。2019年9月26日，院党委领导班子组织开展"不忘初心、牢记使命"主题教育专题学习，作"理想信念与党性修养"专题学习研讨，省委第八巡回指导组组长史国栋，副组长陈萍、崔益虎等一行全程出席并指导。

二是创新方式学。通过邀请知名学者授课、参观雨花台烈士陵园、组织专题报告会、观看党史纪录片等形式，认真学习党史、新中国史，深入开展革命传统教育、爱国主义教育和先进典型教育。2019年10月1日，庆祝中华人民共和国成立70周年大会在北京天安门广场隆重举行，学院师生在图书馆报告厅收看庆祝大会盛况直播，共同见证伟大历史时刻，祝福伟大祖国。在举世瞩目的阅兵式上，学院汽车工程学院汽车运用与维修技术专业2015级学子蔡成林作为战略支援部队徒步方阵的一员，光荣地接受了检阅。10月24日下午，在图书馆报告厅，中国人民解放军原28军副政委、江苏省军区南京第二十四离职干部休养所离休干部李剑锋受邀作题为《初心的故事》的辅导报告。

三是联系实际学。将学习研讨与落实上级工作部署相结合，与巡视整改相结合，与推进学院高质量发展相结合，专题研讨学习内容增加了职业教育改革、交通强国战略等"自选动作"。2019年12月5日，学院党委领导班子召开"不忘初心、牢记使命"主题教育专题民主生活会，院党委书记贾俐俐代表院党委班子作对照检查，班子成员随后逐一作对照检查，认真查摆自身存在的突出问题，深刻剖析问题产生的根源，并对存在的问题提出了针对性整改措施。

四是突出效果学。为检验学习效果，针对领导干部、支部书记、普通党员等先后组织了4次应知应会知识测试，上线"每日一题"测试系统，形成了"比学赶超"的学习氛围，达到了以考促学的目的。充分利用"学习强国"学习平台，不断提升学习兴趣，推进主题教育常态化开展。

(二) 抓深入调研，促摸清实情

学院党委领导班子成员坚持"三带头"，走基层、查问题、寻良策。

一是带头深入一线。学院党委领导班子研究确定了提升党建科学化水平等8项调研课题，分别深入基层单位和部门，通过座谈会、个别访谈和问卷调查等形式，走访座谈200余人次，回收教职工问卷335份，学生问卷1826份。各二级单位也结合实际确定了33项调研课题。

二是带头查摆问题。调研阶段，共梳理问题75项。其中教师反馈问题47项、学生反馈问题28项。落实牵头部门和整改时间表，可以立行立改的问题马上着手整改。

三是带头讲授党课。2019年10月28—30日，学院党委书记为全体党员干部、全体支部书记上专题党课，其他党委领导班子成员分别到分管部门或联系单位上专题党课。学院党委领导班子讲授党课以深入学习理论和扎实开展调研为前提，党课内容聚焦"四个讲清楚"，突出针对性。据统计，学院党委领导班子成员先后授课8场，二级单位和支部先后开展党课、交流学习等活动60余场。

（三）抓督促指导，促即知即改

坚持边学边查，边查边改，狠抓落实。建立联络沟通工作机制，由学院领导分别担任组长，设立6个督导小组，对全院16个党总支（直属党支部）、39个党支部进行全覆盖、点对点指导。督导工作实行"领导干部专项负责制"，强化履职担当，落实"一岗双责"，确保提升主题教育落实的精度与深度，确保责任到人，倒追有力。

认真检视问题，归纳梳理党委领导班子问题清单9份，梳理问题85项，制订整改措施87条；二级单位和党支部形成问题清单29份，梳理问题146项，制订整改措施167条；结合中央和省委关于开展主题教育专项整治的要求，制订8项专项整治任务，召开党委会专题部署，制订专项整治工作方案，推进专项治理深入开展。

学院党委领导班子带头深入基层党组织，通过参加学习研讨会、谈心谈话、抽查相关知识等形式，全面了解基层党组织主题教育开展情况，指出不足，重申工作要求，明确重点工作。主题教育期间，针对各基层党组织学习教育、调查研究、成果交流、专题党课、支部工作落实等方面的工作，采取"四不两直"的形式进行了6次专项督查。

2020年1月14日，学院召开"不忘初心、牢记使命"主题教育总结大会。省委第八巡回指导组副组长陈萍、成员罗兵前到会指导。学院党委书记贾俐俐作主题教育总结讲话。院党委领导班子全体成员、近五年退出领导岗位的院级领导、全体中层干部、全体党支部书记、师生党员代表参加。指导组组长陈萍对学院主题教育工作取得的成效给予了充分肯定。会上，全体与会人员对学院主题教育工作进行了投票测评。

五、开展党史学习教育，庆祝建党100周年

2021年是中国共产党成立100周年，学院党委认真谋划、精心部署，扎实推进党史学习教育，热烈庆祝中国共产党成立100周年。学院开展党史学习教育的典型经验做法被《人民日报》、学习强国等主流媒体报道30余次；学院报送的简报被党史学习教育官网选用1次，被省委党史学习教育简报选用4次，被省交通运输厅、省委教育工委党史学习教育简报选用17次。学院被省交通运输厅评为"党史学习教育信息宣传工作优秀组织单位"。

（一）加强组织领导，科学统筹谋划

2021年3月17日，学院召开了党史学习教育动员大会。党委书记贾俐俐指出，全校各级党组织要认真领会、深刻理解党史学习教育的重大意义，把思想和行动统一到党中央、省委的决策部署上来，迅速抓好学院党史学习教育工作。院长张毅就贯彻好本次会议精神，抓好学院党史学习教育提出要求。

3月24日，学院召开共青团"学党史、强信念、跟党走"学习教育动员会。党委书记贾俐俐作了题为《火热青春心向党、学习奋斗正当时》的动员讲话。副院长王道峰解读了《学党史、强信念、跟党走》学习教育方案，并作出具体工作安排，为学院共青团开展党史学习教育指明了方向。

学院召开党史学习教育动员大会

3月29日，学院党委印发《关于成立党史学习教育领导小组及办公室的通知》，决定成立学院党史学习教育工作领导小组，党委书记贾俐俐任组长。

学院聚焦"学党史、悟思想、办实事、开新局"的目标，围绕"七专题一实践"任务，相继出台"三方案、三清单"，即《学院党史学习教育实施方案》《"我为师生办实事"实践活动工作方案》《开展党史学习教育督导检查工作方案》和《党史学习教育任务清单》《学习计划清单》《集中学习研讨安排清单》，并对主要任务逐一分解，清单化、条目化，明确工作举措、牵头部门、时间安排和工作要求。

4月23日，学院党委印发《庆祝中国共产党成立100周年工作方案》，其中包括开展党史学习教育、主题庆祝活动、专题宣讲、专题实践等四类重点任务，动员全院上下热烈庆祝党的百年华诞，激发广大师生爱党爱国爱社会主义的巨大热情，开启学院"十四五"高质量发展新征程。

（二）把握重点环节，持续掀起学习热潮

党史学习教育开展以来，学院各级党组织紧紧把握专题学习、专题培训、专题党课、专题宣讲、专题研讨、专题民主生活会和组织生活会等关键环节，创新开展主题党课、实践活动、艺术团课、演讲比赛等活动，增强党史学习教育的吸引力和感染力。

2021年4月23日，学院党委印发《关于成立党史学习教育师生宣讲团的通知》。宣讲团成员将主题宣讲与"四史"学习教育相结合，深入各党总支（直属党支部）和学生班级，共开展宣讲活动700余场。除了在校内开展宣讲活动，宣讲团还将精品党史课送到苏北航务处、省交建局等行业一线，共计举办20余场，听课人数达3000余人，充分发挥了行业院校的教学优势，推动全省交通运输系统党史学习教育的开展。

5月11日起,学院党委理论学习中心组通过集中学习研讨、集中学习、辅导报告等多种形式,围绕"学党史悟思想""学党史办实事""学党史开新局""学党史当先锋"等专题开展学习14次。其中,辅导报告邀请省交通运输厅党组书记陆永泉,江苏省委宣讲团成员王智、刘德海,浙江红船干部学院副院长徐连林等人授课7场,集中学习研讨累计交流发言40余人次。

7月1日,学院党委发布《关于组织收听收看习近平总书记在庆祝中国共产党成立100周年大会上重要讲话现场直播的通知》。7月2日,召开以"学习习近平总书记在庆祝中国共产党成立100周年大会上的重要讲话精神"为专题的党委理论学习中心组(扩大)学习会和团干部、团员、青年学生座谈会,围绕庆祝大会和总书记的讲话畅谈心得体会和切身感受。7月7—8日,举办党史学习教育读书班,重点围绕习近平总书记"七一"重要讲话精神开展集中学习和专题研讨,并汇编读书班学习心得体会。跟进学习习近平总书记"七一"重要讲话精神的做法被省委党史学习教育领导小组办公室以题为《培根铸魂跟党走 启智润心育栋梁——省属高校迅速学习宣传贯彻"七一"重要讲话精神》的简报进行刊发,江苏省内仅28所省属高校入选省委简报。

9月22日,学院党委发布通知,要求深入学习贯彻习近平总书记在庆祝中国共产党成立100周年大会上的重要讲话精神,动员全院各级党组织和广大党员干部职工深刻领会和把握习近平总书记"七一"重要讲话的重大意义、丰富内涵、核心要义、实践要求,切实把思想和行动统一到"七一"重要讲话精神上来,在学院高质量发展的新征程上传承红色基因、践行初心使命。

10月14日,学院隆重举行"请党放心 强国有我"党史学习教育主题升旗仪式和2021级新生开学典礼暨"开学第一课"。

12月20日,由中国交通教育研究会职业教育分会素质教育委员会主办,江苏省交通运输职业教育行业指导委员会、南京交通职业技术学院承办的"学百年党史 聚奋进之力"庆祝建党100周年党史知识竞赛决赛在学院举办,南京交通职业技术学院获得一等奖。

(三)开展"我为师生办实事",学史力行建新功

2021年5月27日,学院党委印发《"我为师生办实事"实践活动工作方案》,明确"开展调研察民情访民意""制订项目清单""办好贴近民生实事""关爱特殊群体温暖行动"四项重点任务和时间安排,扎实推进"我为师生办实事"实践活动,把学习党史同解决实际问题结合起来,着力解决基层的困难事、群众的烦心事,增强师生的获得感、幸福感、安全感。

按照《"我为师生办实事"实践活动工作方案》,各级党组织深入师生群体中开展调研,实地考察教学场所、学生宿舍、食堂、实验实训基地等,广泛听取意见、了解师生需求,各党总支(直属党支部)明确了108个项目并认真组织落实。学院确定"保就业:全面落实2021届毕业生就业帮扶"等8项"我为师生办实事"重点推进项目。以学院党委领办、学院领导督办、职能部门承办为工作机制,扎实推进"实事"落实,确保该专项工作取得实效,确保师生认可、师生满意,进一步提高学校治理水平。

六、全面从严治党，持续推进党风廉政建设

学院党委积极履行主体责任，支持纪委履职，推进纪委落实"三转"要求，推进高校纪检监察体制改革，细化责任分工。2020年2月，经省交通运输厅批准，学院纪检机构调整为纪委办公室、执纪审查室。按照省纪委要求，配齐配强纪检队伍。

落实到岗、责任到人，构建党风廉政建设责任体系。学院坚持每年召开专题会议，听取党风廉政建设工作情况汇报，积极厘清党风廉政工作清单，研究制订学院全面从严治党年度工作计划、目标任务和具体措施。与二级责任主体签订党风廉政建设责任书，以任前廉政谈话、任中廉政谈话、述责述廉、党风廉政建设责任制考核为抓手，把党风廉政建设各项任务落实到岗、责任到人，逐步构建起责权明晰、逐级负责、层层落实的党风廉政责任体系，推动"两个责任"落实从"无形"向"有形"转变，确保落实主体责任履责有痕、倒查有据、落实有力。

严明纪律规矩，驰而不息抓好日常监督。组织开展廉政风险点梳理排查。全院20个部门（单位）共排查出权力清单86项、廉政风险点400个，建立相应的防控措施800余条。督促各职能部门完善相关制度近200个，逐项绘制权力运行流程图。编印《学院重点领域风险防控手册》，明确岗位职责，切实落实防控责任与措施。关键环节监督检查，开展了"违规收受礼品礼金"、"小金库"、酒驾醉驾等问题专项治理。开展会员卡清退、清查"红包"及购物卡等专项检查；督促开展公务接待、办公用房、违规请客和公款吃喝问题自查自纠，作风建设自查自纠，集中整治形式主义、官僚主义等专项行动。督促修订完善一系列规章制度，形成长效机制。

积极探索"嵌入式"监督。坚持中层及以上领导干部重大问题、重要事项、个人去向、个人有关事项请示报告制度。坚持党内民主监督，对领导班子遵守民主集中制原则、执行议事规则、进行民主决策等"三重一大"情况的监督。坚持对选人用人的监督，对拟提拔和新进班子建议人选，必须征求纪委意见，出具廉洁自律鉴定意见。做好招聘新进教职工程序监督，重点加大对单独自主招生、成教自主招生录取工作及物资、工程、服务等项目的招标流程监察力度，积极探索开展各类事务权力运行流程网上"嵌入式"监督模式。

充分发挥巡察监督"利剑"作用。学院研究制定《巡察工作实施办法（试行）》，2019年起启动第一轮校内巡察，三年来历经七轮校内巡察，对所辖15个党总支（直属党支部）进行巡察全覆盖，共发现问题171个，开展巡察整改质效评估2轮，确保巡察整改落实到位，全面完成政治体检。

加强党性党风党纪教育。组织党员干部认真学习《中国共产党章程》《中国共产党纪律处分条例》等党内法规制度，把党规党纪专题教育纳入党委理论学习中心组和党员政治理论学习计划，组织开展知识问答、廉政党课等多项主题活动。指导各单位结合实际开展各具特色的反腐倡廉教育活动；将廉洁教育纳入学生人才培养方案，依托思政课堂，开展形势政策课廉政专题教育，积极引导大学生"扣好人生的第一粒扣子"。

强化示范警示教育。发放《典型违纪违法案例选编》、反腐纪实文学《追问》等，组织观看《党史中的清廉故事》《铁律无情　警钟长鸣》《象牙塔里的眼泪》及省纪委监委录制的警示教育片，组织党员干部及重点部门关键岗位工作人员赴汤山警示教育基地、江苏省交通运输系统警示教育基地、江苏省丁山监狱等开展警示教育活动，教育引导党员干部充分认识违纪违法的严重后果，增强了拒腐防变的自觉性。

建设廉洁文化品牌。创新宣传载体，发挥艺术类专业的特长，打造交通特色廉洁文化品牌，连续十二年举办"扬廉洁之风　创和谐校园"反腐倡廉公益作品设计大赛，获得了全校师生的积极响应。大赛共收到各类作品近万件，评出获奖作品近600件，其中40余件作品在省市比赛中获奖。每年举办获奖作品展，让参观的师生在感受艺术魅力的同时，接受廉洁文化的熏陶和浸润，切实增强廉政文化的感染力和渗透力。

第四节　"十四五"事业发展规划引领学院事业发展

"十四五"时期是学院加快转型升级，跻身国内一流高职院行列的关键时期，也是申办本科层次职业院校向职业教育本科层次办学过渡的攻坚时期。学院高度重视规划编制工作，紧紧围绕国家总体发展战略要求和区域经济社会发展要求，科学研判改革发展的形势与任务，在组织专题调研、广泛征求意见、开展专家咨询、提交会议审定等深入细致工作的基础上，编制完成了《南京交院"十四五"事业发展规划》。

一、学院"十四五"事业发展规划的编制

2020年2月，学院党委会、办公会通过《南京交院"十四五"事业发展规划编制工作方案》，正式启动学院"十四五"事业发展规划编制工作。学院"十四五"事业发展规划包含3个部分，即1个总体规划、10个专项规划和10个教学单位分规划。规划文本于2021年12月完成，整个规划编制历时1年10个月。

一是坚持强化组织领导。2020年2月，学院成立规划编制工作领导小组，印发《南京交院"十四五"事业发展规划编制工作方案》，统筹确定"十四五"事业发展规划体系、任务分工、规划框架和进程安排，分类组建学院总体规划、学院专项规划和教学单位分规划共21个规划编制工作组，形成了规划编制全院分工负责、协作推进的工作格局。规划编制期间，规划编制工作领导小组多次听取规划编制工作组专题汇报，并先后召开院领导集体研讨会、专题研讨会11次，职能部门研讨会、协调推进会12次，确保了规划编制整体工作顺利有序推进。

二是深入开展调查研究。2020年4月，围绕规划总体战略布局，学院领导班子成员分别牵头开展"十四五"事业发展规划研究课题，对学院事业发展的11个方面开展专题战略调研，分析"十三五"规划各项工作的完成情况；明确存在的问题，研究未来发展的思路，形

成了15份战略调研报告。规划编制办公室收集整理省内21所高水平高职院校、全国32所交通运输类高职院校的发展状态数据和未来规划指标进行对比分析研究，形成了7份对比研究报告。规划编制工作组分别结合各自发展实际，对照国内外标杆分析形成了一批专题研究报告。这些研究成果对明确学院总体规划定位和发展思路起到了重要作用，为科学编制学院发展规划奠定了扎实的工作基础。

三是广泛征求意见建议。为充分发挥广大师生员工主人翁作用，学院在规划编制过程中，坚持开门规划。2020年6月，规划编制办公室开展"我为学院'十四五'发展建言献策"活动，通过专题会议、网上建言献策、企业问卷调查、兄弟院校交流和校友座谈等多种方式，收集校内师生、校友及交通行业企业等的意见建议700余条。学院规划征求意见形成后，先后召开不同层面的专题研讨会、座谈会，听取意见建议，进一步完善规划相关内容。

四是严格规划编制程序。为确保规划科学编制，学院确定了规划编制"调查研究—形成思路—撰写草案—咨询论证—修订发布"5个环节，明确每个阶段的工作流程和重点内容。经过调查研究阶段的对比分析、形成思路阶段的发展指标体系框架的研讨确定、撰写草案阶段的重点项目和资源配置的统筹协调、咨询论证阶段的校内外征求意见和专题咨询论证，形成规划文本。2021年3月，学院召开四届二次教代会就《南京交院"十四五"事业发展规划》进行了深入讨论。7月，学院组织5名职教领域专家对学院总体规划进行现场评审。与会专家对学院"十四五"规划的编制给了充分肯定，并一致同意通过该规划。在此期间，学院按照科学决策程序，分别多次召开党委会、院长办公会、学术委员会会议以及二级院系党政联席会等对学院发展定位、发展目标、关键举措进行研究。9月，修订形成的学院规划提交院长办公会、党委会审定。同月，《南京交院"十四五"事业发展规划》（送审稿）分别报送省交通运输厅和省教育厅。11月，省教育厅审核同意《南京交院"十四五"事业发展规划》。12月，学院印发了"十四五"事业发展总规划。

二、明确学院"十四五"事业发展定位和奋斗目标

（一）明确2025、2035"两步走"战略目标

"十四五"规划是国家发布《国家职业教育改革实施方案》和《本科层次职业教育专业设置管理办法（试行）》后的第一个五年规划。根据国家职业教育改革发展的总体部署，学院围绕建设职业教育本科层次交通院校的总体目标和"交通特色鲜明、产教深度融合、国际广泛合作"的发展理念，明确了"两步走"战略。

到2025年发展目标：建成"综合交通特色、产教深度融合、国际有影响力"的交通运输类一流高职院，省高水平高等职业院校通过验收，提质培优行动计划承接任务全面完成，各项办学指标符合高等职业院校和本科层次职业教育院校设置标准，本科层次专业和在校生培养规模占比分别不低于10%。持续深化综合改革，打造国内一流的技术技能人才培养高地、技术技能积累创新服务高地、社会服务与职业培训高地、交通运输行业文化传承创新基地，形成高峰凸现、名师汇聚、人才辈出、制度规范、文化先进的优良生态，人才培养综合交通

特色更加鲜明，产学研协同能力全面提升，综合实力和办学质量显著提升，成为引领国内交通运输类职业教育改革创新和服务国家战略、地方经济社会发展的重要力量。

到2035年发展目标：建成"综合交通特色、办学质量一流、国际影响显著"的国内一流的本科层次职业教育交通院校。全面实现教育现代化，信息化、国际化程度位居全国同类院校前列；形成一批对交通运输行业和区域经济社会发展具有重大贡献、人才培养标准体系被国际高度认可的交通运输工程建设和运输服务专业集群；汇聚一批具有国际影响力的教学和科技创新团队；集聚一批行业认可度高的产教融合平台；"信息技术+""互联网+"教育教学模式改革走在全国前列并产生重要国际影响，为"一带一路"国家职业教育发展提供"中国方案"。

（二）聚焦六个发展目标

在确定总体目标的基础上，编制形成了学院"十四五"期间人才培养质量持续提升、专业集群效应全面凸显、师资队伍水平显著提升、技术技能积累和服务能力显著提升、国际交流合作水平显著提升、现代大学治理成效显著等6个方面的具体目标。同时依据可测量、可比较的原则，设计了未来5年的发展指标体系，共涉及17项29个主要指标。从总体目标到阶段目标再到主要指标，规划的任务逐步落实，确保了规划的前瞻性与可执行性。

1. 人才培养质量持续提升

立德树人根本任务全面落实，人才培养模式改革产生重要影响，优化人才培养规格和结构，精准服务学生个性化发展、多样化成才，精准供给产业转型升级和区域经济发展急需紧缺人才，人才培养质量获行业企业和社会高度认可，学生及家长对学校的满意度、校友对母校的认同度持续提升。在校生在创新创业、职业技能等省部级以上竞赛获奖数量年均100项以上，毕业生年均就业率在98%以上。

2. 专业集群效应全面凸显

专业结构布局更加契合综合交通运输产业结构，集群发展规模效应和集约效益突显，专业发展竞争能力显著增强。汽车运用、道路与桥梁、现代物流专业群保持国内领先，轨道交通、智能交通、建筑工程专业群综合实力和整体水平显著提升，跻身中国特色高水平专业群1～2个、省域高水平专业群4个，本科层次职业教育专业试点数和高职专业认证数位居全国同类院校前列。

3. 师资队伍水平显著提升

建立竞争有序、公平合理的人事管理制度和体系，灵活完善人力资源开发和配置机制，进一步优化各类人才成长机制。分类实施高端、中青年人才引进和培养计划，新增产业教授、技能大师等高端人才50人，省部级及以上教学（科技）创新团队8个以上，打造规模适度、结构优化、效率显著的高水平人才队伍，使学校成为支撑交通强省和"强富美高"新江苏建设的人才高地。

4. 技术技能积累和服务能力显著提升

完善科研创新和服务激励机制，建成一批服务经济转型和产业升级、政校行企深度协同的技术技能创新服务平台和团队，开展面向交通运输高端化、低碳化、智能化发展需求的应用技术技能研究，产出一批对接交通节能减排、新能源汽车、交通智能建设养护和交通安全应急等领域的具有高显示度和影响力的研究成果，同步实现智能网联、无人驾驶、现代物流、建筑工程等领域技术技能创新和服务突破，大幅提升面向交通运输行业和地方社区的职业培训、技能鉴定与资格认证规模和质量，全面提升科研成果转化率和技术服务贡献度，整体提升学校在服务国家创新驱动发展战略、社会经济发展中的地位和作用。

5. 国际交流合作水平显著提升

站在突破办学理念、人才瓶颈、体系标准，支撑交通强国江苏试点走在全国前列的高度，积极探索国际合作与交流的新途径和新方式，健全完善国际化校企协同伙伴计划、境外院校友好合作计划、师生国际行动计划和专业课程标准开发计划，实现"引进来"高质量、"走出去"高效能，全面推动和加快教育国际化进程，继续保持国际化办学主要指标和能力水平位居全国前列。

6. 现代大学治理成效显著

加强党对学院工作的全面领导，牢固树立"以学生成长为中心""以教师发展为中心"的理念，围绕高质量发展，推动学院办学重心下移，规范校院两级运行机制和办学利益相关方合作机制，强化目标责任考核激励作用，打造健全完善的校内政治文化和制度生态体系，努力形成具有中国特色、体现交院精神的现代大学制度，实现学校治理结构和治理能力现代化。

三、实施九大战略任务

学院"十四五"规划将核心聚焦在人才培养、专业建设、师资队伍、产教融合、科研与社会服务、国际影响力、综合治理等7个方面的突出问题上。为解决这些突出问题，实现未来5年的发展目标定位，学院形成了"目标导向、对接需求，产教融合、协同发展，聚焦一流、打造特色，立足本土、链接全球"的发展原则，确立了"立德树人，培养卓越技术技能人才""集群发展，打造高水平专业群""人才强校，打造高水平师资队伍""创新驱动，打造技术技能创新服务高地""产教融合，提升服务发展水平""双向并进，提升国际交流合作能力""深化智慧建设，提升教育信息化水平""文化引领，建设一流魅力校园""党建领航，提升学校现代治理水平"等九大战略任务。

第一大任务包含"四项行动计划"，即"8S"[①]综合素质教育行动计划、人才培养模式改革计划、教学模式创新行动计划、创新创业教育行动计划4个板块；第二大任务包含"两项计划一个机制"，即现代综合交通特色专业群建设计划、专业高峰建设行动计划、创新专业集群建设和专业高峰发展机制3个板块；第三大任务包含"四项计划一个环境"，即高层次人才引育计划、双师型教师培养计划、教师国际化水平提升计划、高水平团队培育计划和优化人才发展环境5个板块；第四大任务包含"两项计划一个机制"，即高层次科研服务平台建设培

---

① "8S"是整理（Seiri）、整顿（Seiton）、清扫（Seiso）、清洁（Seiketsu）、素养（Shitsuke）、安全（Safety）、节约（Save）、学习（Study）。

育计划、技术技能积累服务平台建设培育计划和创新科研管理服务评价机制3个板块；第五大任务包含健全产教融合发展机制、健全完成社会服务体系和健全完善社会服务体系3个板块；第六大任务包含"三项计划"，即实施专业标准与国际标准融通计划、实施国际化人才培养培训计划、落实"留学江苏行动计划"3个板块；第七大任务包含3个板块内容，即加强基础环境和信息安全建设、集成完善智慧校园应用系统和延伸拓展智慧校园社会服务功能；第八大任务包含3个板块内容，具体是科学编制、实施新一轮校园总体规划和建设人文校园，建设平安校园；第九大任务包含全面加强党的建设、完善治理组织结构、创新校院两级管理机制和推进内部质量保证体系建设4个板块内容。

第五节　专业改革与现代职教体系建设

自2018年学院跻身江苏省高水平高等职业院校建设单位以来，学院以完善专业结构为抓手，紧密对接国家创新驱动发展战略、"一带一路"倡议、交通强国战略和"强富美高"新江苏建设需求，以推动高质量发展为主题，制定和完善高职教育教学的管理规章制度，设计教育教学改革方案，调整专业设置和课程设置，加大教育教学投入，引领内涵建设，推进教学基本建设，积极深化校企合作、工学结合人才培养模式改革，不断提高学院教育教学质量和现代职教体系建设水平。

一、深化专业结构调整，强化专业建设

（一）锚定专业发展方向的专业设置

以"立足交通，服务地方经济"为原则，完善专业设置机制，优化专业布局，学院交通特色专业稳定在70%左右。科学制定专业建设与评估标准，定期对各专业（群）建设状态进行检查评估，形成专业优化调整、预警、退出机制，动态调整专业设置。"十三五"期间，学院围绕综合交通运输建设开设轨道交通、航空机电等交通特色专业5个，围绕"互联网+"行动、《中国制造2025》等要求，改造机电、信息类传统专业，适度开设新专业。以"集群、优化、特色"为原则，整合教学资源，开展以专业群为主体的专业内涵建设，形成专业集群合力。

按照"适应需求设专业、校企合作建专业、依托行业强专业"的专业建设思路，推进与地方政府、行业协会和企业的深度合作，提升专业建设水平。构建国家级、省级、院级重点专业三层并进的专业建设体系，建设一批实力较强的国家级、省级重点专业。到"十三五"末期，学院每个专业都有一个紧密型合作企业，共同制订人才培养方案和人才培养质量标准，共同进行课程建设、教材建设和实训基地建设，共同开展人才培养质量调查。完善人才培养质量保障体系，开展专业诊断与改进工作，建立教学效果以学生评价为主、办学质量以企业评价为主的评价制度。

学院主动对接综合交通运输转型升级趋势，按照专业群结构逻辑和对接产业吻合度的要求，重组建设汽车服务、交通土建、物流管理、轨道交通、智能交通、建工工程等6个省高水平专业群，培育发展轨道交通类专业，新能源汽车、智能交通技术、地下与隧道工程等11个交通及其他紧缺专业。截至2022年，学院专业总数38个，专业设置与行业发展契合度达89%，专业布局由"陆上交通"向"公、铁、水、空"综合交通运输拓展，初步建成紧密对接江苏综合交通运输产业体系、服务区域经济发展方式转变、以特色专业群布局为特征的大交通人才培养体系。

2018—2023年学院新增专业一览表

年份	新增专业（个数）	新增专业
2018	1	地下与隧道工程技术
2019	2	冷链物流技术与管理、大数据技术与应用
2021	4	道路工程检测技术、道路工程造价、智能网联汽车技术、无人机应用技术
2022	1	工业机器人技术
2023	1	安全技术与管理

（二）打造高水平专业群

坚持教育链、人才链、产业链、创新链"四链融合"，牢牢把握国家实施特色高水平职业院校、特色高水平专业群和江苏省高水平高职院校和高水平专业群建设计划的重大机遇，紧密对接交通运输产业结构调整和新兴业态，瞄准国家和区域重大发展战略需求，按照"集群、特色、共享"的建设思路，重点建设交通土建、汽车服务、智慧物流、智能交通、轨道交通5个交通运输特色专业群，按照专业群组群逻辑，重构群内专业方向结构、课程体系和实践体系，依托人工智能改造传统专业和开发新兴专业，全面形成现代综合交通专业集群发展格局。

建立跨界集群推进政策。围绕交通运输行业和地方经济社会发展的需求，打破院系壁垒，按照专业群集中建设和资源配置要求，组建跨专业群团队；建设一批问题导向、覆盖面广的跨专业群协同融合平台，重点建设交通土建、智能网联与新能源汽车、交通节能减排、现代综合物流等交叉创新平台；探索实施跨院系教师双聘机制，解决人员流动和平台考核评价问题，营造专业集群交叉共建共享的氛围。创新优势特色专业学术组织建设和管理，按照"整合资源，支持重点，突出特色，动态发展"的原则，组建一批高水平结构化教师教学创新团队，实行教学院系统一领导下的团队带头人负责制，赋予团队带头人人财物支配权、技术路线决策权；设立教学创新团队建设专项经费，全面促进跨专业协同开发教学资源的研究并开展形式多样的跨专业交叉研究，推动模块化、项目化和信息化教学改革。

2023 年专业群及群内专业名称

序号	专业群	专业代码	专业名称	开办年份
1	汽车检测与维修技术专业群	500211	汽车检测与维修技术	1997
2		500210	汽车技术服务与营销	1999
3		500212	新能源汽车检测与维修技术	2016
4		460704	智能网联汽车技术	2021
5	道路与桥梁工程技术专业群	500201	道路与桥梁工程技术	1979
6		440601	市政工程技术	2005
7		500601	城市轨道交通工程技术	2009
8		500302	港口与航道工程技术	2012
9		440305	地下与隧道工程技术	2018
10		500205	道路工程造价	2021
11		500204	道路工程检测技术	2021
12		420901	安全技术与管理	2023
13	现代物流管理专业群	530802	现代物流管理	2001
14		530503	关务与外贸服务	2007
15		500405	空中乘务	2014
16		530806	冷链物流技术与管理	2019
17	智能交通技术专业群	530302	大数据与会计	1999
18		510202	计算机网络技术	2002
19		510101	电子信息工程技术	2004
20		510203	软件技术	2006
21		510301	现代通信技术	2008
22		500207	智能交通技术	2017
23		510205	大数据技术与应用	2019
24		460609	无人机应用技术	2021
25	城市轨道交通机电技术专业群	500606	城市轨道交通运营管理	2015
26		500603	城市轨道交通机电技术	2016
27		500602	城市轨道车辆应用技术	2017
28		500604	城市轨道交通通信信号技术	2017

续上表

序号	专业群	专业代码	专业名称	开办年份
29	机电一体化技术专业群	500203	智能工程机械运用技术	2001
30		460301	机电一体化技术	2004
31		460113	模具设计与制造	2005
32		460305	工业机器人技术	2022
33	建筑工程技术专业群	440301	建筑工程技术	2002
34		440501	工程造价	2003
35		440102	建筑装饰工程技术	2003
36		440104	园林工程技术	2007
37		440106	建筑室内设计	2013
38	艺术类专业群	550102	视觉传达设计	2006
39		550114	室内艺术设计	2006

学院拥有全国交通运输类职业教育示范专业2个、江苏省高校国际化人才培养品牌专业2个、省级示范重点建设专业4个、省级高水平骨干专业建设项目5个，参与"1+X证书"项目试点专业30个。

2019—2022年学院专业建设成果一览表

序号	专业（群）名称	所获荣誉	获批年份
1	汽车营销与服务	国家骨干专业	2019
2	建筑工程技术	国家骨干专业	2019
3	道路与桥梁工程技术	国家骨干专业	2019
4	汽车检测与维修技术	国家骨干专业	2019
5	物流管理	国家骨干专业	2019
6	工程机械运用技术	国家骨干专业	2019
7	计算机网络技术	国家骨干专业	2019
8	汽车车身维修技术	国家骨干专业	2019
9	城市轨道交通运营管理	国家骨干专业	2019
10	汽车检测与维修技术	全国交通运输类职业教育示范专业	2020
11	道路与桥梁工程技术	全国交通运输类职业教育示范专业	2020

续上表

序号	专业(群)名称	所获荣誉	获批年份
12	道路与桥梁工程技术专业群	江苏省重点专业群	2021
13	汽车检测与维修技术专业群	江苏省重点专业群	2021
14	物流管理专业群	江苏省重点专业群	2021
15	建筑工程技术专业群	江苏省重点专业群	2021
16	现代物流管理	"十四五"高校国际化人才培养品牌专业	2021
17	汽车检测与维修技术	"十四五"高校国际化人才培养品牌专业	2022

二、现代职教体系建设

(一)现代职教体系试点与建设

积极开展适应发展需求、产教深度融合、中职高职衔接、职业教育与普通教育相互沟通的现代职业教育体系建设。建立和普通教育双向沟通的桥梁，探索与普通学校开展课程和学分互认，探索与本科院校联合培养高层次应用型人才，积极推进"中职—高职—本科"教育纵向贯通。认真组织实施"3+3"中职与高职分段培养、"3+2"高职与普通本科分段培养试点项目，探索重点专业的高职本科专业建设，选择优势专业，开展四年制高职本科教育，探索实施与本科院校共建应用型工程硕士培养基地。加强与普通教育、继续教育的横向沟通，完善学生在本校和普通高校之间转学、升学的通道，积极探索与普通高校开展教师互聘、课程互换、学分互认工作。

根据"加强基础、促进交叉、尊重选择、卓越教学"的方针，建设多样化人才培养体系。建立适应"4+0""5+0""3+2"高职本科贯通培养项目和"3+3"中高职衔接培养项目特点，学生学情和成长规律的人才培养模式，优化人才培养方案和培养规格标准，适度扩大高职本科贯通培养项目数量和规模。

为深入落实国家高等教育综合改革和构建现代职业教育体系要求，自2016年起，学院与南京工程学院、行业龙头企业苏交科集团股份有限公司，开展土木工程专业(交通土建)四年制本科生培养，三方合作招生、合作培养、合作就业，联合培养交通行业急需的"精施工、会设计、懂管理""宽基础、强专业、精技能"的本科层次应用技术人才。

南京交通职业技术学院-南京工程学院合作开展的"4+0"高职本科贯通培养项目，2020届(首届)土木工程专业(交通土建)本科生培养递交优异答卷，38名本科生100%顺利毕业并取得学士学位，100%通过英语四级考试，其中15人通过了英语六级考试，12人考取了硕士研究生。2021年6月，学院完成2021年江苏省现代职教体系贯通培养项目"4+0"土木工程专业(交通土建)典型案例"优势叠加促人才蝶变"的申报。2021年开办工程造价"5+0"专业，2022年新增"5+0"高职本科衔接培养项目两项：工程造价、大数据与会计。参加该项目的学生在南京交通职业技术学院学习五年，其中前三年高职教育阶段考试合格者，后两年本科教育阶段继续在学院学习,接受普通本科与高职联合教育,毕业后颁发南京工程学院本科文凭。

学院首届四年制本科土木工程专业(交通土建)毕业合影

**学院现代职教贯通培养体系"3+2"高职与普通本科分段培养项目一览表
（2018—2022年）**

序号	试点形式	牵头院校	合作院校	前段专业	后继专业	合作年份
1	3+2	金陵科技学院	南京交通职业技术学院	汽车检测与维修技术	车辆工程	2018
2	3+2	金陵科技学院	南京交通职业技术学院	现代物流管理	物流管理	2018
3	3+2	南京工程学院	南京交通职业技术学院	道路工程造价	工程造价	2021
4	3+2	南京工程学院	南京交通职业技术学院	城市轨道车辆应用技术	车辆工程	2021
5	3+2	南京工程学院	南京交通职业技术学院	大数据与会计	会计学	2022
6	3+2	南京工程学院	南京交通职业技术学院	室内艺术设计	工艺美术	2022

**学院现代职教贯通培养体系"3+3"中职与高职分段培养项目一览表
（2018—2020年）**

序号	试点形式	牵头院校	合作院校	前段专业	后继专业	合作年份
1	3+3	南京交通职业技术学院	江苏省通州中等专业学校	城市轨道交通运营管理	城市轨道交通运营管理	2018
2	3+3	南京交通职业技术学院	南京金陵高等职业技术学校	汽车运用与维修	汽车检测与维修检测	2018
3	3+3	南京交通职业技术学院	江苏省通州中等专业学校	航空服务	空中乘务	2019

续上表

序号	试点形式	牵头院校	合作院校	前段专业	后继专业	合作年份
4	3+3	南京交通职业技术学院	江苏省通州中等专业学校	城市轨道交通车辆运用与检修	城市轨道交通机电技术	2019
5	3+3	南京交通职业技术学院	江苏省金湖中等专业学校	数控技术应用	模具设计与制造	2020

健全完善三年一贯制高职专业励志精英人才培养模式、专业大类招生分流培养模式、跨专业人才培养模式、国际工程师班等模式，创新教学组织方式，创新教学管理与运行机制，打造模式多样、活力凸显的人才培养格局。2020年，学院试行专业大类招生，汽车工程学院汽车检测与维修技术、汽车营销与服务、汽车车身维修技术、新能源汽车运用与维修等四个专业的新生，第一学期后可根据自己的兴趣，在这四个专业内重新选择专业；路桥与港航工程学院道路与桥梁工程技术、工程造价（公路与市政工程造价）、市政工程技术、港口与航道工程技术、地下与隧道工程技术等五个专业的新生，第一学期后可根据自己的兴趣，在这五个专业内重新选择专业；运输管理学院物流管理、报关与国际货运、冷链物流技术与管理等三个专业的新生，第一学期后可根据自己的兴趣，在这三个专业内重新选择专业。

产教融合，校企共赢，引领交通职教创新发展。学院是江苏省交通运输职业教育行业指导委员会秘书处单位和江苏交通运输职业教育教科研中心组组长单位。学院牵头组建江苏交通运输职业教育集团、江苏汽车职业教育联盟、南京交通高职教育联合体，形成"政校行企"集团化办学范式，引领带动全省交通运输职业教育共同发展。学院先后成立了江苏交工·路桥与港航工程学院、南京交院万宇学院、康众学院等10余个校企联合学院，探索实践"双主体"和混合所有制办学，组建了舍弗勒班、宏信设备班、江苏交工班等20余个具有现代学徒制特色的企业订单班，辐射带动全省交通运输职业教育创新发展。

（二）继续推进"3+1+N"公铁水游学制人才培养模式改革

随着现代综合交通运输体系快速发展，江苏逐步构建了以多式联运为特点的全链条交通物流新体系，急需一批兼具公、铁、水多式联运知识和技能，"懂技术、精技能、会管理"的复合型物流技术技能人才。为破解"物流人才培养规格与交通物流发展新需求不对接、培养模式与复合型人才培养要求不匹配、区域高职院校优质教学资源集聚共享难"等突出问题，办学各具特色、优质资源各有偏重的南京交通职业技术学院、南京铁道职业技术学院、江苏海事职业技术学院3所交通高职院，于2010年9月联合申报了江苏省教育科学"十一五"规划重点课题——建立服务"大交通"的高职教育联合体实施方案研究，提出了"3+1+N"公铁水游学的复合型物流人才培养模式：前三年横向联合，学生在3所学校轮流游学；后两年纵向延伸，通过转段游学到本科院校；全程分阶段游学到N个公、铁、水骨干企业，体验行业文化。"3+1+N"公铁水游学制人才培养模式兼收并蓄，形成了一套复合型人才培养方案。

从 2012 年至 2020 年，共完成 6 届 612 名学生的游学。物流管理专业入选省高校品牌专业建设工程、江苏省"十二五"重点专业群等，建成国家级实训基地 1 个、省高等职业教育产教深度融合实训平台 1 个、国家级教学资源库课程 1 门、省级在线开放课程 2 门、省级重点教材 4 部。学生综合素质得到显著提升，近 5 年获省级以上专业技能大赛、创新创业大赛等奖项 43 项，其中一等奖 14 项。

该项目丰富了高职教育理论，创立了校校、校企协同育人新机制，实现了优质资源的"主体不变、优势互补、资源共享、集约利用"，突破了优质资源共享难的瓶颈。办学案例入选《江苏省高等职业教育改革与发展创新案例集》，在全国高职高专校长联席会等全国性会议作经验交流与主题发言 22 次，《中国教育报》《中国交通报》等深度报道 50 多次，3 校接待交流 400 多次，项目经验被省内外同类院校借鉴应用。

2018 年 4 月 22 日上午，受江苏省教育厅委托，以现代职业教育研究院于雷教授为组长的专家组，对学院职业教育教学成果"'3+1+N'公铁水游学：复合型物流人才培养的创新与实践"申请国家级教学成果奖进行评议鉴定。

2018 年 12 月，教育部公布了 2018 年国家级教学成果奖获奖项目名单，由学院党委书记贾俐俐主持的"'3+1+N'公铁水游学：复合型物流人才培养的创新与实践"荣获 2018 年职业教育国家级教学成果奖二等奖。

（三）推动现代学徒制试点

深度开展产学融合、校企合作，继续深化"两结合一融通"工学结合人才培养模式改革，积极推动现代学徒制试点，切实增强学生就业创业能力。到"十三五"末期，70% 以上专业开展现代学徒制试点，建设校企共建的生产性实训基地、技术服务和产品开发中心、技能大师工作室、就业创业教育实践平台，探索"项目引导＋工作室制"培养模式。

学院联合国内外一流企业、行业协会，开展"三主体、四融合"现代学徒制培养试点。引入德国职业教育体系，与奥迪、宝马、奔驰、保时捷、大众五大厂商合作开办"中德 SGAVE 班"。与江苏省交通工程集团有限公司共建"江苏交工港航建造师班""江苏交工路桥国际工程班"，与上海宏信设备工程有限公司组建"宏信设备班"；由省造价协会搭台，与多家企业成立"工程安装造价班"，与德国 AHK 商会成立"舍弗勒班"。校企双方签订联合培养人才协议，共同制订培养标准和培养方案，嵌入企业资源，开办了"康众班""北京通航班""苏州诚亚班""T-SEP 班""F-SEP 班""SCEP 班"等企业订单班。

遵照现代学徒制标准，学院与江苏交工集团成功开办了"江苏交工路桥国际工程班"，2018 年首届"江苏交工路桥国际工程班"毕业生顺利走上工作岗位，得到江苏交工集团和全院师生的一致好评。这是学院不断创新现代学徒制，与江苏交工集团实行联合招生，校企双主体育人、双导师教学，一体化培养具有国际化视野人才的成果。

2020 年 10 月，学院与江苏东交智控科技集团股份有限公司联合开办"江苏东交路桥班"、合作共建"江苏东交智慧交通工作室"和"智慧管控职业教育产教融合实训基地"，协同开展科教研，促进教育链、人才链与产业链、创新链有机衔接。

2021年10月，首届"格力电器班"订单班开班，校企双方合作，通过共建学生实训基地、教师企业实践流动站、产学研用平台，组建"混编教学团队"，联合开展人才培养和员工培训，实现校企双方教育资源与技术资源的有效整合，人才培养规格与产业发展的有效对接，科研与教学的协同发展。

（四）江苏交通运输职业教育集团入选国家示范性职业教育集团（联盟）培育单位

江苏交通运输职业教育集团于2010年成立，南京交通职业技术学院是理事长单位。职教集团成立以来，在运行机制建设、资源共建共享、校企协同育人、服务国家战略等方面取得明显成效，2021年6月成功入选国家示范性职业教育集团（联盟）培育单位。

职教集团立足自身定位，充分发挥特色优势，在教育教学改革重点领域推出众多新成果，在人才培养方面创造新成绩，在服务行业和区域经济社会发展中发挥新作用，基本建设成为运行治理体系完善、协同育人成效显著、服务发展能力突出的全国示范性职教集团，为江苏职业教育事业和交通运输行业高质量发展做出更大贡献。

职教集团构建了以集团理事会为核心、专门委员会为指导、专业分会为主体、联盟单元为支撑的协同治理组织机构，成立4个专门委员会、8个专业分会和南京交通高职教育联合体等多个业务战略联盟，形成多元共治集团治理架构。

在省交通运输厅主导下，职教集团联合3所公铁水交通高职院校、1所本科院校和N家交通骨干企业，组建了"南京交通高职教育联合体"，聚焦协同育人平台建设、培养模式创新和优质资源共建共享，创新实施"3+1+N"公铁水游学的人才培养模式。

职教集团以"企业学院"为载体，积极践行现代学徒制人才培养模式，开展现代学徒制试点项目3个。南京交院与南京万宇投资置业有限公司、江苏交工集团等共建"南京交院万宇学院""江苏交工·路桥与港航工程学院"等4个企业学院。南京交院与德资企业（舍弗勒）合作，实施德国"双元制"本土化模式，采用德国AHK机电一体化专业标准，按"螺旋递进、技能进阶、模块化训练"的形式将职业素养教育贯穿人才培养全过程。

职教集团按照"纵向延伸、横向联合"的现代职教体系建设思路，通过高职引领中职高质量发展，推动应用型本科院校的转型。职教集团探索实施"4+0"高职与本科联合培养试点项目5个、"3+2"高职与本科分段培养项目9个、"3+3"中高职衔接项目28个，近万名学生通过"立交桥"受益。

职教集团成员单位联合共建专业导师工作室、技能大师工作室、驻企教师工作站等，以"教师、大师、培训师"的"三师"素质要求组建结构化的教学团队，推动"课堂革命"和教材改革。培育国家首批职业教育教学创新团队1个。

（五）成立江苏省交通运输职业教育行业指导委员会，学院成为秘书长单位

2020年7月，江苏省交通运输职业教育行业指导委员会（简称"交通运输行指委"）成立，学院被推选为秘书长单位。首届交通运输行指委（2020—2023年）设主任委员1人、秘书长1人，副主任委员11人、副秘书长3人，委员51人，秘书处设在南京交通职业技术学院。交通运输行指委下设汽车技术类、路桥工程类、轨道交通类、航海类、航空类、运输管理类、智能交通技术类7个专业委员会开展工作。

江苏省交通运输职业教育行业指导委员会成立暨第一次全体委员大会

省交通运输厅副厅长、交通运输行指委主任金凌表示，组建交通运输行指委旨在充分发挥行指委在人才供需、职业教育发展规划、专业布局、课程体系、评价标准、教材建设、实习实训、师资队伍、企业参与、集团办学等方面的指导作用，积极为教育行政部门和行业主管部门提供咨询和建议，帮助和指导中高等职业学校、应用型本科高校教育和培训工作适应产业发展实际需求，成为职业教育政策的建议者、信息的传播者、校企合作的推动者、职业学校的服务者和相关活动的组织者，用交通运输行指委高质量的工作，保障交通职业教育高质量发展。

交通运输行指委成立以来，推进建章立制工作，保障规范运行。先后出台《江苏省交通运输职业教育行业指导委员会工作细则》《江苏省交通运输职业教育咨询研究项目管理办法》《江苏省交通运输职业教育行业指导委员会印章使用管理规定》《江苏省交通运输职业教育行业指导委员会经费管理办法》等管理制度，确保各项工作规范、高效运行。2021年，交通运输行指委秘书处工作获评全省各行指委评价第一名。

交通运输行指委在省交通运输厅支持下，开展交通运输技术技能人才需求预测和课题研究，做好省级技能大赛支持服务、中职学考组织、"1+X"证书制度试点工作推广工作，积极开展职教活动周、产教融合对话活动等，为交通强国建设培养更多高技能人才，为支撑交通运输事业改革发展提供智力支持。

2021年12月，交通运输行指委在南京交院召开第二次全体委员会议。大会通报了交通运输行指委副主任委员调整情况，表彰了一批江苏省交通运输职业教育课程思政优秀案例，公布了首批江苏省交通运输职业教育示范性教师企业实践流动站培育单位名单，审议了《教师企业实践流动站建设与管理指导意见》等文件。

2022年5月26日，以"交通运输现代化与技术技能人才培养——创新共融 提质赋能"为主题的交通运输行指委产教融合对话活动，在南京交通职业技术学院举行。江苏交通运输技术技能人才供需平台当日也正式启动试运行，该人才供需平台将提供动态信息展示、需求预测、线上云招聘等多项服务功能，实现交通运输技术技能人才供需精准匹配，促进职教集团内资源共建、共用、共享。

江苏省交通运输技术技能人才供需平台试运行启动仪式

2023年1月，江苏省交通运输职业教育行业指导委员会第三次全体委员大会召开。会议采取线上线下相结合的方式召开。交通运输行指委副主任委员兼秘书长、学院党委书记贾俐俐作工作报告，从新职教法宣贯、交通职教研究、人才需求机制建立、专项任务落实、"三教"改革推进、现代职教体系建设、技能人才培养、产教深度融合、媒体和信息平台构建九个方面回顾总结了2022年主要工作及取得的成绩。

第六节　教育教学改革与管理

遵循党的十九大教育强国精神，学院根据《国家职业教育改革实施方案》《现代职业教育体系建设规划（2014—2020年）》和省政府《关于加快推进职业教育现代化的若干意见》等关于职业教育改革的一系列政策文件，作出了教育改革发展新部署，加强教学基本建设、完善教学诊断与改进工作机制、持续推进课程改革、探索施行"1+X"证书制度试点工作、打造精品课程、加大实训基地建设力度，推行实施"8S"综合素质教育行动计划。

2018—2023年是江苏省高水平高等职业院校建设期，学院面对科技、产业和教育范式变革，始终坚持教育在改革中加强、在创新中发展，精准把握职业教育的重要使命和历史机遇，全面履行内涵建设的主体责任，激发质量提升的内生动力，不断深化教育教学改革，深入推进育人方式变革，5年来学院有3项教育教学改革成果荣获国家级教学成果奖二等奖，凸显了学院职业教育高质量发展的改革成效。

一、加强教学基本建设

2018年以来,学院陆续出台了一系列有关教育教学管理的规章制度,并根据形势的发展变化及时予以更新完善,形成了包括专业建设、实训基地建设、课程建设、师资队伍建设等教学基本建设项目管理,以及课务管理、学籍管理、实践教学管理、教材管理等教学运行管理的2大类13小类共计82项的教学管理制度体系,严格规范了教学工作的过程管理。完善考核办法,制订并执行教学事故认定与处理办法,在评奖、评优、考核和职称(职务)评定(晋升)中实行教学事故一票否决制。在教学管理和运行过程中,严格执行管理制度,保证了教学工作的顺利进行。

坚持"围绕教学搞科研,搞好科研促教学"的指导思想,提倡研究型教学,强调科研与教学研究、教学建设的结合、相互促进,推动科研成果向教学转化,推进品牌特色专业建设、精品课程和精品教材建设,促进教育教学水平不断提高;学院设立了大学生实践创新项目并发放配套经费、设立大学生实践创新奖励学分、设有大学生创新创业专项经费,完善学生实践创新奖励政策,鼓励学生参加科技创新活动,培养学生的创新能力;鼓励教师主动指导学生参加课外科研创新活动,按工作量折算课时,培养学生创新精神和实践能力。

二、持续推进课程改革

对接岗位,构建岗课证融通课程体系。各专业的课程体系由"职业基本素质、职业基本能力、职业专项能力、职业拓展能力"四大模块构成,突出对学生基本理论、职业技能、综合素质和创新能力的培养。根据专业对应岗位群的公共知识、技能和素质要求,确定职业基本素质课程模块和职业基本能力课程模块;根据专业对应核心岗位的典型工作任务与要求,参照相关的职业资格标准,开发基于工作过程的职业专项能力课程模块;充分考虑学生的岗位适应能力和职业迁移能力,确定职业拓展能力课程模块。

学院要求,课程开发必须引入企业人员与教师共同完成。以岗位技能要求为标准,以职业能力培养为核心,以岗位工作任务为载体,通过工作任务分析实现典型工作任务向行动领域转换,通过工作过程分析实现行动领域到学习领域转换,再通过教学过程分析实现学习领域到学习情境转换,将职业技术领域或岗位群所需要的知识、能力和素质要求全面融入教学内容,做到课程内容与工作任务连接,与职业资格标准连接。

2018—2022年学院省级以上教学成果获奖情况一览表

年度	成果名称	成果类型	负责人
2018	"3+1+N"公铁水游学:复合型物流人才培养的创新与实践	2018年职业教育国家级教学成果奖二等奖	贾俐俐 吕亚君 何华芬 陈 军 黄银娣 杨益明 刘盛焜 陈晓琴 韩宝睿 林 榕 王艳梅 马耀文 黄 河
2021	高职物流管理专业"四维融合、多元考核、校企协同"教学模式探索与实践	2021年江苏省教学成果奖一等奖	林 榕 姜 军 吕亚君 王艳梅 马耀文 沈 倩 陈乃源 郭然然 刘 伟 孙秀云

续上表

年度	成果名称	成果类型	负责人
2021	对接需求，产教融合：道桥工程专业多样化人才培养体系的创新与实践	2021年江苏省教学成果奖二等奖	蒋　玲　蔡晓飞　赵岩荆　赵伟强　汪　莹　郭景全　洪　英　边加敏　曹荣吉　张　峰
2021	三师融合、项目驱动、育训赛一体：创新汽车专业群"双师型"教学团队建设	2021年江苏省教学成果奖二等奖	杨益明　刘　阳　程丽群　郭　彬　陈　勇　文爱民　魏世康　孙　周　朱世留　汤文权
2022	高职物流管理专业"课证赛创"思维融合模式的创新与实践	2022年职业教育国家级教学成果奖二等奖	林　榕　姜　军　吕亚君　王艳梅　马耀文　沈　倩　陈乃源　郭然然　刘　伟　孙秀云
2022	多元协调，学以致用：专本贯通培养职业技术技能创新人才十年实践	2022年职业教育国家级教学成果奖二等奖	缪国钧　郑　锋　刘树青　邢　琦　冯　勇　童　桂　王红军　贾俐俐　赵玉萍　徐惠钢　蒋　玲　徐　庆　王　涛　刘玉君　周晓刚

（一）改革教学方法

按照任务分析法设计教学内容，设立任务驱动、项目引导课程，综合实训课程体现岗位典型工作任务的完整工作过程，课程实施体现"教、学、做"合一的教学模式。汽车工程学院10门项目化课程依据工作过程的"资讯、计划、决策、实施、检查、评价"的"六步教学法"组织教学，并辅以视频动画、仿真软件和动手操练等多种教学方法，融"教、学、做"于一体，彰显了工学结合课程教学改革特色；交通土建类专业充分依托行业优势和校办产业，积极尝试实践专业课程的"现场教学"，即企业的专业人才和能工巧匠结合生产现场直接开展教学工作，实现企业优质课程资源与课堂教学内容的有机融合；以物流管理专业为代表的管理类课程探索实施"校企双带教＋大小循环"学生轮岗实训模式，依托校内仿真实训室和紧密型校外实习基地，通过校内项目化教学、企业轮岗实训、顶岗实习、社会实践等环节，满足了学生顺利"入门"、有效"入行"到成功"入职"的递进要求。

学院鼓励教师根据不同专业特点和课程内容，开展教学方法研究与实践。针对不同的教学内容，探索采用现场教学法、案例教学法、模拟教学法、讨论教学法、项目教学法、情景教学法等多种教学方法，并综合运用多媒体技术、交互技术、虚拟技术等开展教学，提升教学效果。

（二）重视教材建设

严格落实《江苏省职业院校教材管理实施细则》，加强对学院教材选用工作的管理，完善教材选用制度，规范教材选用流程，优先选用"十三五""十四五"国家规划和省级规划教材，确保优质教材进课堂，杜绝不合格教材流入学校。

为适应我国高等职业教育教学的需要，密切配合学院专业建设、课程建设与改革进行教材规划与建设，学院根据"加强领导、深化改革、做好规划、提高质量、优化配套"的方针制订教材建设规划，把提高质量作为教材建设的核心。教材应反映当代课程建设与相关专业发展最新成果，体现现代教育思想、区域特色与学院特点，注重教材内容的科学性、适用性、先进性和技能性。

在全国交通运输职业教育教学指导委员会指导下，学院统筹学校教师、校外企业专家、行业专家，重点建设一批规划教材、重点教材。

2018—2021年学院教材建设成果一览表

年度	成果名称	成果类型	负责人
2018	汽车故障诊断技术	江苏省高等学校重点教材	文爱民 谢 剑
	计算机应用基础教程（Windows 7 + Office 2000）		吴兆明
	现代物流综合技能实训教程		沈 倩 吕亚君
2019	大学生创新创业导航	江苏省高等学校重点教材	王道峰 王黛碧
	集装箱运输实务		马耀文 陈春燕 姜 军
	汽车保养与PDI		蒋浩丰
	数据采集与预处理		米 洪 张 鸰
	房屋建筑构造		彭 国
2020	汽车传动系统维修	江苏省高等学校重点教材	郭兆松 谢 剑
	公路工程检测技术		龙兴灿
	土工技术与应用		胡雪梅
	Hadoop大数据平台构建与应用		米 洪 陈 永
	外贸单证实务（微课版）	首届全国教材建设奖（职业教育与继续教育类）江苏省省级优秀培育教材	林 榕
	道路建筑材料检测与应用		蒋 玲
	汽车美容与装饰（第4版）		周 燕
	园林建筑技术（第2版）		孙 薇
	建筑施工组织设计	"十三五"职业教育国家规划教材	祁顺彬
	混凝土结构及其施工图识读（第2版）		刘凤翰
	汽车传动与制动系统维修		屠卫星
	Hadoop大数据平台构建与应用		米 洪
	旧机动车鉴定与评估（第3版）		屠卫星
	外贸单证实务（微课版）		林 榕
2021	路基路面工程	江苏省高等学校重点教材	赵岩荆
	汽车电气系统维修		程丽群
	汽油发动机电控系统维修		谢 剑

续上表

年度	成果名称	成果类型	负责人
2021	数控加工一体化教程	江苏省"十四五"首批职业教育规划教材	李东君
	园林建筑技术（第2版）		孙 薇
	公路运输管理实务（微课版）		吕亚君
	公路工程造价（第5版）		陆春其
	汽车车身电气系统维修（第3版）		程丽群
	公路病害识别与处治		汪 莹
	外贸单证实务（微课版）		林 榕
	汽车美容与装饰（第4版）		周 燕

2023年5月，学院有10本教材入选首批"十四五"职业教育国家规划教材。

学院入选首批"十四五"职业教育国家规划教材一览表

序号	层次	专业大类	教材名称	第一主编	出版单位
1	高职专科	土木建筑大类	混凝土结构及其施工图识读（第3版）	刘凤翰	北京理工大学出版社有限责任公司
2	高职专科	土木建筑大类	建筑施工组织设计（第2版）	祁顺彬	北京理工大学出版社有限责任公司
3	高职专科	交通运输大类	旧机动车鉴定与评估（第3版）	屠卫星	人民交通出版社股份有限公司
4	高职专科	交通运输大类	汽车传动与制动系统维修	屠卫星	西安交通大学出版社有限责任公司
5	高职专科	交通运输大类	公路工程造价（第5版）	陆春其	人民交通出版社股份有限公司
6	高职专科	交通运输大类	汽车车身电气系统维修（第3版）	程丽群	西安交通大学出版社有限责任公司
7	高职专科	交通运输大类	道路建筑材料检测与应用	蒋 玲	机械工业出版社
8	高职专科	交通运输大类	公路CAD（第3版）	张郃生	机械工业出版社
9	高职专科	电子与信息大类	Hadoop大数据平台构建与应用	米 洪 陈 永	高等教育出版社有限公司
10	高职专科	财经商贸大类	外贸单证实务（微课版）	林 榕	人民邮电出版社有限公司

（三）打造精品课程

学院鼓励充分发挥学科专业优势和现代教育技术优势，建设适合网络传播和教学活动的内容质量好、教学效果好，课程应用与教学服务相融通的精品课程。一是突出建设重点。发挥二级教学单位主体作用，集聚优势力量和优质资源，引入竞争机制，建立精品课程可持续发展的长效机制。支持专业建设与课程建设深度融合发展。二是注重应用共享。坚持应用驱动、学以致用，着力推动精品课程的广泛应用。整合优质教育资源和技术资源，实现课程和平台的多种形式应用与共享，推动虚拟现实技术、数字仿真试验、在线知识支持、在线测试考核、在线教学监测等技术广泛应用，促进教育教学改革和教育制度创新，提高教育教学质量。三是加强规范管理。规范课程建设、应用、引进和对外推广的工作程序，重视课程建设质量的审核和把关。加强教学过程和平台运行监管，防范和制止有害信息传播，保障平台运行稳定和用户、资源等信息安全。通过努力，学院建成国家在线精品课程（国家级在线开放课程）4门、"十四五"江苏省职业教育首批在线精品课程9门、省级在线开放课程13门。

2018—2022年学院课程建设成果一览表

年度	成果名称	成果类型	负责人
2018	汽车自动变速器维修	国家级在线开放课程	郭兆松
	外贸单证实务		林 榕
2018—2019	汽车使用与维护	省级在线开放课程	蒋浩丰
	汽车空调系统维修		程丽群
	公路工程检测技术		龙兴灿
	土工技术与应用		胡雪梅
	集装箱运输实务		马耀文
	单片机编程技术		高水娟
	网络互联技术		孙丹东
	计算机基础		吴兆明
	机械制图及CAD		杨婧文
	工程机械底盘构造与维修		高彩霞
	混凝土结构及其施工图识读		刘凤翰
	建筑施工组织设计		祁顺彬
	中国文学经典选讲		王利平
2020	公路运输管理实务	国家级在线开放课程	吕亚君

续上表

年度	成果名称	成果类型	负责人
2022	汽车自动变速器维修	国家在线精品课程	郭兆松
	外贸单证实务		林 榕
	公路运输管理实务		吕亚君
	汽车空调系统维修		程丽群
	汽车空调系统维修	"十四五"江苏省职业教育首批在线精品课程	程丽群
	混凝土结构及其施工图识读		刘凤翰
	公路运输管理实务	"十三五"职业教育国家精品在线开放课程复核项目、"十四五"江苏省职业教育首批在线精品课程	吕亚君
	外贸单证实务		林 榕
	汽车自动变速器维修		郭兆松
	计算机基础	"十四五"江苏省职业教育首批在线精品课程	吴兆明
	公路工程检测技术		龙兴灿
	机械制图及CAD		杨婧文
	土工技术与应用		胡雪梅

（四）成立课程思政研究中心

2020年5月，为深入贯彻落实习近平总书记关于教育的重要论述和全国教育大会精神，贯彻落实中共中央办公厅、国务院办公厅《关于深化新时代学校思想政治理论课改革创新的若干意见》，把思想政治教育融入人才培养体系，全面推进高校课程思政建设，发挥好每门课程的育人作用，提高高校人才培养质量，教育部制定了《高等学校课程思政建设指导纲要》。

2020年6月，学院全面修订《专业人才培养方案制订指导意见（暂行）》等制度，把课堂思政纳入人才培养全过程，出台课程思政建设方案，扎实推进课程思政"四进工作"。

根据学院课程思政实施方案，经学院课程思政工作领导小组同意，2021年6月学院党委决定成立南京交通职业技术学院课程思政研究中心。

学院课程思政研究中心是在学院课程思政工作领导小组领导下设立的教学研究机构，主要职责是开展课程思政的理论研究与实践，重点围绕研制学院课程思政教学改革方案、课程思政优秀课程建设标准、课程思政教学改革评价标准、课程思政教学改革评价体系等方面开展研究，并将研

学院课程思政研究中心成立

究成果应用于实际教学过程，对学院课程思政教学改革经验进行理论总结提炼，凝练出课程思政教学改革"南京交院"模式。

（五）大力推行"1+X"证书试点

按照全国教育大会部署和落实《国家职业教育改革实施方案》的要求，教育部会同国家发改委、财政部、市场监管总局制定了《关于在院校实施"学历证书+若干职业技能等级证书"制度试点方案》。

2019年，学院被教育部认定为全国首批实施"1+X"证书试点院校。学院坚持政府引导、社会参与、育训结合、保障质量，管好两端、规范中间，试点先行、稳步推进的原则，引导社会力量积极参与职业教育与培训。落实学历教育和培训并举并重的原则，坚持学历教育与职业培训相结合，促进书证融通。严把证书标准和人才质量两个关口，规范培养培训过程。根据职业技能等级标准和专业教学标准要求，将证书培训内容有机融入专业人才培养方案，优化课程设置和教学内容，统筹教学组织与实施，深化教学方式方法改革，提高人才培养的灵活性、适应性、针对性。深化校企合作，坚持工学结合，充分利用院校和企业场所、资源，与评价组织协同实施教学、培训。

随着"1+X"证书试点工作的不断推进，学院已持有30个证书，覆盖34个专业，截至2022年12月，已有2160名学生获得职业技能等级证书。职业技能等级证书转换为课程学分的设置，可拓展学习者的学习空间并增加渠道，满足个性化学习，推进终身学习体系的构建。同时，高新技术改变了生产模式，产生了新技术、新岗位、新职业、新业态，使职业教育在不同时空对人才培养的要求不断变化，"1+X"证书学分转换倒逼职业教育打破传统模式，对接时代赋予的新使命、新任务，不断将职业技能等级证书体现的新技术、新工艺、新规范、新要求融入人才培养体系，加强职业教育在经济转型发展中的智力支撑作用。

三、强化实践教学

（一）注重实践环节，健全实践教学体系

学院以综合素质培养为核心，以能力训练为主线，校企合作共同研究构建实践教学体系，构建了"基本职业能力训练—专项职业能力训练—岗位综合职业能力训练—创新创业能力训练"四层次实践教学体系，各工科类专业实践教学课时占总教学时数比重均在50%以上。通过校内仿真实训基地的实践操作，实现学做合一，培养学生的基本技能；通过校内生产性实训基地或校外实习基地不同生产岗位的轮训，实现工学合一，培养学生的专项技能；通过半年以上的顶岗实习，实现实习与就业合一，提升学生的综合职业能力；积极组织学生参加各类大赛和素质拓展训练，培养综合技能和创新能力。实行"双证书"制度，规定学生必考一个专业技能等级证书，鼓励学生考取多个证书，将职业资格标准要求融入课程教学中，注重"实训"与"考证"的紧密结合。

（二）完善管理机制，确保实践教学指导到位

为保证实践教学环节的有效运行，学院构建了主管教学副院长、教务处、系部、系实训

中心四级实践教学运行管理体系，配备了92名专职管理人员。建立了学院统筹管理、各系分工负责、校内校外相结合的管理模式，学院教务处负责全院实践教学工作规范的制定、检查评估及各专业实训基地建设的统筹工作，各二级学院具体组织实施实践教学及管理工作，校外实习基地聘请了符合条件的企业实习指导教师和督导员参与实践教学指导和管理。

为加强对实践教学质量的管理和监控，进一步规范实践教学活动，学院先后制（修）订了《实践教学管理规定》《工学交替教学管理暂行办法》《学生顶岗实习管理办法》等管理文件，明确了主要实践教学环节指导教师的配备数量、资格要求及实践教学内容、质量标准和工作流程。学院领导、教务处、督导室、二级院系部定期对实践教学的实施、教学文件的执行进行监控和反馈，保证了实践教学的有效实施。

（三）加大对实训基地的投入

学院根据教育教学改革的需要，加大实训基地建设力度。截至2022年12月，学院拥有国家级生产性实训基地7个、入选国家"创新发展行动计划"的生产性实训基地3个、中央财政支持的实训基地4个、省财政支持的实训基地3个、交通运输部重点支持的实训基地1个、交通运输部交通工程乙级实验室1个、省交通运输厅实训基地10个。

2018年，完成26个校内实训基地立项，立项资金共计1270万元。开发无损检测实训项目和教材，完成"无损检测实训基地（室内）"建设方案的调研和设计，并在全国高职院校同类专业推广。优化"地下与隧道工程实训基地"建设方案，获得江苏省交通运输厅高职实训基地建设项目立项及520万元经费支持。与四川升拓检测技术股份有限公司合作完成省"交通土建工程无损检测产教融合实训基地"2018年度建设任务。

2019年，3个生产性实训基地入选国家"创新发展行动计划"，投资1300多万元的轨道交通技术综合实训基地建成并投入使用。汽车技术校企合作实训基地新增面积4800多平方米，汽车车身维修技术实训基地获得省交通运输厅支持经费540万元，汽车技术专业群实训条件获得极大改善。交通土建工程无损检测产教融合实训基地被评为《高等职业教育创新发展行动计划（2015—2018年）》国家级生产性实训基地。

2020年，新增立项厅级实训基地（汽车车身维修技术）1个，立项院级实训基地建设项目46个。

2021年，绿色智慧交通建造虚拟仿真实训基地获批全国首批职业教育示范性虚拟仿真实训基地培育项目。按建设方案有序开展实训基地一期建设，进行4门课程虚拟仿真实训项目开发。2个实训基地（智能交通大数据安全与应用、车联网与智能汽车）获批2021年度省交通运输厅实训基地建设项目，获支持经费2000万元。

学院综合实训中心（一期）项目2021年4月开工建设，2022年5月竣工。综合实训中心（一期）项目规划用地面积约13952.82平方米，由1号、2号楼和3号连廊组成，总建筑面积为8492.66平方米，建筑层数为3层，建筑高度为17米，主要配建隧道、基坑实训基地、智能养护数据中心及实训教室。2022年5月，经南京建筑业协会专家综合评定，学院综合实训中心（一期）项目达到《建筑工程施工质量评价标准》，获评"南京市2022年度优质结构"工程。

四、角逐全国职业院校技能大赛

大学生技能竞赛活动是培养学生实践能力、创新能力、创业能力与团队协作精神的重要途径。全国职业院校技能大赛是由教育部发起，相关部门、行业组织共同举办的一项全国性职业院校学生技能竞赛活动。该赛事自2008年以来每年举办一届，是专业覆盖面最广、参赛选手最多、社会影响最大、联合主办部门最全的国家级职业院校技能赛事。

学院非常重视技能大赛的组织工作，2018年5月出台《南京交通职业技术学院学生技能竞赛管理办法》，促进了技能竞赛活动的规范化、系列化、特色化、品牌化，并支持和奖励在此项工作中取得成绩的院系和相关人员，将竞赛内化到职业教育人才培养目标和教学过程中，形成教学与竞赛互动机制，提高学生在各级、各类竞赛中的成绩，彰显学校人才培养质量和综合竞争力。

2018—2023年，学院参加各级各类全国性职业院校技能赛事，获得一等奖或者金牌28项，基本形成了"以赛促教、以赛促学、以赛促改、以赛促建"的良好局面。学院多次在《中国高校创新人才培养暨学科竞赛评估结果》中达到全国高职院校50强。

2018年，学院代表队在全国职业院校技能大赛"汽车检测与维修""新能源汽车技术与服务"赛项中荣获团体一等奖，在首届全国交通运输职业院校学生无损检测技能大赛中囊括所有单项赛事一等奖，在"挑战杯——彩虹人生"全国职业学校创新创效创业大赛决赛中荣获特等奖。

学院代表队在2018年全国职业院校技能大赛"新能源汽车技术与服务"赛项中获团体一等奖

2020年4月，在全国新能源汽车虚拟故障诊断与维修技能大赛决赛中，学院代表队一路过关斩将，获得特等奖1项、一等奖2项。同年11月，在第四届"互联网+交通"全国交通运输职业院校创新创业大赛决赛中，学院荣获金奖1项、银奖1项。

在2022年全国职业院校技能大赛中，学院选手以饱满的热情和过硬的技术素养展示了江苏新职教的风貌和实力。2022年5月，全国职业院校技能大赛高职组"关务技能"赛项在厦门城市职业学院开赛，南京交院作为江苏省代表队之一参加了比赛，获得了团体一等奖、总排名第三名的好成绩。8月，在全国职业院校技能大赛高职组"货运代理""智慧物流作业方案设计与实施"赛项中，学院代表队夺得了2枚金牌。

学院代表江苏省参加2022年全国职业院校技能大赛高职组"关务技能"赛项获团体一等奖

2023年，学院共有117名选手（含教师17名）参加了江苏省职业院校技能大赛36个赛项的竞赛，共斩获39枚奖牌，其中一等奖4枚、二等奖18枚、三等奖17枚，有10支代表队获得国赛选拔赛参赛资格。学院2023年在江苏省职业技能大赛中获奖数量与质量较2022年有大幅度提升，在全省高职院校中处于领先地位。

2023年，南京交通职业技术学院代表队在全国职业院校技能大赛高职组"汽车故障检修"赛项中勇夺江苏首金。

学院在2023年全国职业院校技能大赛高职组"汽车故障检修"赛项中荣获一等奖

2018—2023年5月学院学生职业技能竞赛获奖情况一览表

序号	项目完成人（负责人）	项目名称	年份
1	刘凯迪 李娜	2018年交通高职院校汽车营销技能大赛团体一等奖、单项一等奖2项	2018
2	朱帅 刘静	2018年度机械行业职业教育技能大赛"奥迪杯""汽车改装造型与调试技术"赛项一等奖	2018
3	蔡晓飞 杜齐鲁	"升拓杯"首届全国交通运输职业院校学生无损检测技能大赛单项一等奖、团体一等奖	2018

续上表

序号	项目完成人（负责人）	项目名称	年份
4	魏艳春 刘成平 张宏武	2018年全国职业院校工程机械类专业技能大赛一等奖	2018
5	吴晓鹏 张海森	第八届全国大学生市场调查与分析大赛专科组总决赛一等奖；第七届海峡两岸大学生市场调查与分析大赛选拔赛一等奖	2018
6	李 娜 武文娟	2019年全国职业院校"运华-道唯杯"学生汽车营销技能大赛团体一等奖	2019
7	刘奕贯 万 彤	第十一届全国交通运输行业"行云新能杯"汽车维修工（学生组）职业技能大赛全国总决赛金奖	2019
8	赵 远 朱 俊	第三届全国交通运输职业教育"中海达杯"学生测绘技能大赛团体一等奖、多个单项一等奖	2019
9	杨丙文 张少兵	第二届全国交通运输职业教育"升拓杯"学生无损检测技能大赛团体一等奖、多个单项一等奖	2019
10	胡 凯 金立艳	第十一届全国交通运输行业"捷安杯"城市轨道交通服务员（学生组）职业技能大赛"车辆控制"赛项全国总决赛二等奖	2019
11	刘奕贯	2020年全国职业院校技能大赛"汽车技术"赛项二等奖	2020
12	刘求龙 赵 远	第三届全国交通运输职业教育"升拓杯"学生无损检测技能大赛单项一等奖	2020
13	孙丹东 高水娟	2020年江苏省职业院校技能大赛计算机网络应用项目一等奖	2020
14	张 菲 朱祥亮	2020年江苏省职业院校技能大赛建筑装饰技术应用项目一等奖	2020
15	张文斌 彭 国	2021年江苏省职业院校技能大赛建筑信息建模与应用项目一等奖	2021
16	刘 静 江东林 刘奕贯	第十一届"挑战杯"江苏省大学生创业计划竞赛金奖	2021
17	邱 骞	2021年江苏省职业院校技能大赛"汽车检测与维修"赛项一等奖	2021
18	沈 倩 马耀文	2021年全国职业院校技能大赛"智慧物流作业方案设计与实施"赛项二等奖	2021
19	林 榕	2021年全国职业院校技能大赛高职组"货运代理"赛项二等奖	2021
20	金立艳 王亮军	江苏省城市轨道交通信号工职业技能竞赛一等奖2项	2022
21	杨丙文	第十三届全国交通运输行业职业技能大赛全国总决赛"公路养护工"赛项学生组团体一等奖	2022
22	沈丽琴 邱荣华	第十三届全国交通运输行业城市轨道交通列车司机技能大赛二等奖	2022

续上表

序号	项目完成人（负责人）	项目名称	年份
23	李小叶 陈春燕	全国职业院校技能大赛高职组"关务技能"赛项一等奖	2022
24	沈 倩 戴 源	全国职业院校技能大赛高职组"智慧物流作业方案设计与实施"赛项一等奖	2022
25	陈乃源	全国职业院校技能大赛高职组"货运代理"赛项金牌	2022
26	万 彤	江苏省职业院校技能大赛"汽车故障检修"赛项一等奖	2023
27	姜 军 沈 倩	江苏省职业院校技能大赛"智慧物流作业方案设计与实施"赛项一等奖	2023
28	李小叶 陈春燕	江苏省职业院校技能大赛"关务技能"赛项一等奖	2023
29	韩京海 张蒙蒙	江苏省职业院校技能大赛"机器视觉系统应用"赛项一等奖	2023

五、体育工作成绩斐然

学院秉持"创新思路铸特色，以体育人促发展，聚力健康长技能，习之有恒提内涵"的育人理念，构建了以公共体育模块化课程体系为龙头，"三自主"选项教学为主体，课外活动、运动训练为两翼，师资队伍、体育辅导员、学生体育骨干为支柱的"一体两翼三支柱"的体育工作整体布局。学院体育代表队多次参加全国、江苏省各项比赛，取得了优异成绩，为学院争得了荣誉。2018年10月，学院获得第四届全国高等职业院校健美操锦标赛一等奖；2019年，学院获得江苏省第五届大学生跆拳道锦标赛男子团体总分第一名；2020年，学院获得江苏省首届高校体育教师教学技能竞赛（羽毛球）一等奖、高职高专院校足球教学成果展示一等奖；2022年，学院获得江苏省第二十届运动会高校部健美操团体冠军和江苏省大学生啦啦操、健美操、街舞锦标赛团体冠军。学院扎实有效地推进体育工作，被江苏省教育厅表彰为"2017—2019年度江苏省体育特色学校"，被江苏省体育局表彰为"2018—2021年度江苏省群众体育先进单位"等。

2019年，学院女子足球队代表江苏高校参加全国青少年校园足球联赛大学女子校园组，一路高歌猛进挺进决赛，最终凭借7战全胜和21个净胜球的优异成绩夺得冠军。球队能在23支代表队中脱颖而出，赛场扬威，诠释了学院足球教学的不俗实力与精湛的运动技艺。南京交院女子足球队连续

学院荣获"2018—2021年度江苏省群众体育先进单位"称号

三年斩获江苏省大学生足球技能大赛冠军，有力地展示了学院积极向上的良好足球氛围。2021年学院"铿锵女足"成功获评全国高职院校体育工作第三批"一校一品"示范基地。2022年7月，学院女子足球队参加江苏省第二十届运动会高校部足球（女子乙组）比赛，再次勇夺冠军，展示了交院女足扎实的足球技术和敢于拼搏进取的精神。

学院获得全国青少年校园足球联赛大学女子校园组冠军

六、学院内部质量保证体系诊断与改进工作接受省级复核

2022年11月28日至12月1日，受江苏省教育厅和江苏省高职诊改专委会委托，以邓志良教授为组长的诊改复核专家组一行8人，对学院内部质量保证体系诊断与改进工作进行了现场复核。

11月28日上午，学院在弘毅楼223会议室召开内部质量保证体系诊断与改进工作现场复核汇报会。专家组组长邓志良教授对现场复核工作进行安排，并提出相关要求。专家组副组长、南京科技职业学院张小军教授主持诊改复核汇报会，南京交通职业技术学院院长张毅从诊改基础、两链打造、螺旋运行、平台建设、引擎驱动、工作成效、问题举措等方面，详细汇报了学院内部质量保证体系诊改工作开展情况。学院相关负责人分别汇报了专业、课程、教师、学生层面诊改工作情况和信息化平台建设情况。专家组全体成员、全体校领导与中层干部、专业与课程负责人代表、教师代表、学生代表等相关人员出席会议。

11月29日下午，省交通运输厅党组成员、副厅长金凌专程来学院参加诊改复核活动，要求学院认真吸收专家组的意见，以本次诊改复核作为新的起点，进一步强化质量意识、构建质量文化、营造质量生态，持续改进，追求卓越，为交通强国江苏方案的实施和交通运输现代化示范区建设培养高素质的技术技能人才。

学院内部质量保证体系诊断与改进工作接受省级专家组现场复核

自11月14日起,专家组对学院提交的近2000份诊改工作资料进行网络复核,查看了学院信息化平台运行情况。现场复核期间,专家组召开各类访谈会20余场,深度访谈学院领导、职能部门负责人、二级院系部党政负责人、专业与课程负责人、骨干教师、辅导员及相关部门工作人员、学生代表等150人次,现场考察了学院信息化平台。

12月1日上午,专家组副组长张小军教授主持召开现场复核反馈会,专家组组长邓志良教授代表专家组宣读了复核反馈意见,专家组成员进行了交流并分别发言,对学院常态化推进诊改工作提出了意见与建议。邓志良教授对学院内部质量保证体系诊断与改进工作所取得的成效与特色给予充分肯定,指出了存在的问题与不足,并提出了改进建议。专家组认为,学院作为江苏省高职诊改试点院校,依据教育部、省教育厅的有关文件精神,结合具体的办学实践,制订实施具有交通院校特色的诊改方案,贯彻落实了"需求导向、自我保证、多元诊断、重在改进"的工作方针;诊改制度已形成体系,"两链"已基本形成,五横层面均已建立起质量改进螺旋,实施了周期性诊改,成效比较明显;稳步推进平台建设,利用网络信息技术助力诊改;建立了与诊改相结合的考核激励制度,治理能力不断提升;师生和其他相关人员普遍认同诊改,自觉参与诊改。

学院党委书记贾俐俐代表学院发言表态,提出四点意见:一是统一思想、深化认识,进一步理解诊改工作的重要意义;二是深刻领会,认真梳理,迅速传达专家组的反馈意见;三是正视问题,补齐短板,进一步完善学校内部质量保证体系;四是立足长远,持续改进,把质量意识融入思想深处和工作实处。

此次复核对于学院深入学习贯彻中共中央办公厅、国务院办公厅《关于推动现代职业教育高质量发展的意见》,进一步推动省高水平高职院校建设和内部质量保证体系诊改工作具有重要意义。通过迎接省级复核,学院对近五年来推进内部质量保证体系建设与运行进行了深入的检查分析和全面的总结提炼。通过专家组把脉、问诊和改进指引,学院将在高质量发展新征程中,进一步引导全体教职工树立创新发展责任意识和现代质量文化理念,深化全面质量管理和教学诊改,持续完善常态化自我保障人才培养质量机制,更好地落实立德树人根本任务,为交通强国江苏方案的实施和交通运输现代化示范区建设提供智力支撑和人才保障。

七、现代教育技术广泛运用

2018 年 12 月，学院顺利通过数字校园建设实验校中期检查，正式获批实施该项目。该项目分两批建设，约 150 所学校获批。该项目建设展示了学院数字化校园建设成果，对后续校园建设有积极推动意义。

2019 年，学院持续加强网络安全与信息化建设，坚持高标准建设智慧校园，推动学校综合改革，充分发挥信息化引领作用，提升学院核心竞争力，本年度顺利通过江苏省首批"智慧校园"认定。

2020 年 3 月，获"2019 年度网络安全先进单位"称号。

2020 年 4 月，充分发挥校企双方资源优势，深化产教融合，成立南京交院 - 尚强科技智能校园大数据协同创新中心，打造产学研用一体、教育大数据研究与应用的协同创新平台，发布南京交院教学一体化平台 1.0 版本。

2020 年 9 月，学院开始建设宿舍区光网，采用华为 XGS 技术，实现主干网 10G 上下对称，同时实现宿舍区 Wi-Fi 6 全覆盖，成为江苏省第一家实现 10G 光网 +Wi-Fi 6 网络建设的高职类院校。主要设备为华为 BRAS 2 台、8 口 ONU 416 台、无线 AP 2030 台、核心交换机 2 台等。

2021 年 10 月，为省厅下属各学校数据一体化采集、管理、备份，为后续中台建设和数据应用提供快速服务支持，在学院建成厅属 5 校江苏交通院校大数据灾备中心。同年 10 月，学院与中国移动合作，其为教学区和办公区进行网络光改，采用与宿舍区相同的 10G 光网 +Wi-Fi 6 技术，并提供主要设备为华为 OLT 1 台、出口防火墙 2 台、8 口及 4 口 ONU 827 台、无线 AP 995 台等。

2022 年 1 月，经网络审核、现场答辩和省教育厅研究等程序，学院成功评为"江苏省智慧校园示范校"。

2022 年 6 月，成功申报教育部职业教育与成人教育司第一批职业院校数字校园建设试点，参与教育部全国职业教育智慧大脑院校中台数据对接工作。

八、继续教育

2018 年，成人高等教育高起专招生规模创历史新高，当年录取人数达 2527 人。2018 年，高起专招生专业调整为 10 个。与南京理工大学、南京林业大学、南京工业大学等学校开展成教本科联合培养，新增自考助学本科教育项目 2 个。同年 9 月，学院与苏州大学正式签订协议，建立苏州大学自考助学南京交院校外教学点，合作开办交通运输（轨道运营管理）专业自考助学项目，这是学院首次开设专升本自考助学项目。

2019 年 3 月，成人高等教育专科在校生人数再创历史新高。高起专注册人数达到 5956 人，首次突破 5000 人。

2019 年 11 月，学院被选为南京市承担退役士兵培训工作高职院校的唯一代表，受邀参加长三角地区退役军人专场招聘会宣传活动。

2022年,与5所本科院校开展自考专接本联合办学,招生专业6个;与2所本科院校联合开展函授专升本办学,招生专业2个;开设远程网络教育专升本专业5个。

提升教育教学质量。成教学生课程通过率、毕业率和对学校的满意度均有不同程度的提高。"专接本"学生课程通过率、毕业率、学位总获取率均在同类院校中名列前茅。2018年、2020年均被南京林业大学评为"专接本优秀对接学校"。

开展远程网络教育。学校作为"北京交通大学南京交通职业技术学院现代远程教育学习中心",自2018年起重视培养专升本本科远程教育,教育教学质量得到进一步提升。

优化函授站点布局。2018年新增无锡市协新技工学校、南京信息工程技工学校2个函授站。2021年将函授站进一步优化,调整为江苏汽车技师学院、江苏省交通技师学院、无锡汽车工程中等专业学校、南京淳臻教育培训中心等4个函授站。

开展自主招生改革。2016—2019年,学校申报获批参与省成教艰苦行业校企合作自主招生改革,与6家企业、1个行业协会开展校企合作,面向企业一线职工开展成教高起专自主招生与联合培养,培养企业员工300余人。

承担退役军人教育培训。2020年11月,接受国家退役军人事务部副部长常正国视察指导。2021年9月,在江苏省退役军人事务厅首次规范化遴选补贴性教育培训承训机构工作中,学院个性化培训、职业技能培训、成人高等学历教育3个项目共计9个专业类别获批入选,进入《江苏省退役军人补贴性教育培训承训机构信息黄页》。

创新开展社区教育。创新建立以学院为主体的"南京交院社区学院"。2018年9月,与东山街道共建"南京交院-东山社区学院",和大学城社区建立紧密合作关系。开展了职工技能培训、居民文化教育、青少年艺术体育公益课、老年教育、社区服务等多项社区教育活动。

开展技术技能培训。学院以服务为宗旨,积极开展各类非学历教育培训,培训内容适配行业、社会技术技能培训需求。学院与其他单位联合建设培训大平台,形成"政校行企"集团化办学范式,各专业群均建有可用于培训的实训基地,与企业共建多所产业学院、校企工作室,并与多家大型企事业单位建立了紧密的校企合作培训关系。2021年,修订出台了《南京交院培训管理办法》《南京交院培训费管理暂行规定》等管理制度。

九、素质教育

学院围绕立德树人根本任务,全面推进素质教育,完善素质教育制度,将素质教育融入人才培养方案。为解决原有素质教育资源和力量分散、课程体系不健全、实践路径不清晰、评价手段传统、多方协同缺失等问题,学院党委在深入融合人才培养目标、学生成长需求、家长对学校教育期盼、行业和企业对从业人员素质要求的基础上,提出并实施"8S"综合素质教育行动计划。

学院于2018年修订《PU平台操作规则及管理规定》,依托PU平台对学生素质教育行为进行精准化管理。

2018年以来，学院聚焦学生全面发展、未来发展，多维发力、系统设计"8S"综合素质教育课程，基本形成"理论课程＋实践课程""必修课程＋选修课程""项目化课程＋活动化课程""线上课程＋线下课程""校内课程＋校外课程"五结合的大课程体系。开设中国特色社会主义理论体系类、思想道德修养类、法律法规类、创新创业类、军事理论类、心理健康类、职业规划与就业指导类理论必修课程16门、选修课程25门，其中线上课程13门；开设商务公文（合同）类、文学经典类、艺术鉴赏类、球类、舞蹈形体类、劳动教育类、计算机应用类等实践必修课程7门、选修课程33门，其中线上课程22门；开设晨跑、公益劳动周、励志明道、专业技能训练营（团）、创新创业孵化、国际视野、科研专利等校内项目化课程17门，还开设社会调查研究、素质拓展实践、志愿者服务等校外活动课程23门，实现了学生素质的全面培养、自我渐进式成长。

"8S"全方位育人体系不断完善。推进"教育、管理、服务、文化"四位一体的学生教育管理工作体系，以"青年大学习"、四个系列"公开课"、天印大讲堂、明德综合素质提升实验班、校园文化艺术节暨读书节、志愿服务、社会实践等形式强化大学生思想政治引领，促进校园文化繁荣。

学院成功承办2018年"挑战杯——彩虹人生"全国职业学校创新创效创业大赛决赛。2019年6月学院增设"创新创业学院"，组织学生参加创新创业竞赛及实践活动50余场次。2019年11月，学院荣获第二届全国交通职业院校学生综合素质大赛团体第一名的佳绩。

2021年4月，学院出台《"三全育人"实施意见》《"三全育人"综合改革建设方案》《深入推进"8S"素质教育实施意见》。2022年6月，学院党委印发《持续推进"三全育人"切实加强学生教育管理工作实施意见》，再造"三全育人"工作体系和"五育并举"培养体系。

十、劳动教育

学院扎实推进劳动教育走深走实。根据中共中央、国务院《关于全面加强新时代大中小学劳动教育的意见》、教育部关于印发《大中小学劳动教育指导纲要（试行）》的通知精神，按照省委、省政府、省教育厅的工作部署，学院积极探索具有交通特色的劳动教育模式和有效机制，构建了德智体美劳"五育并举"的人才培养体系，将劳动观念和劳动精神教育贯穿人才培养全过程，引导学生树立正确的劳动观念，提升学生的劳动技能，全面提高学生劳动素养。2018年11月，学院获评为教育部首批"劳动教育研究中心"、工业和信息化部首批"工业文化研究中心"。

建立健全劳动教育相关机制近20项，实现了各年级全覆盖劳动教育（含创新创业）课程近10门，创建校级实训基地2个、院级创客空间10个、创新创业工作室1个。2021年建立南京瑞硕农业发展有限公司首个校外劳动教育基地，确保劳动教育贯穿人才培养全过程。2020年，学院印发《大学生劳动教育实施方案》，修订《大学生公益劳动周管理办法》，编制《公益劳动实践手册》，制定《"千学百创"工程暨创新创业竞赛管理办法》《大学生创新创业蒲公英基金管理办法》《大学生校内创业孵化基地管理办法》，将劳动教育融入创新创业教育。

学院获评为首批"劳动教育研究中心"

学院获评为首批"工业文化研究中心"

学院劳动教育成为江苏教育系统2020年"奋进之笔"行动书记项目和特色亮点项目，2021年，学院申报的"落实'五育并举'实施交通特色劳动教育"案例成功入选江苏省职业院校劳动教育典型案例。2023年2月，江苏省高等教育学会公布了2022年江苏省高等学校劳动教育优秀实践项目评选结果，学院共3个项目上榜，其中一等奖2项、二等奖1项。同时，学院获申报优秀组织奖，成绩在江苏省高职院校中名列前茅。

第七节 学生教育管理与招生就业工作

学院积极贯彻落实党的十九大、党的二十大、全国高校思想政治工作会议、全国教育大会等会议精神和《普通高等学校学生管理规定》《高校思想政治工作质量提升工程实施纲要》《关于加强和改进新形势下高校思想政治工作的意见》等文件精神，紧紧围绕立德树人、高水平高等职业院校建设等学校中心工作，坚持"教育、管理、服务、引导"四位一体原则，推动学生工作向模块化、项目化、课题化方向发展。修订出台20余项制度，突出学风建设主线，紧紧围绕《高等学校学生行为准则》中的八个模块积极搭建平台，突出社会主义核心价值观教育和"吃苦、奋斗、奉献"交通人的职业道德、工匠精神教育，做好思政育人、管理育人、资助育人、国防育人、公寓文化育人工作，落实制度体系保障，致力学生综合素质提升。2021年，学院以高职组第一名优异成绩获得江苏省高等学校学生管理创新奖一等奖。

学院荣获2021年度江苏省高等学校学生管理创新奖一等奖

2018年以来，学院的招生就业工作面临如生源不足、就业形势日趋严峻等诸多困难。学院正确厘清形势、沉着应对，适度扩大招生规模和招生范围，加大招生宣传力度，拓展招生类型，招生就业工作依然保持"进出两旺"的良好局面。2022年,学院录取新生4400人,新生报到率97.50%,2022届毕业生3907人,总就业率达97.21%,学院报到率、就业率一直保持较高水平。学院2020—2022年连续3年被省教育厅评为"全省高校毕业生就业工作量化督导A等次"。

一、学生教育管理

(一)学工队伍建设

学院党政高度重视辅导员队伍建设,围绕全国高校思想政治工作会议精神和中共中央、国务院《关于加强和改进新形势下高校思想政治工作的意见》的有关精神,根据《普通高等学校辅导员队伍建设规定》和《高校思想政治工作质量提升工程实施纲要》等有关文件的要求,以"引导辅导员成为学生成长成才的人生导师和健康生活的知心朋友,持续提升辅导员职业化、专业化水平,努力培养一支政治强、业务精、纪律严、作风正的高水平职业院校辅导员队伍,为提高学院人才培养质量提供坚强的思想政治保障"为辅导员队伍建设目标,积极探索加强辅导员队伍建设的新思路、新途径。2019年,学院辅导员荣获江苏省高校辅导员工作案例三等奖1项、江苏省辅导员优秀学术成果三等奖1项、第三届全国交通职业院校辅导员素质能力大赛三等奖1项、江苏省第五届高校就业创业指导教师教学技能大赛三等奖1项。2020年,学院辅导员获得第八届江苏高校辅导员素质能力大赛南京工业大学赛区二等奖1项、南京师范大学基地复赛三等奖1项。电子信息工程学院徐敏、路桥与港航工程学院李良田分别获得2019年度、2020年度江苏省"最美高校辅导员"入围奖。2022年底学院有辅导员68人,全部进入事业编制,师生比低于1∶200。学院出台《专职辅导员配备实施办法》《思想政治理论课专任教师和专职辅导员专项岗位津贴发放管理办法(试行)》等文件,保障辅导员相关待遇的落实。组织辅导员开展"苏香黔馨"省际辅导员交流、校内顶岗挂职、跨院系轮岗交流工作。

(二)实施学生综合素质提升工程

1. 深化"三全育人"综合改革

加强顶层设计,重构优化"三全育人"工作体系和"五育并举"培养标准。修订和出台《"三全育人"综合改革建设方案》《持续推进"三全育人"切实加强学生教育管理工作的实施意见》《德育特色案例培育工作方案》《"名班主任工作室"培育工作方案》《疫情防控期间大学生心理危机预防与干预应急预案》《学生工作专项考核实施方案》《新冠肺炎疫情防控期间学生管理规定》等20多项制度文件,使学生教育管理制度体系更加完善。开展"三全育人"综合改革试点,遴选校级"三全育人"典型案例5个,其中"'三全育人'格局下'8S'综合素质教育探索与实践"获评为江苏省"三全育人"典型案例。按标准配备专职辅导员、思政课专任教师、专职心理健康教师、专职组织员。落实领导干部联系学生班级制度,选聘102人担任"第二班主任"。出台《思想政治理论课教师联系二级院系协同育人工作方案》,成立校级课程思政研究中心和各二级单位分中心,积极开展课程思政研究与实践。加强"德育特色案例"和"名班主任工作室"培育工作,完成校级首批6个德育特色案例、

6个"名班主任工作室"建设考核工作，立项培育第二批德育特色案例4个、"名班主任工作室"4个。

制（修）订《大学生劳动教育实施方案》《劳动教育课程标准》。学校申报的"落实'五育并举'实施交通特色劳动教育"获评为2021年江苏省职业院校劳动教育典型案例，"新时代高职学生综合素质评价改革"获批江苏省2022年教育评价改革试点项目，4人获任江苏省高教学会劳动教育研究委员会第一届理事。

学院首批"名班主任工作室"授牌现场

2. 实施"8S"综合素质教育行动计划

大力推进学生综合素质教育改革，构建形成三层螺旋递升式综合素质教育新模式，服务学生德智体美劳全面发展。2019年，学院荣获全国交通职业院校学生综合素质大赛团体第一名，学院打造的"围绕'8S体系'，实施'九大工程'——'明·道'大学生成长成才计划"项目荣获全国交通职业院校素质教育精品项目一等奖。

创新"8S"综合素质教育运行机制。成立学院党委领导下的"8S"综合素质教育领导小组，出台《"8S"综合素质教育实施方案》《进一步加强大学生素质教育工作的意见》《大学生素质教育实践学分实施办法》等系列文件，明确党政干部、专任教师、思政教师、辅导员、实验员、安全后勤服务人员等育人主体职责和教学院系、党群机关、教辅部门等部门权责，形成"8S"综合素质教育全员参与、齐抓共管的工作格局。围绕"三全育人"的关键问题和重点难点问题，学院进一步优化整合校内素质教育资源，组建大学生素质教育中心，形成5个分中心、5个教研室和1个研究所的综合素质教育工作实体机构，推动"8S"综合素质教育落地生根。

构建"8S"综合素质教育课程体系。聚焦学生全面发展、未来发展，多维发力、系统设计"8S"综合素质教育课程，形成"理论课程+实践课程""必修课程+选修课程""项目化课程+活动化课程""线上课程+线下课程""校内课程+校外课程"五结合的大课程体系。

搭建"8S"综合素质教育实践体系。按照"平台+项目+品牌"的发展理念，根据学生不同特点和基础，将素质教育实践模块"菜单化"，围绕理想信念、团队合作、创业精神等18项素质教育能力培养目标，以基础素养、提升素养、发展素养三层递进的思路，一体化构建理论与实践相结合的实践平台13个，开设固定性实践项目45个、开放性实践项目100余个，实现了学生素质达标有项目、兴趣特长培养有平台的服务支撑体系。实施素质教育学分制度，将素质教育实践8学分/128学时列入毕业达标标准，促进学生个性化发展和综合素质提高。常态化开展"青年马克思主义者培养工程""我的大学我的职业生涯路""爱国主义教育实践"等思政品牌活动，定期举办"天印大讲堂"、"暖春中国年"、"经典导读工程"、校园文化艺术节、读书节、体育文化节、公寓文化节、"心理健康教育月"等文化品牌活动，持续开展"素养公开课"、"与信仰对话"报告会、"我的青春故事"、暑期"三下乡"等思想引领活动，打造"一院一品"素质教育品牌项目培育计划，形成具有校本特色的综合素质实践活动品牌，学院青年志愿者服务活动被中央电视台等主流媒体报道。

建立"8S"综合素质教育智慧评价系统。依托校企共同开发PU素质教育智慧评价与管理系统，将"8S"综合素质教育指标分为课程学分指标和实践学分指标两类纳入评价和管理系统，实行学生综合素质成长全程可视化、可分析、可量化的管理与评价办法，从根本上解决了学生综合素质量化难、评价难的问题。

构建"8S"综合素质教育多元融合机制。坚持把多方共同参与学校素质教育治理、共建共享素质教育资源作为"8S"综合素质教育的坚强保障，依托江苏交通职教联盟，组建"8S"综合素质教育专家指导监督机构，重组学院专业建设委员会、心理健康咨询委员会、体育工作委员会、健康卫生工作委员会、劳动教育委员会等专设工作机构；组织开展专家学者、企业能工巧匠、家长进校园活动，开通月度线上家校、校企互访活动，畅通产教融合、校际联合、家校协同等各方力量参与指导和监督素质教育的渠道。

（三）公寓文化建设

建立健全学生公寓管理规章制度，出台《学生公寓管理办法》《学生校外住宿管理规定》《公寓三级建家方案》《学生公寓"6T"实务管理实施办法（试行）》《学生公寓物业考核管理办法》《学生公寓管理人员岗位职责与考核办法》等管理制度。

按照"干净整洁、氛围温馨、人际关系和谐"基本思路推进公寓文化建设。每年组织开展"三级建家"、公寓文化节等活动，深入推进学生公寓"六进"工程，切实把学生在公寓的表现与综合素质测评、学生评奖评优挂钩，深入推进以学习优秀学生、学生党员、退伍士兵及主要学生干部寝室挂牌制度为重点的"学生公寓党员（骨干）责任区"建设。

积极推进"一站式"学生社区建设工作，研究制定《学院"一站式"学生社区综合管理模式建设工作实施方案》，提出了"7+1"的建设构想，2021年启动楼宇主题工作站的建设，将学生社区打造成为学生党建前沿阵地、"三全育人"实践园地、平安校园样板高地。

（四）心理健康教育

坚持育心与育德相结合，深入实施心理关爱帮扶工程。巩固教育教学、实践活动、咨询服务、预防干预、平台保障"五位一体"的心理健康教育工作格局，织密织牢"学校、院

(系)、班级、宿舍、家长"五级工作网络，将心理健康教育与日常管理结合、与家庭经济困难学生帮扶结合，将心理存在困难学生帮扶与广大学生积极心理培养、引导结合，引导学生自尊自信、理性平和、积极向上、阳光开朗，树立珍爱生命、心怀感恩、温暖同行的人生信念。

每年组织开展"320"心理健康教育周、"525"心理健康教育月及9月新生心理健康教育季等活动，2019—2022年连续4年实现新生心理普测全覆盖。开展形式多样、有益身心的心理素质拓展活动，2018年、2019年连续两年承办两届江宁大学城趣味心理运动会。开通24小时心理热线，更新心理健康教育设备，建设校本心理健康教育管理系统，建成校外心理素质拓展基地1个。

2021年召开学院心理健康教育工作推进会，为7个二级心理辅导站挂牌，总结学院心理健康工作取得的主要成绩和基本经验，确定此后一段时间深化心理健康工作的基本思路和主要措施。

2021年学院成功入选"全国高校心理委员研究协作组理事单位"，荣获"2019—2021年度江苏省心理健康教育工作推进奖"，学院的心理健康教育工作被江苏省教育厅网站予以专题报道。

（五）资助育人

坚持"资助"与"育人"相结合，完善"奖、助、勤、贷、补、免"六位一体的学生资助体系。2019—2021年，累计发放各级各类奖助学金4466万元。

"一网联通"确保资助数据精准度。扎实推进资助信息化建设，设计建成"南京交通职业技术学院校园智慧资助系统"，依托全国和江苏省学生资助管理信息系统等平台提升学生资助数字化、网络化、智能化水平。

"两地联动"提高学生家长满意度。组织教师代表，每年利用寒暑假走访经济困难学生家庭，累计走访300余户，深入了解学生家庭情况，精准地掌握学生成长环境，筑牢学生、学校和家庭的教育"铁三角"。

"四位一体"彰显资助温度。完善集国家资助、学校奖助、社会捐助和学生自助于一体的发展型资助体系。

"五扶共融"体现资助育人深度。努力打造"扶困、扶智、扶技、扶志、扶心"特色多维的资助育人模式，在巩固"保障型"资助的同时推动学生资助向"发展型"延伸。2021—2022年，学院2名学生被评为"中国大学生自强之星"。

2018—2021年，学院助力教育高质量发展和乡村振兴，连续4年获全省学生资助绩效考核"优秀"评价，学校资助工作也多次被"学习强国""江苏资助"等新媒体宣传报道。

（六）学生国防教育

学生国防教育工作紧紧围绕立德树人根本任务和强军目标，以提升学生国防意识和军事素养为重点，不断深化"五位一体"的工作格局。在某部队的鼎力支持下，学生军训工作严格落实国办发〔2017〕76号以及苏教体艺〔2018〕5号等有关文件精神，科学施训，严密组织,取得实效。2019年赠送2800余册图书给舟桥旅军营。2021年出台《学院大学生参军入伍工作管理办法(试行)》,选聘退役大学生士兵组成校园文明纠察队;选拔国旗护卫队队员参加第五届全国高校十佳升旗手评选。2021年12月,学院在溧水大金山建立爱国主义、国防教育基地,学生国防教育社会影响力不断提升。2022年,学院获得江苏省"征兵工作先进单位"称号,"价值引领、平台激励,构建退役大学生士兵教育培养新机制"项目荣获江苏省高校学生管理创新奖一等奖。

2022年学院征兵工作站被江苏省军区表彰为"征兵工作先进单位"

(七)创新创业教育

2018年8月,由共青团中央委员会、教育部、人力资源和社会保障部、中国科学技术协会、中华全国学生联合会、江苏省人民政府主办,南京交通职业技术学院协办的2018年"挑战杯——彩虹人生"全国职业学校创新创效创业大赛决赛在南京江宁体育中心开赛。学院参赛作品"江苏城乡公交'以客带货'农村物流跨业融合发展模式设计"(参赛学生:岳若凡、郭超;指导教师:朱素阳、郝忠娜、季仕锋)喜获特等奖。

学院荣获2018年"挑战杯——彩虹人生"全国职业学校创新创效创业大赛特等奖

2019年,学校筹建创新创业学院,负责整合、协调、拓展、管理全院创新创业资源,全面开展大学生的创新创业教育与实践。

2020年1月,创新创业学院正式成立。江宁高新区管委会副主任王宁邦,学院党委书记贾俐俐,院长张毅,党委副书记周传林,纪委书记崔建宁,副院长杨益明、王道峰,创新创业工作领导小组全体成员,二级院(系)相关人员,创新创业大赛项目团队,留学生代表以及社会各界创新创业导师近200人参加了创新创业学院成立大会。

学院党委书记贾俐俐（右）、院长张毅（左）为创新创业学院揭牌

创新创业学院着力构建"五位一体、四创融合、三类协同"的创新创业教育体系，实施"131"工程（实现100%的学生接受创新创业教育、30%的学生具有创新创业实战能力、10%的学生取得创新创业成果），实现100%的学生接受创新创业教育、30%的学生具有创新创业实战能力、10%的学生取得创新创业成果，培养创新型技术技能人才。把创新创业大赛作为深化创新创业教育改革的重要抓手，深化学院人才培养综合改革，推进素质教育，切实培养学生的创新精神，增强其创业意识和创新创业能力。基于"131"工程，健全"引导课程+成长课程+项目课程"三步课程体系，创立"训—赛—孵—战"思维创新创业实践课程体系。打通"劳创融合""专创融合""思创融合""美创融合"之间的壁垒。激励学生在实战中学习，在项目中成长，真正落实"以赛促教、以赛促学、以赛促创"的双创教育理念。

2021年，学院出台《大学生创新创业蒲公英基金管理办法》，指导学生开展创新创业活动，全面提高人才培养质量，使优秀的创新人才、创新成果脱颖而出，更好地发挥基金在学院创新创业活动中的作用。创新创业教育成果作为职称评审的重要依据，被纳入二级院系的考核，学院建立由创新创业学院牵头、二级院系齐参与的创新创业教育体制机制。

2020—2022年，通过政策激励和内培外引，学院建设了一支"专职+兼职"与"校内+校外"相结合的创新创业教育师资队伍，提升创新创业教育师资队伍配比的合理性。通过校内公开遴选和校外招聘方式，创新创业学院现有创新创业专职教师3名、兼职教师105名，其中校内兼职教师53人、企业家导师52人。创新创业学院牵头召开创新创业实践教师"线上+线下"集体备课研讨会，2022年开设"双创实践"虚拟教研室，"双师型"教师队伍积极开展创业教育理论的研讨，研发经典的创业案例，构筑起"同向同行，全员参与"的教学格局。

坚持以大学生创新创业训练计划项目为引导，培养学生的创新意识、创新能力和创业能力。学院为每个立项的项目提供2000~10000元不等的经费支持，并按照规定为结项的学生颁发证书。2020—2022年，学院累计获批省级大学生创新创业训练计划项目95项。创新创业学院支持和指导学生创业项目孵化和落地，3年内在校学生注册公司50余家。广泛开展各类创业技能培训，每年培训5000余人次，助推双创技能教育内涵式发展。

2020—2022年，学生在"互联网+"和"挑战杯"等重点赛事上实现逐年点面双突破，在列入省综合考核指标的赛事中，获得省级及以上奖项共49项，其中，国赛铜奖2项、国赛入围奖1项、省赛一等奖3项、二等奖14项、三等奖29项。在教育部中国国际"互联网+"创新创业大赛中，学生每年参赛项目达1500余项，2022年达3186项，参与度每年位列全省高职院校前列，且学院连续 3 年被大赛组委会授予"优秀组织奖"。在全国各类行业协会举办的"发明杯""互联网+交通"等双创赛事中学院屡获佳绩，2022 年在第十七届全国高职院校"发明杯"大学生创新创业大赛中学院斩获两项金奖，创新创业教育取得了新的突破。

二、招生就业工作

(一)招生工作稳中向好

2018 年，江苏省高考人数跌至 33 万。随着高考生源减少，招生形势愈发严峻，学院统筹各方资源力量积极应对。学院进一步加大招生宣传力度，加强与中学之间的联系，并拓展宣传渠道，以新媒体为载体开启"互联网+"宣传新模式。学院招生就业处成立招就处新媒体工作室，通过微信公众号、微博、抖音、哔哩哔哩等年轻人喜爱的互联网平台，全方位地展示学院风采、细致解读招生政策，积极为考生和家长服务，收到了良好成效。根据每年入学新生问卷调查结果显示，超过八成的学生通过新媒体平台获取过学院招生信息，超过七成的学生利用新媒体途径进行过招生咨询。

为进一步加强规范招生工作，学院于 2018 年印发《全日制专科生招生工作管理办法》，并于 2022 年第二次修订，明确职责，细化工作。合理安排招生计划，减少江苏省内招生，提高外省招生比例。2018 年外省招生计划人数为 800 人，并逐年增加，2021 年为历年最多，达到 1100 人。招生计划人数也逐年增加，2018—2021 年分别为 3750 人、4227 人、4400 人、4500 人，2022 年略有回落，招生计划人数为 4400 人。学院的新生报到率屡创新高，2018 年新生报到率为 95.01%；2022 年受新冠肺炎疫情影响，招生宣传工作线上线下一起推进，当年学院全日制专科计划招生 4400 人，实际录取 4400 人，报到新生 4289 人，计划完成率 100%，报到率达 97.50%，创历史新高。

2018—2022 年学院招生录取人数与报到率统计表

年份	2018	2019	2020	2021	2022
录取人数	3750	4220	4352	4443	4400
报到率	95.12%	93.44%	96.38%	96.38%	97.50%
江苏高考人数	33 万	33.9 万	34.9 万	35.9 万	40.6 万
招生省份数量	12	12	12	12	11

为响应全国高职扩招百万行动，贯彻落实《国务院关于印发国家职业教育改革实施方案的通知》(国发〔2019〕4 号)文件的精神，提升社会就业群体的就业技能，为中国制造的产业大军培养高素质技能人才，学院于 2019 年首次面向社会人员招生。经江苏省教育厅批准，2019 年学院面向社会招生 41 人，2020 年面向社会招生 61 人，招生专业为汽车检测与维修技术、道路与桥梁工程技术、市政工程技术、物流管理、机电一体化技术、建筑工程技术。

学院面向社会人员招生采用弹性学制，灵活授课。学制设置为3～5年，学生只要在这个时段内学完规定的内容，取得相应的学分就可以获得全日制专科毕业证书。授课形式有集中教学与送教上门相结合、线上学习与线下学习相结合、理论教学与实践教学相结合三种方式。学院还提供学分互换、证书互认政策。针对不同群体，实施"学分银行"和"1+X"证书制度。学院利用智慧校园优势，采取信息化手段，为每个学生建立职业教育个人学习账号，实现学习成果可追溯、可查询、可转换。

（二）就业工作逆势向好

2020年，学院修订实施了《毕业生就业工作管理办法》，以"确保毕业生充分就业、就好业"为就业工作的总目标。各二级院（系）党政共同负责，以就业工作目标责任制为抓手、考核评估为手段、评优奖励为动力，形成了学院党政领导带头、就业职能部门牵头、二级院（系）实施、相关部门参与的毕业生就业工作格局和"人人关心就业、人人参与就业"的良好工作氛围，为就业目标的顺利完成奠定了坚实的组织保障。

受新冠肺炎疫情影响，2020年学院开始全面推进线上招聘，通过举办"就业小主播大赛"，遴选、培养一批优秀学生通过线上招聘会"直播带岗"。学院平均每年组织100余家单位参加网络专场招聘会，提供就业岗位3000余个。广泛搜集各类招聘信息，并通过就业网、微信公众号、就业工作QQ群、就业联系人工作群、毕业生就业信息群等及时发布招聘信息。同时将教育部"24365校园招聘服务"平台和江苏智慧就业平台系列网络招聘活动信息及时推送给毕业生。就业网年均新增审核通过单位800余家、招聘公告700余条。各二级院系通过班级微信群、QQ群等发送相关招聘信息，做到招聘信息360度全覆盖。

精准摸排，帮扶就业困难学生。依托院、系两级就业帮扶队伍，精准摸排每一位毕业生就业意愿，对就业难、缓就业、慢就业、不就业的同学，实行一对一帮扶，为每一位毕业生办实事、解难题。对家庭经济困难毕业生、少数民族毕业生、残疾毕业生等群体，开展一对一重点帮扶，帮助贫困生实现高质量就业，残疾毕业生就业率达到100%。落实并发放困难毕业生求职补贴。针对有升学意愿的同学，学院遴选了3家优质专转本机构进校培训，同时对机构的教学内容、日常管理等进行全面考核，助力更多毕业生达成升学目标。

推进就业人员能力提升。组织全体就业工作人员积极参加江苏省高校招生就业指导服务中心培训、遴选部分教师参加（美国）国家生涯发展协会（NCDA）生涯规划师培训，提升工作人员的业务水平。2021年，学院成功申报江苏省就业核心能力培训点，完成近300名家庭经济困难学生省级就业核心能力培训工作。学院教师获第六届省就业创业指导教师教学技能大赛三等奖1项、优秀奖1项，学院荣获就业创业知识竞赛优秀组织奖，立项省就业创业课题研究项目1项。

强化学生视角，开展就业指导。通过开展学院首届大学生职业生涯月、Career讲坛、Career企业行、专项暑期社会实践、职业生涯专题讲座等活动，用学生乐于参与的方式，做好学生职业规划和就业指导工作。录制"学长学姐说就业"专题视频，形成榜样力量；利用抖音平台直播职业生涯第一课，邀请已就业、参军入伍、参加"三支一扶"、创业、升学等的优秀校友向大一新生分享成长经历，单场累计点赞高达 20 多万次。学院学子获江苏省职业规划大赛一等奖 1 项、二等奖 2 项，1 名毕业生荣获江苏省就业创业典型人物提名奖。

学院 2018—2022 届毕业生总就业率分别为 98.26%、97.13%、96.43%、98.22%、97.21%，毕业生薪资收入、专业对口率、满意度等各项主要指标均居于江苏省高职院校前列。学院连续多年被省教育厅评为"省毕业生就业创业工作先进单位"。2020—2022 年，学院连续 3 年被江苏省教育厅评为"全省高校毕业生就业工作量化督导 A 等次"，体现了省教育厅对学院就业工作的充分肯定。

第八节　科研工作与社会服务

学院科研工作坚持响应国家交通强国发展战略，以江苏省高水平高等职业院校建设为契机，以制度和机制创新为保障，以人才队伍建设、项目平台申报、成果产出增长作为提升学校创新能力的核心要素，进一步规范科技管理体制和运行机制，逐步建立和完善适应学院高质量发展的科技管理政策和制度体系，建立一批高水平科研和产教融合发展平台，科技成果产出与知识产权审批登记数量获得明显增长。2018 年，学院教师申报课题首次获得国家自然科学基金立项资助。2019 年，学院获批国家自然科学基金依托单位，牵头组建了江苏交通运输职业教育集团、全国智能网联与无人驾驶职教联盟、南京交通高职教育联合体、江苏汽车职业教育联盟、江苏交通运输职业教育教科研中心组等 5 个集团、联盟，为产教深度融合搭建了良好发展平台。

一、健全制度体系和运行机制

2018 年以来，学院统筹推进省高水平高等职业院校建设，以此为契机，不断加强科研工作制度建设，完善科研运行机制，为科研人员"松绑"和"减负"，切实激发创新活力，推进科研成果转化。系列制度的出台在体制机制改革上全面发力、多点突破，对纵横向项目管理、科技成果转化、鼓励教师申报发明专利、支持和鼓励教师为企业开展"四技"服务、支持教师与企业及兄弟院校开展协同创新、联合申报科技项目等均做出了制度调整和机制优化。

2018 年 6 月，学院召开首次科技创新大会，总结学院科技工作成绩，表彰先进、交流经验，明确此后一个时期全校科技工作的主要任务，为建设高水平高等职业院校奠定坚实的科技工作基础。同时为深入贯彻省委、省政府《关于深化科技体制机制改革推动高质量发展若干政策》(简称"科技改革 30 条")文件精神，学院相继出台了一系列科研管理配套文件，为学院科研的发展保驾护航。科技创新大会成功召开之后，学院先后出台了《南京交通职业技术学院促进科技创新与成果转化若干措施》(2018)、《南京交通职业技术学院科技成果转移转化管理办法》(2019)、《南京交通职业技术学院纵向科研项目管理办法》(2019)、《南京交通职业技术学院深化科研评价改革实施方案》(2021)、《南京交通职业技术学院科研创新团队管理办法》(2021)、《南京交通职业技术学院预防和处理学术不端行为办法》(2021)、《南京交通职业技术学院学术规范条例》(2021)等10余个管理制度相关文件。同时为适应不断发展变化的科研新形势、新要求，还对《南京交通职业技术学院经费管理办法》《南京交通职业技术学院科研成果奖励办法》进行了修订和完善。

二、建立一批科研和产教融合发展平台

学院主动对标国家关于深化产教融合、校企合作的实施意见，将学校人才培养供给侧和交通运输行业需求紧密融合，在推进产教融合、协同育人过程中，通过实施"强基""聚力""协同"等重点工程，逐步形成政府、企业、学校、行业协同育人的格局，促进教育链、人才链、产业链、创新链有机衔接。学院"1+3+10+N"科技创新平台体系雏形渐成，为高水平科研成果的产出奠定了坚实的基础。

2018年11月，全国智能网联与无人驾驶职教联盟在学院成立。依托全国智能网联与无人驾驶职教联盟，学院在全国交通运输职业教育教学指导委员会指导下，瞄准国家战略和地方经济发展需要，聚焦智能网联及无人驾驶产业人才培养、技术研发等关键问题，开展智能网联与无人驾驶专业实训室建设标准编制、专业技能大赛项目开发、职业技能等级标准开发、智能网联与无人驾驶技术协同创新研究等工作，并取得阶段性突破。

2021年12月，学院江苏省交通节能减排工程技术研究中心被江苏省发改委认定为江苏省工程研究中心，这也是学院首个省级工程中心。学院发布《江苏省交通节能减排工程技术研究中心建设实施方案》，组建成立了新能源汽车技术研究所、道路绿色养护技术研究所、智慧交通技术研究所、绿色建造技术研究所、交通低碳管理技术研究所等5个研究所，明确重点研发任务、研发目标、研发内容、关键攻关领域及进度安排，推进省级工程研究中心实质性建设。

2022年9月，学院新能源与无人驾驶汽车工程技术研究开发中心顺利通过验收，南京新能源汽车产业及应用技术研究院作为南京交院与江苏省交通运输厅、江宁区人民政府三方共建的应用研究院，坚持以服务区域经济建设为中心，为江苏省智能交通基础建设、基础设施智能化养护和管理、相关领域重大项目的申报与技术攻关等提供产业政策、标准制定和推广，技术优化，产品试验，人才培养等方面的服务。同时，建设江宁区科技成果孵化与转化中心，积极推动新能源汽车、智能交通等技术成果转化落地。

学院充分发挥江苏交工学院、康众学院、万宇学院、华海学院等校企联合实体作用，探索实践"双主体"和混合所有制办学，开展现代学徒制人才培养。与南京地铁集团有限公司、上汽大众汽车有限公司等企业搭建了多个产教合作平台，与江苏中路交通发展有限公司共建"智慧交通工程技术研发中心"，与上海尚强信息科技有限公司共建"南京交院-尚强科技智能校园大数据协同创新中心"，与江苏南大苏富特智能交通科技有限公司共建"智慧交通产学研平台"，与南京昊坤新型材料有限公司共建"校企协同创新中心"，与南京深科汽车电子系统有限公司共建"智能网联汽车技术产学研平台"，与众能联合数字技术有限公司共建"智能

工程机械产学研平台",与多伦科技股份有限公司共建"智慧交通技术""智能网联汽车技术"协同创新中心等。

学院对接江宁区科技局,成立南京交通职业技术学院技术转移中心,加强知识产权成果转化,进一步提升学院师生社会服务能力。同时,推进江苏省技术产权交易市场的"南京交院技术转移转化店铺"建设,完善南京交通职业技术学院科技成果转化平台建设,坚持每周更新信息,为校企合作企业提供多方位、多层次的技术信息传递。

学院建设了现代产业学院。2022年6月,为了充分发挥产业优势,深化产教融合,建强优势特色专业,促进教育链、人才链与产业链、创新链有机衔接,学院制定《现代产业学院建设管理办法(试行)》。2023年4月,学院立项建设现代产业学院3个:苏舜汽车产业学院、东交智控路桥工程产业学院、康众物流产业学院。现代产业学院的建设促进了人才培养供给侧和产业发展需求侧结构要素全方位深度融合,提高技术技能人才培养质量,切实发挥了示范引领作用。

三、科技成果产出与知识产权工作取得明显进步

(一)科技成果硕果累累

随着学院对科研的持续重视和扶持奖励政策等多重因素的激励,学院科研成果在质和量上均取得了较大突破。2018年,国家自然科学基金委员会公布了2018年度国家自然科学基金项目评审结果,路桥与港航工程学院教师赵岩荆博士申报的课题"树脂沥青类钢桥面铺装层疲劳开裂内聚力模型与CT重构仿真分析",获得2018年国家自然科学基金青年科学基金项目资助,这是学院首次获得国家自然科学基金立项。2018年以来,学院教师主持完成国家自然科学基金项目2项,学院教职工获批各级各类院外科研项目近200项。其中,国家级项目5项、省部级项目120项,充分彰显了学院科研能力的提升。

横向课题同样取得了较大突破。2018年以来,学院教师与企业签订的技术开发、技术服务、技术咨询、技术转让等"四技"合同达138项,合同金额共计6283万元。技术合同认定100件,合同成交额共计6573万元。

(二)知识产权工作取得长足进步

专利申请数量与授权数量,特别是发明专利的授权量逐年增加。2018年以来,学院各类授权专利达1055项,其中发明专利70项。近些年学院贯彻落实"科技改革30条",紧扣学院创新主体反映最强烈、解决需求最迫切的堵点难点,形成系统性的制度设计,出台《南京交通职业技术学院促进科技创新与成果转化若干措施》《南京交通职业技术学院科技成果转移转化管理办法》,加大成果转化力度。成果转化数量和金额逐年提升。2020年以来,学院成果转化额达100余万元。

(三)教科研论文质与量有较大提高

2018—2022年,学院教职工在各类期刊公开发表论文1000余篇,其中SCI、CSSCI、EI等论文近200篇;主编、参编著作18部;各级各类成果获奖近60项。

四、支持高层次科研教研工作

2019年，学院获批成为国家自然科学基金依托单位，这标志着学院具备了申报国家自然科学基金面上项目、重点项目、青年科学基金项目、优秀青年科学基金项目等项目的资质，也为学院科研人员申请国家级科研项目搭建了新的平台，为学院开展专业建设、提升社会服务能力提供了更有力的支撑。

2019年5月，学院节能减排中心与河海大学共建的研究生工作站被评为"江苏省优秀研究生工作站"。

学院还积极组建科技创新团队，为高水平高层次科研成果的产出做准备。2019年，"智能网联与无人驾驶信息技术科技创新团队"被评为省教育厅优秀科技创新团队；2021年，"绿色建筑技术科技创新团队"再次获评为省教育厅优秀科技创新团队。除此之外，2021年，根据《南京交通职业技术学院科研创新团队管理办法》，学院遴选培育"汽车辅助驾驶与智能座舱系统研发"等3个院级科研创新重点团队、"道路设施安全服役保障技术"等6个院级优秀青年科研创新团队。

学院各类平台、团队及研究所一览表（截至2023年6月）

序号	名称	级别	来源	负责人	立项时间
1	江苏省交通节能减排工程技术研究中心	省级	江苏省发改委	陆春其	2021年12月
2	江苏省道路交通节能减排工程技术研究开发中心	省级	江苏省教育厅	贾俐俐	2011年4月
3	交通节能减排科技创新团队	省级	江苏省教育厅	贾俐俐	2017年8月
4	江苏省交通节能减排工程技术研究中心	市厅级	江苏省交通运输厅	张毅	2011年9月
5	新能源与无人驾驶技术研究中心	市厅级	江苏省教育厅	张毅	2018年12月
6	新能源汽车技术研究所	校级	南京交通职业技术学院	文爱民	2016年1月
7	路桥工程新技术研究所	校级	南京交通职业技术学院	蒋玲	2016年1月
8	综合运输与管理技术研究所	校级	南京交通职业技术学院	吕亚君	2016年1月
9	交通信息技术应用研究所	校级	南京交通职业技术学院	吴兆明	2016年1月
10	混凝土工程技术研究所	校级	南京交通职业技术学院	刘凤翰	2016年1月
11	交通装备与数控设备机电研究所	校级	南京交通职业技术学院	沈旭	2016年1月

续上表

序号	名称	级别	来源	负责人	立项时间
12	素质教育研究所	校级	南京交通职业技术学院	王利平	2016年1月
13	智能网联与无人驾驶信息技术科技创新团队	市厅级	江苏省教育厅	张 毅	2019年11月
14	交通文化研究所	校级	南京交通职业技术学院	谢剑康	2020年12月
15	道路设施安全服役保障技术青年科研创新团队	校级	南京交通职业技术学院	赵岩荆	2021年7月
16	绿色建筑技术青年科研创新团队	校级	南京交通职业技术学院	张 健	2021年7月
17	智慧施工科研创新团队	校级	南京交通职业技术学院	汪 莹	2021年7月
18	智能新能源汽车应用技术科研创新团队	校级	南京交通职业技术学院	李贵炎	2021年7月
19	绿色建筑技术科技创新团队	市厅级	江苏省教育厅	张 健	2021年9月
20	汽车辅助驾驶与智能座舱系统研发团队	校级	南京交通职业技术学院	吴士力	2021年10月
21	交通大数据应用科研创新团队	校级	南京交通职业技术学院	米 洪	2021年10月
22	智能交通技术团队	校级	南京交通职业技术学院	吴 昊	2021年10月

2021年，学院首个省级工程中心"江苏省交通节能减排工程技术研究中心"获批，以此平台建设为契机，学院组建了新能源汽车技术研究所、道路绿色养护技术研究所、智慧交通技术研究所、绿色建造技术研究所、交通低碳管理技术研究所等5个研究所，旨在通过进一步整合校内资源，发挥各专业各学科的人才和专业优势，为学院科研工作的推进提供组织保障。

五、打造产教融合发展品牌

学院坚持"政校行企"四方联动、"产学研用"深度融合的发展理念，推进校企共同体迭代升级，坚持"立足交通、服务社会"办学定位，主动融入国家战略，不断深化产教融合，促进产业、教育、科技、人才系统有机融合协同发展，构建高质量发展新生态，为产教深度融合搭建良好平台。学院组建"政校行企"合作工作委员会，完善议事和工作制度，建立健全"政府主导、学校主体、行业指导、企业参与"的多元合作办学机制，为有效推进产教融合、协同育人"强基固本"。

（一）"强基工程"夯实产教融合基础

依托江苏交通运输职业教育集团、江苏汽车职业教育联盟，顺应职业教育改革新形势和交通运输行业发展新要求，聚焦产教深度融合难、资源集聚共享难和人才供需对接难等问题，扎实推进"四创新、八共同"的集团实体化运作模式，打造校企命运共同体，推进产教深度融合。2021年江苏交通运输职业教育集团入选全国第二批示范性职业教育集团（联盟）培育单位，2022年江苏汽车职业教育联盟入选江苏省示范性职业教育集团（联盟）培育单位，2022年"江苏交工路桥与港航工程学院"入选江苏省职业教育校企合作示范组合培育项目。

组织轮流游学，学生成建制地到其他两所学校（南京铁道职业技术学院、江苏海事职业技术学院）及骨干企业学习生活，完成本行业以外两个辅方向的游学模块课程。高职毕业后，学生进入本科学校物流技术专业学习，提升物流运作管理、方案设计优化等能力。"'3+1+N'公铁水游学：复合型物流人才培养的创新与实践"项目先后获2017年江苏省教学成果奖一等奖和2018年国家教学成果奖二等奖。

（二）"协同工程"助推科技创新

学院坚持以市场为导向，以改革创新为动力，启动了科技创新"协同工程"，集中全校优质科研资源，积极开展科学研究与创新，全校科研水平持续攀升，实现了科学研究与社会服务的新跨越。

近年来，校企合作建成"江苏省道路交通节能减排工程技术研究开发中心"等省部级协同创新中心5个、"南京新能源汽车产业与应用技术研究院"等产教融合平台2个，并与知名企业共建混编科技服务团队和研究所13个、国家职业技能鉴定所和行业培训鉴定工作站7个、区域性和行业性职业培训中心14个、虚拟仿真实训基地2个。其中，江苏省交通运输厅、省教育厅共建的"江苏省道路交通节能减排工程技术研究开发中心"等省部级协同创新中心，是南京交院教师科研的实践平台，也是高层次人才的培养平台，更是技术服务的创新平台、合作交流的发展平台，2021年，"江苏省道路交通节能减排工程技术研究开发中心"入选江苏省发展和改革委员会工程研究中心建设名单。

南京新能源汽车产业及应用技术研究院是南京交院与江宁区政府、江苏省交通运输厅三方共建的应用研究院。学院依托研究院，将联合共建新能源汽车研究中心、智能交通研究中心、成果孵化与转化中心等10个工程研究中心和实验室，共建高水平混编创新创业团队5个。

学院与合作企业协同推进职业教育教学改革，强化教学资源数字化，有效支撑学生综合实践能力培养。与苏交科集团股份有限公司共建的"绿色智慧交通建造虚拟仿真实训基地"于2021年入选教育部职业教育示范性虚拟仿真实训基地培育项目，与多伦科技股份有限公司共建的"智能网联新能源汽车虚拟仿真实训基地"于2022年入选省职业教育示范性虚拟仿真实训基地培育项目。

学院与国家ITS中心智能驾驶及智能交通产业研究院、江苏卡耐新能源有限公司联合共建的新能源与无人驾驶汽车工程技术研究开发中心，于2022年通过省教育厅高职院校工程技术研究开发中心建设验收。同年，与深圳市中诺思科技股份有限公司合作共建大学生"创客空间"，利用企业"多层次、跨专业、理虚实、相互补"的双创人才培养生态，不断完善学院创新型卓越技术技能人才培养体系。

2018—2020年，学院直接参与沪宁高速公路、苏通大桥等交通重点项目60多项，在合作企业中兼职的18名博士等高层次人才入选江苏省科技副总项目。学院每年开展社会培训2.5万人次以上，年技术服务产值5000万元以上，多次入选"全国高等职业院校服务贡献50强"。

第九节　对外合作与国际教育

学院积极探索国际化办学实践模式，加强高素质技能型国际化人才培养模式实践与改革，国际化办学格局不断完善。统筹实施"聚焦主线、双向发力、三方共育、四维并进、党建赋能"工作思路，始终坚持教育对外开放不动摇这根主线，围绕"境外优质资源引进来、服务优质产能走出去"开展"双向发力"，采用"校－校－企"理念共融、专业共建、技术共享"三方共育"，统筹鲁班工坊、郑和学院、海外汉语言中心、丝路学院"四维并进"，发挥基层党支部战斗堡垒作用和党员先锋模范作用，强化"党建赋能"作用，学院人才培养质量、国际化办学水平和国际影响力全面提升。2022年12月，在中国交通报社开展的优秀案例征集活动中，学院选送的"携手结对助学，奉献红色爱心"留学生管理案例被遴选为交通运输行业基层党建创新案例。学院连续3年入选高职院校"国际影响力50强"，2022年获评"江苏省来华留学生教育先进集体"。

一、实施国际化人才培养计划

推进专业国际化建设。学院积极推进专业国际化建设，培养具有国际视野、熟悉国际规则、了解多元文化、能够参与国际事务的技术技能人才。2021年，学院现代物流管理专业成功入选首批江苏省"十四五"高校国际化人才培养品牌专业。2022年，学院汽车检测与维修技术专业入选第二批江苏省国际化人才培养品牌专业建设项目名单。

拓展境外研修项目。学院与美国、英国、马来西亚、俄罗斯、韩国、泰国、老挝、赞比亚等地的10余个院校和教育机构建立了交流合作关系。学院积极搭建学生出国学习深造平台，与英国考文垂大学合作开展了"3+1+1"专升本升硕项目，是江苏省开展此项合作的唯一一家高职院校。开展了境外研修项目，与马来西亚马拉工业大学、韩国清州大学开展交换生项目。推进学生赴海外实习，组织学生赴中江国际阿联酋阿布扎比项目、赞比亚项目海外分公司实习。

开展境外办学。学院积极打造职业教育国际品牌、输出南京交院专业标准。2019年，学院入选教育部中外人文交流中心"人文交流经世项目"首批"经世国际学院"。2021年，与北京华晟经世科技股份有限公司、泰国兰纳皇家理工大学开展"校-校-企"三方合作，签订了合作协议，共同建设南京交院-泰国兰纳皇家理工大学"新能源汽车检测与维修技术"经世学堂。2021年12月，南京交院-泰国兰纳皇家理工大学"新能源汽车检测与维修技术"经世学堂正式揭牌成立。经世学堂建设将聚焦"一带一路"国家新能源汽车技术需求、"走出去"企业用人需求、中国新能源汽车产业发展需求，开展技能型本科人才培养和技术技能培训，打造新能源汽车运用的专业标准资源，输出新能源汽车检测与维修技术专业南京交院方案，为"一带一路"国家发展提供中国模式、贡献中国智慧。

建设"鲁班工坊"。学院积极落实《职业教育提质培优行动计划（2020—2023年）》，紧扣"交通运输"和"职业教育"两个维度，创新国际化办学和国际合作模式，携手知名企业"走出去"，共建"鲁班工坊"。2020年组织申报了2020—2021年南京市"一带一路"建设重点项目，"中非友谊·鲁班工坊"项目获准立项。2021年，学院与北京华晟经世科技股份有限公司、泰国兰纳皇家理工大学合作在泰国建设"鲁班工坊"。2022年10月，南京交院泰国"鲁班工坊"正式揭牌。在泰国兰纳皇家理工大学设立的"鲁班工坊"，是学院主动服务"一带一路"建设，输出南京交院专业建设标准，为"走出去"中资企业培养海外本土员工的又一重要举措。

南京交院-泰国兰纳皇家理工大学"新能源汽车检测与维修技术"经世学堂揭牌成立

推进"中文+职业技能"项目。学院积极服务于"一带一路"建设，推动中外经济互利共赢，助力国家间人文交流和民心相通。2021年，学院面向柬埔寨物流工商协会成员、泰国高校的师生举办了两场"中文+职业技能"培训，共培训东南亚国家联盟（简称"东盟"）成员国教师、学生及企业工作人员200余人次。2022年，学院依托东南亚教育部长联盟组织，面向东盟11个成员国继续开展"中文+职业技能"系列培训，进一步助力东盟成员国青年开展"中文+职业技能"学习，为"走出去"中资企业培养海外本土员工。先后开设了"中文+智能物流技术""中文+路桥工程技术""中文+建筑工程技术""中文+传统文化"四类课程。

成立丝路学院。2022年5月，丝路学院揭牌，举办了丝路学院运管班开班仪式。丝路学院旨在培养具有国际视野、熟悉国际规则、了解多元文化、能够参与国际事务的技术技能型人才。丝路学院的成立是学院积极响应"一带一路"倡议，夯实国际化办学内涵的一次生动实践。

建设"一带一路"汉语中心。2022年9月，南京交通职业技术学院海外汉语言文化中心暨优质生源基地揭牌，孟加拉国际汉语言文化中心成为学院首个落户海外的汉语言中心，为学院与国外机构合力培养优秀来华留学人才开拓了一个新的平台。

孟加拉国际汉语言文化中心揭牌

二、稳步推进留学生培养工作

学院启动来华留学生培养工作以来，克服了诸多压力与困难，迎难而上，主动作为，积极应对新冠肺炎疫情所带来的新变化、新挑战，顺利完成了留学生招生、教育教学和日常管理等工作，留学生人才培养质量稳步提升。

开拓留学生生源基地。2019年设立"南京交院中亚地区留学生生源基地"，2021年建成"泰国留学生生源基地""老挝生源基地"，2022年建成"乌兹别克斯坦生源基地""孟加拉国生源基地"。2017年以来已先后招收来自老挝、印度尼西亚、柬埔寨、哈萨克斯坦、乌兹别克斯坦、泰国、尼日利亚、刚果（布）、莱索托等"一带一路"国家的留学生311人，生源国达到27个。

丰富留学生培养层次。2019年，在招收学历生的基础上，增招语言生，学院非学历留学生教育工作迈上新台阶。2019年10月，首次招收39名语言生。2020年1月，学院与东南大学、中江国际三方共同申报的"公路工程测量检测及施工培训项目"获批教育部、交通运输部2019—2020年度"中非友谊"交通运输专业人才培训项目，学院是获批项目中仅有的两所高职院校之一，项目获得中国政府奖学金名额30人，用于招收"走出去"企业在非洲的优秀员工，是学院开展短期留学生培训的一次重要尝试。2021年，与泰国兰纳皇家理工大学合作开展了新能源汽车检测与维修技术专业技能型本科留学生培养以及短期技术技能培训项目。2022年，与乌兹别克斯坦吉扎克国立技术学院合作开展现代物流管理专业技能型本科留学生培训项目。通过技术技能创新培养和双文凭联合培养，提升了留学生人才培养层次。

提高留学生管理水平。坚持"立足交通、服务交通"办学特色，不断完善留学生人才培养方案。2019年，进一步建立健全了留学生管理体系，妥善推进"大学工""大教务"建设，积极推动留学生趋同化管理，完善了留学生各项管理制度，制定并修订了《留学生管理办法》《留学生奖学金评定办法》等14项文件，汇编成册，规范了留学生日常管理。

探索留学生管理新模式。开展富有特色的留学生工作，打造"一带一路一家人"中外学生互助活动、"月月有主题、全年都精彩"活动以及中国文化体验周等文化品牌活动。2019年，在第五届中国"互联网+"大学生创新创业大赛国际赛道技能竞赛中，4名留学生荣获大赛铜奖。在江苏省教育厅举办的"庆祝新中国成立70周年在苏外国留学生图文微视频征集活动"中，《追梦交院》微视频、《糖果味的留学生活》微视频被评为优秀作品。2021年9月，在中国-东盟交通职业教育联盟中国传统文化展示比赛中，学院留学生荣获二等奖1项。

推进留学生校友会建设。广泛收集校友信息，2022年11月，召开了首届南京交院留学生校友大会。

三、拓展国际化办学空间

学院积极搭建国际合作交流平台，加强与"一带一路"交通大学和交通行业、企业的合作与交流，广泛开展人才培养、专业标准输出、科学研究工作，国际化发展空间和国际影响力得到了显著提升。

学院成功加入"一带一路"国家及金砖国家交通大学联盟，与联盟内院校共同致力于"一带一路"国家交通运输领域的科技创新与先进技术交流，为国际交通运输产业集群的创新发展提供支撑。

2018年11月，学院作为中国-东盟交通职业教育联盟发起单位之一，与中国及东盟成员国的交通职业院校、企业和社会组织共同推动中国与东盟成员国区域教育大开放、大交流、大融合。学院承接了中国-东盟交通职业教育联盟国际学生课程建设，开发了外贸单证服务、集装箱运输业务等多门国际课程。

2022年9月，学院发起成立了"丝路交通"职业教育联盟。柬埔寨物流工商协会、孟加拉国际汉语言文化中心、澜湄教育培训联盟等机构申请加入"丝路交通"职业教育联盟。

2022年12月，南京交通职业技术学院-吉扎克国立技术学院"郑和学院·宝船工坊"揭牌并开班。南京交通职业技术学院党委书记贾俐俐、吉扎克国立技术学院校长乌斯曼库洛夫·阿利舍尔出席仪式。"郑和学院·宝船工坊"的建设是对"郑和精神"的传承与发展，是南京交通职业技术学院与吉扎克国立技术学院两校开放进取、共同合作、实现共赢的成果体现。两校将以"郑和学院·宝船工坊"的成立为契机，发挥各自的专业优势，共同开展国际化人才培养，促进中乌人文领域的交流，助力中乌两国区域经济的长远发展。

四、拓展师生国际化视野

学院积极落实学生出国（境）学习交流管理办法，拓宽师生国际化视野。2018 年与马来西亚马拉工业大学签署合作备忘录，2019 年 3 名学生被马来西亚马拉工业大学交换生项目录取。2020 年学院建筑工程技术专业的 5 名学生赴中江国际阿联酋阿布扎比项目、赞比亚项目海外分公司实习，运输管理学院 1 名学生赴印度尼西亚实习。2021 年 9 月，3 名学生赴韩国清州大学学习交流一学期。学院高度重视教师国（境）外培训交流，先后派出多名教师赴海外参加各类培训学习，2020 年、2021 年先后开展了教师双语教学能力培训班。

第十节　人事管理与师资队伍建设

自 2018 年起，学院开始高起点高标准统筹推进江苏省高水平高等职业院校建设，全面推进卓越技术技能人才培养工程。学院人事管理与师资队伍建设面临诸多压力、挑战和困难："双师型"教师比例要达到 80% 以上，兼职教师占专兼职教师总数比例应达 25%；分级打造青年骨干教师、专业带头人、教学名师、技术技能大师、工匠之师、大国工匠等高层次、高技能人才队伍，完成校企合作"双师型"教师培养培训基地、省级"双师型"名师工作室、省级教师技艺技能传承创新平台、国家级和省级职业教育教师教学创新团队等一系列师资队伍建设与改革创新任务；学校领军人才、大师名匠、青年英才等高层次人才比例不高，专任教师结构性短缺问题还比较突出；人才政策比较优势不够明显，人事规范管理不够科学，人才贡献与绩效分配匹配度还不够高等历史问题。这些将成为学校弯道超车、转型发展面临的重大挑战。

面对挑战，学院审时度势，坚持以习近平新时代中国特色社会主义思想为指导，贯彻落实习近平总书记关于教育的重要论述，以高水平高等职业院校建设目标为牵引，全面推进人事人才发展体制机制改革，构建具有人才竞争优势的人力资源体系。创新"领军人才＋创新团队、大师名匠＋高端项目、青年英才＋技术平台"的师资队伍发展模式，加大高层次人才引进和培育力度，汇聚优秀青年人才和优秀创新团队，以提高教师教育教学能力和专业实践能力为核心，努力培养造就一支师德高尚、高端引领、骨干支撑、双师主体、团队卓越、支撑发展的高素质"双师型"教师队伍，为学院加快建成国内一流高职院校提供坚实的人才保障。

一、师德师风建设成效明显

学院始终把师德师风建设放在教师队伍建设的首位，通过健全机构、完善制度、抓好落实等工作加以推进。五年来，学院坚持把教师思想政治和师德师风建设工作作为学习贯彻习近平新时代中国特色社会主义思想的领航工程、加强高素质"双师型"教师队伍建设的强基工程和推动学校高质量发展走在前列的聚力工程。学院每年组织新教师召开座谈会，帮助他们以资深教师为榜样，恪守职业道德，做一名品德高尚的教师；组织新进教职工岗前培训时将师德师风教育列入专题培训清单，增强教师教书育人的责任感和使命感；召开师德师风专题教育会议，狠抓专题教育工作落实，将校院两级师德师风教育的内容内化为涵养自身道德情操的珍贵养分，外化为开展教育教学、科学研究、社会服务等工作的生动实践。学院将师德表现作为教师考核考评、职称评聘、岗位聘用、职务晋升等方面的首要依据，坚决落实师德失范"一票否决"制度，师德师风建设取得明显成效。

2019年上半年，学院成立党委教师工作部以进一步加强新时代教师思想政治工作和师德师风建设。2019年11月，为建立健全师德师风建设长效机制，完善教师职业行为的激励机制和约束机制，经学院党委会研究决定，成立南京交通职业技术学院师德师风建设领导小组。11月28日，学院印发了《南京交通职业技术学院新时代师德师风建设实施办法》《南京交通职业技术学院师德失范负面清单及师德失范处理办法（试行）》2个文件，号召各位教师自觉提升师德修养，严格遵守高校教师职业道德规范和行为准则，不得有规定的12类师德失范行为。

2020年5月，学院党委教师工作部正式发布了学院首部《教师师德师风手册》，通过汇集和说明各级组织、学院制度体系中涉及教师职业活动的相关规则，帮助教师了解学院在教学、科研、育人、社会服务过程中所倡导的价值观，积极引导教师做有理想信念、有道德情操、有扎实学识、有仁爱之心的党和人民满意的"四有"好教师。

2021年5月，学院出台《南京交通职业技术学院教职工处分暂行规定》《南京交通职业技术学院教职工考勤管理办法》等规章制度，对全体教师的基本行为准则、个人品行、职业操守、师德教育、师德考核提出了具体明确的要求，用制度和规范引导教师教育教学行为，依照制度文件对教师违规违纪行为进行警示和惩处，严格执行师德失范"一票否决"制度。

2021年，为深入贯彻落实全国高校思想政治工作会议和2020年度全省师德师风建设工作视频推进会精神，进一步加强学院教师队伍的师德师风建设，引导全校教师践行"四个相统一"、当好"四个引路人"、争做"四有"好老师，发掘师德典型，讲好师德故事，学院开展首届评选师德先进个人活动。2021—2022年，共有18名教师被授予"师德先进个人"荣誉称号。

二、实施高精尖缺人才引育工程

学院第三次党代会报告和学校"十四五"规划均提出，要加强高层次人才工作前瞻性研究，围绕学院战略布局和发展方向，更加精准地引进高层次人才，更有针对性地开展高层次人才培育和服务工作。

2019年11月，学院出台《南京交通职业技术学院高层次人才引进与管理办法》《柔性引进高层次人才管理办法（试行）》，加大高层次人才的引进和培养力度。学院人才引进的原则是，"围绕实现建成'行业领先、国内一流、国际有影响力的交通运输类高职院'总目标，坚持'发展需要为本、急需紧缺为先、业绩能力为要、激励保障并重'的原则，实行按需设岗、公开招聘、择优聘用、严格考核、合同管理，突出高精尖缺人才导向，面向海内外广纳贤才"。

《柔性引进高层次人才管理办法（试行）》积极探索柔性人才政策，并规定建立"户口不迁、关系不转、双向选择、合同约束"的柔性引进机制。根据学院人才队伍建设规划和岗位需求，每年柔性引进若干名急需紧缺人才，主要以顾问指导、短期兼职、候鸟服务、项目合作等方式，突出高精尖缺人才导向，重点引进在国内外拥有领先专业技术、教学科研成果并能推动学校重点专业建设、重点科研平台建设和学校发展的各类人才。

2020年3月，学院出台《南京交通职业技术学院产业教授选聘工作管理办法（试行）》，从省内企业选聘一批科技型企业家、技术型专家、技能型专家（含文化、金融、服务业等领域的专家）担任学校产业教授，为培养技术技能创新型人才、推进科技成果转化提供重要人才支持和制度保障。2018—2023年，学院共选聘产业教授22名，为学院的高质量发展提供人才支持。

实施高精尖缺人才招聘计划，坚持全职引进和柔性引进相结合，采取"领军人才＋创新团队、大师名匠＋高端项目、青年英才＋技术平台"引进模式，发挥"以才引才"的聚集效应，形成创新团队和拔尖人才相互促进机制。探索年薪制、协议工资制、项目工资制和团队工资制等薪酬模式，坚持"不唯学历、不唯头衔、唯才是用"的用人原则，形成"人尽其才、才尽其用"的聚才氛围，构建"近悦远来"的人才生态体系。

2018—2023年，学院共引育硕士研究生及以上人才163人，其中博士研究生37人，在职博士研究生42人；共培养高级职称人才48人，其中正高职称8人；新增入选学校首批江苏省"双创博士"资助对象，入选交通运输部青年科技英才、江苏省"333工程人才"、江苏省高校"青蓝工程"中青年学术带头人等省部级人才项目20人，入选省技术能手、省交通技术能手、省交通工匠9人。学院18名高层次人才入选2022年江苏省科技副总项目。学院省级以上人才项目做到了限额内足额申报，全额入选。

积极寻求省交通、人社、教育等部门的政策支持，出台《校内高层次人才流动配置实施办法》《专职辅导员配备实施办法》，将30名高级职称人员通过流动配置方式纳入事业编制管理，将12名专职辅导员通过直接考察聘用的方式纳入事业编制管理。专职辅导员、思政课专任教师、专职心理健康教师、专职组织员配备均按时达到省委立德树人清单配置要求。

三、实施双师双能教师培养工程

健全教师发展中心功能及运行机制，根据"青年教师—骨干教师—专业带头人—教学名师"的进阶成长特点，系统设计教师成长与发展激励机制，完善教师职业道德标准、教师职业行为准则、教师从业资格与岗位准入标准、教师入职培训标准等，系统推进专兼职教师全员培训、重点培训和全方位培训工作。

建立完善"双师型"教师资格认定制度。2021年6月，学院党委研制出台《"双师型"

教师认定暂行办法》，将创新创业情况、是否承担横向项目理论宣讲、教学能力等纳入"双师型"教师评定标准，将企业实践经历列为资格认定、职称评定、任期考核的基本条件，"双师型"教师数量列入二级院系目标考核指标体系。2022年3月，经个人申报、二级单位审核、人事处复审、校"双师型"教师认定评审组专家评审，认定学院"双师型"教师占比90.13%。

制订国家级、省级教师专项培训工作方案，完善国培省培项目工作机制，将国培省培项目与"双师型"教师队伍建设有机结合、融会贯通。其间，国培省培项目参培人数每年均在50人以上，培训总量位列省内同类院校前列；连续举办新入职教职工培训班3期，将师德教育列入培训第一课；选派到国内外高校、科研机构进修学习41人次，组织教师下企业实践锻炼198人次。

四、实施优秀创新团队培育工程

创新高水平团队和教学名师培育模式，建立以国家重大战略需求为导向，以重点专业（群）、重大课题（项目）为依托，以省级工程技术研发中心等科技创新平台为支撑的跨专业、跨领域教学（科技）创新团队协同培育机制。探索团队绩效分配制度，提高教师专业（群）建设项目、教学（科技）创新团队业绩贡献考核权重，做到教学科研业绩"双边认可"，激励一线教学科研人员"抱团发展"。

集聚优势资源和政策供给，分类培育教学创新团队、科研创新团队、实践教学创新团队和创新创业教育团队。其间，学院成为省职业教育"双师型"教师团队协作组组长单位；新增入选国家首批职业教育教师教学创新团队1个，省职业教育"双师型"教师教学创新团队3个，省高校"青蓝工程"优秀教学团队4个，省"双师型"名师工作室、技艺技能传承创新平台各1个，省交通运输行业技能大师工作室2个。

学院通过重点培养、目标管理、严格考核、滚动发展，构建校级优秀教学骨干、校级名师、省级名师和国家级名师培养培育体系。新增入选国家"万人计划"教学名师1人、江苏省教学名师1人，1名教师荣获江苏省综合交通运输学会青年科技奖。

五、实施人力资源管理质量工程

推进绩效管理、校院两级管理体制等改革。为进一步推进绩效工资实施工作，激发广大教职工工作的积极性与创造性，2018年1月，学院成立绩效考核工作领导小组。2022年2月，修订出台《南京交通职业技术学院绩效工资实施办法》《公共服务工作量暂行办法》，深化薪酬体制改革，完善奖励性绩效工资切块分配办法及发放调整方案，科学设置多样化的长期及阶段性绩效考核体系和考核机制，强化聘期考核，完善动态激励，健全以业绩和贡献为导向、向重点岗位和教学一线岗位倾斜的绩效分配制度。认真研判人员经费省级财政预算指标，积极争取最大额度核增绩效总量，在保障教职工薪酬稳定发放的基础上，及时调增住房公积金等改革性补贴发放标准。

第十一节　提升学校现代治理水平，建设"幸福交院"

持续推进学院治理体系和治理能力现代化，深入推进依法治校，贯彻落实党委领导下的校长负责制。2022年11月，根据新修订的《中华人民共和国职业教育法》以及党的二十大精神，学院编制完成《南京交通职业技术学院章程》修正案，第四届教职工代表大会审议通过该章程；深化二级院系治理改革，理顺校院两级管理机制，建立并完善目标管理机制，充分调动全体教职工干事创业的积极性和主动性；编制新一轮校园总体规划，稳步推进校园基本建设，完成浦口校区资产处置，赋能学校发展；完善内部管理，不断提质增效，围绕文明校园、平安校园、智慧校园、绿色校园创建，系统化打造"幸福交院"。

一、党建领航，提升学院现代治理水平

（一）进一步完善落实党委领导下的院长负责制

2018年10月，为切实加强党对学院的领导，进一步坚持和完善党委领导下的院长负责制，着力提高依法治校和学院党建科学化水平，根据《中国共产党章程》《中华人民共和国高等教育法》《中国共产党普通高等学校基层组织工作条例》《关于坚持和完善普通高等学校党委领导下的校长负责制的实施意见》《高等学校学术委员会规程》《江苏省委省政府关于加强和改进新形势下高校思想政治工作的意见》等政策法规的精神，结合学院《章程》，制定出台了《南京交通职业技术学院坚持和完善党委领导下的院长负责制实施细则》（简称《细则》）。《细则》的总则中规定：南京交通职业技术学院实行党委领导下的院长负责制。中共南京交通职业技术学院委员会（简称"院党委"）是学校的领导核心，统一领导学校工作，集体研究决定重大事项，支持院长依法独立负责地开展工作。院长为学校的法定代表人和行政领导人，组织执行和实施院党委的决议，全面负责教学、科研、行政管理工作。学校要加快建设现代大学制度，不断完善党委领导、院长负责、教授治学、民主管理、依法治校、社会参与的内部治理结构，推进治理体系和治理能力的现代化。《细则》分别对"院党委的职责""党委书记的职责""院长的职责"以及"决策机制、会议制度与议事规则""运行机制与工作制度""思想、组织保证与监督检查"等内容作了规定。

（二）健全完善学院治理制度体系

学院以落实党委领导下的院长负责制为抓手，不断强化党对学校工作的领导，出台了学院落实"三重一大"决策制度实施意见。2019年12月，制定出台《院（系）党总支委员会会议议事规则》《院（系）党政联席会议议事规则》，依据《中国共产党普通高等学校基层组织工作条例》《江苏省普通高等学校院（系）党组织工作标准》等规定，研究出台学院相关制度，旨在充分发挥院（系）党总支的政治核心作用，提高院（系）党总支委员会议事决策的科学化、民主化、规范化水平和执行效率。2020年4月，依据《关于坚持和完善普通高等学校党委领

导下的校长负责制的实施意见》《江苏省高等学校贯彻党委领导下的校长负责制的若干规定》等，修订出台《中共南京交通职业技术学院委员会会议议事规则》《南京交通职业技术学院校长办公会议议事规则》。

（三）进一步理顺校院两级管理机制

调整优化管理机构和二级学院、教学部设置，不断深化校院两级管理，下放人财物事等管理权责，从而使二级单位自主发展的动力和活力得到有效激发。2020年9月，出台《南京交通职业技术学院两级管理体制实施办法（试行）》，进一步理顺学校与二级学院（系、部）的责权关系，充分发挥二级学院（系、部）办学的积极性和创造性。2020年6月，出台《南京交通职业技术学院目标管理办法（试行）》，经过一年的运行，2021年出台了《南京交通职业技术学院目标管理补充规定》，有效促进管理工作的科学化、规范化和制度化，进一步完善和优化了学院内部管理体制和激励机制，提高了学院治理水平，充分调动了广大教职工干事创业的积极性和主动性。

（四）加强学院内部质量保证体系建设

2016年，江苏省教育厅组织开展了高职院校内部质量保证体系建设诊改工作试点，学院根据诊改工作的统一要求，因校制宜自主开展多层面、多维度诊改工作。2016年12月，出台《学院内部控制制度建设工作方案》，2017年5月，印发《学院内部质量保证体系诊断与改进工作实施方案》。2018年6月，根据《省教育厅关于公布江苏省高等职业院校内部质量保证体系诊断与改进第二批试点院校名单的通知》，学院被确认为第二批试点院校。自2016年以来，学院坚持以诊改工作为基础，聚焦学校、专业、课程、教师、学生5个层面的目标与标准、监测与预警、诊断与改进的机制建设和运行。以教育教学管理信息化平台建设为支撑，出台各类制度251项，建立常态化的人才自主培养质量机制，打造现代质量文化。2022年9月，学院向省高职诊改专委会提交复核申请，2022年11月28日—12月1日，省高职诊改专委会专家到学院开展诊改复核工作。

二、校园基本建设与条件保障

（一）稳步推进校园基本建设

2018—2023年，学院基本建设紧扣已建项目质保期内维修保养和工程结算、新建项目系统调试和移交、待建项目的前期规划设计3条主线有序推进。

2018年，完成青教公寓室内装修工程，完成教学变电站增容改造工程，完成青教公寓太阳能热水系统及燃气安装工程，完成青教公寓弱电系统、青教公寓一卡通和安防监控系统工程，完成青教公寓周边道路工程、绿化工程、明德楼采光顶工程等。

2019年，完成学生公寓J组团维修保养工作，完成各类工程结算工作。做好教职工租赁住房及大学生实习实训基地强电、智能化、消防、机械排烟等工作的调试验收及移交，做好质保期内维修工作，完成大学生实习实训基地的装修管理，积极推进消防验收咨询工作。完成行健馆南侧地块大学生实习实训基地、体育馆看台设计招标工作。

2020年，做好青教公寓维修项目的接报修工作，推进各子项系统的交接管理工作，加快结算审计工作。完成综合实训中心（一期）项目主体施工招标，完成年度项目开工建设计划。通过学生公寓K组团项目主管部门省交通运输厅的审查并完成转报省发改委进行立项批复工作。完成基建二期、三期已建工程（图文楼、行政楼、学生公寓I组团、学生公寓J组团、青年教师公共租赁用房及大学生实习实训基地）等项目55套工程图纸、1112份文书、管理资料的整理归档工作。

2021年，完成综合实训中心（一期）项目施工组织与管理，项目主体通过验收及优质结构申报。学生公寓K组团项目于同年6月获省发改委立项批复，12月获得规划许可证。推进电力增容项目，新增2台2000千伏安变压器，增容后每线认可容量为17000千伏安，完成电力增容工作。

2022年11月，完成综合实训中心（一期）工程项目建设任务。学生公寓K组团工程前期获施工许可，2022年9月项目全面开工建设。综合实训中心（一期）项目经南京市建筑业协会委派专家组进场复查施工现场质量保证条件、性能检测、质量记录、尺寸偏差及限值实测、观感质量检测等，指标均达到《建筑工程施工质量评价标准》的要求，经综合评定，该项目获评"南京市2022年度优质结构"工程。

（二）编制实施新一轮校园总体规划

2021年9月，根据江苏省教育厅《关于组织开展省属高校校园总体规划修编工作的通知》的要求，为进一步改善办学条件，提升基本建设工作水平，更好地完成校园总体规划修编工作，学院党委会研究决定成立南京交通职业技术学院校园总体规划修编工作领导小组。

学院按照以人为本、可持续发展的校园总体规划修编理念，严格执行国家和省相关规范性要求，委托东南大学设计院按照打造"总体布局方便实用，突出共享空间"复合校园、"陶冶情操，人与自然和谐共存"文化校园、"节能环保，自然景观与人文景观相结合"绿色生态校园、"资源共享、联系便捷"数字化校园、"设计超前、功能先进、扩展方便"可持续发展校园等"五园"目标，编制完成新一轮校园总体规划。

校园总体布局鸟瞰效果图

2022年10月，学院完成新一轮校园总体规划修编文本工作，与南京市规划和自然资源局江宁分局多次沟通，设计形成调整控规方案和遵循控规要求的新方案；11月向江苏省交通运输厅进行专题汇报，设计团队根据领导意见进一步完善方案。

为满足本科层次办学指标要求，新一轮校园总体规划尽可能扩大建设规模。学院重点考虑在此建设用地内完善校区，暂不考虑新建校区；学院发展人数为1.3万人，未来发展上限为1.5万人；为了充分利用校内有限的可建设用地，在校园内规划新建的西北侧科创园、南侧实训楼、新增宿舍楼，在考虑校城界限的情况下，设计高度可适当突破控高。

校园总体规划调整的具体内容：拟建6栋建筑单体（含综合教学楼A、综合教学楼B、体育馆、实训楼、科创楼以及学生宿舍组团），新建总建筑面积约188959平方米，地上面积167959平方米，地下面积21000平方米。计入原有建筑后地上总建筑面积为482006.51平方米。规划项目总投资估算合计134632万元。

1：综合教学楼A（规划新增）
2：综合教学楼B（规划新增）
3：行政楼
4：图书馆
5：汽车工程学院楼
6：机电工程学院楼
7：公路工程学院楼
8：建筑工程学院楼
9：体育馆（规划新增）
10：公共教学楼
11：管理工程学院楼
12：信息工程学院楼
13：大学生活动中心
14：实训中心
15：实训楼（规划新增）
16：学生公寓H（置换为对外培训用房）
17：学生公寓I
18：学生公寓K（在建）
19：三期食堂
20：学生公寓J
21：学生公寓F
22：二期食堂
23：一期食堂
24：学生公寓D
25：学生公寓C
26：学生公寓B
27：学生公寓B
28：学生公寓E
29：产业综合楼
30：学生公寓（规划新增）
31：科创大楼（规划新增）
32：实训及青教公寓楼

南京交通职业技术学院校园规划总平面图（2022年）

2022年校园总体规划新增内容一览表（单位：平方米）

建筑物名称	校舍建筑面积		合计
	地上面积	地下面积	
科创楼	36000	7000	43000
体育馆	9000	0	9000
综合教学楼A	17300	4000	21300

续上表

建筑物名称	校舍建筑面积		合计
	地上面积	地下面积	
综合教学楼B	17000	0	17000
学生宿舍组团	57659	5000	62659
实训楼	31000	5000	36000
总计	167959	21000	188959

（三）浦口校区资产处置，赋能学校发展

2018年以来，学院资产管理中心多次向学院党委汇报浦口校区处置情况。因主校区江宁校区与老校区浦口校区相距甚远，且浦口校区不再具有教学管理职能，已荒废经年，不便于管理，学院据此也多次向上级主管部门汇报。学院自建设江宁校区以来资金缺口较大，向银行贷款大额资金用于新校区建设，债务负担较重，校区分散也不利于提高管理效益，从资金筹措角度，需要将浦口校区进行货币化处置来化解债务，降低运行成本，提高办学效益，促进学院健康发展。

江苏省财政厅于2021年12月7日下发《江苏省财政厅关于批复南京交通职业技术学院等单位处置部分国有资产的函》（苏财资〔2021〕221号），江苏省交通运输厅于2021年12月10日下发《江苏省交通运输厅关于同意南京交通职业技术学院处置部分国有资产的批复》（苏交财〔2021〕59号），批准学院将浦口校区进行处置，核销资产原值28571386.72元（包括土地1081068.93元，房屋及构筑物27490317.79元），地方政府货币补偿金541618987.00元。2021年12月16日，学院和南京市江北新区征收管理中心签订了《江北新区城市房屋征收补偿协议》，各自履行合同中规定的权利和义务。2022年6月，学院收到浦口校区处置资产的全部货币补偿资金。2022年底前浦口校区资产原值根据上级主管部门的批复文件在资产云平台系统和财务处账务系统进行核销。

（四）财务管理与经费保障

学院实行"统一领导、集中管理"的财务管理体制，在依法筹集资金、规范财务收支、提高资金使用效益等方面发挥了重要作用。2018年以来，学院以省高水平高等职业院校建设为抓手，坚持内涵式发展道路，进一步深化预算改革，并结合可预测的财力，统筹规划，在保障日常工作正常运行及教职工收入稳步增长的基础上，加大对高水平高等职业院校建设经费的投入。在严格预算的刚性原则下，加大对预算经费支出的审核力度，加强专项资金的全过程管理，建立经费使用绩效评价机制，努力提高资金使用效益。深化财务管理规范化长效机制建设，建立健全财务管理制度，加强经济核算，全面实施绩效管理，为学院高质量发展提供经费保障。学院财务管理工作业绩突出，财务处获评2016—2020年度"南京市高校会计工作先进单位"。

按照保障学院事业发展的管理要求,学院编制预算"保重点、压一般、促统筹、提绩效",强化预算绩效管理,提高预算管理规范化、科学化水平。统筹资源,确保收支平衡,突出重点,体现轻重缓急。在保障日常运行及教职工收入稳步增长的基础上,继续加大内涵投入,进一步加强经费管理,提高资金使用效益。

学院积极拓展经费来源渠道,增加办学经费总量。学院在主管部门和行业单位的支持下,积极通过各种渠道筹措办学经费,收入来源主要为财政拨款、上级补助、附属单位上缴、经营以及社会捐赠等。学院获得的财政拨款连年增长,财政拨款收入由2018年的20488.22万元增加到2022年的50272.54万元,年均增长率达25.16%;学院总经费投入由2018年的28888.02万元增加到2022年的61028.35万元,年均增长率达20.56%;学院重视科研投入,持续增加科研项目的申报、立项数,学校科研经费由2018年的39.56万元增加到2022年的863.09万元,年均增长率达116.12%,位居同类学校前列。

2018—2022年学校教育、科研经费总量情况(单位:万元)

项目	年份				
	2018	2019	2020	2021	2022
教育经费	28848.46	35228.81	33951.06	33912.60	60165.26
科研经费	39.56	82.80	226.66	330.42	863.09
合计	28888.02	35311.61	34177.72	34243.02	61028.35

2022年学院用于实习实训基地、师资队伍建设等内涵投入方面的发展性专项支出达12040.92万元。同年6月,学院收到浦口校区处置资产的全部货币补偿资金,为学院各项事业持续、稳定、健康发展提供了较好的财力保障。

(五)校园创建

1. 文明校园创建

2018年以来,学院以习近平新时代中国特色社会主义思想为指导,全面贯彻落实党的教育精神,坚持物质文明建设和精神文明建设"两手抓、两手都要硬"的战略方针,积极培育和践行社会主义核心价值观,大力推进社会主义精神文明建设,深入开展文明创建活动,校园环境更加整洁,公共秩序进一步规范,践礼修德成为师生共同的价值取向,立德树人、向上向善的校园风尚更加浓厚。

着力建设特色校园文化品牌,提升校园文化建设水平和层次,营造健康快速发展的良好校园文化氛围。学院连续20年举办校园文化艺术节、读书节、体育文化节、公寓文化节、"心理健康教育月"等活动,构建以天印大讲堂等为代表的名家讲座体系,实施"一院(系)一品"行业文化、"一人一艺"训练计划和高雅艺术进校园等文化育人品牌,形成"三进三走"校园特色文化活动,校园文化育人氛围日益浓厚。

学院坚持社会志愿服务常态化建设，积极拓展志愿服务基地，做好重点志愿服务工作，多次获得"江苏省青年志愿服务行动"组织奖、获评"江苏省优秀青年志愿服务项目"等。

学院积极发展新媒体，加强新媒体宣传工作队伍建设，建成1600余人的网络文明志愿者队伍和300余人的网宣员队伍。学院官方微信公众号多次跻身《中国青年报》推出的全国职业院校微信公众号综合影响力排行榜前列，多次入围全国职业院校微信公众号综合影响力TOP100排行榜。

2018年1月，学院党委印发《关于深入开展文明校园创建活动的实施意见》，深化中国特色社会主义和中国梦学习教育，大力培育和践行社会主义核心价值观，扎实推进文明校园创建工作。

2018年10月，学院荣获由国家卫生健康委员会、中国红十字会总会、中央军委后勤保障部卫生局联合授予的"全国无偿献血促进奖单位奖"，是南京市唯一获此殊荣的高校。

2019年，学院党委成立文明校园创建活动领导小组，进一步做好新形势下学院精神文明建设和思想政治教育工作，切实加强学院文明校园创建工作。2019年4月，学院被江苏省总工会授予"江苏省五一劳动奖状"，被南京市人民政府授予"五一劳动奖状"。同年，学院荣获2016—2018年度"江苏省文明校园"称号。

学院征兵工作连续多年实现报名人数和征集人数"双增长"。2017年，学院被南京市征兵领导小组授予"南京市征兵工作先进单位"荣誉称号。2022年，学院被江苏省军区授予"江苏省征兵工作先进单位"荣誉称号。学院武装部连续多次被评为"南京市先进基层武装部"，被交汇点新闻、中央广播电视总台国际在线等多家媒体广泛报道。

2021年，学院党委制订"十四五"校园文化建设专项规划，提出建设具有鲜明交通特色、优良教风学风、浓郁学术氛围、鲜明创新风气、丰富文化生活、优美校园环境的现代大学校园。

2. 平安校园建设

多年来，学院高度重视校园安全稳定工作，以保障广大师生安全为出发点推进校园安全稳定工作高质量发展，通过平安示范校园创建，加强组织领导、完善制度体系、深化安全管理、强化宣传教育、加大专项投入，营造了教育有方、管理有序、防控有力、安全稳定的校园环境。

2018—2022年，学院投入约280万元专项经费用于建设技防三期工程及周界视频报警系统，诊治安全专项49项，安装监控设备380台，对师生开展安全教育及应急演练等培训约10.8万人次。

2020年6月，学院被省教育厅、省政法委、省公安厅联合授予"江苏省平安校园建设示范高校"荣誉称号。

2022年，学院投入专项资金223万元，用于校园围墙整体改造，进一步完善校园安防体系。

学院以获评"江苏省平安校园建设示范高校"为契机，进一步完善安全管理体系与责任体系，深化安全教育体系，健全安全风险防范机制，深入开展校园安全专项整治，筑牢校园安全稳定防火墙，全力为学院推进高质量发展保驾护航。

3. 绿色校园建设

学院坚持绿色低碳发展理念，建立健全绿色管理制度，大力开展生态文明教育，持续扩大校园绿化面积，有序推进绿色建筑和节能改造项目，加强绿色生活主题宣教，深化节能减排研究，构建了人人参与、合力推进的良好工作格局。2022年9月，学院获全省首批"江苏省绿色学校（高校）"称号。

学院高度重视绿色学校创建工作。强化组织领导和顶层设计，扎实推动绿色校园创建与长远建设发展紧密结合、创建工作与学院常规工作有机结合、绿色校园建设与服务交通行业发展和提升学生素养有效融合。学院成立由党委书记、院长任组长的绿色校园创建工作领导小组，教务处、学生工作处、党委宣传部、后勤管理处、发展规划处、科研处、省交通节能减排工程技术研究中心等部门齐抓共管、层层落实，合力推进绿色校园创建工作。合理规划实施校园绿化美化亮化工程。在校园建设和改造过程中，结合学院专业文化和高新园区城市文化建设布局，有序推进立体绿植搭配和景观设施配置，不断提升校园绿化、美化、现代化、清洁化水平。截至2022年底，校园绿化覆盖率达47.88%，绿地率达41.5%，校园绿化体系生态效益和景观效果发挥良好；完成生活区文化广场、清源湖、荷花塘和前进河两岸景观设施建设和灯光设置，打造形成美丽、优雅的河湖景观和生态休闲场所。

结合专业文化建设，打造教学楼宇文化标识标牌，增强教学楼宇形象识别能力，形成路桥与港航工程学院、汽车工程学院、运输管理学院、轨道交通学院、智能交通学院等各具交通特色的院系专业文化形象。

加强绿色运行规范化管理与智慧化建设。出台学院《生活垃圾分类工作实施方案》《节能工作管理办法》《寒暑假节能管理制度》《楼宇节水节电管理制度》《室外公共区域水电管理办法》《学生公寓节水节电制度》等系列管理制度，切实做好能源绿色管理。

积极引进第三方开展学院能源审计。通过各方面努力，学院实现2018—2022年电力能源消耗年均下降3.17%、二氧化碳排放量减少约498.5吨的目标。定期对雨污管网进行检查维修和对雨水管网进行水质检测，2017年、2021年分别完成水平衡测试工作，水质检测于2021年通过市、区两级提质达标验收。所有食堂全部安装油烟净化设备和在线监控装置，电力设备均采用节能灯、节能灶等节能产品，废弃食用油脂、废弃泔水由具有资质的公司统一回收。学院于2018年、2020年、2022年三次获"南京市园林式单位"称号。2022年9月，学院被授予首批"江苏省绿色学校（高校）"称号。

4. 智慧校园建设

学院以"十四五"事业发展规划为抓手，持续打造智慧校园"一二三四五"工程。夯实基础设施，传统教室数字化、智能

学院被授予首批"江苏省绿色学校（高校）"称号

化改造185间，2021—2022年建造新型智慧教室65间，打造"全连接智能教学空间"；建设智能视频监控系统、IP广播，以现有全光网络为基础实现音视频、通信一网融合；在全校建设了1000个节点的云桌面环境，新增40台高性能服务器，扩容现有超融合系统，增补数据备份系统，升级数据计算与存储环境，购置柴油发电机和增容UPS，保障机房稳定运行。重构以智慧学工、智慧师资、智慧教学、智慧资源、智慧治理为重点的智慧应用体系，升级现有OA、教务、学工、科研等系统，打造综合管理、教学资源、教学管理、教师发展、学生成长5大管理服务平台；以智慧治理中心建设提高学院数字化管理能力，在现有数据分析系统基础上，持续构建基于教、学、研、管的智能化智慧治理中心；搭建校园数字孪生平台，部署物联感知、图像识别、视频采集、平台采集等软硬件采集技术设备，实现对学院治理的过程监测，全面服务学院质量工程建设，形成"学院—专业—课程—教师—学生"闭环；联动对接教育部"智慧大脑"，全面推动数据支撑引领学校多维发展。2022年，全新上线一站式服务平台"e交院"，助力职业教育数字化升级。加大校园安全技防力度，严格对标"等保2.0"要求，加强网络安全软硬件系统建设，部署态势感知平台、上线入侵防御系统、治理Web资产、运维安全管理系统，使用下一代防火墙、SDN安全服务链，全面提高系统网络安全的主动防护能力；搭建网络可视化管理平台，实现对全网设备、IP子网、机房的自动化配置管理，可视化展现监控数据，实现故障预警。创造智慧校园文化环境，建设数字图书馆、数字博物馆（校史馆）、数字档案馆等平台，营造智慧化的文化氛围。2018年12月，学院被中央电化教育馆评为"全国职业院校数字校园建设实验校"。2022年1月，学院被江苏省教育厅和省工业和信息化厅评为"江苏省智慧校园示范校"。

（六）图书馆建设

图书馆立足自身实际，深度融入智慧校园建设全局，积极探索智慧建设新路径，推动资源、服务、管理和空间全面智慧化，全力推进师生信息素养的提升。2018—2022年，学院逐年增加图书馆建设投入，5年间共计投入资金689.95万元，全力打造智慧图书馆。2018年7月，学院图书馆被江苏省高等学校图书情报工作委员会授予"江苏省高校图书馆2016—2017年度先进集体"荣誉称号。2023年3月，学院入选第二批省级书香校园建设示范点。

丰富藏书资源。2018—2022年，学院图书馆新增纸质中文图书超11.1万册、电子图书超4.5万册、装订期刊6000多册，新采购了超星期刊数据库。截至2022年底，中文纸质图书达90多万册，电子图书达12万余册。学院为凸显交通特色，及时调整馆藏图书布局，2021年11月增设1个交通类中文书库。

提升服务质量。面对师生日益多样化的阅读需求，图书馆着力构筑"三全育人"新格局，开展贯穿全年的阅读推广活动，包括读书节、暖冬阅读和寒暑假阅读等。着力打造智慧化集成服务平台，开通"学习通"移动学习专栏，全面整合馆内外资源，面向读者提供一站式智能服务。重视内涵建设，构建全方位多层次信息素养教育体系，分层分级推进新生入馆教育、秋季信息素养培训、信息素养技能大赛培训、毕业生信息素养教育等工作。2019年，学院在教育部高等学校图书情报工作指导委员会等主办的全国高职院校信息素养大赛中获

"最佳教学奖"。2021年，学院获"万方杯"全国高职院校信息素养大赛"最佳组织奖"。

培养专业团队。智慧化图书馆的建设需要专业化的人才队伍，图书馆通过轮岗、人才引进、选派培训等方式促进馆员成长。自2021年起，图书馆整合资源，形成了资源建设部、读者服务部和数字化技术与信息咨询部，更好地适应智慧化管理需求。

优化空间布局。图书馆以服务转型为契机，从人文关怀与素养提升的角度出发，打造了学习研讨空间、艺术秀空间、信息素养教育空间、休闲阅览空间等四大主题空间，形成图书馆资源、服务、空间协同发展的新局面。

（七）后勤管理成效显著

学院后勤管理服务坚持继承传统与改革创新并行，管理体制不断完善，运行机制持续优化，治理模式逐步改善，队伍专业化水平稳步提升，为学院新冠肺炎疫情防控、重大活动安全、高质量发展提供了坚强的支撑和有力的保障。

2019年，学院机构调整，原后勤管理与服务中心更名为后勤管理处，基建办并入后勤管理处。新的后勤管理处组建之后，对原有内设机构进行合并优化，保障工作更加顺畅，服务效率进一步提升。

推进后勤管理规范化建设。2020年，制定《新冠肺炎疫情防控后勤服务保障工作方案》《环境卫生检查通报制度》《通风、消毒制度》《疫情防控后勤服务工作须知》《无纸化办公实施方案》《宣传信息报送制度》等6项方案和制度，修订《部门采购管理规定（试行）》《部门合同管理细则》等2项制度，完善会议、用印管理、采购、合同审批、档案管理等5项内控工作流程。

"六项举措"抓好新冠肺炎疫情常态化防控。成立后勤服务保障工作组，制订防控专项方案。抓好后勤领域人员排查与"返校期"管理。精准摸排500余名后勤员工信息，全面落实"日报告、零报告"和"晨午检"制度。抓好防护物资筹集工作。多方筹集后勤保障医用口罩、84消毒液、乙醇消毒液、测温仪（枪）等防控用品。抓好楼宇物业防控及环境消杀工作。结合分批开学实际，完成食堂错峰分时就餐专项工作方案编制和组织实施工作。宣传防护知识及各级防控工作举措，发挥正面舆论引导作用。

深入开展"我为师生办实事"活动。2021年，建立校园电动自行车充电站。利用近200万元社会资本，完成学生公寓E、F组团600个房间空气源洗浴系统改造项目，解决了学生宿舍冬季用电紧张、洗澡热水不足、电热水器存在安全隐患等难题。实施校园运动场翻新改造项目。完成第五食堂升级改造、教学区卫生间改造、智慧食堂建设、宿舍区周边环境优化、中西组团教学楼走廊围栏改造、校园道路照明及亮化等工作，得到了全院广大师生的一致好评。

实行维修报修24小时工作保障机制。2018—2022年，累计处理日常网上报修5万余条，完成160余项各类改造项目。通过招标、严控变更和签证、严把结算关，节约各类资金15%以上。

加强食堂商贸的考核管理。四级考核确保食品商贸经营安全。定期开展宣传、培训、演练等工作，确保"7S"精细化管理各项指标落到实处。根据近几年农副产品物价持续上涨的现状，积极采取平抑基金补贴政策，号召食堂经营单位通过加强管理、减少用工、优化进货渠道、减少成本支出等措施，保障食堂饭菜价格稳定，保障食品安全。学院第一食堂荣获"2019年度江苏省高校后勤信息化先进单位"称号。经江宁区市场监督管理局餐饮服务食品安全等级评定考核，学院4家大伙食堂全部被评为"优秀"等级。2020年，学院获得"江苏省高校后勤采购工作先进单位""江苏省高等学校伙食管理工作先进集体"等荣誉称号。第四食堂获得2020年度江苏省"餐饮质量安全示范食堂"荣誉称号，第五食堂荣获"江苏好食堂"荣誉称号。2021年，学院食堂获评为江宁区"放心消费"示范单位。2022年，学院第一、第二、第五食堂获得2021—2022年度"江苏好食堂"荣誉称号，第五食堂同时获得2021—2022年度"江苏绿色团餐企业"荣誉称号。

深入推进"6T"管理，推进物业服务工作。制订生活垃圾分类工作实施方案，推进垃圾分类工作。充实水电管理队伍，推进节约型校园建设。做好绿化管养工作，推进"美丽校园"建设，不断美化校园环境。每年完成校园6万平方米草坪养护及定期修剪工作。

加强后勤文化建设，突出后勤服务育人功能。2018年，开展首届后勤文化节活动，举办首届校园美食节、教职工厨艺大赛等。2019年，组织开展第二届后勤文化节活动、第二届校园美食节、首届"家乡味道"学生厨艺大赛、光盘行动、后勤职工运动会等系列活动。在中国传统佳节来临之际，开展端午节送粽子、中秋节送月饼、冬至包饺子等联谊活动，获得师生好评和良好社会效应。通过文化建设，后勤各项服务保障工作质量和水平得到了进一步提升。2023年3月，经南京市市场监督管理局对食堂安全、卫生、营养、服务等方面的全面考评，学院第一食堂继2020年后再次获评"南京市餐饮质量安全示范食堂"。

（八）改革校办企业管理体制，促进校办产业健康发展

2018年学院召开第三次党代会以后，校办产业进入新的发展时期。

建立现代企业管理制度，进一步健全三层管理制度层级结构。学院严格落实《江苏省政府办公厅关于印发江苏省高等学校所属企业体制改革工作方案的通知》（苏政办发〔2019〕18号）的要求以及省高校所属企业体制改革工作领导小组办公室《关于同意南京林业大学等24所省属高校所属企业体制改革工作方案的批复》的要求，对所属企业进行全面清理，根据不同情况，采取不同方式，分类实施改革。学院积极配合完成所属企业体制改革工作，实现由学校持股转为资产经营有限公司持股。制定并完善《南京交院资产经营有限公司章程》《南京交院资产经营有限公司董事会"三重一大"决策制度实施暂行办法》《南京交院资产经营有限公司出资企业管理暂行办法》等制度。完善校办企业法人治理结构、理顺校办企业管理体制、健全校办企业内控制度、严格校办企业资质和经营项目管理、规范校办企业经营活动和投资行为，建立合理的薪酬体系和股权利益分配机制，形成科学民主的决策程序和有效的激励、监督、约束机制。

从严从紧加强校办企业管理，促进校办产业健康发展。学院成立国有资产管理委员会，统一领导学校国有资产管理工作，讨论国有资产管理重大事项，进行决策并提出建议，对国

有资产保值增值情况进行考评。资产经营有限公司切实履行校办企业出资人责任和以管资本为主的资产监管责任，确保国有资产安全和保值增值。2019年南京交院土木工程检测所全年实现产值约320万元，改变亏损多年的局面，实现扭亏为盈；2020年完成"僵尸企业"处置工作，江苏育才劳动服务部、南京交苑道路工程有限责任公司、南京舜成建筑工程有限公司全部完成税务注销和工商注销；2020年培训中心（南京交苑宾馆有限公司）通过公开招标，引进南京英尊酒店管理有限公司进行委托经营，该公司投入1000多万元对培训中心进行升级改造；2021年南京交院驾驶培训有限公司针对近年亏损严重的情况，组织分析企业现状和亏损原因，制订了驾培公司经营改革方案，落实在编职工9人岗位分流，扩大招生宣传力度，差异化教学，增设VIP班，多举措实现业务量上涨，2021年全年实现产值480万元，实现扭亏为盈；2022年，江苏育通交通工程咨询监理有限责任公司（简称"育通监理公司"）全年实现产值1941万元，实现稳步发展，保持良好的上升态势。召开每年一度的产业工作会议，认真落实院领导对产业工作的要求，促进各企业规范管理、稳定发展。严格落实校办企业负责人党建"一岗双责"制度，抓牢抓实校办企业全面从严治党和党风廉政建设，全面加强学院党委对校办企业的政治领导，用党建指引产业发展。

进一步健全校办企业财务管理制度，理顺保留企业财务管理体制，建立并完善内部控制制度，强化财务监督管理，规范财务行为，严控财务风险。资产经营有限公司定期对下属企业财务进行监督和业务指导，对发现的问题及时跟进，并由学院审计处每年对校办产业进行全面审计，确保校办产业健康发展。

校办企业通过与学院专业建设融合发展，服务于学院人才培养、科研创新、社会培训、成果转化和实习就业等，取得了良好的社会效益。育通监理公司和南京交院土木工程检测所与学院签订校企合作协议，开展教学实习基地共建、教师企业实践锻炼、学生课程和生产实习，以及举办技术讲座、设立奖学金、指导学生毕业设计等方面的合作；南京交院驾驶培训有限公司每年培训1200名左右学生取得驾驶证。2018—2022年，校办企业每年经江苏省科技厅认定的校企合作技术服务产值达2000万元，每年面向行业企业职工培训约1万人次，为学院被评为全国高职院校"服务贡献50强"提供了有力支撑。

第十二节　发挥群团统战组织作用，助推学院高质量发展

党的十九大以来，随着学院开启高水平高等职业院校建设新篇章，学院坚持把党的教育方针全面贯彻到学校教育工作的各个方面，充分发挥群团统战组织作用，助推学院高质量发展。工会、共青团、关工委、统战部，围绕学院中心工作，加强内涵建设，维护教职工权益，关爱离退休教职工，关心下一代青年成长与培养，团结各党派人士为学校发展建设出谋划策，凝聚起不忘初心、众志成城建设"幸福交院"的磅礴力量。

一、工会工作

学院工会坚持以习近平新时代中国特色社会主义思想为指导，深入贯彻落实党的群团工作会议精神，紧紧围绕学院高水平高职院校建设和新冠肺炎疫情防控目标，发挥教代会的积极作用，履行"维护、参与、教育、建设"四项基本职能，创建"幸福交院"，助推学院高质量发展。

（一）加强民主管理，深入推进教代会、工代会制度

1. 坚持和完善学院"双代会"制度

2020年，学院修订完善《南京交通职业技术学院教职工代表大会实施办法》《教代会提案处理办法》，出台了《南京交通职业技术学院二级教职工代表大会实施办法（试行）》。注重教代会各项职权的落实，每年定期召开"双代会"，听取并审议学院工作报告、财务工作报告、工会工作报告、提案工作报告及其他专项工作报告；讨论学院提出的与教职工利益直接相关的重大事项与重要制度，审议《南京交通职业技术学院绩效工资实施办法（修订）》，讨论通过《南京交通职业技术学院江苏省高水平高等职业院校建设方案（征求意见稿）》《南京交通职业技术学院两级管理体制实施办法（试行）》《南京交通职业技术学院目标管理办法》《学院"十四五"事业发展规划》等，2022年"双代会"认真深入讨论了"学校自主评审职称系列专业技术资格条件"系列文件，全体代表充分发挥了"民主决策、民主管理、民主监督"的参政议政作用，充分发扬了广大教职员工的主人翁意识，维护了教职工的合法权益，持续推进学院的民主政治建设。2023年学院获得"南京市厂务公开民主管理优秀单位"荣誉称号。

2. 加强和规范二级分工会工作

坚持"以党建带工建"，认真贯彻学院党委关于加强基层工会工作的指示精神，指导分工会（直属工会小组）履行二级工作机构的职责，加强对二级单位的民主管理和民主监督。2019年顺利完成学院15个分工会（直属工会小组）换届选举。2020年出台《南京交通职业技术学院二级教职工代表大会实施办法（试行）》《召开二级教职工（代表）大会的程序和内容》等文件，强化二级教职工大会制度建设，开展分工会主席学习培训。10个二级教学单位成功召开首届一次、二次、三次教职工大会。

3. 高度重视提案工作

第三届"双代会"共收到提案366份，立案237份，提案答复率100%，办结率100%。提案办理人对办理态度与办理过程满意率达100%，对办理结果满意率或基本满意率达97.9%。四届一次、二次、三次"双代会"代表围绕高水平高职院校建设等重点工作，建言献策，提出135条建议和29份提案，提案工作委员会会同相关单位和部门积极落实提案，提案落实率和满意度均为100%。在相关单位和部门的大力支持下，落实运动场改造、建设电动自行车充电设施、建立教师公共休息室、补齐汇贤楼北侧路灯等民生项目建议。

（二）坚持依法治校，维护职工权益

1. 健全组织机构，依法治校

学院成立法治宣传教育领导小组，组建普法志愿者大队，不定期开展劳动法律监督活动，制订五年普法教育规划，定期开展普法宣传教育活动。

2. 注重源头参与，依法维权

学院始终坚持每周一次的院领导接待日制度，倾听教职工意见与诉求，帮助教职工解决问题和困难；学院网站及时公布学院的重大决策和重要文件、制度；学院工会协助学院党政召开各层面征询意见座谈会，讨论涉及学院改革和事业发展以及与教职工利益直接相关的重大事项与重要制度，促进民主参与。广泛征求教职工意见，出台《南京交通职业技术学院绩效工资实施办法》《教职工租赁住房使用管理办法》等制度；加强上下沟通，妥善化解矛盾，维护和谐稳定局面。

3. 加强工会劳动保护工作

为了建立健全安全稳定工作长效机制，学院于2020年1月成立安全稳定工作委员会，工会设立劳动保护委员。注重加强对各类接触有毒有害药品和高危岗位人员的保护。特别是新冠肺炎疫情防控期间，会同相关单位和部门积极采取措施，保障了教职工健康安全。学院多次荣获"江苏省平安校园""江苏省和谐校园"称号。

（三）坚持文化引领，开展特色活动

1. 文艺活动多彩纷呈

工会联合党委宣传部、团委指导各种文化社团，开展系列文化活动。2018—2022年，组织的大型文化活动有庆祝新中国成立70周年"唱红色经典 颂爱国情怀"教工合唱比赛，"不忘初心，砥砺前行"师生学习党的十九大精神知识竞赛，以庆祝建党100周年为契机举办的"迎建党百年，我想对党说"祝福语征集活动和"中国梦劳动美——我心向党"书画、摄影作品征集、评选活动等。承办省交通运输厅庆祝新中国成立70周年主题活动，连续3年承办省交通运输厅迎新春汇报会。坚持每年举行"迎新年，送祝福"的迎新春团拜活动，充分展示了南京交院独特的校园文化风采。

庆祝新中国成立70周年"唱红色经典 颂爱国情怀"教工合唱比赛

2. 体育活动丰富多彩

工会联合体育部和相关单位每年举办职工篮球、乒乓球、羽毛球、牌艺比赛和体育运动会等大型活动赛事。2021年，组建教职工合唱团，组织开展首届教职工气排球比赛。每次大型活动，分工会（直属工会小组）有力组织，各级领导带头参加，教职工踊跃报名。活动的开展，加强了各单位之间的交流，增强了职工健身意识，提升了团队合作精神和单位凝聚力。学院连续承办两届省交通运输厅职工运动会，2019年，学院组队首次参赛，荣获团体总分第一名和特别优秀组织奖。2021年，学院组织教职工参加江苏省全省职工"唱党歌、颂党恩"大赛，获得优秀奖。

3. 职工俱乐部活动深受欢迎

结合教职工兴趣导向组建职工俱乐部，篮球、乒乓球、羽毛球、钓鱼、户外、亲子、乐活英语、跳绳、书画、健美操、瑜伽、有氧健身操、美容养生等俱乐部运行良好，深受广大教职工的肯定与欢迎。学院教职工参加省市厅文娱竞赛成绩突出：参加南京市科教卫体联合会第二届乒乓球比赛获团体第一名，参加全省运动会职工部排舞（广场舞）比赛获"规定曲目二等奖"、"自选曲目一等奖"、团体"体育道德风尚奖"，加盟江苏队参加全国科教文卫体系统职工乒乓球比赛荣获冠军，参加"中国梦·劳动美——永远跟党走 奋进新征程"2021全国职工乒乓球大赛获得女子单打第三名，参加全省职工乒乓球大赛获得女子青年单打冠军，提高了学院知名度和影响力。

学院承办2019年省交通运输厅职工运动会

4. 创先争优展交院良好形象

工会配合学院和上级工会组织开展"青年文明号""工人先锋号""巾帼文明岗"等创评活动，选树典型；引导广大职工听党话、跟党走，以党的二十大主题宣传教育活动为契机，举办了"巾帼再出发·喜迎二十大"三八妇女节系列活动、"青年心向党·奋进新时代"五四青年节系列活动、"开路先锋 奋斗有'她'"讨论实践活动和保密知识竞赛等活动。大力弘扬劳模精神、工匠精神，广泛宣传先进劳模、大国工匠和爱国奋斗知识分子典型；深化"中国梦·劳动美·幸福路"主题宣传教育，深入开展"劳模工匠进校园 思政教师进企业"活动,加强新时代劳动教育;大力营造树标杆、学先进、争先创优的良好氛围,主动融入学校"三全育人"工作格局。开展向"全国交通建设工匠"学习活动,弘扬劳模工匠精神,强化师德师风建设,落实立德树人根本任务。

各二级工会组织配合二级院(系、部)积极开展各种形式的师德师风教育,在教师队伍中树立优良师德师风。2019年学院荣获"江苏省五一劳动奖状""南京市五一劳动奖状"。2020年电子信息工程学院学工办获得"江苏省巾帼文明岗"称号。2021年路桥与港航工程学院路桥工程第一教研室获得"江苏省交通巾帼文明岗"称号,轨道交通学院轨道交通教研室获得"南京市科教卫体系统五一巾帼标兵岗"称号,林榕获得"南京市劳动模范"称号。2022年学院荣获省交通运输厅班组职工和思想政治工作创新案例三等奖。

南京市2020年全国劳动模范、先进工作者首场报告会

(四)关注民生改善,助力创建"幸福交院"

1. 坚持开展慰问活动,维护教职工身心健康

2018—2022年,学院各级工会根据相关规定,坚持做好教职工结婚慰问、生育慰问、退休慰问、高龄慰问、住院慰问、特困慰问、去世慰问等工作,传达学院对教职工的关怀。

每年举行教职工体检,坚持加大教职工及其直系亲属大病补助力度,帮助患大病的教职工解决了部分实际困难。2022年为配合实施医保工作,方便医药费报销,调整了医药费报销程序,规范了医药费报销手续。2023年出台《学院职工医疗保险实施办法(试行)》,将全体职工纳入了南京市职工医疗保险体系。

2. 关注女教职工、青年教职工的特殊需求

发挥职工文体活动的精神引领功能,为迎接党的二十大营造浓厚氛围,组织开展"巾帼再出发·喜迎二十大"三八妇女节系列活动,包括"巾帼健步走,观影爱国心"户外与观影活动,"巾帼有力量,强国我先行"女职工学习强国线下体验馆参观学习活动和三八妇女节书画、摄影作品评选活动等;组织"青年心向党·喜迎二十大"五四青年节系列活动;连续多年开展教职工厨艺大赛、"欢乐一家亲"教职工亲子大联欢活动;关心青年教职工家庭及婚姻

问题，组织学院单身教职工参加南京市总工会牵头的未婚青年相亲会活动等，深受广大女性教职工和青年教职工欢迎。2019年教职工子女啦啦操兴趣班荣获省啦啦操锦标赛公开丁组第一名。

3. 关心离退休老同志和教职工子女

每年举办老同志新春团拜会、重阳节登高望远活动，走访慰问离退休老领导和85周岁及以上老同志，送给他们来自"家"的温暖。组织开展离退休党员和离退休教师座谈会，为学院发展建言献策。2020年规范、强化了离退休微信群、QQ群的管理和正确意识形态引领，组建离退休同志"银发生辉·银龄行动"志愿服务团队，开展"银发生辉·银龄行动"志愿服务活动，开展"建言二十大"和"我看中国特色社会主义新时代"专题调研等。

配合关工委做好学院青年教职工及关心下一代工作。学院关工委2018年成为教育部关工委职业院校联系点，2019年、2021年两次获得江苏省教育系统关工委年度工作创新奖二等奖，2021年被表彰为"全国教育系统关心下一代工作先进集体"，连续成为江苏省教育系统关工委高校活动片区的牵头单位。

2016—2020年组织逢五逢十的老同志回学院过集体生日。2021年经过调研，提高了老同志福利待遇，三大节日（端午节、中秋节和春节）及生日时老同志享受在职教职工一半福利的待遇，方案得到老同志一致的肯定。2022年学院退休职工参与省交通运输厅离退休干部"喜庆二十大·银发再出发"书画摄影作品征集活动，作品入围3幅、3幅作品被评为优秀。

4. 做好教职工福利工作

2018年修订了《教职工福利待遇有关规定》。5年来，按照工会经费管理办法足额按时给全院教职工发放端午节、中秋节、春节福利及生日福利。节日福利的发放模式从固定实物发放到"套餐自选、配送到家"，再到"单品自选、配送到家"，切实做到以教职工为中心的服务理念。

5年来，工会不定期举办住房团购、优惠贷款、优惠购车、优惠车检、摩托车优惠培训等团购活动；充分利用学院文化资源，免费开放健身房、篮球场、羽毛球场、排舞厅等场所，给教职工带来了真正实惠。

5. 组织开展"安康杯"竞赛活动

按照上级工会的要求，学院每年组织开展"安康杯"竞赛相关活动，参与开展"安全生产月""安全隐患随手拍"和"平安交通从我做起"职工签名等活动，不断增强教职工安全意识和监督意识并落实整改措施，及时消除了隐患。2020年学院获评全省交通运输行业"安康杯"竞赛优胜单位，2021年、2022年学院连续两年获评南京市科教卫体系统"安康杯"竞赛优胜（先进）单位。

（五）开展新冠肺炎疫情防控，维护师生健康

1. 科学实施新冠肺炎疫情防控

2020年初，学院工会坚持参与新冠肺炎疫情防控工作，协助学院新冠肺炎疫情防控领导小组制订防控应急预案和工作实施方案，协助做好学院新冠肺炎疫情防控相关工作。

3年以来，完成校园内全员核酸检测44.86万人次，师生及员工的新冠疫苗及加强针接种18043人次，协助学院新冠肺炎疫情防控领导小组做好各类基础性工作，配合上级来校检查工作；做好校内各类大型考试、文体活动、技能大赛等项目的现场医疗保障工作，如计算机等级考试、英语四六级考试、汽车技能大赛、物流技能大赛、全国公路水运检测员考试、学院运动会、学生健康体测、体育部承接的全省乒乓球赛及小学生篮球赛、高校健美操比赛等大型活动。

2.精心维护师生健康

做好师生医疗费常规审核报销工作，完成学生参加医疗保险工作，保障学生就医及时报销权益。加强对医院日常医疗卫生保健工作和服务态度的督查，规范医疗垃圾处理流程，强化医院与学校医管办和总值班沟通联络意识，及时转送重症患者。完成新生入学体检，对体检项目异常人员做好复检和后期跟踪随访工作。通过班级QQ群、微信群、学院微信公众号推送防新冠肺炎、防结核、防艾滋相关知识，开展形式多样的疾病预防宣传。每年组织开展多场传染病和无偿献血知识讲座。针对高校师生猝死比例增加现象，为提高应急救护力量的人才储备，学院组织开展应急救护培训。每年根据疾控中心安排，分批按期筛查结核病密切接触者，有效地遏制了病情的扩散，确保了教学秩序的稳定。2022年学院被南京市政府艾滋病防治工作委员会办公室授予"2020—2021年度预防艾滋病警示教育校园行活动优秀单位"称号。

（六）加强组织领导，强化自身建设

1.加强领导，健全组织机构

学院党政重视工会工作，坚持"党建带工建"。学院共设工会委员会、女工委员会、经审委员会、提案委员会和15个分工会（直属工会小组），组织机构健全，人员配备齐全，制度规范。2020年5月召开四届一次教代会，首次选举产生了教代会执委会，共有委员29名（主任：周传林；副主任：王道峰；秘书长：米永胜），为各项工作的顺利开展提供了组织保障。每年学院工会向工会会员代表大会报告工作，接受代表审议监督；坚持每周一次工会办公例会制度，坚持每年召开两次工会全委会会议制度，工会台账、档案整齐完备；工会财务独立核算，制度健全规范，定期接受经审委员会审查监督。2021年完成工会资质和法人证书的审核、换发，学院工会的名称由"江苏省交通工会南京交通职业技术学院委员会"规范为"南京交通职业技术学院工会委员会"。

2.廉洁自律，用好经费

坚持民主集中制原则，工会工作重大事项、重要活动安排、年度预决算、重大经费支出等由集体讨论决定，报分管院领导或主要院领导同意后实施。严格按照财务和工会经费使用规定，做好教职工福利物品的选购工作。加强党风廉政建设，坚决贯彻落实中央八项规定，严格遵守财经纪律和廉政要求，收好、管好、用好工会经费，规范办事程序，增强工会工作的公开性与透明度，切实维护教职工的利益。

学院第四届教职工、工会会员代表大会第一次会议隆重召开

3. 加强培训，提升能力

建立工会干部培训制度，促进校内专兼职工会干部能力提高。选派工会干部参加上级工会举办的各类学习培训；邀请专家和领导对学院工会工作进行培训指导；加强与兄弟院校的学习交流，到金陵科技学院、南京晓庄学院、南京工业职业技术大学和江苏海事职业技术学院开展调研活动，针对教代会、工代会、职工福利、慰问品发放等工作进行学习与交流，探寻适合本院工会工作的新模式与新思路，不断修订完善相关工作制度。2019年，学院承办南京市科教卫体工会联合会基层工会主席培训班。

4. 重视研究，积极建"家"

结合新形势新要求，鼓励工会工作者紧紧围绕学院中心工作开展多方位、多元化的工会理论研究。按照"基础规范、党政支持、组织健全、维权到位、工作活跃、作用明显、职工信赖"的建家标准，积极开展"职工之家"建设。2022年，汽车工程学院获得2021年度"南京市模范职工小家"称号和江苏省交通运输厅颁发的"模范职工小家"称号，电子信息工程学院获得南京市总工会颁发的"模范职工小家"称号。

二、共青团工作

2019年，学院团委被列为中国共产主义青年团中央委员会确定为团学组织重点改革高校，肩负着共青团和学生组织改革的重任。学院坚持党委领导的总体原则和"一心双环"的工作格局推进改革，在团的基层组织和学生组织机构设置、职能转变、运作模式探究等方面开展了卓有成效的工作。以党史学习教育统领青年思想，推进实践育人与志愿服务工作，发挥"青马工程"培养青年理论骨干的主渠道功能，广泛开展"青年大学习"，持续开展校园文化艺术节和读书节活动。学院2018—2022年连续被团省委表彰为"暑期社会实践先进单位"，多次荣获全省高校共青团工作考核"优秀"等次，多人被评为"三下乡"社会实践先进个人、优秀工作者。季仕锋当选共青团第十八届中央委员会候补委员。

（一）稳步推进共青团组织建设与改革

按照全面落实高校共青团改革精神，学院出台《共青团工作改革实施方案》，逐步落实学院团改方案中有关工作机构设置的改革，有序推进"职能中心＋分类组织"的改革思路，将"职能相近、内容相似、目标相同"的工作划归职能中心（如团建指导中心、青年传媒中心等）统筹开展，构建专业化发展模式，以组织升级带动业务升级。

扎实推进基层团组织规范化建设。2019年3月，学院团委印发《关于全面加强基层团组织建设，深入推进青年大学习的通知》，旨在切实落实共青团改革精神，加强团的基层组织建设，增强团的组织力、凝聚力、战斗力。2019年10月，学院团委印发《团总支工作考核办法（修订）》，考核内容与形式发生了变化，考核注重工作过程和工作成效相结合，设置基础工作、专项评比、附件项目三个考核模块。学院团委从智慧团建平台入手，针对规范基本团务、开展团情排查、扩大组织覆盖、强化组织生活等方面做出具体部署。高度重视学社衔接工作，组建专门工作团队，协助团总支、团支部有针对性、有重点地解决问题和困难，作为团委工作的补充和兜底，相关工作数据监测处于全省前列。指导学生会组织严格贯彻落实《中共中央关于加强和改进党的群团工作的意见》，2020年10月学院党委按照《学联学生会组织改革方案》及有关政策文件的要求，下发《关于进一步深化学生会改革方案》，深入推进改革工作落地落实。明确学生会的职能定位，改革运行机制，按照"主席团＋工作部门"的组织架构，实行主席团轮值制度。每年召开学生代表大会，回顾总结学生会在思想建设、组织建设、校园文化建设和服务青年成长成才等方面的工作成绩和经验，规划部署下一阶段学生会工作。

狠抓"从严治团"，严格落实团支部"三会两制一课"制度，开展团员身份认定普查处理工作；坚持"班团一体化""一心双环"团学格局等组织建设改革项目；加强对学生组织的指导，充分发挥其桥梁纽带作用和履行为学生代言的职责；积极推进"智慧团建"，不断完善基层团组织线上线下体系，严格落实团的组织发展工作新要求，按照全省计划和编号体系，严把团员发展质量和程序关，做到发展必经考察、发展必有编号、发展必重质量，同时对团员进行身份认定，按专门组织程序处理身份存疑团员；落实团干部"专兼挂"的改革措施，在全省职业院校中率先实施挂职团委副书记制度。

（二）深化青年思想引领与提升工作

贯彻落实学校党委和上级团组织的部署，始终将思想引领工作摆在重要位置。

广泛开展青年在线大学习，学习排名长期处于全省前列。"青年大学习"是加强团的政治性和先进性建设、提升团员青年思想政治素质和理论素养的重大安排。学院团委继续坚持青年政治学习制度，把青年大学习作为落实青年思想引领工作要求的政治任务深入推进，同时加强实践学习，借助社会实践、专业实践、志愿服务等工作和平台，在实践中融入思想引领，促进学习教育和实践行动相结合。为确保青年大学习在线学习效果，学院团委将各院系青年大学习完成度与团支部评奖评优有机融合并将成绩纳入院系团委工作考核体系，切实做到全员学习、全面进步。2022年全校286个团支部全部完成了理论学习任务，参与率达100%。

发挥"青马工程"培养青年理论骨干的主渠道和主阵地功能，每年举办校、院两级"青马工程"培训班，截至2022年，"青马工程"培训班已开展12期，累计培训近1000人。2022年，学院第十二期"青马工程"高级班在总结以往办班经验的基础上，结合团省委对培训的新要求，按照"青马工程"提高理论水平、掌握群众工作方法和培养担当精神三个培训重点，精心设计课程，包括理论学习、专题研讨、素质拓展、体育锻炼、廉洁文化、红色教育等模块。2022年11月，校团委发文聘任13名"讲政治、精业务、善讲传"的思政教师为学院第十二期"青马工程"高级班导师。

学院第十二期"青马工程"高级班开班仪式

聚焦党史学习教育，系统开展"学党史、强信念、跟党走"学习教育活动，成效显著。做好顶层设计，制订工作方案，成立三级专班，全面实施三个专项、九个专题的党史学习教育；抓实学习环节，以团支部"三会两制一课"、团员政治学习制度等为依托，以"四史"为主要内容，推进学习全覆盖；落实团干部讲党史，三级团组织书记全部面向团员宣讲党史，指导班干部和青年骨干开展党史宣讲；抓住"关键少数"，强化示范效果，将党史学习教育作为团干部培训、"青马工程"学员培养的"必修课"；加强学习辅导，邀请校外专家开展专题辅导报告；丰富学习教育形式，将党史学习教育与校园文化活动高度融合；聚焦办实事项目，开展"我为青年做件事"实践活动，各三级团组织成立了"联青服务站"。

全面部署、实施"信仰公开课"计划，团委把青年大学生作为"青年政治学习计划"的重要专项模块，以青年学习为依托，挑选骨干力量组成"信仰公开课"研究设计团队，重点指导团支部开展课程内容、形式和创意设计。团委、团总支、团支部三级团组织分别开展新思想、素养、梦想、"青马"四类公开课共500余场，常态化的系列课程实现了思想引领全覆盖、接地气。2019年9月，"领航·开学第一课"被团省委评选为全省"信仰公开课"示范课程。

落实网络阵地管理的主体责任，开展风险排查，加强运行规范、内容监管，发挥网络文明志愿者和网宣员队伍在网络舆情监测、引导和斗争中的主力军作用。学院加强意识形态教育、监管和研判，在重要、敏感时期，向团中央每日直报信息，开展有关调研，收到团中央致谢专函。建设"青年学习社"实体阵地和"青年融媒体中心"，助力团的思想文化宣传工作。学院团委有微信公众号1个、官方微博1个、今日头条号1个。新冠肺炎疫情期间学院团委充分利用微信公众号、微博、QQ空间等新媒体平台，广泛宣传党中央、团中央重大决策部署，省疫情防控进展，抗击疫情过程中涌现出的团员青年典型，健康理念及防控知识等，号召学院团员青年为打赢疫情防控战贡献自己的青春力量。

（三）开展校园文化活动

学院持续发挥文化艺术节、读书节统揽全年主要文化艺术活动功能，丰富了校园生活，推动了校园文化建设，提升了学生综合素质。学院党委高度重视文化艺术节发展，由党委牵头成立一年一度的艺术节组委会，设立办公室并建立健全奖励制度。学院校园文化艺术节至今已连续举办22届，成为学院思想引领、文化艺术宣传和素质教育普及的强大平台。校园文化艺术节暨读书节结合学院特色和实际，形成学院与二级院（系）分工合作、互为补充、上下联动的模式。学院层面活动由团委、图书馆、工会、基础教学部、人文艺术系等部门牵头组织，开展高层次、示范性文艺活动、读书活动和教工活动，包括高雅艺术进校园、青春校园、教工风采、书香交院、七彩社团等专题活动。二级院（系）充分发挥活动主体地位，突出专业特色文化。一方面积极参与学院活动，另一方面结合院（系）工作实际，策划开展参与面广、普惠性强的活动，同时结合各学院专业特色，打造将文化艺术和专业教育结合的品牌活动。2019年，成功举办南京交通职业技术学院第十八届校园文化艺术节暨第十三届读书节，举办"薪火相传一百年，青春逐梦新时代"纪念五四运动100周年专场文艺演出。2021年，紧扣党史学习教育主题，举办"初心筑梦 礼赞百年"校园文化艺术节，举办高雅艺术进校园"奋进新时代"专场演出，引发了上万名师生的广泛关注。2023年学院第二十二届校园文化艺术节暨第十七届读书节以"厚植家国情怀 涵养进取品格"为主题，学院层面设置了青春校园、教工风采、书香交院、七彩社团等4个板块36项活动，院（系）层面设计了各类活动107项，内容涵盖文化艺术、科技创新、阅读拓展等方面，丰富了艺术节的内涵，扩大了参与覆盖面。开幕式邀请江苏省演艺集团话剧团带来《新华方面军》专场演出，给全院师生上了一堂"筑牢信仰之基，赓续精神血脉"的艺术党课。

第二十届校园文化艺术节暨第十五届读书节闭幕式留影

加强艺术社团组织建设，拓宽社团发展舞台。指导院大学生艺术团工作，院大学生艺术团现有合唱团、舞蹈团、话剧团、龙狮社、戏曲社等10多个社团，成员200余人。学院在艺术团的建设和发展过程中，建立了完善的制度体系，针对艺术团学生特点专门制订了艺术团管理办法，以规范团员的日常行为、训练和演出。积极推动精品校园文化走出校园，在省第六届大学生艺术展演中，学院参与全部项目，共获得各类奖项30余个。

积极开展群众性文化活动，着力打造形式灵活、参与广泛、内容丰富的校园广场文化。在思源堂广场开办的"交院大舞台"，融合社团表演和学生个人展示，贴近学生生活，参与门槛低，进一步丰富了校园文化生活。积极对外展示学院文化艺术成果。参加省第五届大学生艺术展演全部赛项，获得17个奖项，其中一等奖4个；在首届、第二届全国交通职业院校大学生综合素质大赛中，选送的选手获得才艺大赛第一名。

第二十二届校园文化艺术节暨第十七届读书节开幕式

（四）实践育人与志愿服务

1. 暑期社会实践汲取育人力量

2018年，团委以"青春大学习　奋斗新时代"为主题开展大学生暑期"三下乡"社会实践活动，组建14支实践团队开展社会实践，同时组织动员了7000余名学生以各种方式投入实践大潮。活动受到中青网、新浪网、网易新闻、视觉江苏、团学苏刊、江苏教育新闻网等媒体报道百余次。2018年12月，人文艺术系团总支"美丽乡村建设推广服务团"因热点切合度高、项目落地性好、成果显著多样，被团中央表彰为全国"优秀团队"。

2019年，团委暑期社会实践工作以"青春心向党　建功新时代"为主题，7000余名学生自发以社会调查、勤工助学、志愿服务、专业实习等形式完成实践任务，同时组建了15支实践团队，分赴省内外开展理论普及宣讲、历史成就观察、国情社情调研、教育帮扶关爱、青年志愿服务等实践活动。经团省委遴选推荐，1人被团中央表彰为全国大学生暑期社会实践先进个人。

2020年，学院团委以"小我融入大我　青春献给祖国"为主题开展线上线下大学生暑期社会实践活动，发动了5000余名学生参与实践，学院组织了13支实践团队，实践内容包括助力新冠肺炎疫情防控与助力助产、投身打赢脱贫攻坚战、参与乡村振兴战略实施、参与新时代文明实践志愿服务、返家乡社会实践等，学院团委被团省委表彰为2020年暑期社会实践先进单位。

2021年，学院团委以"永远跟党走 奋进新时代"为主题开展大学生暑期社会实践活动，共组织动员线上线下8154名学生参与。学院层面组建了18支实践团队，分赴省内外各地开展活动，内容涉及党史学习教育宣传、助力乡村振兴、建设家乡调研、践行青年担当等。

2022年，学院团委以"喜迎二十大，永远跟党走，奋进新征程"为主题，以"点面结合，安全第一"为特色，共组织动员线上线下8623名学生参与暑期社会实践活动。学院组建了18支实践团队，其中10支团队获得省级重点立项。2022年暑期社会实践中，团委蝉联"全省先进单位"，1个团队获得省优秀团队，1个实践基地获批省优秀实践基地。

2. 深入开展志愿服务，涵育青年公益精神

学院坚持立足本行业、扎根本地区，构建了"以交通志愿服务为主线，辐射其他志愿服务领域"的具有交通行业特色的青年志愿工作体系。学院以"践行志愿服务精神，展现青年学生风采"为目标，不断加强团队自身建设，积极开展了形式多样的活动，2019—2022年志愿者打卡器显示学院志愿者志愿服务累积时长11545小时12分钟。学院建有以南京南站、南京地铁、小红山汽车站等交通运输单位为主的服务基地近40个。学院培育了南京交院交通安全应急队、地铁运营志愿服务队等一批颇具交通特色的志愿队伍。2018—2022年寒假，学院组织150余名青年志愿者参加春运"暖冬行动"志愿服务，志愿者放弃假期，在南京南站、南京公路客运站服务旅客出行。2020年1月春运首日，江苏广播电视总台融媒体新闻中心对学院春运志愿者进行了现场采访报道。2023年4月，学院组织200名学生志愿者参加南京江宁大学城半程马拉松赛事服务。2020年、2022年，2人获得江苏省青年志愿服务事业贡献奖；2021年，学院团委获得江苏省青年志愿服务新闻宣传奖，学院青年志愿者之家被命名为全省交通运输志愿服务标准化站点。

三、统战工作

党的十九大以来，学院以学习宣传贯彻习近平总书记关于加强和改进新时代党的统一战线工作的重要思想以及2020年12月修订的《中国共产党统一战线工作条例》为主线，认真落实党中央和省委关于统一战线的决策部署，加强党的领导，强化政治引领，完善制度机制，聚焦中心工作，凝聚思想共识，汇聚各方力量。

持续加强制度建设。成立统一战线工作领导小组，由统战部门牵头，相关职能部门共同参与，院、系、部党组织落实落细统一战线工作体系、工作机制，提升统战工作合力。坚持统战工作"四纳入"，将统战工作列入各级党组织主体责任，作为书记抓党建述职评议考核和校内巡察的重要内容，在二级单位党建考核中单独列出统战工作指标，占比5%。2020年12月，为进一步加强新形势下统一战线工作，学院出台《南京交通职业技术学院党委关于加强新形势下统一战线工作的实施意见》，推动了学院统战工作的创新发展。

不断畅通民主监督的渠道。2020年11月，学院出台《南京交通职业技术学院关于加强新形势下统一战线工作的实施办法》，不断完善党外人士座谈会制度，坚持党外代表列席全校性的重要会议制度，推进院、系、部党组织重大问题、重要决策的研究论证，充分听取党外人士意见建议，逐步推行党外代表列席党政联席会议制度，积极为党外知识分子参政议政提供机会、创造条件、营造环境，充分发挥统战成员在参政议政、建言献策等方面的作用。

加强党外知识分子思想政治教育工作。强化对党外知识分子政治引领，每年选派党外骨干教职工参加省培项目，组织开展各类党外人士实践教育和"同心共筑教育梦"系列活动，使党外知识分子视野不断拓宽，本领不断增强，充分激发党外知识分子的内生动力。以"展示交通建设成果、传播交通文化、传承新时代交通精神"为目标，建设学院"智汇交通 强国有我"统一战线同心教育实践基地，打造新时代交院"强国有我建新功"统战品牌。

加强党外知识分子队伍建设。积极协助民主党派开展新成员的发展工作，为协助、支持各民主党派基层组织搞好自身建设，统战部积极支持、配合各党派基层组织开展各项活动，为其创造便利条件，并提供一定的经费资助。2021年9月，学院党外知识分子的"同心向党·教育有我"统战工作实践创新案例"画好育人同心圆 共筑非遗传承梦"和"我的同心故事"主题征文活动作品《心路》分别荣获全省高校统战工作实践创新案例三等奖和征文活动优秀奖。2022年11月，学院召开党外知识分子联谊会成立大会。"知联会"的成立为学院党外知识分子凝聚共识、建功立业、建言献策，服务学校各项事业发展搭建了新的平台，发挥了党外知识分子的群体优势，推动了学院统战工作创新发展。

着力加强党外干部的培养、选拔与任用工作。2021年7月，学院修订《中层干部选拔任用工作实施办法》，载明学院要统筹做好培养选拔党外干部工作。党委在培养选拔党外干部工作中，还要着重抓好对党外青年干部的培养选拔，尤其对那些政治素质高、业务能力强的党外年轻干部要充分信任，进一步建立和完善党外干部选拔任用的协调机制。

南京交通职业技术学院

NANJING VOCATIONAL INSTITUTE
of TRANSPORT TECHNOLOGY
History

附 录

Nanjing Vocational Institute of Transport Technology
History

附录一　大事记

1953 年

6月，江苏省交通厅航运管理局开办国营江苏省内河轮船公司第一期工人训练班。

7月7日，江苏省交通厅干部职工训练班开办，7月9日举行开学典礼。各单位派送学员共计484人。

1954 年

4月9日，江苏省交通厅航运管理局国营江苏省内河轮船公司第二期工人训练班开学，95人参加学习。

6月，江苏省交通厅第一期干部训练班学员结业。

11月1日，江苏省交通厅第二期干部训练班开学，会统班120人、公路经营管理班120人、航运经营管理班110人，共350人参加学习。

12月，江苏省交通厅航运管理局国营江苏省内河轮船公司第三期工人训练班结业，三期训练班共培训学员295人。

1955 年

1月15日，江苏省交通厅党组决定，将"干部训练班""船务员工训练班"和"汽车驾驶员训练班"合并，成立"江苏省交通职工学校"。

3月1日，中国共产党江苏省委员会批准成立"江苏省交通职工学校"，学校校部设在南京市安品街82号，办学点另有建邺路26号和中华门附近的九儿巷30号。

3月15日，学校正式启用"江苏省交通职工学校"印章。

4月1日，江苏省交通职工学校第一期训练班开学，实际报到学员252人，学习时间4个月。

4月2日，南京市建设委员会同意暂借公园路人民体育场东部部分空地给学校做汽车教练场地使用，借期3年。

10月22日，为节约开支、方便教学，江苏省交通职工学校向江苏省交通厅报告，拟将校部从安品街82号搬迁至建邺路26号。

1956年

2月，江苏省交通职工学校更名为"江苏省交通干部学校"。

8月29日，南京市城市建设局发"关于同意先征用60亩土地的函"（城建土字910号），同意江苏省交通学校（筹）先在光华门外石门坎以东、工程兵学校以西征用土地60亩。

8月，江苏省交通厅、江苏省航运厅决定在江苏省交通干部学校基础上筹建江苏省交通学校（中等技术），学校设公路系、航运系和培训班。

9月29日，江苏省交通厅、江苏省航运厅以"关于学校基本建设计划任务书的联合报告"（1956）交计邓字第0584号、（1956）航干徐字第0577号联合发文，报送江苏省委。

10月，江苏省交通学校（筹）办理征用的60亩建校基地相关手续。

1957年

1月21日，江苏省交通厅任命丁征野、印仁昌、刘汝成任江苏省交通干部学校副校长。

10月28日，江苏省交通厅决定将江苏省交通干部学校校园和校舍固定并集中在建邺路26号，将该处校舍范围扩大至能容纳300人教学、办公、生活使用。

12月23日，建邺路26号教学楼开工建设，建筑面积728.94平方米。

1958年

3月31日，学校建邺路26号教学楼竣工。

9月25日，南京航务工程学校由交通部下放江苏省，归江苏省交通厅领导。江苏省交通干部学校撤销，所有校舍及校产移交江苏省交通厅和南京航务工程学校等单位。同时，"江苏省交通干部学校"校印切角缴销。

1961年

7月，南京航务工程（专科）学校收归交通部领导，经交通部同意，学校1958年下放后由江苏省交通厅举办的中专部公路与桥梁工程、汽车技术使用与修理、轮机管理和河船驾驶4个专业仍归江苏省交通厅领导，这4个专业划出建校，学校定名"江苏省交通专科学校"，与南京航务工程专科学校实行一门两校。

1962年

下半年，学校停办。

1964年

6月，江苏省交通厅开办江苏省南京航运职业学校，学校由南京航运局主管，蔡致中担任副校长兼教导主任，学校校址在中山北路507号，当年招收内河驾驶专业学生50人。

9月，江苏省交通厅开办的江苏省南京汽车职业学校开学，学校由南京运输处主管，于德才担任副校长，学校校址在长江路272号，当年招收汽车驾驶专业学生47人。

1965年

6月25日，经江苏省人民委员会批准，南京航运职业学校和南京汽车职业学校合并，组建"江苏省南京交通学校"，由江苏省交通厅领导。

9月，江苏省南京交通学校租借建邺路168号原江苏省委党校校舍和设备挂牌办学。当年水运调度、陆运调度、计划统计和财会4个专业在全省统一招生，招收参加统考的应届初中毕业生，共录取学生204人。

9月，江苏省交通厅党组批准成立中共江苏省南京交通学校支部委员会，李光帆任支部书记，施志球、蔡致中、于德才、于从淑为支部委员。李光帆为校长（兼），施志球为副校长（主持学校行政工作），蔡致中为副校长兼教导主任，于德才为副校长兼总务主任。

1966年

3月，江苏省委党校的校舍租期已到，江苏省交通厅决定将学校搬迁到南京市浦口区沿江乡冯墙，依托江苏省金陵汽车配件厂建校。

6月，江苏省交通厅决定将江苏省镇江汽车学校并入江苏省南京交通学校。

7月，学校停课。

9月，学校两幢宿舍楼竣工，学生入住。

1967年

3月初，南京军区某部队派出军管小组进驻学校，组织学生进行军政训练和复课。

3月，江苏省镇江汽车学校从镇江谏壁刘家湾迁到南京市浦口区沿江乡冯墙的江苏省南京交通学校内。

8月，学校1964级汽车驾驶专业5个班243名学生、水手专业1个班49名学生进入毕业分配阶段，除张树森、洪家俊等5人留校外，其他学生按"专业对口"原则分配到有关地区汽车公司工作。

1968年

1月14日，在省交通厅的协调下，1964级水手专业49名毕业生中，由交通部分配中央六机部零九三筹备处 15 名，山东省交通厅 13 名，浙江省交通厅 13 名。

1969 年

1 月，华电二公司派出工宣队进驻学校。

3 月，1965 级汽车驾驶专业 4 个班 201 名学生中，会计专业 1 个班、统计专业 1 个班、调度专业 1 个班共计 162 名学生，下放到农村、农场或生产建设兵团劳动。

12 月 16 日，学校（含江苏省镇江汽车学校）停办，学校教职工 80 人另行安排工作。

1970 年

10 月 6 日，江苏省"革命委员会"交通局调周旭、秦退之等 46 名教职工（其中江苏省南京交通学校 16 名、江苏省镇江汽车学校 30 名）到江苏省汽车大队工作。

1971 年

2 月 27 日，学校与江苏省镇江汽车学校并入江苏省金陵汽车配件厂，以厂办校。

1973 年

9 月 22 日，学校复办招生，在本省交通企事业单位青年 2 人、上山下乡和回乡知识青年中招生，当年招生计划 200 名，其中在职职工 140 名，非在职职工 60 名。

9 月，成立由于秀娥、蔡致中等 5 人组成的江苏省南京交通学校复办筹备组。为加强领导，认真做好江苏省南京交通学校办学事宜，经中共江苏省金陵汽车配件厂委员会决定，成立交通学校临时党支部，支部书记为于秀娥，委员有于德才、蔡致中。

12 月 1 日，学校开学，招收会计与统计专业 42 人、汽车制造与修理专业 90 人。

1974 年

10 月 19 日，陈展、于秀娥、秦退之、于德才、蔡致中、刘传成、吴兆生、林峰、刘淑兰等组成中共江苏省南京交通学校支部委员会，并由陈展任支部书记，于秀娥、秦退之、于德才任支部副书记。

11 月 12 日，陈展、于秀娥、秦退之、于德才、蔡致中、刘传成、陈彤鳌、陆汉章、高延贵、俞阿芬、吴伦春、王世淮等组成江苏省南京交通学校"革命委员会"，并由陈展任主任，于秀娥、秦退之、于德才、蔡致中任副主任。

1975年

8月19日，学校对会计与统计专业（其中内招18名、外招24名）42名毕业生进行毕业分配，除王世淮、刘淑兰、杨锦棣、徐爱萍和戴继云5人留校外，内招的在职职工一般回原单位工作，外招的分配到相关的交通企事业单位工作。分配工作9月底完成。

12月25日，根据江苏省"革命委员会"交通局《关于一九七五年下半年江苏省南京交通学校毕业生分配的通知》（交政发〔1975〕050号）的精神，学校对汽车制造与修理专业90名毕业生进行毕业分配。除张道明、王晓农、胡维忠、范从来、吴兆生、周建、张荣夫、王党生、石明雄、孟祥林、王海方、高冬青、许盘林13人留校外，其余分配到相关的交通企事业单位工作。分配工作于1976年1月前完成。

1976年

3月，省工交办公室主任田诚召集省"革命委员会"交通局、机械局负责人及工交办孙、余两同志研究南京交校与农机校之间的矛盾问题。

4月19日，刘其义任江苏省南京交通学校支部委员会书记；秦退之任南京交通学校"革命委员会"主任，并任学校党支部副书记。

11月，学校规章制度（包括请假制度、教室规则、学生宿舍公约、家具房屋管理、福利和用品领用制度、财务管理制度和安全保卫制度等）试行。

1977年

11月30日，江苏省"革命委员会"交通局与山东省"革命委员会"交通局签订委培20名公路工程专业学生的协议。由山东省交通学校公路工程专业代培20名学生，学制3年；江苏省大专院校招生办下达招生计划给江苏省南京交通学校，学生生活费用补助、毕业分配事宜由江苏省南京交通学校负责。

1978年

5月12日，江苏省"革命委员会"交通局明确了江苏省南京交通学校性质、专业、学制及培养目标等问题。学校性质确定为中等专业学校。毕业生待遇问题亦参照中专毕业生待遇处理。专业设置为汽车运用与维修、公路与桥梁、交通财务会计与管理；普通班除交通财务会计与管理专业学制为2年外，其余专业学制均为3年。

9月29日，江苏省计委同意学校选址新建校舍。

12月28日，经江苏省"革命委员会"交通局批准，自1979年1月1日起启用"江苏省南京交通学校"新印章。

1979年

3月2日，江苏省"革命委员会"交通局党组发布《关于蔡致中同志平反的决定》的文件，对蔡致中长期蒙受的不白之冤，给予改正，恢复其名誉。

4月5日，江苏省"革命委员会"交通局党组发布《关于钟镕同志的平反决定》的文件，在"文化大革命"期间交通学校对将钟镕当作反革命分子实行隔离审查，监督劳动是错误的，对此予以纠正，恢复其名誉。

4月16日，江苏省"革命委员会"交通局以交政发〔1979〕23号文件同意学校成立办公室、教务处、总务处和教学工厂。

6月9日，秦退之、许怡善、姜浩为江苏省南京交通学校副校长。

9月7日，由秦退之、姜浩、许怡善、罗家琚、黄荣枝组成中共江苏省南京交通学校总支委员会，并由秦退之、姜浩任党总支副书记。

10月6日，陈彤鍪任江苏省南京交通学校副校长。

1980年

1月30日，黄荣枝等组成共青团江苏省南京交通学校委员会，黄荣枝兼任团委书记，刘传成任副书记。

1月，江苏省南京交通学校成立工会，姜浩任工会主席，顾唯一任工会副主席。

4月8日，薛承范任共青团江苏省南京交通学校委员会副书记。

5月11日，江苏省南京交通学校成立学生会。熊寿文任首届学生会主席，张英龙任副主席。

1981年

4月30日，姜浩任江苏省南京交通学校党总支书记，免去其南京交通学校副校长职务；秦退之任南京交通学校顾问，免去其南京交通学校党总支副书记、副校长职务。

5月20日，江苏省交通厅以《关于要求明确半工半读技术学校性质的请示报告》（苏交政〔1981〕6号），向省政府提出对1965年考入江苏省南京交通学校、江苏省镇江汽车学校、江苏省南通河运学校等半工半读性质的学生毕业后享受中专毕业生待遇的请示。

8月29日，陈彤鍪任江苏省南京交通学校校长，黄荣枝任副校长，并对学校内部组织机构及中层干部进行了增设。

9月2日，江苏省交通厅以交政组〔1981〕45号文件，同意建立江苏省南京交通学校学生科，所需人员在本校编制内调整解决。

9月9日，江苏省交通厅以交政组〔1981〕74号文件，同意薛承范任学生科科长（免去其教务处副主任职务）、虞寿林任教务处副主任。

1982年

5月29日，江苏省高等教育局以苏高教〔1982〕56号文件，同意黄荣枝、朱爱娟、周以强、张宗祥、熊树苏、虞寿林、金德虎、郦时藏、张友恒、杨烈儒、端木建国、龚育申等12人为讲师。

5月，编制学校管理制度，包括行政管理制度、教学管理制度、后勤管理制度等。拟定《在教学中加强实践环节的若干规定（试行）》。

8月18日，江苏省高等教育局以苏高教〔1982〕121号文件，同意陈彤鎏为副教授。

9月，学校从南京农业机械化学校主体搬迁至浦口校区，到年底全面完成搬迁工作。

12月，根据学校第四次党员大会选举结果，并经上级组织批复，同意姜浩、罗家琚、虞寿林、黄荣枝、许怡善组成中共江苏省南京交通学校总支部委员会，姜浩任党总支书记。

1983年

4月，中共江苏省交通厅政治部以交政组〔1983〕47号文件，批准孟祥林为学校教务处副主任。

5月，江苏省交通厅工程管理局给学校拨款4.9万元建设临时宿舍700平方米。

6月，根据江苏省政府苏政复〔1983〕90号文件精神，江苏省交通厅批准学校举办职工中专班。学校1983年共招收在职职工120名，公路与桥梁工程、汽车运用与维修、财务会计3个专业各40名，省教育厅统一下达招生计划。

10月，中共江苏省交通厅政治部以交政组〔1983〕100号文件，批准王晓农为学生科副科长、胡维忠为总务处副主任。

1984年

9月，为南京军区工程兵部队开办部队路桥中专班。

12月19日，召开共青团江苏省南京交通学校第三次代表大会，选举产生新一届团委。

12月28日，召开江苏省南京交通学校首届工会会员代表大会，民主选举第一届工会委员会由姜浩、范祥明、邹建强、刘静予、许榴宏、张道明、杨锦棣7人组成，姜浩兼任工会主席、范祥明任工会专职副主席。

12月，江苏省交通厅以苏交政〔1984〕93号文件，批复学校成立南京交通学校服务公司作为新办集体经济组织，公司实行独立核算、自负盈亏，遵循按劳分配、民主管理等原则运行，对解决教职工子女就业问题、促进校内经营活动起到了积极作用。

1985年

2月13日，江苏省交通厅党组发布《关于南京交通学校领导班子调整的通知》（交党〔1985〕9号），决定由姜浩任学校党总支书记，陈玉龙任副书记，黄荣枝任校长，孟祥林、张道明任副校长，免去陈彤鏊的校长职务、许怡善的副校长职务。

3月，学校开设"南京交通学校扬州校外班"（开设公路与桥梁专业），纳入学校统一招生计划，以所在市为主，面向苏北市县招生。

7月8日，江苏省交通厅党组批准成立中国共产党江苏省南京交通学校委员会。

7月10日，学校成功召开了第五次党员大会，选举产生了第一届学校党委委员，包括姜浩、陈玉龙、黄荣枝、张道明、罗家琚，姜浩任党委书记，陈玉龙任党委副书记。

8月，根据交通部1985年交电中字第30号文件批复精神，江苏省交通厅在学校建立了"交通部电视中等专业学校江苏分校"，并相继在南京、镇江、徐州、无锡、苏州5市建立了电中江苏分校工作站。

9月，学校隆重举行庆祝第一个教师节大会。周以强、杨烈儒、许榴宏3人被江苏省交通厅表彰为"全省交通系统优秀教师"。

9月，学校在盐城交通技工学校开办"南京交通学校盐城校外班"，开设财务会计专业，当年招收40人。

11月16日，江苏省交通厅党组以交党〔1985〕64号文件，任命魏明为学校副校长。

11月27日，学校召开首届教职工代表大会，审议学校行政工作报告、财务预决算报告等。

12月4日，江苏省交通厅党组以交党〔1985〕70号文件，批准增补魏明为党委委员。

1986年

9月30日，江苏省交通厅党组以交党〔1986〕40号文件，决定姜浩调任江苏省交通厅政治部副主任，免去其学校党委书记职务。

9月，林光郎被交通部表彰为"全国交通系统先进教师"。

12月，学校获评南京市文明卫生先进单位、浦口区治安先进单位。

1987年

3月，学校建立"南京交通学校徐州校外班"（开设汽车运用与维修专业）。

6月，校团委被江苏省交通厅团委授予厅机关"共青团先进集体"称号；王若光获"先进个人"称号；任忠芳、黄国良获"先进团干部"称号。同时，校团委被省级机关总团委表彰为先进集体。

6月，学校成立江苏省南京交通学校职改领导小组。

7月，学校新增交通运输管理专业，专业数增加到4个：交通运输管理、汽车运用与维修、公路与桥梁、财务会计。其中，公路与桥梁、交通运输管理专业开始招收初中毕业生，学制4年。

9月，学校创办《交校教育》校刊。

12月，学校成立路桥教研室、汽车教研室、运管教研室，调整各专业教研组，为成立专业科打基础。

1988年

3月，学校创办南京交通学校业余党校，党委副书记陈玉龙任党校校长。

7月，交通运输管理、汽车运用与维修、公路与桥梁、财务会计4个专业全部招收初中毕业生。

10月，江苏省人民政府同意南京交通学校在校生规模扩大为1500人。

11月，江苏省交通厅批准学校在校生规模为1280人，另可挖掘学校潜力进行在职培训。

1989年

2月，学校创办了业余艺校，教学副校长孟祥林任艺校校长、教务处主任林光郎任艺校副校长。

5月13日，学校图书馆被江苏省交通厅、江苏省海员交通工会评为全省交通系统两个文明建设先进集体。

6月5日，江苏省交通厅批准学校实行校长负责制（苏交政〔1989〕35号文件），学校校长实行聘任制，聘期4年。聘任黄荣枝为学校校长，孟祥林、张道明、魏明为学校副校长。

6月，学校进行机构调整，成立财务科、路桥专业科、汽车专业科、运管专业科；撤销基建办，成立基建组，由总务科领导；保卫科改设为行政科室。

7月16日，江苏省交通厅党组任命王家勋为学校党委书记。

7月，学校成立了校务委员会（交办发〔1989〕18号文件），由学校党政工团负责人、中层干部代表、教职工代表组成。

7月，在第五个教师节即将来临之际，温演岁、许榴宏分别被交通部评为全国交通系统优秀教师、全国交通系统优秀教育工作者。

9月，温演岁被国家教委、人事部、全国教育工会评为全国优秀教师，并被授予优秀教育工作者奖章。

12月27日，学校召开第六次党员大会，顺利进行了校党委换届选举及第一届校纪委的选举。

1990年

1月，学校实行中层干部聘任制。

3月，江苏省交通厅政治部以交政组〔1990〕20号文件，同意建立中共江苏省南京交通学校委员会政治处，撤销组宣科，业务工作划归政治处。

4月28日，举行学校实验大楼工程验收会。

5月，省交通厅批准在学校校园东侧新征地64.89亩，按1500人规模规划建设图书馆、教学楼、新行政办公楼、运动场、汽车教练场等。

6月4—5日，学校召开第二届工会会员代表大会。

6月23日，学校汽修厂通过南京市汽车维修行业管理处的验收。

10月31日，学校召开第二届教职工代表大会。

12月24日，确定《南京交通学校校歌》。校歌由著名音乐家沈亚威作曲、本校职工陈胜利作词。

1991年

1月29日，南京地区中专校办学条件评估自查情况交流会在学校召开。

5月25日，经批准，江苏省交通厅汽车高级修理工培训班在学校开班。

9月10日，第七个教师节之际，学校被评为"江苏省交通系统先进单位"，林光郎获"江苏省先进工作者"称号。

10月13日，江苏省教委组织的中专校办学条件评估组对学校进行复评，学校被评为A级（较佳级）。

11月27日，学校被江苏省总工会、江苏省计经委评为"江苏省职工生活工作先进集体"。

11月28日，江苏省交通厅四项常规管理检查组来学校进行检查评比，学校获得校园管理第一名。

1992年

4月18日，为深入学习邓小平南方谈话精神，校党委组织全校党员赴江阴华西村考察。

5月18日，江苏省交通厅会计工作（达标）评审组来学校检查验收，确定学校为会计达标单位。

6月21日，汽车专业毕业生试行持"二证"上岗，在校期间必须取得江苏省劳动局颁发的初级汽车修理工等级证书。

9月7日，图书馆竣工验收，建筑面积2654平方米。

10月15日，交通部电视中专评估组来校，对江苏分校的办学条件、专业设置、师资力量进行评估。因办学成绩突出，1993年电视中专江苏分校被交通部电中总校授予"先进分校"称号。

10月30日，学校路桥实验室被江苏省交通厅认定为"甲级交通工程实验室"。

11月5日，江苏省交通厅党组免去王家勋学校党委书记职务，将其调江苏省交通厅工作。

11月7日，江苏省教委中专校办学水平评估专家组进驻学校，对学校办学水平进行了为期5天的复评。

12月12日，黄荣枝校长当选浦口区第十三届人民代表大会代表。

12月31日，江苏省交通厅下发《关于同意成立"江苏育通发展有限公司"的批复》，同意成立江苏育通发展有限公司，其隶属于南京交通学校。

1993年

3月1日，学校与江苏交通工程咨询监理总公司达成意向性协议，成为该总公司第一分公司。

3月12日，江苏省文明委来校检查文明学校创建情况。

4月5日，交通部规范化学校评检调查组对学校展开评检调查。

4月13日，经过江苏省人民政府、江苏省军区批准，"江苏省国防交通干部培训中心"在学校挂牌成立。同日，江苏省国防交通干部首期培训班40人入学。

4月，学校获"江苏省交通系统双文明建设先进单位"称号。

5月10日，经江苏省公安厅交管局批准，学校在全省范围招收汽车驾驶员进行大货车和小客车培训。

5月28日，学校"江苏育通经济发展公司"揭牌。

6月30日，交通部批准学校为"全国交通系统规范化普通中等专业学校"。

7月3日，江苏省教委办学水平评估专家组来学校进行复评。

8月21日，教学楼竣工，通过验收，建筑面积4289平方米，为市优工程。

8月24日，第九个教师节来临之际，周以强被交通部评为"全国交通系统优秀教师"，徐爱萍被江苏省教委评为"江苏省先进教师"。

10月12日，江苏省人民政府批准学校为"江苏省（部）级重点中等专业学校"。

1994年

3月30日，学校党委实施"3010"工程（30名党员与30名学生，10个支部、科室与10个班级结对帮教活动）签字仪式在雨花台举行。

4月8日，学校接受教育部中专校办学水平评估。

4月，学校全面推行教师课时津贴制和职工岗位津贴制，同时推进人员工资改革工作。

5月20日，学校与淮安市公路站合作的"阳离子乳化沥青添加剂的研究"项目，在淮阴通过江苏省省级鉴定。

9月，经批准，"交通部电视中专江苏分校南京交通学校教学班"建立，首次招收路桥、财会电中班学生95人。

9月，学校被批准为"国家级重点普通中等专业学校"。

10月10日，学生食堂综合楼竣工，总建筑面积4750平方米，新区景点同时落成。

11月18日，学校利用世界银行贷款建成当时江苏省中专校最先进的电子计算机中心，配置并建成了全省中专校第一个多媒体教学教室。

1995年

2月22日，学校工会被江苏省海员交通工会授予"先进基层工会"称号。陈玉龙、刘静予分别被授予"模范职工之友""先进工会会员"称号。

3月31日，学校被南京市委教卫部、南京市总工会授予"民主管理先进单位"称号。

4月26日，学校被南京市总工会授予"模范职工之家"称号。

6月26日，校长黄荣枝荣获国务院"政府特殊津贴"。

7月19日，学校学生会主席、运输管理专业9241班学生葛垚作为江苏省代表团代表，参加中华全国学生联合会第二十二次代表大会，受到江泽民等党和国家领导人接见。

8月，学校被江苏省交通厅授予"为江苏交通事业发展有功单位"称号。

9月8日，学校与南京建筑工程学院联合开办大专函授（路桥）班。

11月9日，江苏省文明校园评估组来校检查两个规范落实情况。

11月，学校承办江苏省交通行政事业单位财务人员培训班开学典礼。

12月，学校建成华东地区中专校第一个局域网，并在校召开如何利用网络教学现场会议。

1996年

1月18日，交通部电视中专江苏分校建校十周年庆祝大会在学校召开。

3月，学校制订"九五"计划。

3月，新学期开学，学校图书馆、各食堂相继实行计算机借阅图书、磁卡售饭。

5月13日，交通中专体卫委员会扩大会暨体育教改研讨会在学校召开。

6月17日，沪宁高速公路首期工作人员岗前培训在学校和江苏省交通技师学院举办。

6月18日，学校承办沪宁高速公路岗前培训班开学典礼。

7月5日，江苏省教委、省计经委以苏教计〔1996〕135号文件批准学校开办公路与桥梁施工技术专业高职班，1996年招生计划为40人。

7月8日，学校被江苏省教委授予"文明校园"称号。

9月28日，江苏省交通干部培训中心宿舍楼竣工验收，达到市优良工程标准。

9月，学校开展了骨干教师和学科带头人选拔和培养工作，评选产生了首届骨干教师和学科带头人。

1997年

1月14日，江苏省交通厅党校、江苏省交通干部培训中心揭牌仪式在学校隆重举行。

1月，学校汽车运用工程专业在交通部专业教育质量评估中列第四名，被交通部评为重点专业点。

3月13日，学校档案管理工作通过江苏省档案局、省交通厅组织的达标评审，达到三级标准。

9月30日，江苏省交通厅党组决定，聘任孟祥林为江苏省南京交通学校校长，魏明、王晓农、高进军为副校长。经省交通厅政治部批准，孟祥林兼任交通部电视中专江苏分校校长。

12月20日，经专家评审，江苏省劳动厅、江苏省交通厅同意在学校设立"国家职业技能鉴定所"。

12月，校长孟祥林当选为浦口区人大代表。

1998年

3月12日，学校被授予南京市"花园式单位"称号。

9月19日，学校在行政机关、党群部门、教辅部门、后勤部门、产业未承包部门实施定岗定编、竞争上岗。

10月9日，交通部公路与桥梁工程专业部级重点专业点复检组到校评检。

10月，学校与江苏省高速公路建设指挥部合作共建的检测中心正式开展工作。

10月，江苏省教委对学校的校园网建设工作进行验收。

11月23日，学校蒋玲、周传林、于苏民3位教师参加全省交通系统青年教师教学竞赛，分别获一、二、三等奖，学校被江苏省交通厅授予组织奖。

1999年

1月19日，学校召开第四届工代会暨教代会。经校党委和上级工会批准，陈玉龙任工会主席，许榴宏为副主席。

8月，学校进一步精简和调整行政机构，行政科室和中层干部数量有较大幅度减少。

9月1日，学校全面推进后勤服务社会化，分别成立物业管理中心和生活服务中心两个社会化的经济实体，实行市场化运作方式和有偿服务。

9月10日，学校校长孟祥林被交通部授予"全国交通系统教育先进工作者"称号。

9月，学校与南京化工大学联合举办三年制专科层次教学班，在南京化工大学的招生计划内，学校招收专科层次的学生。

11月12日，教育部组织专家对国家级重点中专校进行了复评，学校以全省第四名的好成绩再次被教育部评为国家级重点普通中等专业学校。

2000年

2月28日，学校被江苏省交通厅、省总工会联合授予"1996—1999年江苏交通建功立业有功单位"称号。

4月20日，学校被江苏省交通厅命名为"江苏省交通系统文明学校"，同时学校荣获"九五江苏交通教育先进单位"称号。

5月31日，教育部公布国家级重点中等职业学校名单，学校榜上有名。

6月1日，学校成立校报编辑部，形成了"两刊一报"（即《教育与科研》《交校青年》和《南京交校报》）的校园平面媒体格局。

6月，学校首次实行教师教学质量奖优罚劣制度，按不同职称进行分类考评与奖罚。

6月，学校工会被南京市总工会授予1998—1999年"模范之家"称号。

10月，学校同济大学网络教育学院南京教学点首次招收交通工程与信息技术专业本科生49人。

2001年

4月28日，江苏省教育厅组织以东南大学常务副校长吴介一教授为组长的专家组，对学校申办高职院工作进行评估考查。

5月16日，江苏育通交通工程咨询监理公司获得江苏省交通厅颁发的"江苏省交通建设工程监理资信登记证明"，从而为进入交通建设市场创造了有利条件。

6月19日，江苏省政府以苏政复〔2001〕96号文件批复同意南京交通学校升格为南京交通职业技术学院，同时撤销南京交通学校建制。

6月，孟祥林被江苏省委省级机关工委授予"优秀共产党员"称号，被江苏省交通厅授予"全省交通系统勤政廉政好干部"称号。

12月14日，学院被江苏省委、江苏省人民政府授予1999—2000年度"江苏省文明单位标兵"光荣称号。

2002年

1月22日，学院工会被江苏省交通工会、江苏省海员工会评为2000—2001年度"全省交通行业工会工作先进单位"。

3月21日，学院被中国教育工会南京市委员会评为"南京市教育系统先进职工之家"。

3月21日，学院被南京市教育系统校务公开工作领导小组评为"南京市教育系统校务公开先进单位"。

3月29日，学院女工委员会荣获"江苏省巾帼建功先进集体"称号。

5月22日，学院教师文爱民被江苏省交通厅、共青团江苏省委评为"2000—2001年度省级青年岗位能手"，管理科计算机教研组荣获"2000—2001年度江苏省青年文明号"。

6月14日，中共江苏省委组织部批准学院党委享有因公出国人员审批权。

6月24日，学院召开干部大会，省委组织部与省交通厅领导来院宣布学院领导班子。史国君任学院党委书记，孟祥林任院长、党委副书记，高进军、王晓农任学院副院长、党委委员，陈玉龙任副院级调研员。

6月，学院成立第一届学报编辑委员会，编印第一期第一卷《南京交通职业技术学院学报》。

9月5日，学院举行建院周年庆典暨揭牌仪式，江苏省副省长王荣炳出席大会揭牌并题词"为实现交通教育现代化而努力奋斗"。

10月，中共南京交通职业技术学院委员会党校成立。

11月25日，江苏省发展计划委员会发布《关于南京交通职业技术学院新校区项目建设书的批复》（苏计社会发〔2002〕1310号），同意学院在南京江宁大学城征地800亩进行新校区建设，该项目总建筑面积为24万平方米。

12月22日，学院第一届学术委员会及专业委员会成立。

12月28日，张晓焱在南京市总工会、南京市人事局、共青团南京市委员会等单位组织的南京市第四届职工技能大赛中荣获"南京市新长征突击手"光荣称号。

12月，完成学院首次中层干部聘任（任用）工作，并签订目标责任书和党风廉政责任书。

12月，经江苏省教育厅批准，学院取得成人函授及夜大专科教育资格。

2003年

2月13日，学院召开首届工代会、教代会。

3月5日，路桥教研室被授予2001—2002年度江苏省交通行业"五一文明班组"称号。

3月28日，学院首届二次教职工代表大会通过《南京交通职业技术学院2003—2010年发展规划》。

6月18日，学院江宁新校区银校合作项目签字仪式举行。院长孟祥林代表学院与南京市商业银行副行长周小祺在《银校合作协议》上签字。南京市商业银行承诺全力支持学院江宁新校区的建设，授信额度1.2亿元。

7月11日，学院交通工程试验检测中心顺利通过省交通厅质监站专家组的预审，取得申报交通部交通工程乙级试验室资格。

9月1日，学院举行中层干部聘任仪式，宣布中层干部任免决定，并向新一届中层干部颁发聘任书。

10月28日，学院印发《学院岗位津贴暂行办法》和《学院岗位津贴实施细则》，开始全面推进学院人事分配制度改革工作。

12月18日，学院批准设置教研室、实训中心等系部二级教学机构。

12月19日，学院领导班子调整工作分工，同时成立了新校区建设领导小组及基建办公室。

2004年

4月19日，学院被江苏省总工会授予"学习'三个代表'，力争'两个率先'先进集体"荣誉称号。

4月28日，学院隆重举行首届大学生实践技能大赛。

5月28日，学院隆重举行兼职教授聘任仪式，东南大学教授韩以谦等来自企业与社会各界的40位专家受聘为学院兼职教授。

5月，学院出台科研管理相关办法。

8月2日，经专家评议与评审委员会专家评审，学院汽车工程系被确定为江苏省汽车维修行业鉴定示范基地，学院汽车工程系成为当时江苏省唯一一家具有汽车维修高级技师评审资格的鉴定中心。

9月，学院首次进行跨省（安徽、河南、江西）招生。当年，省内外新生报到2394名，报到率超过90%。

10月19日，南京交通职业技术学院-日本丰田汽车公司T-TEP学校开校仪式在学院大礼堂隆重举行。

10月30日，南京交通职业技术学院教学工作委员会成立大会暨第一届工作委员会会议在学院召开。

12月15日，在第五届全国大学生力学竞赛中，学院代表队荣获江苏赛区专科组团体二等奖。

12月，学院先后被教育部、交通部、中国汽车协会、中国汽车维修行业协会确定为汽车运用与维修专业领域技能型紧缺人才培养培训基地，被教育部、建设部确定为建筑专业领域技能紧缺人才培养培训基地。

2005年

1月，学院国家职业技能鉴定所被江苏省劳动和社会保障厅授予"2004年度优秀省属国家职业技能鉴定所"荣誉称号。

3月18日，学院2支代表队在2004年全国大学生数学建模竞赛中均获二等奖，1支代表队荣获江苏赛区二等奖，3支代表队荣获江苏赛区成功参赛奖。6月，学院在江苏省第七届高等学校非理科专业高等数学竞赛中喜拔头筹，获得专科组一等奖2名、二等奖5名、三等奖16名，在同类高职院校中名列第一。

3月23日，江苏省交通厅党组书记、厅长潘永和视察学院江宁新校区建设工地。

3月，张春阳、屠卫星被评为全国交通高等职业教育专业带头人。

4月，学院建筑工程系与江苏沪宁钢机股份有限公司签订协议，决定联合开办建筑工程技术专业钢结构工程方向的"沪宁钢机班"。

5月，经省交通厅批准，江苏省机动车驾驶教练员考试中心在学院投入建设。

6月，学院增设市政工程技术、汽车整形技术、连锁经营管理、工程监理、电子信息工程技术等新专业。2005年招生专业数达到39个。

8月，学院关心下一代工作委员会成立，魏明任常务副主任。

8月，学院江宁新校区一期工程建设任务完成，学院主体于新学期顺利搬迁入驻。新校区占地面积850亩，一期工程完成建筑单体16个，总建筑面积16.43万平方米，满足近5000名学生的教学、学习、生活需要。

8月15日—11月30日，学院开展了保持共产党员先进性的教育活动。

9月，学院被中共江苏省委授予"江苏省高等学校思想政治教育工作先进集体"称号。

10月28日，学院隆重举行了江宁新校区落成典礼。

10月28日，学院承办江苏省汽车维修工职业技能大赛决赛。

12月11—15日，学院接受高职高专院校人才培养工作水平评估。

12月，学院被省教育厅评为省"文明学校"，被省文明委授予"2003—2004年度省文明单位"光荣称号，被省委教育工委推荐为"四五普法先进集体"。

2006年

1月，学院国家职业技能鉴定所再次获得省劳动厅、省职业技能鉴定中心颁发的2005年度"省属先进国家技能鉴定所"荣誉称号，并被确认为首批江苏省职业技能鉴定基地之一。

3月，学院组织交通部首期公路工程试验工程师试点考试。

4月22日，学院召开全体干部大会，传达了省委关于学院党委书记史国君赴淮安挂职副市长及由院长孟祥林主持学院党政日常工作的决定。

4月，承办全国交通职业院校学分制改革经验交流暨选修课教材开发协作会议。

4月，武可俊获"2003—2005年度南京市劳动模范"称号。

5月11日，学院与加拿大圣克莱尔学院合作办学获省教育厅正式批准。双方进行模具设计与制造专业的合作教育，该项目属专科学历层次，学制3年，纳入统一招生计划，学院中外合作办学有新突破。

6月14日，江苏省交通政工和教育研究会学校分会成立大会在学院隆重举行。来自全省9所交通类职业教育学校的32名代表参加了会议，学院被推选为江苏省交通政工和教育研究会学校分会首届会长单位，院长孟祥林当选学校分会会长。

7月14日，工程地质与水文、汽车发动机构造与维修、物流管理3门课程被评为江苏省精品课程（二类），汽车运用技术专业被评为江苏省品牌专业，道路与桥梁工程技术、物流管理专业被评为江苏省特色专业。

8月8日， 全国首家机动车驾驶教练员考试中心——江苏省机动车驾驶培训教练员考核中心在江宁校区举行揭牌仪式，该中心主要负责全省机动车驾驶培训教练员上岗资格的考核、教练员职业资格的评定和教练员素质要求的研究。

8月18日， 学院副院长高进军被江苏省交通厅党组、江苏省交通厅表彰为"全省交通系统勤政廉政好干部"。

10月， 召开第二届团员及学生代表大会。

11月10日， 江苏省人事厅批准在学院成立"江苏省人才流动服务中心南京交通职业技术学院分中心"，该中心是江苏省人才流动服务中心在学院的派出机构，是江宁大学城片区唯一一所分中心。

11月16日， 学院撤销了基础学部，从此形成了"七个教学系一个体育部"的构架。

12月， 学院被中共江苏省委宣传部、江苏省依法治省领导小组办公室、江苏省司法厅联合表彰为"2001—2005年全省法治宣传教育先进单位"；被省交通厅表彰为"2001—2005年交通厅法治宣传教育先进单位"。

12月， 学院在全国、全省大学生数学建模比赛中取得全国二等奖1个，江苏赛区一等奖1个、三等奖1个；首次参加全省大学生职业生涯规划设计大赛，荣获大赛组织奖；在全省大学生机器人大赛中获三等奖。

2007年

1月， 学院荣获"江苏省大学生心理健康教育工作先进集体"称号。

3月， 学院国家职业技能鉴定所被交通部首批认定为"交通行业技能培训、鉴定工作站"。此外，学院国家职业技能鉴定所再次获得"省属先进国家技能鉴定所"荣誉称号，并被评为江苏省高技能人才培养示范基地。

4月， 学院召开第一次宣传思想工作会议。

4月， 学院党委做出复办院报的决定，《南京交通职业技术学院学报》经过调整改版，于6月正式发刊。

6月， 学院学报取得江苏省新闻出版局准印证，更名为《交通高职研究》。

8月28日， 江苏省交通厅党组任命许正林为学院党委委员、党委副书记。

9月10日， 江苏省交通厅党组书记、厅长潘永和及江苏省教育厅副厅长杨湘宁莅临学院第23个教师节庆祝大会。

11月10日， 学院成功承办全省交通院校汽车维修专业学生技能竞赛。学院代表队凭借过硬的职业技能，在电控发动机故障诊断、汽车变速器拆装和汽缸磨损检测等竞赛项目中一路领先，最终包揽前九名，稳夺大赛桂冠。

11月，《道路建筑材料》与《汽车文化》两部教材被评为江苏省精品教材。学院选送课件在第七届全国多媒体课件大赛上获奖，"汽车发动机配气机构构造与维修"荣获高职组一等奖。

11月， 学院被江苏省委教育工委表彰为2005—2006年度"江苏省高等学校文明学校"。

2008 年

1月14日，经省档案局、省交通厅、省教育厅专家联合评审，认定学院通过省一级标准单位档案工作考核。

1月18日，中共江苏省委员会任命孟祥林为学院党委书记，贾俐俐为学院院长、学院党委副书记。

2月，学院获得"全省高校思想政治教育工作先进集体"称号。

3月，学院国家职业技能鉴定所获得"省属职业技能鉴定工作先进单位"称号，"计算机信息高新技术考试站"被评为"2007年度计算机信息高新技术考试先进单位"。

4月，学院党校被中共江苏省委宣传部、省委组织部表彰为2004—2007年度"先进基层党校"。

5月21日，学院召开党建和思想政治教育工作会议，成立了学院党建和思想政治教育研究会，选举产生了研究会理事会。

6月，学院有5项教育科学成果获得奖励："校企合作公路工程类高技能人才培养模式创新实验基地"被评为江苏省人才培养模式创新实验基地；"汽车技术服务与营销"专业被评为江苏省品牌专业建设点；"道路建筑材料检测与应用""ASP动态网页设计"两门课程被评为江苏省精品课程；"汽车运用技术"专业教学团队被评为江苏省优秀教学团队。

7月8日，根据江苏省教育厅、省财政厅联合发布的《关于公布2008年江苏省示范性高等职业院校和园区建设单位名单的通知》，学院顺利通过专家评审，被江苏省教育厅、省财政厅确定为2008年江苏省示范性高等职业院校建设单位。

9月5日，江苏省交通运输厅厅长游庆仲莅临学院与全院教职员工共庆第24个教师节。游庆仲专门深入汽车工程系、公路工程系、大学生活动中心视察。

10月23日，学院召开示范性院校建设领导小组会议，正式启动了省级示范性高职院校建设工作。

11月7—9日，学院成功承办由省交通运输厅、省总工会、省劳动和社会保障厅联合举办的全省交通桥梁工程试验检测技能竞赛决赛。

12月4日，江苏省交通运输厅批准周传林为学院副院长。

12月10日，学院隆重召开第一次党代会。大会选举并经上级党组织批准成立了学院第一届党委会，孟祥林、贾俐俐、许正林、高进军、王晓农、周传林、应海宁当选学院新一届党委委员；成立了学院第一届纪律检查委员会，应海宁、何卫平、张家俊、赵勇、张文斌当选纪委委员。

12月16日，江苏省委教育工委批准应海宁为学院纪委书记。

12月26日，学院隆重举行庆祝改革开放三十周年暨建校55周年庆祝大会。江苏省副省长史和平莅临大会并发言。

2009 年

1月7日，学院举行江苏省示范性高职院校分项目建设责任书签字仪式，院领导与示范性高职院校5个重点专业（群）、2个试点项目负责人签订建设任务责任书。

2月，学院荣获"全省教育纪检监察先进集体"荣誉称号。

3月，学院被省教育厅、省水利厅联合授予江苏省"节水型高校"称号。

4月，学院报送的"全程参与、深度合作，校企联合培养汽车服务类人才"获江苏省高等教育教学成果奖一等奖，并被推荐参加第六届高等教育国家级教学成果奖遴选。

5月，经南京市地名委批准，设立地铁1号线南延线"南京交院站"。

5月，学院汽车运用与维修实训基地顺利通过国家级、省级高职教育实训基地建设点验收。

5月，学院"模具数控加工技术""网络互联技术"两门课程被确定为江苏省成人高等教育精品课程。

8月，学院新食堂——思源堂北楼顺利开业，为全院师生提供饮食服务。学院思源堂北楼建筑总面积8715平方米，共分3层。

8月，学院完成浦口校区全部搬迁工作。

9月，学院杨益明获得"江苏省优秀教育工作者""第五届江苏省高等学校教学名师"称号。

9月，学院在第六届江苏省大学生力学竞赛中获得优秀组织奖和团体一等奖。

10月17—18日，学院在第二届江苏省高校测绘技能大赛中以团体总分第一名的成绩荣获团体一等奖，并分获导线测量团体一等奖、水准测量团体一等奖。

10月17日、19日，学院召开2009年教学工作会议。江苏省交通运输厅副厅长汪祝君应邀到会并发言，江苏省教育厅、省交通运输厅有关处室领导出席会议。

10月24—25日，学院在首届全国交通高职高专院校工程测量技能竞赛中荣获团体二等奖。

11月26日，东风标致培训中心落户学院，东风标致为学院提供8辆汽车、5台发动机、4台变速器、2套专用工具、2套专用检测仪等价值160余万元的教学设备。

12月14日，江苏省委教育工委党建工作考核组对学院党的建设工作开展了为期3天的考核。考核组认真评议，认定学院基层党组织建设工作考核结果为"优秀"。

2010 年

1月，学院被江苏省教育厅表彰为"2008—2009年度江苏省高等学校和谐校园"。

2月，学院在全省首批高校公共体育课程考核中获"优秀"等次。

3月26日，学院成立"十二五"规划编制工作领导小组和"十二五"规划编制专题工作组，领导小组下设学生培养规划编制、专业建设规划编制、人才队伍建设编制、科教研规划编制、继续教育与合作办学规划编制、校园建设与保障规划编制、制度建设规划编制7个工作组，启动学院"十二五"规划编制工作。

3月，学院第一、第二食堂获江苏省高校2006—2009年"文明食堂"荣誉称号；学院第一食堂还获得"南京市食品卫生等级A级单位"荣誉称号。学生宿舍A~F组团获江苏省高校"文明宿舍"荣誉称号。

3月，江苏育通交通工程咨询监理有限责任公司承接的京杭运河常州市区段改造工程获得中国土木工程詹天佑奖，同时荣获交通运输部年度水运工程质量奖。

4月10日，学院加入"海外本科直通车"，招生专业为会计、计算机网络技术、机电一体化。

5月11日，贾俐俐当选江苏省职业教育教学改革创新指导委员会委员和江苏省职业教育交通运输类专业教科研中心组组长。

5月26日，由学院牵头组建的江苏交通运输职业教育集团举行成立大会暨揭牌仪式。学院被推选为理事长单位，贾俐俐当选理事长。

6月25日，学院代表江苏省参加了教育部主办的2010年全国职业院校（高职组）汽车技术技能大赛，荣获团体一等奖。

6月，学院"道路建筑材料检测与应用"课程被评为国家精品课程。

7月13日，全国交通职业教育路桥学科骨干教师培训班在学院开班，来自17个省区18所兄弟院校的50余位教师参加了培训。

9月9日，江苏省交通运输厅庆祝第26个教师节文艺会演在学院举行，全省交通系统8家单位以"交通梦·师生情"为主题作了精彩演出。江苏省交通运输厅厅长游庆仲出席此次活动。

10月，学院在GE智能平台2010年度全国大学生自动化控制设计大赛中获得大赛最高奖项——智能团队大奖。

11月21日，学院在全国交通高职高专院校"刚毅杯"路桥工程材料试验技能竞赛中夺得团体一等奖。

11月，学院首次聘任56家企业经理或人力资源部门负责人为校外兼职教学督导员。

11月，学院获得"2009—2010年度江苏省价格诚信单位"荣誉称号。

11月，学院被表彰为"2008—2009年江苏省体育工作先进学校"。

12月，学院获得"2007—2009年江苏省文明单位"荣誉称号。

2011年

1月5日，交通运输部科技司司长贺建华、副司长洪晓枫在江苏省交通运输厅总工程师金凌的陪同下莅临学院视察指导。

1月，学院荣获"2009—2010年健康教育工作优秀单位"称号。

3月18日，学院4万多平方米二期工程建设（土建、安装）开工。其中，图文信息楼建筑面积19878平方米，行政办公楼建筑面积8877平方米，学生公寓H组团建筑面积约7204平方米，学生公寓I组团建筑面积4147平方米。

4月25日，由江苏省教育厅批准成立的"江苏省道路交通节能减排工程技术研究开发中心"在学院挂牌。江苏省教育厅副厅长殷翔文、江苏省交通运输厅总工程师金凌为中心揭牌。

5月11日，学院荣获"江苏省学生资助工作先进单位"荣誉称号。

5月13日，中共江苏省委员会任命贾俐俐为南京交通职业技术学院党委书记，免去孟祥林南京交通职业技术学院党委书记、委员职务；张毅为学院院长、党委副书记。

5月23日，江苏省政府启动实施高等教育综合改革试验区建设，学院被省政府确定为江苏省高等教育综合改革试验区试点院校之一，承担高校人才培养体制改革工作中的高职人才培养体制改革任务，具体负责交通类专门人才培养体制改革。以交通物流专业为试点，创新实施"游学制"人才培养模式。

5月31日，江苏省高校思想政治理论课建设工作检查组专家到校开展专项检查，学院思想政治理论课被评为"合格"。

6月8日，江苏交通运输职业教育集团2011年年会在学院召开。

8月，学院荣获"全国高职高专院校科研工作先进单位"称号。

10月，学院"紧贴行业，校企共育，路桥专业人才培养创新与实践"获江苏省高等教育教学成果奖一等奖。

10月27日，学院对经过征集、评审、论证而形成的新校训、校风、教风、学风举行发布仪式。新校训为"知行合一　明德致远"，校风为"勤奋求实　团结创新"，教风为"尚德善教"，学风为"砺志敏学"。

11月25日，江苏省内外交通运输行业18位专家、学者受聘为学院客座教授、兼职教授。

12月9日，学院获评全省教育系统"五五"（2006—2010年）法制宣传教育先进单位。

12月16日，学院建筑工程技术和工程机械运用与维护两个专业成为获中央财政支持的高等职业教育重点建设专业点。

12月18—21日，学院顺利通过新一轮高职院校人才培养工作评估。由教育部高职高专院校评估委员会主任杨应崧教授担任组长的新一轮高职院校人才培养工作评估专家组到学院进行了为期3天的全面考察。专家组充分肯定了学院的人才培养工作。此次评估考察工作得到省教育评估院高度评价。

12月22日，江苏省交通运输厅批准学院成立"江苏省交通节能减排工程技术研究中心"。

2012年

1月13日，学院获江苏省教育厅"2010—2011年度江苏省高等学校和谐校园"荣誉称号。

2月6日，共青团江苏省委公布了2011年度全省高校共青团工作考核结果，学院再次获评"共青团工作优秀奖单位"。

2月，贾俐俐被确定为江苏省"六大人才高峰"第八批高层次人才项目资助对象。

3月，2012年度教育部人文社会科学研究规划基金项目正式公布，何玉宏教授申报的研究项目"交通运输方式变革对社会生活方式的影响研究"获准立项。

4月1日，江苏省交通节能减排工程技术研究中心揭牌仪式暨第一届理事会第一次会议在学院举行。

4月，贾俐俐当选为江宁区第十六届人民代表大会代表。

5月7日，学院承办2012年江苏省高等职业院校技能大赛"汽车维修与故障诊断排除"比赛。学院代表队获得团体一等奖、两个单项一等奖的优异成绩。

5月9日，学院被江苏省教育厅、省综治办、省公安厅联合授予"江苏省平安校园"荣誉称号。

5月20日，学院获江苏省第二届文科大学生自然科学知识竞赛"优秀学校奖"。

5月30日，学院承办江苏省高校思想政治教育研究会高职高专分会第四次全体理事会议，来自全省近60所院校的近100名代表参加会议。学院"以励志菁英学校为平台，创新资助育人新模式"荣获思政教育"实践创新一等奖"。

5月，学院获2012年度"江苏省毕业生就业工作先进集体"荣誉称号。

6月18—19日，学院在教育部主办的2012年全国职业院校技能大赛"汽车与维修"赛项中获得

"汽车自动变速器拆装与检测""汽车电气系统检修"两个单项团体一等奖,为江苏省代表队增添了两枚金牌,并荣获团体综合二等奖。

6月,学院运输管理系学生刘娟顺利入选西部计划志愿者,是学院入选西部计划志愿者第一人。

7月21日,学院与南京林业大学签署合作协议,学院汽车运用技术和物流管理两个专业,分别对接南京林业大学交通运输专业的汽车运用工程方向和物流管理方向,采取"3+2"分段培养模式。学院汽车运用技术、机电一体化两个专业,与金陵中等专业学校、江苏省溧水中等专业学校开展"3+3"中职与高职分段培养试点,实现中高职教育贯通、中高级技能衔接。

8月20日,学院承办第一届江苏技能状元大赛汽车检测与维修职业决赛。

8月30日,学院代表南京市在第一届江苏技能状元大赛汽车检测与维修职业决赛中获得学生组第一名、第二名的好成绩。

8月,学院被江苏省人民政府授予"高技能人才摇篮奖"荣誉奖牌。

9月6日,根据《教育部关于确定"中德职业教育汽车机电合作项目"第二批试点院校的通知》,学院被列入该项目的试点合作院校。

9月,学院招生省份增加至16个,录取新生3401人,报到率达91.86%。

9月,学院交通节能减排中心30余项专利申请获批。

10月12—14日,学院在"苏一光杯"第四届江苏省高校测绘技能大赛中获得团体一等奖。

10月15日,学院被江苏省教育厅授予"2012年江苏省职业院校技能大赛先进单位"荣誉称号。

10月16日,学院被授予"2012年江苏省教学工作先进高校"称号。

10月19日,江苏交通运输职业教育集团汽车工程分会在学院成立,省内12家交通职业院校、12家交通运输企业参加了会议。

11月20日,地铁"南京交院站"正式成为学院首个地铁志愿服务基地。

11月,学院获得"江苏省高等学校信息化建设优秀单位"荣誉称号。

12月8—10日,学院选送的"发动机曲柄连杆机构构造与拆装仿真教学软件"在教育部、工业和信息化部、江苏省教育厅共同主办的"神州数码杯"全国职业院校信息化教学大赛中获高职组多媒体教学软件比赛一等奖。

12月27日,学院地铁隧道"风力发电系统""公交车载智能系统""智能机器人搬运标准平台"3个科技创新成果,参加江苏省第一届大学生创新创业成果(项目)交流会。

2013年

1月,学院获准自主单独招生,招生专业为汽车检测与维修技术、道路与桥梁工程技术、物流管理、通信技术、建筑工程技术、建筑装饰工程技术6个专业。

1月,学院2006届校友朱虹当选全国人大代表,3月,朱虹作为江苏代表团的新代表参加第十二届全国人民代表大会第一次全体会议。

3月18日,学院内设机构进行调整(苏教政〔2013〕20号)。调整后的党政内设机构16个,群团机构2个,教学及教辅机构13个,直属及独立核算单位7个。

4月2日，南京交通职业技术学院国家职业技能鉴定所获评"2012年度省属职业技能鉴定工作先进单位"。

4月19日，江苏省高等职业院校技能大赛开幕式在学院举行，省教育厅厅长沈健、省交通运输厅厅长游庆仲等一行当天到校视察。本届大赛中学院承办了"汽车检测与维修"和"汽车营销"两个赛项。

4月19—21日，学院在全国职业院校技能大赛汽车类2个赛项中双双荣获一等奖；在省高等职业院校技能大赛"英语口语技能"赛项中获得一等奖。

5月3日，共青团江苏省委下发团苏委发〔2013〕25号文件，授予学院团委2012年度"江苏省五四红旗团委"称号。

5月13日，学院与南京工业大学合作开办的"3+2"道路与桥梁工程技术专业本科班被列为2013年江苏省现代职业教育体系建设省级示范试点项目。

5月21—22日，全球教育联盟GEC（Global Education Consortium）接纳学院为会员单位，院长张毅率队参加"全球教育联盟GEC2013年会"。

6月7—10日，学院首次代表江苏队参加全国职业院校技能大赛高职组"利力达杯""工程测量"赛项两个分项项目比赛，最终荣获2个二等奖。

6月18—21日，学院在2013年全国职业院校技能大赛"一汽－大众杯""汽车检测与维修""汽车营销"赛项中荣获团体一等奖（第一名）。

8月26日，召开党的群众路线教育实践活动动员大会，开展党的群众路线教育实践活动。

8月29日，学院党委获评全省首届学习型党组织建设工作先进单位（苏宣〔2013〕64号）。

9月28日，学院校友会正式成立。

9月，学院招生省份16个，录取新生3373人，报到率92.18%。

10月，学院信息化建设与管理办公室荣获江苏省"工人先锋号"荣誉称号。

11月8日，校图书馆圆满落成并正式开馆，新馆面积近2万平方米。

11月8日，学院举行建校60周年庆祝大会，庆祝活动热烈、喜庆、简朴、创新。交通运输部、省交通运输厅、省教育厅等上级主管部门，各兄弟院校代表，省内14个校友会历届校友代表，交通教育研究会职业教育分会及全国45家交通院校领导和嘉宾，校历任领导、离退休老同志以及在校工作过的教职工代表，全体教职工和学生代表2400余人参加了庆祝活动。

11月8日，建校60周年庆祝大会暨校企合作签约仪式隆重举行。与江苏省交通规划设计院股份有限公司、江苏省交通工程集团有限公司分别成立"南京交院勘测设计分院""江苏交工路桥学院"；与中国东方航空江苏有限公司共建空中乘务专业；与郑州捷安高科股份有限公司以"共同出资、共建共享"的模式，共同投入约1000万元，共建"城市轨道交通运营管理专业综合实训室"；与徐工科技股份有限公司共同建立"工程机械专业教学基地"；与江苏江中集团、江苏文峰汽车连锁发展有限公司、上海蓝灯软件科技有限公司分别签订了联合培养协议，合作建立"实习、就业与培训基地"。

11月，学院荣获"2010—2012年度江苏省文明单位"称号，学院学生食堂被评为南京市餐饮服务食品安全首批示范单位。

12月11日，学校与一汽大众在广州"伙伴让我飞翔"2013全国职业院校校企合作签约仪式上签订了校企合作协议。

12月，路桥与港航工程学院蒋玲教授主讲的"道路建筑材料检测与应用"课程获批国家级精品资源共享课建设项目（教高司函〔2013〕132号），实现了学院国家级精品资源共享课程从无到有的突破。

12月，学院"交通院校土建类专业综合实训基地建设创新实践"项目获江苏省优秀教学成果奖二等奖。

当年，新增数字媒体技术专业；停招港口物流管理专业。

2014年

1月8日，学院与北京通用航空产业基地投资控股有限公司签约，合作筹建"南京交院-航空学院"。双方从空中乘务专业开始合作，进行航空类专业的专科学历教育和职业培训。

1月9日，学院召开党的群众路线教育实践活动总结大会。

1月15日，学院荣获"2012—2013年度江苏省高等学校和谐校园"称号（苏教社政〔2013〕9号）。

2月10日，校团委喜获"全省共青团工作先进单位"称号（团苏委发〔2014〕5号），季仕锋同志被评为"全省共青团工作先进工作者"。

2月19日，校团委"南京南站博爱青年志愿者服务站"项目被评为"江苏省优秀青年志愿服务项目"，校青年志愿者协会喜获"江苏省青年志愿服务行动组织奖"，电子信息工程学院教师张毓秋、汽车工程学院学生滕启龙荣获"江苏省优秀青年志愿者"称号，团委季月霞荣获"江苏省大型赛会、抗震救灾优秀青年志愿者"称号（团苏委联〔2014〕11号）。

3月，学院"紧贴行业校企深度合作交通土建专业群人才培养创新实践"获全国交通运输职业教育教学成果奖二等奖。

4月，学院在2014年江苏省高职院校技能大赛各分项比赛中获得5金、5银、2铜的好成绩。

5月，路桥与港航工程学院蒋玲教授获第四届黄炎培职业教育奖杰出教师奖。

6月6日，省交通运输厅党组发文，决定高进军任学院纪委书记、免去其副院长职务，杨宁任学院副院长、党委委员，周传林继续任学院副院长，应海宁任学院副院长、免去其纪委书记职务，杨益明继续任学院副院长。

6月27—28日，学院召开第二次党代会，大会选举产生了学院新一届党委委员和纪委委员。

9月，学院招生省份14个，录取新生3479人，报到率93.10%。

9月，学院"高职汽车服务类专业群'平台＋嵌入'项目化课程体系的创建与实践"获职业教育类2014年国家级教学成果奖二等奖（教师〔2014〕8号）。

9月，机电工程学院5名学生和2名带队教师赴台湾地区高校交流学习。

10月8日，与江苏省交通工程集团有限公司携手共建的首个现代学徒制试点班"江苏交工港航建造师班"开班。

10月28日，学院被表彰为"2014年度江苏省高校毕业生就业工作先进集体"（苏教学〔2014〕11号）。

10月，学校荣获"全省职业教育先进单位"称号（苏教职〔2014〕30号）。

12月2日，江苏省道路交通节能减排工程技术研究开发中心顺利通过省教育厅验收。

12月24日，与舍弗勒（南京）有限公司开展"双元制"合作的德国AHK机电一体化专业"舍弗勒班"开班。

当年，新增专业5个：空中乘务、港口与航道工程技术、动漫设计与制作、室内装饰设计、数字媒体设计与制作。停招专业1个：市场营销（海外本科直通车）。

2015年

1月6日，学院开通官方微信公众号。

1月12日，学院与一汽大众汽车有限公司签订《校企合作培训协议》。

1月23日，召开二届二次党代会。

3月20日，召开第三届教代会、工代会第二次会议。

4月3日，学院4位教师（甘饴、黄丹卉、朱丹丹、许颖）的4件作品在第一届中国外语微课大赛江苏省赛区中获得奖项4项，学院荣获"优秀组织奖"。

4月24—25日，学院承办2015年江苏省高等职业院校技能大赛"马哈中经合杯"汽车类两个赛项。

4月25日，学院退役士兵教育培训中心成立揭牌。

6月8日，学院汽车运用技术专业和物流管理专业分别被立项确定为江苏高校品牌专业建设工程一期B类和C类项目。

6月8日，学院教师王平被评为"2014年度全国高职院校创新创业教育工作先进个人"。

6月15—17日，学院代表江苏省参加全国职业技能大赛汽车类3个赛项，获得7块奖牌，其中一等奖2项、二等奖2项、三等奖3项。

6月16日，学院与南京欣网通信科技股份有限公司合作签约设立"欣网双选班"。

7月14日，学院教师教学发展中心和大学生素质教育中心成立。

8月22日，学院电子信息工程学院软件技术专业孙雨晴、陆相兵、薛泽文3位学生在由工业和信息化部、教育部、江苏省人民政府联合主办的第四届"中国软件杯"大学生软件设计大赛中荣获一等奖。

8月，学院在第九届江苏省大学生力学竞赛中荣获团体特等奖（专科组第一名）、优秀组织奖，个人特等奖3人、一等奖16人、二等奖22人，获奖率为83.7%。

9月7日，学院与上海宏信设备工程有限公司签署校企合作协议，首批24名"宏信设备班"学员开班。

9月12日，学院立项省"十二五"重点新编教材1部、省重点修订教材1部。

9月15日，学院新校区建设规模调整：项目建筑面积由24万平方米调整为343222平方米。项目总投资由44800万元调整到103239.1万元（苏发改社会发〔2015〕997号）。

9月20日，学院孙云志副研究员课题获得教育部人文社科青年基金立项。

9月20日，学院教师获2015年江苏省高等职业院校信息化教学设计大赛一等奖1项、信息化课堂教学一等奖1项、信息化教学设计三等奖2项。

9月28日，校关工委获2015年度"关工委工作常态化建设巩固提高奖"。

9月29日，学院与江苏省交通工程建设集团有限公司共建的首届"江苏交工路桥国际工程班"开班，探索校企"双主体"合作办学模式，培养路桥工程国际化人才。

9月，学院招生省份13个，录取新生3501人，报到率93.46%。

10月16日，学院党委书记贾俐俐在第四届江苏省职业教育教科研中心组成立大会上当选江苏省职业教育交通运输类专业教科研中心组组长。

11月23日，学院被评为"江苏省高等学校信息化建设先进集体"。

12月5—6日，第一届全国交通职业院校辅导员职业能力大赛在学院开赛，特等奖由教师王荫西获得，另有其他1人获得一等奖，1人获得三等奖。

12月17日，学院与南京理工自动化研究院有限公司共建"新能源汽车技术研究所"签约揭牌。

12月25日，学院获得"全省高校档案工作先进集体"称号。

12月30日，学院团委获得团省委授予的"2015年大学生暑期'三下乡'社会实践先进单位"荣誉称号，同时获评优秀团队1项，先进个人2名，先进工作者1名，专项实践活动优秀调查报告1项。

12月30日，学院工会被江苏省总工会授予江苏省"模范职工之家"荣誉称号（苏工发〔2015〕33号）。

当年，新增专业2个：城市轨道交通运营管理、航空机电设备维修。

当年，学院共选派27名学生和2个教师团共40名教师赴台湾地区高校交流学习。

2016年

1月9—10日，学院承办2016年江苏省高等职业院校技能大赛"南京意中意杯"汽车类两个赛项。

1月14日，学院召开第三届三次教代会（工代会）、二届三次党代会。

1月26日，学院团委再获"全省共青团工作先进单位"称号（团苏委发〔2016〕4号），这是团委连续第6年获此荣誉。

2月5日，学院图文信息楼项目荣获江苏省住房和城乡建设厅2014年度江苏省优质工程奖"扬子杯"。

3月10日，学院3个项目入选《江苏省高职教育质量年度报告（2016）》。

3月15日—4月15日，省委第九巡视组对校党委工作开展为期一个月的专项巡视。

3月16日，江苏省人民政府、省军区联合授予学院"江苏省2015年度高校征兵工作先进单位"称号（苏政发〔2016〕33号）。

3月，学院在2016年江苏省高职院校技能大赛中共获得12块奖牌。

4月24日，学院与南京万宇投资置业有限公司在江宁会展中心签订合作意向协议。

5月5日，学院"两学一做"学习教育全面启动。

5月11日，学院2016年第10次党委会研究决定，对学院内设机构进行部分调整：党委办公室、院长办公室、发展规划处合署办公，校友会挂靠，实行一套班子运行；党委宣传部独立设置；成立后勤管理与服务中心，撤销后勤管理处、后勤服务中心；增设资产管理处；设置后勤党总支，包括资产管理处、后勤管理与服务中心、基建办公室；成立教学质量管理办公室，撤销督导室。

5月13日，省现代职教体系建设试点项目"高职与普通本科联合培养"（与南京工程学院联合开展交通土建专业"4+0"本科层次人才培养项目）获批，当年招收首届本科生40人。

5月25日，学院首届"明德综合素质提升实验班"开班。

5月25—27日，学院路桥与港航工程学院教师王荫西在第五届全国高校辅导员职业能力大赛中荣获三等奖。

6月上旬，学院3支代表队共9名学生代表江苏省在2016年全国职业院校技能大赛中分别参加了"汽车检测与维修""汽车营销""测绘"等3个赛项的竞赛，共获得4块奖牌。

6月，路桥与港航工程学院蒋玲教授获"江苏省教学名师"荣誉称号。

6月，路桥与港航工程学院被省教育厅、省委教育工委授予"江苏省教育工作先进集体"称号。

6月20日—8月1日，完成中层干部集中换届，谢剑康等77名干部选任为学院职能部门、二级单位及党群部门负责人（正、副职）。

7月12日，学院获2016年度教育部人文社科基金项目立项1项。

7月19日，学院交通节能减排工程技术研究中心获批分别与南京大学、东南大学联合培养高校研究生（苏教研〔2016〕5号）。

8月1日，完成78名中层干部换届聘任工作。

8月10日，学院与江苏康众实业投资有限公司签署《康众学院混合所有制办学合作协议》。

9月3日，学院继续保留"江苏省文明单位（校园）"荣誉称号。

9月9日，学院党委研究决定对各基层党组织设置进行调整（交院党〔2016〕49号），调整后的学院基层党组织设置为16个。

9月20日，学院产学研优秀案例入选《中国高校产学研合作优秀案例集（2013—2014）》；学院"交通土建工程无损检测实训平台""物流管理专业群产教深度融合实训平台"两个项目获江苏省高等职业教育产教深度融合实训平台建设立项（苏教高〔2016〕22号）；学院4部教材获江苏省"十三五"高等学校重点教材立项（苏教高〔2016〕19号）。

9月，学院招生省份14个，录取新生3742人，报到率92.56%。

10月14日，学院代表队在2016"中诺思杯"全国交通运输职业院校物流创新大赛中荣获团体一等奖；2位指导教师获全国交通职业院校技能大赛优秀指导教师奖。

11月，学院教师在2016年江苏省高等职业院校信息化教学大赛中获奖9项，获全国职业院校信息化教学大赛高职组信息化教学设计项目二等奖1项。

12月6日，学院与南京市民俗博物馆共同签署《南京市民俗博物馆·南京交通职业技术学院大学生素质教育实践基地共建协议书》，首个"大学生素质教育实践基地"在南京市民俗博物馆落成。

12月10日，江苏省人民政府、江苏省军区授予学院"普通高校征兵工作先进单位"称号。

12月16日，举行江苏省交通建设监理检测协会捐资助学暨杨国忠先生个人藏书捐赠仪式，协会将向学院捐资20万元，杨国忠个人捐赠图书6000余册。

12月19日，江苏省民政厅、共青团江苏省委授予学院全省春运"暖冬行动"先进集体称号，学院"情暖寒冬、服务春运"宁沪高速春运志愿服务项目获评优秀项目；"留守儿童教育助学夏令营"和"情牵扯旅客心系交通"宁沪高速志愿者服务两个项目在2016年省青年公益项目大赛中获三等奖，奖项居同类院校之首。

12月22日，团省委授予学院团委"2016年度大学生暑期'三下乡'社会实践先进单位"称号；学院"退役大学生战狼防汛抗洪突击队"获评全省优秀实践团队；3名职工获评先进个人。

12月26日，江苏省教育厅授予学院"2016年度江苏省高等职业院校信息化教学大赛优秀组织奖"荣誉称号。

12月30日，学院教师在2016年江苏省高等职业院校微课教学比赛中获奖4项。

12月，学院党委书记贾俐俐当选江宁区第十七届人大代表，学院党委副书记许正林当选江宁区政协委员。

当年，新增专业3个：机械制造与自动化、新能源汽车运用与维修、城市轨道交通机电技术。停招专业2个：交通运营管理、汽车电子技术。

2017年

3月9日，学院召开第三届四次教代会（工代会）、二届四次党代会。

4月20日，学生公寓J组团顺利完成封顶。

4月21日，学院召开内部质量保证体系诊断与改进工作动员大会，全国职业院校教学工作诊断与改进专家委员会主任杨应崧教授作了内部质量保证体系诊断与改进专题报告。

4月，江苏省交通运输厅党组发文，免去杨宁党委委员、副院长职务。

5月27日，学院召开第三届学术委员会成立大会暨第一次全体会议，学术委员会换届工作全面完成。

6月3—6日，学院代表队在全国职业院校技能大赛高职组"汽车营销"和"测绘"赛项中分别获得两项三等奖，同时获得二等水准竞赛项目一等奖和数字测图三等奖两个单项奖。

6月21日，学校轨道交通学院揭牌。

7月14日，学院2个项目获2017年度江苏省高校哲学社会科学研究重点项目立项（苏教社政函〔2017〕18号）。

7月28—29日，学院党委书记贾俐俐在第十届中国-东盟教育交流周交通教育服务"一带一路"高峰论坛上代表学院签署了"中国-东盟交通运输职业教育国际联盟"成立倡议书。

8月1日，学院"交通节能减排"团队获评为省教育厅2017年度江苏省高校优秀科技创新团队。

9月11日，学院两个专业（汽车检测与维修技术、道路与桥梁工程技术）入选全国职业院校交通运输大类示范专业（教职成厅函〔2017〕41号）。

9月20日，"南京交院万宇学院"项目签约暨揭牌。

9月28日，学院汽车营销与服务、道路与桥梁工程技术、计算机网络技术、工程机械运用技术、建筑工程技术等5个专业入选江苏省高等职业教育高水平骨干专业立项建设。

9月，学院招生省份16个，录取新生3725人，报到率93.91%。

10月27日，召开专题教代会，审议并通过了《学院绩效工资实施办法（草案）》。

10月29—31日，2017年全国职业院校新能源汽车技术与维修技能竞赛在学院开赛，学院获高职组一等奖。

11月4日，全国机械行业职业院校技能大赛——"行云新能杯"纯电动汽车技术服务大赛在学院开幕。

11月8—9日，全国交通运输职业教育"行业应用技术协同创新中心建设专题研讨会"在学院召开。

11月11日，中国交通教育研究会职业教育分会素质教育委员会2017年年会暨"长风杯"大学生综合素质大赛与文艺展演活动在学院举行。省交通运输厅党组书记、厅长兼省铁路办主任陆永泉莅临学院调研。

12月13—16日，学院成为"中俄交通大学校长联盟"暨"一带一路"国家及金砖国家交通类高校联盟新成员。

12月23日，学院与江宁区人民政府合作共建"南京新能源汽车产业与应用技术研究院"签约仪式在江宁区举行。江苏省交通运输厅党组书记、厅长兼省铁路办主任陆永泉，南京市委常委、江宁区委书记李世贵等领导出席签约仪式。

当年，新增专业3个：智能交通技术运用、城市轨道交通车辆技术、城市轨道交通通信信号技术。

当年，学院选派49名学生，10名教师赴境外学习。选派2个教师团赴台湾地区4所高校开展学习培训。

2018年

1月30日，学院入选江苏省高水平高等职业院校建设单位（苏教高〔2018〕2号）。

3月14日，学院与实耐宝工具仪器有限公司签订校企合作协议。

3月17日，学院蒋玲教授入选国家"万人计划"教学名师（教师厅函〔2018〕6号）。

3月23—25日，2018年江苏省高等职业院校技能大赛"世纪龙杯"汽车检测与维修、"行云新能杯"新能源汽车技术与服务两个赛项在学院开赛。学院获一等奖。

3月28日，学院召开三届五次教代会（工代会）、二届五次党代会。

4月28—29日，学院两支参赛团队获第八届全国大学生市场调查与分析大赛专科组总决赛一等奖。

5月11日，根据江苏省交通运输厅党组通知（苏交党〔2018〕34号），免去高进军学院党委委员、纪委书记职务，同意其退休。

5月13日，学院代表队在2018年全国职业院校技能大赛新能源汽车技术与服务赛项中获团体一等奖。

5月25—27日，学院路桥与港航工程学院教师江玮荣获首届全国高职高专工程力学青年教师讲课邀请赛一等奖、江苏省第九届工科基础力学青年教师讲课竞赛特等奖。

5月25—27日，学院在"创青春"省大学生创业大赛中喜获金奖。

5月28日，学院代表队获2018年全国职业院校职业技能大赛"汽车检测与维修"赛项一等奖。

6月8—10日，学院在"挑战杯——彩虹人生"江苏省职业学校创新创效创业大赛中获得佳绩，所获奖项涵盖了大赛设立的全部奖项。

6月26—29日，学院团委书记季仕锋当选团中央十八届中央委员会候补委员。

7月15日，学院入选2017年全国高等职业院校"服务贡献50强"和"国际影响力50强"。

7月21日，学院3项作品在江苏省第七届"互联网+"大学生创新创业大赛中喜获佳绩。

7月25日，省交通运输厅及4所厅属院校与南京地铁集团就支持交通职业教育发展和城市轨道技能人才培养签署合作协议。

7月27日，学院学子在全国"互联网+交通"创新创业大赛中喜获1金、2银、1铜。

7月，学院图书馆荣获"江苏省高校图书馆2016—2017年度先进集体"荣誉称号。

8月11日，全国职业院校物流教师"智慧物流"专项职业能力研修班在学院举行。

8月14—17日，2018年"挑战杯——彩虹人生"全国职业学校创新创效创业大赛决赛在南京江宁体育中心举行，学院是大赛协办单位之一。大赛期间，江苏省人民政府副省长陈星莺、共青团中央书记处书记李柯勇、教育部职成司高职发展处副处长任占营等领导莅临学院。学院参赛作品喜获特等奖。

8月28日，赵岩荆博士主持的课题获2018年国家自然科学基金青年科学基金项目资助。

9月，学院招生省份12个，录取新生3750人，报到率95.12%。

10月25—28日，学院健美操队在第四届全国高等职业院校健美操锦标赛中获佳绩。

10月29日—11月2日，"升拓杯"首届全国交通运输职业院校学生无损检测技能大赛在学院举行，学院获团体一等奖。

11月5日，学院召开干部大会。省交通运输厅领导来校宣布省委、省交通运输厅党组关于学院领导班子调整的决定。省委决定：贾俐俐继续任南京交通职业技术学院党委书记，张毅继续任南京交通职业技术学院院长。省交通运输厅党组决定：周传林任南京交通职业技术学院党委副书记，免去其南京交通职业技术学院副院长职务；崔建宁任南京交通职业技术学院党委委员、纪委书记；应海宁任南京交通职业技术学院副院长；杨益明任南京交通职业技术学院副院长；王道峰任南京交通职业技术学院副院长，试用期一年，免去其南京交通职业技术学院党委组织部部长、统战部部长职务；免去许正林南京交通职业技术学院党委副书记、委员职务。

11月5日，学院与江苏华海汽车销售集团有限公司共建的"南京交院－华海学院"签约揭牌。

11月8日，举办建校65周年校友返校日活动。

11月10日，学院获省第十九届运动会高校部高职高专组团体总分第七名，并获得"最佳赛区"和"体育道德风尚奖"。

11月12日，学院被评为"2018年高校毕业生就业创业工作考核优秀单位"。

11月23—25日，学院代表队在2018年全国高职院校学生汽车营销技能大赛中获团体一等奖。

11月24日，全国智能网联与无人驾驶职教联盟在学院成立。

11月30日，举行上汽大众－南京交院SCEP项目签约暨培训基地开业仪式。

12月1日，学院教师在2018年全国交通高职高专院校思想政治理论微课比赛中获佳绩。

12月4日，学院选手喜获2018年全国大学生数学建模竞赛江苏赛区一等奖。

12月10日，学院暑期社会实践工作获团中央、团省委表彰。其中人文艺术系"美丽乡村建设推广服务团"被团中央表彰为全国"优秀团队"。

12月18日，学院获批"全国职业院校劳动教育研究中心"。

12月25日，贾俐俐主持的"'3+1+N'公铁水游学：复合型物流人才培养的创新与实践"项目，荣获 2018 年职业教育国家级教学成果奖二等奖。

12 月，学院建筑工程学院刘凤翰教授荣获第六届黄炎培职业教育奖杰出教师奖。

12 月，学院赵岩荆博士获评交通运输部"交通运输青年科技英才"称号。

12 月，学院荣获"2018 年度市级园林式单位"称号。

当年，新增专业 1 个：地下与隧道工程技术。停招专业 1 个：应用电子技术。

2019 年

3 月 8—10 日，2019 年江苏省高等职业院校技能大赛"汽车检测与维修""智慧物流作业方案设计与实施"赛项在学院举行。

3 月 13 日，江苏省高等教育学会 2019 年度工作会议在学院召开。

3 月 16 日，根据江苏省交通运输厅的批复（苏交政〔2019〕8 号），学院调整后内设机构为党政管理部门 12 个，按规定设纪委办公室（监察处）、团委、工会，离退休工作办公室与工会合署办公；教学院系 10 个；教辅机构 5 个。同时批复了干部职数调整。

3 月，学院学子在 2019 年江苏省高等职业院校技能大赛中共获得 17 块奖牌，其中一等奖 4 项、二等奖 4 项、三等奖 9 项。

4 月 15—19 日，2019 年全国工程检测技术培训在学院举行。

4 月 28 日，学院学子荣获"正大杯"第九届全国大学生市场调查与分析大赛专科组总决赛一等奖。

4 月 28 日，学院喜获"江苏省五一劳动奖状""南京市五一劳动奖状"。

5 月 12 日，学院喜获全国职业院校技能大赛"智慧物流作业方案设计与实施"赛项（高职组）团体一等奖。

5 月 19—30 日，南京交院女足代表江苏高校参加全国青少年校园足球联赛（大学女子校园组）获冠军。在第十六届"挑战杯"全国大学生课外学术科技作品竞赛江苏省选拔赛中，学院 2 个作品获得二等奖，1 个作品获得三等奖。

5 月 25—26 日，中国交通教育研究会 2019 学术年会暨第三届中国交通教育高峰论坛在学院召开。

5 月，学院跆拳道队在省大学生跆拳道锦标赛中取得 4 金、2 银、1 铜、5 个第五名的优异成绩，并同时获得男子团体总分冠军及"体育道德风尚运动队"称号。

6 月 17 日，经专家评审、公示、教育厅审定等程序，学院节能减排中心和河海大学共建的研究生工作站被评为"江苏省优秀研究生工作站"（苏学位字〔2019〕4 号）。

6 月 22 日，汽车工程学院学生郭燕军、运输管理学院辅导员姬慧分别喜获 2018 年江苏省大学生年度人物入围奖、江苏高校辅导员年度人物提名奖。

6 月，学院新一轮中层干部换届圆满完成。共计提拔副处级干部 6 人，正科级干部 13 人。

7 月 1 日，学院教师王琼荣获江苏省交通运输行业 2018 年度"最美交通人"提名奖，2010 届汽车检测与维修技术专业校友骆义伟荣获首批"江苏交通工匠"称号。

7 月 1 日，教育部公示《高等职业教育创新发展行动计划（2015—2018）》项目认定名单（教职成函〔2019〕10 号），认定汽车营销与服务、建筑工程技术、道路与桥梁工程技术、汽车检测与维修技术、物流管理、工程机械运用技术、汽车车身维修技术、城市轨道交通运营管理、计算机网络技术9个骨干专业；新能源与无人驾驶汽车协同创新中心、交通运输节能减排应用技术协同创新中心2个协同创新中心；交通土建工程无损检测实训平台、汽车应用技术生产性实训基地、物流管理专业群产教深度融合实训平台3个生产性实训基地。汽车运用技术教学创新团队入选首批国家级职业教育教师教学创新团队和省教师教学创新团队，建筑工程技术教学团队入选江苏省高校优秀教学团队。

7月3—6日，学院学生在全国高等职业院校健身健美锦标赛中喜获第一名。

7月14—15日，第三届"互联网+交通"全国职业院校学生创新创业大赛决赛在学院成功举办。

7月25日，学院与省高管中心举行"产教融合实训基地"签约揭牌仪式。

7月25日，学院与中江国际经济技术合作集团有限公司在中江集团签订战略合作协议。

7月29日，学院获评学生资助工作绩效考核优秀单位（苏教助函〔2019〕3号）。

9月12日，学院召开"不忘初心、牢记使命"主题教育动员会。

9月17日，南京交院·江苏兆信"兆信桥隧班"开班。

9月28日，2019年度江苏省住房城乡建设系统工程造价职业技能竞赛在学院举办。

9月，学院招生省份12个，录取新生4220人，报到率93.44%。

10月16日，"宁聚计划"江宁地区高校毕业生专场招聘会在学院行健馆举行。

10月18日，学院代表队喜获第二届全国交通运输职业教育"升拓杯"学生无损检测技能大赛多个赛项一等奖。

11月1日，"汽车检测与维修技术"团队入选国家级职业教育教师创新团队和江苏省首批职业教育教师创新团队。

11月2日，学院代表队获全国交通运输职业教育学生测绘技能大赛一等奖。

11月9日，学院2名教师在全国交通运输类职业院校思政理论微课大赛中获得二等奖。

11月18—21日，学院代表队在第十一届全国交通运输行业汽车维修工（学生组）职业技能大赛全国总决赛中取得一等奖（第一名）的优异成绩。

11月18—21日，学院代表队荣获第十一届全国交通运输行业"捷安杯"城市轨道交通服务员（学生组）职业技能大赛"车辆控制"赛项全国总决赛二等奖。

11月19日，学院代表队在第二届全国交通职业院校学生综合素质大赛中获团体一等奖。

11月23日，学院获评2018年高等职业院校"国际影响力50强""服务贡献50强"。

11月25日，学院教师在2019年江苏省高等学校微课教学比赛中报送20项作品，其中获奖15项（一等奖作品2项、二等奖作品4项、三等奖作品9项）。

11月，学院"铿锵女足"获评全国高等职业院校体育工作"一校一品"示范基地。

12月初，学校获评国家自然科学基金依托单位（国科金发计〔2019〕69号）。

12月4—5日，在2019年全国高职院校信息素养大赛全国总决赛上，学院获得"最佳教学奖"，电子信息工程学院学生王茜获得决赛二等奖，图书馆教师刘星星获得"优秀指导教师"称号。

12月7日，学院党委书记贾俐俐在2019江苏职业教育高质量发展论坛做主题报告。

12月9日，2019年大学生暑期社会实践工作连续9年获团中央、团省委多项表彰。其中1名教师被团中央表彰为全国大学生暑期社会实践先进个人。

12月16日，学院入选全国首批"经世国际学院"项目合作院校。

12月25日，在江苏省第五届高校就业创业指导教师教学技能大赛决赛中，路桥与港航工程学院教师李良田获三等奖，电子信息工程学院教师徐敏获优秀奖，学院获优秀组织奖。

12月，学院荣获2016—2018年度"江苏省文明校园"称号（苏文明委〔2019〕15号）。

12月，学院第一食堂获评江苏省高校后勤信息化先进单位。

12月，学院校友会在全国高职院校校友工作委员会组织的评选活动中获评全国高职院校2019年校友工作先进单位。

当年，学院隆重开展庆祝新中国成立70周年系列活动。

当年，新增专业2个：冷链物流技术与管理、大数据技术与应用。

2020年

1月3日，学院2020年创新创业大赛启动仪式暨创新创业学院成立大会召开。

1月12日，著名军事专家、中国人民解放军国防大学战略研究所原所长、博士生导师金一南教授应邀出席在学院举办的新康众集团年会，并作党史专题报告。

1月14日，学院召开"不忘初心、牢记使命"主题教育总结大会。

1月28日，省教育厅厅长葛道凯率省教育厅应对新冠肺炎工作领导小组职教组、高教组一行赴江宁大学城开展实地走访检查，并到学院检查工作。

2月24日，江苏省交通运输厅党组成员、副厅长金凌带队对南京交院疫情防控工作开展现场督查专项工作，并召开厅属院校疫情防控工作座谈会。

4月2日，学院召开关于积极应对新冠肺炎疫情期间2020届毕业生就业工作网络视频会议。

4月11日，学院在全国新能源汽车虚拟故障诊断与维修技能大赛中喜获特等奖1项、一等奖2项、二等奖2项、三等奖1项、优胜奖4项。大赛由国家职业教育新能源汽车技术专业教学资源库共建共享联盟主办。

5月3日，学院2007届毕业生、中建八局第三建设有限公司副总经理、南京小汤山医院应急工程负责人李磊荣获"江苏青年五四奖章"。

5月14日，省交通运输厅组织专家对学院厅属职业教育实训基地建设项目进行验收与督查，其中对汽车技术服务实训基地、城市轨道交通机电技术实训基地建设项目进行了验收，对地下工程施工与检测实训基地、轨道交通工程实训基地、新能源汽车检测与维修实训基地进行了督查。

5月14日，学院机构设置变动，原纪委办公室（监察室）调整为纪委办公室，另增设一个职能机构：执纪审查室。

5月20日，学院团委获全省高校共青团工作考核"优秀"等次。

5月27—28日，学院举办第九届"明日之星"大学生创新创业大赛暨2020年"互联网+"大学生创新创业大赛校级决赛。

5月28日，学院院长张毅出席"职教强国·江苏强音"江苏职教发展高峰论坛暨"职教王牌 书记／校长带你选专业"大型融媒体报道启动仪式，并做"投身交通强国实践，人生未来可期"主题推介报告。

5月29—30日，学院召开第四届教职工、工会会员代表大会第一次会议。

6月1日，学院举行与江苏中路交通发展有限公司校企合作项目签约揭牌仪式。

6月16日，学院举行首届（2020届）土木工程专业（本科）毕业典礼暨学位授予仪式。

6月，学院被省教育厅、省委政法委、省公安厅联合授予"江苏省平安校园建设示范高校"荣誉称号。

7月3日，在2020年外研社"教学之星"大赛全国复赛中，学院基础教学部大学英语教师团队荣获特等奖，成功晋级全国半决赛。

7月14日，江苏省交通运输职业教育行业指导委员会成立暨第一次全体委员大会在南京召开。省交通运输行指委秘书长、学院党委书记贾俐俐主持成立大会。

7月20日，2020年全省中等职业学校交通运输类专业学生学业水平考试工作研讨会在学院召开。

7月25—26日，由教育部高等学校统计学类专业教学指导委员会、中国商业统计学会共同主办，南京交通职业技术学院承办的"正大杯"第十届全国大学生市场调查与分析大赛专科组总决赛暨第九届海峡两岸大学生市场调查分析大赛大陆地区选拔赛在线上隆重举行。

7月27日，学院工程中心程东祥研究员成功入选2020年江苏省科技副总项目（苏科区发〔2020〕213号）。

8月14—15日，学院在2020年江苏省职业院校教学大赛（高职组）决赛中取得好成绩，5个参赛团队进入现场决赛，分别荣获一等奖2项、二等奖2项、三等奖1项。

8月21—24日，"互联网+"大学生创新创业大赛第六届"建行杯"江苏选拔赛暨第九届"花桥国际商务城杯"省赛总决赛中，学院1支团队入围决赛并获一等奖，5支团队获得三等奖。

9月1日，在第十一届"挑战杯"江苏省大学生创业计划竞赛中，学院1个作品获得金奖，2个作品获得铜奖。

9月，学院招生省份12个，录取新生4352人，报到率96.38%。

9月30日，在2020年江苏省高等职业院校技能大赛中，学院25支队伍参加了23个赛项的角逐，共获得17块奖牌，其中一等奖5项、二等奖6项、三等奖6项。

10月20日，学院党委书记贾俐俐应邀做客"学习强国"江苏学习平台，参加"强国有我"大型系列访谈。

11月7日，江苏省教育厅厅长、党组书记、省委教育工委书记葛道凯，省教育厅二级巡视员李金泉莅临学院视察指导。

11月12日，江苏省交通运输行业指导委员会路桥工程类专业委员会成立大会暨"现代交通与人才培养——智慧、融合、创新"论坛在学院召开。

11月19日，在2020年江苏省高等学校微课教学比赛中，学院喜获2个一等奖、4个二等奖、4个三等奖的好成绩（共计报送12项作品）。

11月19日，召开省委第六巡视组巡视南京交通职业技术学院党委工作动员会。

11月23日，退役军人事务部副部长常正国一行莅临学院视察调研。

11月27—28日，在第四届"互联网+交通"全国交通运输职业院校创新创业大赛决赛中，学院荣获金奖1项、银奖1项。

11月27—29日，在江苏省"省长杯"大学生足球教学成果展示暨体能大赛中，学院足球代表队获足球教学成果展示一等奖，田径队获体能大赛三等奖。

11月27—28日，学院学子喜获江苏省第十五届大学生职业规划大赛特等奖。

11月，学院荣获"2020年度市级园林式单位"称号。

12月，建筑工程学院张健副教授主持申报的"高含水率疏浚泥材料化关键技术及应用"项目荣获2020年度中国商业联合会科技进步奖二等奖。

12月，学院获得多项上级表彰："江苏省餐饮质量安全示范食堂"称号；电子信息工程学院学工办获"江苏省巾帼文明岗"荣誉称号；运输管理学院学生刘海波获江苏省"最美职校生"荣誉称号、汽车工程学院学生赵梓任获江苏省"最美职校生标兵"荣誉称号。

2021年

1月19日，学院成为江苏省体育特色学校和全国高等职业院校体育工作"一校一品"示范基地建设单位。

1月21日，学院召开第四届学术委员会成立大会暨第一次全体委员会议。

1月22日，汽车检测与维修技术、道路与桥梁工程技术、物流管理、建筑工程技术等4个专业入选省高水平专业群建设项目（苏教职函〔2021〕1号）。

1月，学院被江苏省高等学校后勤协会授予"2020年度江苏省高校后勤采购工作先进单位""2020年度江苏省高等学校伙食管理工作先进集体"等荣誉称号。

2月4日，学院马克思主义学院教师徐升主持的一项课题获批教育部2020年度高校思想政治理论课教师研究专项立项（教社科司函〔2021〕18号）。

2月24日，省委第六巡视组向南京交通职业技术学院党委反馈巡视情况。

3月27日，学院四届二次教代会（工代会）隆重召开。

4月16日，学院综合实训中心（一期）工程建设项目开工。

4月，学院在2021年省高等职业院校技能大赛中获佳绩：学院参加了8个类别22个赛项的角逐，共获得22块奖牌，其中一等奖4项、二等奖6项、三等奖12项。

5月15日，在第十七届"挑战杯"全国竞赛江苏省选拔赛决赛中，学院选送作品1件获得二等奖、3件获得三等奖。

6月11日，学院与江苏弘创建设工程有限公司旗下子公司南京昊坤新型材料有限公司校企合作项目签约揭牌。

6月17日，学院与江苏南大苏富特智能交通科技有限公司校企合作项目签约揭牌。

6月19日，学院学子在全国职业院校技能大赛"智慧物流作业方案设计与实施"赛项和"货运代理"赛项中均获得团体二等奖。

6月30日，江苏首个高校"学习强国"线下体验馆在学院正式开馆。

7月12日，学院在2021年江苏省职业院校教学大赛（高职组）决赛中获一等奖1项、二等奖3项、三等奖5项。

7月20日，学院在2021年江苏省职业院校创新创业大赛中获一等奖1项、二等奖3项、三等奖2项，并获大赛"优秀组织奖"。

8月3日，绿色智慧交通建造虚拟仿真实训基地获评全国首批职业教育示范性虚拟仿真实训基地培育项目（教职成司函〔2021〕35号）。

8月18日，现代物流管理专业入选省首批高校国际化人才培养品牌专业建设项目（苏教办外〔2021〕2号）。

8月，学院基础教学部大学英语教师团队在2021年外研社"教学之星"大赛全国总决赛中荣获二等奖。

9月1日，路桥与港航工程学院蒋玲教授主编的《道路建筑材料检测与应用》荣获首届全国教材建设奖优秀教材二等奖。

9月，学院招生省份12个，录取新生4443人，报到率96.38%。

10月12日，学院与格力电器（南京）有限公司校企合作项目签约及其订单班开班。

10月22—23日，第十三届全国交通运输行业城市轨道交通列车司机（学生组）、公路养护工（学生组）职业技能大赛江苏省选拔赛在学院举行。

10月27日，学院教师张健博士主持的科研项目喜获江苏省高等学校科学技术研究成果奖三等奖。

10月，建筑工程学院张健博士领衔的"绿色建筑技术"团队入选2021年度江苏省高校优秀科技创新立项团队。

11月18日，"现代物流管理""城市轨道交通工程技术"团队入选江苏省第二批职业教育教师教学创新团队。

11月28日，学院学子在2021"外研社·国才杯"全国英语演讲大赛（江苏赛区高职组）决赛中获二等奖1项、三等奖2项。

11月，学院教师在2021年江苏省高校微课比赛中有7项作品获奖，其中一等奖作品1项、二等奖作品4项、三等奖作品2项，获奖数量在全省高职院校中名列前茅。

12月1日，学院与江苏天元房地产评估造价集团举行校企合作项目签约揭牌仪式。

12月14日，学院与柬埔寨物流商业协会在线签署合作协议。

12月19日，学院召开江苏交通运输职业教育集团理事长线上会议。

12月23日，教育部中外人文交流中心"人文交流经世项目"、南京交通职业技术学院－泰国兰纳皇家理工大学经世学堂（新能源汽车检测与维修技术）揭牌仪式隆重举行。

12月24日，江苏交通运输职业教育集团2021年年会暨理事会换届大会在南京召开，大会选举产生了新一届集团理事会，学院党委书记贾俐俐当选理事长。

12月31日，学院举行与苏州博宇鑫信息科技有限公司校企合作签约暨奖学金捐赠仪式，苏州博宇鑫信息科技有限公司董事长、2002届级校友刘新成向学院捐赠50万元，用于在电子信息工程学院设立"博宇鑫奖学金"。

12月，学院荣获"全国教育系统关心下一代工作先进集体"称号。

12月，学院申报的"江苏省交通节能减排工程技术研究中心"获批省发展和改革委员会2021年度省级工程研究中心（苏发改高技发〔2021〕1368号）。

当年，编制完成"十四五"事业发展"1+10+10"规划体系。

当年，新增专业4个：道路工程检测技术、道路工程造价、智能网联汽车技术、无人机应用技术。

2022 年

1月7—9日，学院承办的2022年江苏省职业院校技能大赛高职财经商贸类关务技能项目在学院成功开展。

1月26日，运输管理学院教师林榕荣获2021年"南京市劳动模范"称号。

1月，学院成功入选"2021年江苏省智慧校园示范校"；学院喜获"江苏省征兵工作先进单位"称号。

2月19日，学院召开第四届教代会执委会第四次会议，审议通过了四届三次"双代会"相关事宜、学院绩效工资实施办法（2022年修订）。

2月，学院入选全国高职院校"服务贡献60强""学生发展指数100强""教师发展指数100强"。

3月2日，学院获省级教学成果奖一等奖1项、二等奖2项。

3月，轨道交通学院党总支第一党支部获批教育部第三批全国党建工作样板支部培育创建单位。

4月27—29日，学院首次参加2022中国高等教育国际招生线上展。

5月13日，学院留学生招生网站在江苏高校来华留学生招生网站建设专项评价中被评为A等级。

5月18日，学院举行"丝路学院"揭牌仪式暨丝路学院运管班开班仪式。

5月25日，学院汽车检测与维修技术专业入选江苏省"十四五"高校国际化人才培养品牌专业（苏教办外〔2022〕2号）。

5月26日，以"交通运输现代化与技术技能人才培养——创新共融 提质赋能"为主题的江苏省交通运输行指委产教融合对话活动在学院举办。

6月20日，南京交院-众能联合校企合作项目成功签约。

6月20—22日，省交通运输厅厅属院校思想政治理论课教师研修班在学院开班。

6月，学院教师论文在2020—2021年度全国和省级交通运输行业思政研究论文评选中获奖。

6月，学院组织开展"迎接党的二十大 庆祝建党101周年"系列活动。

7月19日，学院在第八届中国国际"互联网+"大学生创新创业大赛江苏省决赛中荣获二等奖1项、三等奖2项，并被授予青年红色筑梦之旅赛道"优秀组织奖"。

7月25日，学院18名高层次人才入选2022年江苏省科技副总项目（苏科区发〔2022〕187号）。

7月26日，学院副院长应海宁退休。

7—8月，学院获评2018—2021年度江苏省群众体育先进单位。在江苏省高校体育竞赛中取得优异成绩：健美操团体总成绩第一名；学生女子足球队获得冠军，学生男子代表队夺得亚军；田径女子1500米和5000米决赛中分别获一金、一铜；跆拳道队获一金、一银、一铜，团体总分第四名；网球队获混合双打银牌、女子团体第四名、男子团体第五名。学院获乙组"优秀组织奖"，团体总分第六名。

8月22日，教育部高等学校科学研究发展中心专家王纪安一行来校调研学院承担的国家职业教育示范性虚拟仿真实训基地培育项目——绿色智慧交通建造虚拟仿真实训基地建设情况。

8月25日，学院教师在2022年江苏省职业院校教学能力比赛中获一等奖1项、二等奖2项、三等奖7项，获奖数量居省内各高职院校前列。

8月，根据江北新区城市空间发展需要，乙方南京交通职业技术学院位于浦口区后河沿90号校区被纳入搬迁（征收）范围，甲、乙双方友好协商，同意以协议搬迁的方式实施征收工作。南京交通职业技术学院位于浦口区后河沿90号校区的土地、房屋、构筑物、苗木、设备等资产的搬迁（征收）补偿于2022年8月完成。

8月，学院4部教材、3门专业课在中国交通教育研究会2022年学术年会暨第五届"中国交通教育高峰论坛"中获奖。

8月，学院与江苏省交通工程集团有限公司组建的"江苏交工·路桥与港航学院"被评为江苏省职业院校企合作示范组合。

9月7日，学院林榕副教授入选2022年度江苏省交通运输行业高层次领军人才培养对象。

9月7日，学院第一、第二、第五食堂喜获"江苏好食堂"荣誉称号。

9月8日，在第38个教师节来临之际，省交通运输厅党组书记、厅长兼省铁路办主任吴永宏来学院调研，向学院全体教职工致以节日的问候。

9月9日，中共江苏省交通运输厅任命谢剑康为副院长，试用期1年，同时免去其党委宣传部部长职务。

9月9日，学院被省教育厅、省发展改革委、省生态环境厅、省住房和城乡建设厅联合授予"江苏省绿色学校（高校）"称号。

9月14日，学院新能源与无人驾驶汽车工程技术研究开发中心顺利通过验收。

9月16日，学生公寓K组团项目开工。

9月21日，学院首个海外汉语言中心落户孟加拉国。

9月，学院校友会泰州、常州、扬州、宿迁、镇江、徐州、盐城、淮安、连云港、苏州、无锡等11个分会完成换届工作。在此期间，为贯彻落实教育部"高校访企拓岗促就业"的专项行动，结合换届，学院党委书记、院长等校领导带领各院系和相关职能部门走访了南京地铁、徐州地铁、华设设计集团股份有限公司、中建八局第三建设有限公司等30余家企业。

9月，学院招生省份11个，录取新生4400人，报到率97.50%。

10月15日，校企共建"江苏东交智控班"开班暨"智慧工地与管控实训中心"建设启动仪式在学院举行。

11月7日，学院作为江苏省代表队之一在2022年全国职业院校技能大赛"关务技能"赛项中获得了一等奖（排名第三名）的好成绩。

11月10—12日，学院在第十三届全国交通运输行业技能大赛中荣获"公路养护工"赛项学生组团体一等奖（第一名）。

11月18—20日，在江苏省城市轨道交通信号工职业技能竞赛中，学院学生代表队获得一等奖2项，教师代表队获得一等奖1项、二等奖1项。

11月25日，2022年江苏省高校微课比赛评选结果揭晓，此次比赛学院共计报送9项作品，有7项作品获奖，其中一等奖作品1项、二等奖作品2项、三等奖作品4项，获奖数量在全省高职院校中名列前茅。

11月28日，学院获评"江苏省2022年大学生核心就业能力培训工作优秀等次培训点"，教师刘坤获得"江苏省2022年大学生核心就业能力培训工作先进个人"称号（苏教指通〔2022〕74号）。

11月28日—12月1日，学院内部质量保证体系诊断与改进工作接受省专家组现场复核。

11月，学院荣获"2022年度市级园林式单位"称号。

12月16日，"郑和学院·宝船工坊"（南京交院－吉扎克国立技术学院）揭牌并开班。

12月20日，学院12项产学研项目获批立项（苏科区发〔2022〕291号）。

12月中下旬，学院在第十七届全国高职院校"发明杯"大学生专利创新大赛中斩获两金；学院网上思政学习教育平台在人民网正式上线；学院获评"江苏省来华留学生教育先进集体"称号；学院两项党建案例在全国交通运输行业基层党建创新案例评选中获佳绩；学院荣获全省学生"学宪法讲宪法"活动优秀组织奖；学院在省第十七届大学生职业规划大赛总决赛中获一等奖1项、二等奖1项；学院连续4年获全省学生资助绩效考核（评价）"优秀"等次；学院5项作品在全省高校统一战线"携手喜迎二十大·同心共筑教育梦"主题宣传教育系列活动中获奖。

当年，新增工业机器人技术专业。

2023年

1月12日，学院公路运输管理实务（负责人吕亚君）、外贸单证实务（负责人林榕）、汽车空调系统维修（负责人程丽群）、汽车自动变速器维修（负责人郭兆松）等4门课程入选国家在线精品课程。

1月13日，江苏省交通运输职业教育行业指导委员会第三次全体委员大会暨交通运输职业教育集团2022年年会在学院召开。

2月18日，学院被授予"南京市厂务公开民主管理先进单位"荣誉称号。

2月20日，学院3个项目荣获2022年江苏省高等学校劳动教育优秀实践项目。

2月25日，学院荣获2022年"全省高校毕业生就业工作量化督导A等次"（苏教学函〔2023〕2号）。

3月1—3日，2023年江苏省职业院校技能大赛"关务技能"赛项在学院成功举办。学院在3个赛项中分别获团体一等奖（第一名）1项、团体二等奖2项，均进入国赛选拔行列。

3月11日，学院浙江校友会成立。

3月13日，江苏省高等教育学会辅导员工作研究委员会2022年度辅导员专项课题和工作案例遴选结果显示，学院2项课题获批立项，1项工作案例获三等奖。

3月20日，在2023年江苏省职业院校技能大赛中，学院共有117名选手（含教师17名）参加了36个赛项的竞赛，共斩获39枚奖牌，其中一等奖4枚、二等奖18枚、三等奖17枚，有10支代表队获得国赛选拔赛参赛资格。

3月24日，学院召开第四届教代会、工代会第四次会议，审议并通过了《职工医疗保险实施办法（试行）》，院长张毅与工会主席米永胜签署了"集体合同"。

3月26日，建筑工程学院张健教授荣获江苏省综合交通运输学会青年科技奖。

3月28—30日，学院承办的第十八届全国汽车职业教育年会暨全国汽车职业教育教学指导委员会（简称"全国汽车行指委"）成立大会在广西南宁召开。全国汽车行指委下设8个专业（专门）委员会，其中，校企合作专委会秘书处设在学院，学院党委书记贾俐俐担任专委会常务副主任委员，汽车工程学院副院长程丽群担任专委会秘书长。

3月，学院第一食堂获评"南京市餐饮质量安全示范食堂"，该食堂继2020年获得该称号后再次获此荣誉称号。

4月8日，学院安徽校友会成立。

4月8日，由江苏省现代物流协会主办，江苏省人力资源和社会保障厅指导，江苏省交通运输职业教育行业指导委员会、江苏交通运输职业教育集团和学院承办的2022年江苏省现代物流管理职业技能竞赛在学院举行。

4月13日，学院学生公寓K组团项目主体结构顺利封顶。

4月17日，学院部署学习贯彻习近平新时代中国特色社会主义思想主题教育活动。

4月19日，根据江苏省教育厅公示，学院入选第二批省级书香校园建设示范点。

4月22—25日，2022"一带一路"暨金砖国家技能发展与技术创新大赛"城市轨道交通信号维修技术"赛项总决赛在学院举办。

4月24日，中国交通教育研究会职业教育分会素质教育委员会2023年"一赛一会一展示"活动在学院举办。学院党委书记贾俐俐继续当选主任委员。

4月24日，"弘扬雷锋精神"全国交通职业教育联盟在学院成立。

4月26日，学院获得2022年度高质量发展综合考核省属高校第一等次。

4月26日，按照省委主题教育工作部署和学院党委安排，学院学习贯彻习近平新时代中国特色社会主义思想主题教育读书班开班。

4月30日，南京交院－泰国兰纳鲁班工坊"新能源汽车检测与维修技术"专业创新班泰国学生来华学习，标志着中泰共同培养的"1+2+1"技能型本科留学生正式进入南京交通职业技术学院两年学习阶段。

4月30日—5月4日，学院国旗护卫队队员陈昊东在全国高校十佳升旗手决赛中荣获十佳延安精神演讲、十佳标兵升旗手2个奖项；学院国旗护卫队被认定为首批全国高校国旗班延安精神学习组。

5月8日，根据教育部公示，学院10本教材入选首批"十四五"职业教育国家规划教材。

5月13日，学院南通校友分会完成换届。

5月13日，学院党委书记贾俐俐受邀参加中国交通教育研究会2023年学术年会并做专题报告。

5月15日，根据教育部公示，学院2项教学成果荣获国家级教学成果奖二等奖，分别是"高职物流管理专业'课证赛创'四维融合教学模式的创新与实践"（第一负责人林榕）和"多元协同，学以致用，专本贯通培养职业技术技能创新人才十年实践"（第一负责人缪国钧）。

5月15—16日，在2023年全国职业院校技能大赛"汽车故障检修"赛项中，学院汽车工程学院学生王俊杰、左涛涛（指导教师邱骞、万彤）喜获一等奖。

5月16日，江苏省2023届普通高校毕业生就业工作专项督导第三工作组来校督查2023届毕业生就业工作。

5月18日，学院以"厚植家国情怀 涵养进取品格"为主题的第二十二届校园文化艺术节暨第十七届读书节开幕，共设置青春校园、教工风采、书香交院、七彩社团等 4 个板块 36 项活动，院（系）层面设计了各类活动 107 项。

5月18日，学院与哈萨克斯坦交通物流与运输大学举行了合作协议线上签署仪式。

5月18日，学院党委副书记周传林应邀出席全国职业教育学校文化建设共同体成立仪式。

5月22—24日，学院成功承办 2023 年全国职业院校技能大赛智能网联汽车技术项目江苏遴选赛。

5月25日，学院江苏省职业教育非遗木作漆作技艺技能传承创新平台获省教育厅立项。

6月4日，学院代表队荣获江苏省高职高专院校羽毛球教学大赛一等奖。

6月6日，学院在江苏省 2022 年度高校对外合作与交流高质量发展综合评价中获 A 等次。

6月7日，学院第十七届学生技能大赛成功举办。

6月10日，南京交通职业技术学院直属校友分会换届大会在学院成功召开。华设设计集团有限公司总工程师、1986 级校友李浩当选新一届会长。

6月12日，学院获批 2023 年江苏省职业院校教师素质提高计划国家级省级培训项目承训单位，这是学院首次获批高等职业教育教师国家级省级培训项目承训基地。

7月26日，江苏省委发文（苏委〔2023〕534 号）通知决定：张毅任南京交通职业技术学院党委书记；免去贾俐俐的南京交通职业技术学院党委书记、委员职务。

8月14日，江苏省交通运输厅党组发文（苏交党〔2023〕91 号），免去崔建宁南京交通职业技术学院党委委员、纪委书记职务，同意其退休。

8月23日，江苏省交通运输厅党组发文（苏政发〔2023〕93 号），经厅党组研究，并报省委组织部同意，王道峰任南京交通职业技术学院党委副书记；文爱民任南京交通职业技术学院党委委员、副书记；张徐刚任南京交通职业技术学院党委委员、纪委书记；谢剑康任南京交通职业技术学院副院长，试用期一年（试用期自 2022 年 9 月起算）；刘雪芬任南京交通职业技术学院副院长，试用期一年；姜军任南京交通职业技术学院副院长，试用期一年；免去周传林的南京交通职业技术学院党委副书记、委员职务；免去杨益明的南京交通职业技术学院党委委员、副院长职务，同意其退休。

8月30日，江苏省人民政府发文（苏政发〔2023〕76 号）通知决定：任命王道峰为南京交通职业技术学院院长，试用期一年；免去张毅的南京交通职业技术学院院长职务。

9月27日，中国共产党南京交通职业技术学院第四次代表大会胜利召开。会议选举产生了由张毅、王道峰、文爱民、张徐刚、谢剑康、刘雪芬、姜军、康建军、袁茜组成的学校第四届党委，以及由张徐刚、张家俊、赵勇、毛慧玲、杨金刚、吴成群、史立峰组成的新一届学校纪律检查委员会。

当年，新增安全技术与管理专业。

附录二 历任学校领导

历任学校领导一览表（1955—2023）

姓名	学校名称	职务	任职时间
丁征野	江苏省交通干部学校	党委书记、副校长	1955年—1958年
印仁昌	江苏省交通干部学校	副校长	1957年—1958年
刘汝成	江苏省交通干部学校	副校长	1957年—1958年
于德才	南京汽车职业学校	副校长	1964年—1965年7月
蔡致中	南京航运职业学校	副校长	1964年—1965年7月
王振才	江苏省镇江汽车学校	党支部书记	1964年—1970年10月
李光辉	江苏省镇江汽车学校	校长（兼）	1964年—1970年10月
秦退之	江苏省镇江汽车学校	副校长	1964年—1970年10月
孙洪文	江苏省镇江汽车学校	副校长	1964年—1970年10月
周旭	江苏省镇江汽车学校	副校长	1964年—1970年10月
耿文达	江苏省镇江汽车学校	党支部书记	1966年—1970年10月
李光帆	江苏省南京交通学校	党支部书记、校长	1965年—1970年10月
施志球	江苏省南京交通学校	副校长	1965年—1970年10月
蔡致中	江苏省南京交通学校	副校长	1965年8月—1970年10月
蔡致中	江苏省南京交通学校	"革命委员会"副主任	1974年10月—1978年
于德才	江苏省南京交通学校	副校长	1965年9月—1970年10月
于德才	江苏省南京交通学校	党支部副书记、"革命委员会"副主任	1974年10月—1978年
于秀娥	江苏省南京交通学校	临时党支部书记	1973年11月—1974年9月
于秀娥	江苏省南京交通学校	党支部副书记、副校长、"革命委员会"副主任	1974年10月—1976年

续上表

姓名	学校名称	职务	任职时间
秦退之	江苏省南京交通学校	党支部副书记、"革命委员会"副主任	1974年10月—1976年3月
		党支部副书记、"革命委员会"主任	1976年4月—1979年6月
		副校长	1979年10月—1981年8月
陈 展	江苏省南京交通学校	党支部书记、"革命委员会"主任	1974年10月—1976年4月
刘其义	江苏省南京交通学校	党支部书记	1976年4月—1979年9月
陈彤鉴	江苏省南京交通学校	副校长	1979年10月—1981年7月
		校长	1981年8月—1985年2月
许怡善	江苏省南京交通学校	副校长	1979年6月—1985年2月
姜 浩	江苏省南京交通学校	党总支副书记、副校长	1979年6月—1981年4月
		党总支书记	1981年4月—1985年1月
		党委书记	1985年7月—1986年9月
黄荣枝	江苏省南京交通学校	副校长	1981年8月—1985年1月
		校长	1985年2月—1997年7月
王家勋	江苏省南京交通学校	党委书记	1989年7月—1992年11月
孟祥林	江苏省南京交通学校	副校长	1985年2月—1997年8月
		校长	1997年9月—2002年5月
	南京交通职业技术学院	院长、党委副书记	2002年6月—2008年1月
		党委书记	2008年1月—2011年5月
张道明	江苏省南京交通学校	副校长	1985年2月—1999年9月
魏 明	江苏省南京交通学校	副校长	1985年11月—2001年2月
陈玉龙	江苏省南京交通学校	总支副书记	1985年2月—1985年6月
		党委副书记	1985年7月—2002年5月
	南京交通职业技术学院	副院级调研员	2002年6月—2013年12月
高进军	江苏省南京交通学校	副校长	1997年9月—2002年5月
	南京交通职业技术学院	副院长	2002年6月—2014年5月
		纪委书记	2014年5月—2018年5月
王晓农	江苏省南京交通学校	副校长	1997年9月—2002年5月
	南京交通职业技术学院	副院长	2002年6月—2012年3月

续上表

姓名	学校名称	职务	任职时间
史国君	南京交通职业技术学院	党委书记	2002年6月—2008年2月
贾俐俐	南京交通职业技术学院	院长	2008年1月—2011年5月
		党委书记	2011年6月—2023年7月
张　毅	南京交通职业技术学院	院长、党委副书记	2011年5月—2023年8月
		党委书记	2023年7月—
许正林	南京交通职业技术学院	党委副书记	2007年6月—2018年10月
周传林	南京交通职业技术学院	副院长	2008年12月—2018年10月
		党委副书记	2018年10月—2023年8月
应海宁	南京交通职业技术学院	纪委书记	2008年12月—2014年5月
		副院长	2014年6月—2022年7月
杨益明	南京交通职业技术学院	副院长	2013年3月—2023年8月
杨　宁	南京交通职业技术学院	副院长	2014年5月—2017年4月
崔建宁	南京交通职业技术学院	纪委书记	2018年10月—2023年8月
王道峰	南京交通职业技术学院	副院长	2018年10月—2023年8月
		院长、副书记	2023年8月—
谢剑康	南京交通职业技术学院	副院长	2022年9月—
文爱民	南京交通职业技术学院	副书记	2023年8月—
张徐刚	南京交通职业技术学院	纪委书记	2023年8月—
刘雪芬	南京交通职业技术学院	副院长	2023年8月—
姜　军	南京交通职业技术学院	副院长	2023年8月—

附录三　历届团委、学生会组成人员一览表

江苏省南京交通学校历届团委组成人员一览表（1980—2001年）

届次	时间	组成人员
第一届	1980年	书　记：黄荣枝 副书记：刘传成 委　员：朱菊英　朱金桥　熊寿文　樊新海　潘庆长　冒跃明（1980年11月4日增补）
第二届	1983年	书　记：张道明 副书记：袁　平 委　员：冒跃明　奚建光　许亚忠　赵远军　汤振华
第三届	1984年	副书记：祁国新 委　员：陈胜利　雷　敏　吴效祥　张荣贵　田晓华　殷　克
第四届	1986年	副书记：彭民军 委　员：陈胜利　吴效强　周　蓉　王文成　滕红兵　黄国良
第五届	1988年	书　记：彭民军 委　员：万江波　吴绪雷　陈伟平　葛　振　陶　玉
第六届	1990年	副书记：祁国新 委　员：陈万玉　万江波　葛明亮　孙　海　张　彬
第七届	1993年	副书记：陈万玉 委　员：瞿建春　潘国平　刘乃良　封　勇　施亚娟　曹　唯　毛　瑾
第八届	1995年	副书记：陈万玉 委　员：史立峰　孙海孝　张丽萍　宋海霞　王道峰　陈小勇
第九届	1997年	副书记：韩承刚 委　员：蒋　琴　赵春菊　李　敏　杨小焕　史立峰　陆飞跃　王　炜
第十届	1999年	副书记：康建军 委　员：范　健　林　榕　邵新华　梁文灿　杨　丽　陈伟先　李克海　谢　菲
第十一届	2001年	副书记：康建军 委　员：林　榕　毛卫华　王　琼　朱　燕

南京交通职业技术学院
历届团委组成人员一览表（2003—2022 年）

届次	时间	组成人员
第一届	2003 年	副书记：吴兆明 委　员：王　宁　王　健　刘　阳　刘　鹏　汤　进　张文斌　肖　颖　瞿　枫
第二届	2005 年	书　记：吴兆明 副书记：谢剑康 委　员：彭涌涛　王文婷　常开健　唐为付　丁文冠　李　君　李小滨
第三届	2012 年	书　记：季仕锋 副书记：戴广东 委　员：王文婷　袁冬梅　白　梅　庄　岩　陆尚豪　周淑艳　谢理智
第四届	2015 年	书　记：季仕锋 副书记：王文婷 委　员：冯　玮　孙文文　朱红标　张　娟　顾　磊　崔艺馨

江苏省南京交通学校
历届学生会组成人员一览表（1980—2001 年）

届次	时间	组成人员
第一届	1980 年	主　席：熊寿文 副主席：张英龙 委　员：刘志耕　王晓芳　张玉恒　祁国新（1980 年 10 月 25 日增补）
第二届	1982 年	主　席：祁国新 委　员：张金明　孙幼军　李玉超　范陶建
第三届	1983 年	主　席：陆星星 副主席：张金明 委　员：李玉超　邱　峰　汪　燕　胡　进　孙家杰　樊陶建
第四届	1984 年	主　席：管鹤楼 副主席：邱　峰　刘卫星 委　员：赵新生　汪　燕　徐　勇　胡俊良
第五届	1985 年	主　席：管鹤楼 副主席：董德喜 委　员：赵松柏　刘小兵
第六届	1986 年	主　席：董德喜
第七届	1986 年	主　席：刘　宁 副主席：陈植民　丁天锐 委　员：缪息生　施杭娟　钱金海　秦兴秀　沈　慧　庄争一 秘书长：丁天锐
第八届	1987 年	主　席：刘　宁 副主席：丁天锐　胡海笑 秘书长：徐　辙

续上表

届次	时间	组成人员
第九届	1988年	主　席：胡海笑 副主席：王晋华　郭剑锋 秘书长：张学义
第十届	1989年	主　席：王晋华 副主席：郭剑锋 秘书长：张学义
第十一届	1990年	主　席：张学义 副主席：蒋志峰 委　员：王　芳　杜友松　刘　燕　顾伟峰　王贤敏 秘书长：潘晓霞
第十二届	1991年	主　席：顾伟峰 副主席：朱云辉 委　员：戴良鸿　宗晓萍　朱云清　徐　昌　樊继传 秘书长：李贵宾
第十三届	1992年	主　席：梅士宏 副主席：李贵宾 委　员：宗晓萍　盛　俊　赵　颖　陈　涛　张国芳　黄　锋　吉国祥　李　敏
第十四届	1993年	主　席：李　敏 副主席：吉国祥　葛　垚 委　员：金国平　赵　颖　孙　武　殷　洁　章秋良　王建青　黄翠军 秘书长：章秋良
第十五届	1994年	主　席：葛　垚 副主席：张　延 委　员：刘成刚　葛辉军　夏伟华　裴庄青　沈丽华　孙艳萍　高水娟 秘书长：葛辉军
第十六届	1996年	主　席：黄　涛 委　员：王　瑛　李　飞　林　榕　姚宝明　徐育东　张治平　冒家彪 秘书长：姜　华
第十七届	1999年	主　席：邵新华 副主席：赵跃东 委　员：王卫青　王　林　孙　斌　陈伟先　杨　丽　李克海　梁文灿　蒋忠文 　　　　谢　菲　马琴梅　王小松　孙章勇　许　嵩　陈　光　李　芳　张　英 　　　　张建庆　李　琼　陈　婷　宗　佳　赵　赴　高庆东　郭敏珏　徐　艳
第十八届	2001年	主　席：赵跃东 副主席：王　琼 委　员：郭敏钰　陈宝真　王小松　薛艳玲　咸　松　蒋忠文　张孝丽　李　芳 秘书长：郭敏钰

南京交通职业技术学院
历届学生会组成人员一览表（2002—2022 年）

届次	时间	组成人员
第一届	2002 年	主　　席：刘　鹏 副主席：瞿　枫　颜　笑 委　　员：王　健　毕　艳　刘　宝　汤　进　肖　颖　邱学刚　罗　涛　陶　静　徐　民　陶　宏
第二届	2003 年	主　　席：刘　鹏 副主席：瞿　枫　颜　笑 委　　员：王　健　毕　艳　刘　宝　汤　进　肖　颖　邱学刚　罗　涛　陶　静　徐　民　陶　宏
第三届	2004 年	主　　席：汪洪锋 副主席：薛毅啸 委　　员：赵　倩　梁沈阳　朱　虹　李全义　巫春雪　顾　亮　顾勤勤　徐海宁
第四届	2005 年	主　　席：汪洪锋 副主席：刘永金 委　　员：赵　予　孙　亚　刘圣连　潘健成　徐　岩　徐　洲　陈　睿　张红兰　马容芳　周　兰
第五届	2006 年	团工委书记：常开健 主　　席：唐为付 副主席：丁文冠 委　　员：李　君　刘维正　张　毅　莫伶俐　于　洋　瞿婧晶　周琪华　陈　将
第六届	2007 年	团工委书记：张　亮 主　　席：季良达 副主席：田扬洲　刘　琼 委　　员：熊　玲　吴　瑞　王　杰　程蕴菲　郑　懿　徐金毓　解立冬　付　冰　唐耀宗　魏　斌　李　娴　杨　智　丁　锐
第七届	2008 年	主　　席：孔爱成 副主席：仲崇团　杨贵敏 委　　员：杜海文　李　庚　胡矩辰　陈　园　张　宝　袁江发　王　露　陈　森　郭威武　张国芳　任　雯　杨子慧
第八届	2009 年	主　　席：周　赟 副主席：冯　报　梅楼建 委　　员：管艳玲　奚　琦　张保亮　孔惠慧　姚　鑫　毛学清　周　煜　李萍萍　陈　明　杨同贵　范　玲　鲁　艺　何　伟
第九届	2010 年	主　　席：王东阳 副主席：齐运新　朱艮彬 委　　员：张明珠　郭远昕　尹　超　汤晓雷　张　然　刘宇枫　李如开　王峋翊　王文磊　刘　玮　高长宏　陈宁波　倪春健　曹　鸿　李壮华
第十届	2011 年	团工委书记：葛少鹏 主　　席：胡　越 副主席：李　斌　董健超 委　　员：周淑燕　李大卫　张若愚　徐鹏程　胡　琪　曹　晨　刘　晶　陈康伟　袁　彬　李大磊　杨家海　肖书美　祝登成　丁鹏惠　冯英豪

续上表

届次	时间	组成人员
第十一届	2012 年	主　席：周淑燕 副主席：季冬华　谢理智 委　员：庄　岩　吴　冰　杜　云　陆尚豪　郝　敏　李雪儿　余明松　马义琴 　　　　冀梦华　李智强　张艺钟　王保周　梁亚东　王　成　沈　超
第十二届	2013 年	主　席：骆　杨 副主席：卢　峰 委　员：渠帅帅　戴　晶　朱张敏　周祎旎　王　萍　唐嘉晨　乔　治　邰　雪 　　　　裴　倩　赵益峰　郭大峰　田　峰　刘　婷　庞丹娜　王　冲　刘岩岩
第十三届	2014 年	主　席：张原野 副主席：龙道成　陆韦霖　郭平平 委　员：董洋洋　袁凤妍　刘　龙　徐向成　刘婧婧　吴婷婷　郑　削　卢长允 　　　　周　创　孙静茹
第十四届	2015 年	主　席：朱红标 副主席：王正魏　孙文文　丛启飞　葛舒月 委　员：王　芳　陈安琪　陆佳伟　佟　奇　李海波　蒲雲飞　范敏逸　韩　策 　　　　蒋梦贻　谢新鹏　窦振兴
第十五届	2016 年	主　席：葛士武 副主席：闫旺旺　郑　丹　李敬茹　叶　勇 委　员：杨凯辉　陶忠耐　邓巧琳　赵　续　柏　莉　冯善美　李　健　马胜男 　　　　胡明铎　郑云辉　都钰锴　朱俏俏　李　梦　李政桓　何世玉　蔡　凤 　　　　孙林海　陈坤龙　卞云昊　李开强　李　佳
第十六届	2017 年	主　席：王　旭 副主席：姚蒙蒙　石宇赫　王靖凡　段　畅 委　员：徐明飞　丁飞虎　武守权　杨　强　王素素　崔圆圆　郑晓丽　赵梦圆 　　　　骆　赛　张　稳　张文章　何金贵　丁　晶　赵　伟　周　娟　李　静 　　　　范家成　鞠惠淑　吕修宁　陈印雯
第十七届	2018 年	主　席：吴若宁 副主席：杨　旺　梁佳乐 委　员：谭　鑫　钱玉莹　朱源程　李文琦　季姝妤　杜　蕊　董宇航　赵祥杰
第十八届	2019 年	主　席：姚江雨 副主席：杨　诺　凌　峰 委　员：王　璐　崔　凡　支中立　杨念念　陈维昊　储建凡　程　静　郭靖梅 　　　　董理想　苏玉铉　李佚磊
第十九届	2020 年	主　席：许　赫　王森佳　王世雅 委　员：石洪涛　陈　昊　何　煜　华　华　蒋秀敏　屈天城　袁　浩　罗　琼 　　　　林　犇
第二十届	2021 年	主　席：马瑞野　张兆琦　吴思怡　胡天琦 委　员：张　佳　王家琦　何忠航　周志峰　赵辰璐　吴　迪　徐琬婷　李世杰 　　　　陈家翔
第二十一届	2022 年	主　席：吴思怡　冯佳慧　姚沈祺 委　员：邱　银　袁　豪　陈志远　谢心怡　徐陈燕　王家庆　杨秋雨　高佳杏 　　　　刘　昊

附录四 各地校友会一览表

2013年各地校友（分）会一览表

序号	校友（分）会名称	名誉会长	会长/常务副会长	秘书长	成立时间
1	南京分会		陈世林 赵文政（常务）	徐卫民	2013年8月3日
2	无锡分会		鲍祖强	陈 舜	2012年12月23日
3	徐州分会		赵中良 周明利（常务）	王延海	2012年11月30日
4	常州分会	陈方根	王正伟	朱红亮	2013年8月29日
5	苏州分会		朱希恩	强 菊	2013年8月30日
6	南通分会		龚建宇	丁汤华	2013年1月12日
		董剑祥	张兆成	丁汤华	2017年11月18日
7	连云港分会		周克明	顾守江	2012年11月20日
8	淮安分会		张义贵	吉 林	2012年11月16日
9	盐城分会		陈正华	肖学南	2012年12月1日
10	扬州分会		徐 斌	田晓华	2012年12月21日
11	镇江分会		管鹤楼	韩丛扣（兼） 戴建平（常务）	2012年12月9日
12	泰州分会		林顺明	王晋华	2012年10月13日
13	宿迁分会		王斯文	吴庆珠	2012年9月22日
14	省直属分会		万习春 镇亦明（常务）	孙 光	2013年10月28日
15	学院校友总会	史国君 孟祥林 贾俐俐	张 毅	周传林	2013年9月28日

2023年各地校友（分）会一览表

序号	校友（分）会名称	名誉会长	会长/常务副会长	秘书长	成立（换届）时间
1	南京分会	陈世林 赵文政	成 文 孙晓俊（常务）	谢久田	2023年5月27日
2	无锡分会	鲍祖强	盛 俊	陈 舜	2022年9月3日
3	徐州分会		赵中良 周明利（常务）	董蓓蓓	2022年7月31日
4	常州分会	王正伟	冯利华	孙 凌	2022年7月23日
5	苏州分会	朱希恩	郁炳生	秦立新	2022年8月20日
6	南通分会	张兆成	钮翠浩	陶建军	2023年5月13日
7	连云港分会	周克明	江舜根	顾守江	2022年8月15日
8	淮安分会	张义贵	钱志明 严 凯（常务）	殷宝珠	2022年8月14日
9	盐城分会	陈正华	彭 尧	张 杰	2022年8月13日
10	扬州分会	徐 斌	丁寿文	沈树超	2022年7月23日
11	镇江分会	管鹤楼	陈 凯	陈国泉	2022年7月31日
12	泰州分会	林顺明	陆剑云	葛珍优	2022年7月9日
13	宿迁分会	王斯文	吴 可	朱 辉	2022年7月30日
14	直属分会	万习春 镇亦明	李 浩 吴海丰（常务）	何连明	2023年6月10日
15	上海校友会		梁 晗	邱 鹰	2018年10月20日
16	浙江校友会		卢海涛	陈小勇	2023年3月11日
17	安徽校友会		韩 阔	王晓煜	2023年4月8日
18	留学生分会			妲希亚 （印度尼西亚）	2022年12月14日
19	学院校友总会	史国君 孟祥林 贾俐俐 张 毅			2023年9月23日

附录五　校　歌

南京交通职业技术学院校歌

陈胜利 词
沈亚威 曲

1=C 2/4
进行速度　朝气蓬勃地

歌词：

满怀青春的豪情，从大江南北走来，年轻的你我，志向高远，发奋攻读，我们要为共和国建设桥梁公路，啊，交院　啊，交院！你是交通人才的摇篮　我们在这里勤学苦练　我们从这里奔向美好的未来！

扬起希望的风帆，从四面八方走来，自豪的你我，团结进取，勇于实践，我们要使共和国条条血脉畅通，啊，交院，啊，交院，交通人才的

参考文献

[1] 江苏省交通史志编纂委员会. 江苏公路交通史（第二册·现代公路）[M]. 北京：人民交通出版社，1995.

[2] 江苏省地方志编纂委员会. 江苏省志·交通志·航运篇[M]. 南京：江苏古籍出版社，2001.

[3] 徐传德. 南京教育史[M]. 北京：商务印书馆，2006.

[4]《南京交通职业技术学院校史》编委会. 南京交通职业技术学院校史（1953—2013）[M]. 北京：人民交通出版社，2013.

后 记

作为江苏交通人才的摇篮，南京交通职业技术学院已然走过70年的峥嵘岁月。在学院建校70周年之际，《南京交通职业技术学院校史（1953—2023）》的出版，为学院70周年校庆献上一份厚礼。这本校史，是在《南京交通职业技术学院校史（1953—2013）》基础上续编而成的，是一项凝结全院上下诸多人士心血与智慧的文化工程。

遥想1953年，江苏省各地的汽车、轮船工人和交通干部，怀着对交通事业的巨大热忱、对振兴新中国交通事业的雄心壮志，走进了江苏省交通干部职工学校。就是从这里开始，学院在江苏省政府、省交通运输厅的领导下，不畏道路之修远，不怕艰辛与困苦，上下求索，砥砺前行，开拓了一片交通教育事业的新天地。经过多年建设，1982年学校办学地址迁至南京市浦口区后河沿，1994年学校被评为省部级和国家级普通中等专业学校，2001年6月学校升格为专科层次的南京交通职业技术学院并于2005年10月迁入江宁新校区，2018年学院入选江苏省高水平高等职业院校建设单位。

《南京交通职业技术学院校史（1953—2023）》客观地记述了70年里南京交院人面对历史巨变时的沉着、坚守，记述了南京交院人把握高等职业教育发展大势的大智慧与独特眼光，记述了南京交院人主动适应行业发展要求，对职教体系的不懈探索。

修史就是铭记岁月，表彰楷模，彰显风范，是为了表达一种深沉的敬意。70年里，交院师生是南京交院发展的火炬手，栉风沐雨，奋斗不息，树立了一座座治学兴业的丰碑。修史就是阐释和发扬江苏交通精神，是对南京交院人的一种凝聚与激励。这部校史，是江苏交通事业发展的缩影，也是"特别能吃苦、特别能战斗、特别能奉献"的江苏交通精神的写照。如今，从南京交院走出去的高素质技能型交通人才，正无怨无悔地奋斗在江苏省乃至全国交通事业的第一线。南京交院的校友和师生是这部校史的主角，也是历史的见证者，他们可以从中看到自己和南京交院的成长轨迹。此书可以增强广大校友对母校的认同感和凝聚力，加强校友与母校、校友与校友之间的联系，增进友谊，共谋发展，可以使全院师生鼓舞精神，为开创学院高质量发展的新局面而奋斗。

《南京交通职业技术学院校史（1953—2023）》以时间为叙述线索编排史实，客观呈现了学院1953—2023年较为完整的办学历程，清晰地描绘出学院发展的纵向轨迹。按照办学体制的变迁，本书将学院发展史分为三个时期，即交通干部职工培训教育时期、交通中等专业教育时期和交通高等职业教育时期，并依据重要时间节点划分九个阶段，以九章编写本书。第一章，创办江苏省交通职工（干部）学校，开展交通干部职工培训（1953—1957）；第二章，创办江苏省南京交通学校，培养交通中等专业人才（1958—1966.4）；第三章，历经坎坷，学校步入健康发展轨道（1966.5—1982）；第四章，积极进取，学校事业稳步发展（1983—1990）；第五章，开拓创新，学校事业进入蓬勃发展快车道（1991—2001.6）；第六章，抢抓机遇，学院实现跨越式发展（2001.7—2005）；第七章，内涵发展，提升高职教育办学水平（2006—2013.6）；第八章，奋楫扬帆，全力推进一流高职院建设（2013.7—2017）；第九章，凝心聚力，奋进学院高水平建设新征程（2018—2023）。

本书以纪事体编写，注重史实考订，力求忠实记录学院在行政管理（包含领导班子建设、中层机构设置）、人事管理、教学管理、学生管理、招生就业、后勤管理（包含基础设施建设）、科研与社会服务、党建与精神文明建设等方面开展的重大活动和发生的重要事件。

本书由贾俐俐、张毅担任主编并提出本书编写的宗旨、指导思想、基本框架，并多次主持召开讨论会、审稿会，全面统筹本书的编写工作。具体编写分工如下：赵家华、许榴宏负责第一章、第二章，孟祥林、陈锁庆负责第三章，李国之负责第四章，王利平负责第五章、第七章，袁茜负责第六章，李前平负责第八章、第九章。《南京交通职业技术学院校史（1953—2013）》的修改工作，由孟祥林、应海宁、李前平负责完成。本书"大事记"由党委办公室、院长办公室王莉编写。李前平负责全书的统稿工作。

《南京交通职业技术学院校史（1953—2023）》初稿完成后，我们组织专家多次审阅，并在学院广泛征求意见。其间，曾得到江苏省交通运输厅老领导、学院老同志的热心支持。我们先后向江苏省交通运输厅的老领导、学院的历任校领导、各单位的负责人征求意见，数易其稿，终于形成了今天的校史文本。本书的完成，也得到了江苏省交通运输厅、省教育厅、江苏省档案馆、南京市档案馆、学院档案室以及有关部门、院系的大力支持和帮助。党委宣传部姜维维提供了部分照片，王丽、刘守达为档案查阅提供了帮助。在此，向他们致以崇高的敬意，并表示衷心的感谢！

受能力、水平和文献资料所限，书中难免存在缺憾和不足，敬请各位校友和广大读者不吝赐教，批评指正。

谨以此书献给南京交通职业技术学院70周年华诞。

贾俐俐　张　毅
2023年8月